行政诉讼功能模式研究

Research on the Functional Model of
Administrative Litigation

邓刚宏 著

图书在版编目(CIP)数据

行政诉讼功能模式研究/邓刚宏著. —北京:北京大学出版社,2023.12
国家社科基金后期资助项目
ISBN 978-7-301-34721-8

Ⅰ.①行… Ⅱ.①邓… Ⅲ.①行政诉讼—司法制度—研究—中国 Ⅳ.①D925.310.4

中国国家版本馆 CIP 数据核字(2024)第 004538 号

书　　　名	行政诉讼功能模式研究 XINGZHENG SUSONG GONGNENG MOSHI YANJIU
著作责任者	邓刚宏　著
责 任 编 辑	孙嘉阳
标 准 书 号	ISBN 978-7-301-34721-8
出 版 发 行	北京大学出版社
地　　　址	北京市海淀区成府路 205 号　100871
网　　　址	http://www.pup.cn
新 浪 微 博	@北京大学出版社　@北大出版社法律图书
电 子 邮 箱	编辑部 law@pup.cn　总编室 zpup@pup.cn
电　　　话	邮购部 010-62752015　发行部 010-62750672 编辑部 010-62752027
印 刷 者	北京虎彩文化传播有限公司
经 销 者	新华书店
	730 毫米×1020 毫米　16 开本　16.25 印张　291 千字 2023 年 12 月第 1 版　2023 年 12 月第 1 次印刷
定　　　价	76.00 元

未经许可,不得以任何方式复制或抄袭本书之部分或全部内容。
版权所有,侵权必究
举报电话: 010-62752024　电子邮箱: fd@pup.cn
图书如有印装质量问题,请与出版部联系,电话: 010-62756370

国家社科基金后期资助项目
出版说明

后期资助项目是国家社科基金设立的一类重要项目，旨在鼓励广大社科研究者潜心治学，支持基础研究多出优秀成果。它是经过严格评审，从接近完成的科研成果中遴选立项的。为扩大后期资助项目的影响，更好地推动学术发展，促进成果转化，全国哲学社会科学工作办公室按照"统一设计、统一标识、统一版式、形成系列"的总体要求，组织出版国家社科基金后期资助项目成果。

全国哲学社会科学工作办公室

目　录

导论 ··· 1
　一、问题提出 ··· 1
　二、研究价值 ··· 3
　三、研究现状 ··· 4
　四、研究对象 ·· 14
　五、基本框架 ·· 15
　六、研究方法 ·· 17

第一章　域外行政诉讼功能模式的历史演变 ······························ 19
　一、普通法系司法审查模式的历史演变 ································ 19
　二、大陆法系行政诉讼功能模式的历史演变 ···························· 37
　三、两大法系行政诉讼功能模式的发展趋势 ···························· 55

第二章　我国行政诉讼功能模式之定位 ·································· 59
　一、行政诉讼功能模式之价值及其核心概念 ···························· 59
　二、行政诉讼功能模式理想类型及其诉讼构造特点 ······················ 66
　三、客观法秩序维护模式：我国行政诉讼功能模式之定位 ················ 74
　四、我国行政诉讼客观法秩序维护模式之理论价值 ······················ 81

第三章　行政诉讼功能模式下的受案范围 ································ 85
　一、我国《行政诉讼法》受案范围之评述 ······························ 85
　二、行政诉讼功能模式下受案范围的逻辑 ······························ 93
　三、行政诉讼功能模式下行政诉讼受案范围的制度构建 ················· 110
　本章小结 ··· 124

第四章　行政诉讼功能模式下的原告资格 ······························· 125
　一、我国《行政诉讼法》原告资格之评述 ····························· 125
　二、行政诉讼功能模式下原告资格的逻辑 ····························· 132

三、行政诉讼功能模式下的原告资格的制度建构 …………… 152
　　本章小结 ……………………………………………………… 162

第五章　行政诉讼功能模式下的举证规则 …………………… 163
　　一、行政诉讼法举证责任分配及其评述 …………………… 163
　　二、行政诉讼功能模式下举证责任分配的逻辑 …………… 168
　　三、行政诉讼功能模式下举证规则逻辑的制度构想 ……… 175
　　本章小结 ……………………………………………………… 186

第六章　行政诉讼功能模式下的诉讼模式 …………………… 187
　　一、我国现行行政诉讼法诉讼模式及其评述 ……………… 187
　　二、行政诉讼功能模式下的诉讼模式逻辑分析 …………… 190
　　三、我国行政诉讼功能模式下诉讼模式的定位 …………… 195
　　本章小结 ……………………………………………………… 205

第七章　行政诉讼功能模式下的诉讼类型 …………………… 206
　　一、行政诉讼功能模式下诉讼类型之构造分析 …………… 206
　　二、行政诉讼功能模式下的诉讼类型之逻辑 ……………… 210
　　三、行政诉讼功能模式下诉讼类型的构建 ………………… 214
　　本章小结 ……………………………………………………… 219

第八章　行政诉讼功能模式下判决体系 ……………………… 221
　　一、行政诉讼法下的行政判决体系及其评述 ……………… 221
　　二、主观公权利救济路径下行政判决体系的逻辑 ………… 224
　　三、客观法秩序维护路径下行政判决体系的逻辑 ………… 228
　　四、行政诉讼功能模式下行政判决体系的完善 …………… 237
　　本章小结 ……………………………………………………… 250

参考文献 ………………………………………………………… 251

导 论

一、问题提出

行政诉讼功能模式究竟是主观公权利救济模式还是客观法秩序模式，以及我国行政诉讼功能定位及其相应模式下的制度如何建构、如何完善，是一个值得探讨的问题，具有现实与理论意义。

从现实意义层面，本书直面如何破解实践中"立案难、审理难、执行难"问题。一直以来，学界对此进行了对策研究，产生了一批有质量的理论研究成果，为行政诉讼法的修改提供了理论与价值指导。2014年十二届全国人大常委会第十一次会议通过了《全国人民代表大会常务委员会关于修改〈中华人民共和国行政诉讼法〉的决定》。修改的行政诉讼法涉及多个制度设计层面。从"立案难"的层面，新法首先扩大了受案范围，将对征收、征用及其补偿决定不服的，行政机关滥用行政权力排除或者限制竞争的，违法集资、摊派费用的、没有依法支付最低生活保障待遇或者社会保险待遇的行政行为纳入了受案范围。同时，新法还明确规定了行政机关及其工作人员不得干预、阻碍人民法院受理行政案件。法院在接到起诉状时对符合法律规定的起诉条件的，应当登记立案。不能当场判定的，应接收起诉状，出具书面凭证，7日内决定是否立案。对于不接收起诉状、接收起诉状后不出具书面凭证，以及不一次性告知当事人需要补正的起诉状内容的，当事人可以向上级人民法院投诉，上级人民法院应当责令改正，并对相关人员依法给予处分。从"审理难"的层面，针对"案件法院虽然受理了，但往往是程序空转，案件久拖不决，根本解决不了实际争议"的情况，修改的行政诉讼法引入了集中管辖和提级管辖两种方式。一是规定高级人民法院可以确定若干基层法院，跨行政区域管辖一审行政案件；二是对县级以上地方人民政府提起诉讼的案件，由中级人民法院管辖。中级人民法院也可以跨行政区域管辖一审行政案件。此外，修改的行政诉讼法在立法目的中明确提出要解决行政争议，增加了调解制度，规定有关行政赔偿、补偿等例外情形可以调解，这对于解决争议将起到重要作用。被诉行政机关负责人应当出庭应诉；不能出庭的，应当委托行政机关相应的工作人员出庭。无正当理由拒不到庭的，法院可以将拒不到庭的情况予以公告,并可以向监察机关或被告上级机关提出依法给予其处分的司法建议。经复议的案件,复议机关决定维持原行政行为的,作出原行政行为的行政机关和复议机关是共同被告;复议机关改变原行政行为的,复议机关是被告。从"执行难"的层面,针对行政机关拒绝履行判决、裁定、调解书的,新法增加了三项规定,对行政机关负责人按日罚款,对拒绝履行的情况予以公告,同时,社会影响恶劣的,可以对该行政机关直接负责的主管人员和其他直接责任人员予以拘留。我们有理由相信,行政诉讼法修正案的实施,有助于我国行政诉讼制度更有力地保障公民权利,限制行政权力,维护司法权威,也必将成为深入推进依法行政、加快建设法治政府的有力手段。但是,我们也应清醒地认识到,从总体来看,行政诉讼的修改带有其明显的局限性,由于行政诉讼法理论的滞后,缺乏一个自足的理论体系的指导,导致行政诉讼法修正案仍然是一个"对策性"修改。

从理论意义层面,本书直面行政诉讼与民事诉讼相比较具有什么样的特质,以及我国究竟要构建一个什么样的行政诉讼制度,才能真正发挥其有效的功能,实现监督行政、权利救济与解决争议的有机结合的问题。因为它是全面审视行政诉讼理论,进而构建自足的行政诉讼理论体系以及完善的行政诉讼制度的一个基础性问题。我国的行政诉讼也面临着诸多困境,一个重要原因是,理论上对行政诉讼的特质认识不足,行政诉讼的本质特征在行政诉讼的立法与审判实践中并没有得到彰显。众所周知,行政诉讼脱胎于民事诉讼,我国没有专门制定行政诉讼法时,行政诉讼案件的审理适用民事诉讼程序,即采取"诉讼程序同一制"。① 自 1989 年 4 月 4 日《行政诉讼法》公布以来,已蹒跚走过三十余年的历程。三十余年来,行政诉讼在保护公民、法人和其他组织的合法权益,监督行政机关依法行政方面发挥了重要的作用。但是,我国的行政诉讼也面临着诸多困境,权利保护不周、权力监督不力、制度运作不畅,亦使众多学者不断反思行政诉讼制度的弊端与缺陷。其实,破解上述问题,归根结底为我国行政诉讼功能模式如何定位。事实上,"只要论及模式或体制,就意味着比较。因为一种模式或体制总是在他种模式或体制存在的前提下,在比较中显现其特性的。也正因为其在比较中所存在的特性才被定义为一定的模式或体制。"②因此,我们认为,引入行政诉讼功能模式的概念是非常有必要的,有助于建构一个自足的行政诉讼理论体系以及完善的行政诉讼制度。如何从整个行政诉讼理论体系的高度,对行政诉讼进行比较、梳理、归纳、总结行政诉讼制度的本质特点,准确系统地把握行政诉讼理

---

① 于安:《我国行政诉讼特点刍议》,载《现代法学》1986 年第 3 期。
② 张卫平:《诉讼架构与程式——民事诉讼的法理分析》,清华大学出版社 2000 年版,第 2 页。

论体系,显然是一个复杂的问题,需要一个科学的分析工具。以行政诉讼功能模式为分析工具,探讨行政诉讼理论体系以及相应的制度的完善是比较明智的选择。探讨行政诉讼的功能模式并非只有抽象的理论意义,还关系到整个行政诉讼程序的设计以及具体制度的构建。不同模式下的行政诉讼构造具有各自特色。

因此,本书试图以行政诉讼功能模式及其构造特点的分析为逻辑起点,在对我国行政诉讼功能模式作出理性选择的基础上,进一步分析我国行政诉讼功能模式的基本逻辑以及我国行政诉讼制度的完善,具有较强的理论价值与现实意义。

二、研 究 价 值

1. 学术价值

在学术思想上,引入主观公权利与客观法概念,以此为逻辑基点分析我国行政诉讼功能模式的必要性与可行性,并提出我国行政诉讼功能模式应当构建以司法审查为主体,以主观公权利保护与客观法秩序维护为两翼的诉讼功能模式,我国行政诉讼制度完善宜以主观公权利保护与客观法秩序维护为两条逻辑路径进行制度设计。同时,我们也清楚地认识到,我们所构建的行政诉讼功能模式带有一定的局限性,"虽然的确没有任何现实存在的制度完全吻合于我们描述的这种模型,但建构模型所用的砖瓦却并不是仅仅存在于法律想象之中的虚构之物"[1]。这也正是理论研究的价值所在,对于构建一个自足的行政诉讼理论体系,进而对我国行政诉讼制度的完善具有一定的理论价值。

2. 应用价值

本书的应用价值主要表现在两个方面,一是行政诉讼制度的立法完善,二是加强行政审判的实效性。行政诉讼法如何进一步完善以及新修改的行政诉讼法如何破解实践中"立案难、审理难、执行难"的问题?我国究竟要构建一个什么样的行政诉讼制度及其运行机制,才能真正发挥其有效的功能,实现监督行政、权利救济与解决争议的有机结合?其实,破解以上两个问题,归根结底是第三个问题,即行政诉讼制度在一定模式下如何完善以及行政法官如何准确理解我国行政诉讼功能模式的内在结构。本书试图实现上述两方面的价值。

---

[1] 〔美〕米尔伊安·R.达玛什卡:《司法和国家权力的多种面孔——比较视野中的法律程序》,郑戈译,中国政法大学出版社2004年版,第145页。

三、研究现状

纵观国内外研究,理论界对这一主题的研究尚不够深入,但是,本书的主旨是以行政诉讼功能模式的视角解构行政诉讼之构造,并希冀建构与其相适应的行政诉讼制度。因此,学界对行政诉讼的相关研究为我们提供了研究基础,这些研究包括行政诉讼性质、功能、目的、诉讼模式(构造)、相关制度(包括受案范围、原告资格、证据规则、诉讼类型、判决体系等)。现从国内与国际两个层面进行概括。

(一)国内研究

综观目前国内的研究成果,主要表现在三个方面:

1. 行政诉讼功能模式的理论基础研究

行政诉讼性质是诉讼功能模式的理论基础之一。行政诉讼的性质是研究与构建诉讼制度的逻辑起点。同样,行政诉讼功能模式的选择,需要首先明确行政诉讼的性质。早在行政诉讼法颁布前,就有学者对行政诉讼性质作过较为精辟的论证。江必新认为,行政诉讼的性质在不同的社会形态、不同的国家具有不同的内容。这种诉讼固然也有解决行政纠纷、实施权利救济等性质,但其根本性质在于,它是国家司法机关根据宪法和法律的授权,通过审理行政案件的形式,对国家行政机关行使职权的一种司法监督和制约,在可能的限度内弥补因越权或滥用职权的行为给行政相对人造成的损害,行政诉讼不仅仅是一种解决纠纷的方式,而且意味着对行政行为的监督和对公民、法人的合法权益的保护,因而,在建立我国行政诉讼制度的时候,不仅要考虑有利于行政纠纷公正、迅速、彻底地解决,而且要有利于保护公民的合法权益,尤其要有利于对行政机关实行有效的监督和制约。这是建立我国行政诉讼制度的基本出发点和归宿。[①]显然,这是对行政诉讼性质的早期研究,上述学者并没有揭示行政诉讼性质的层次性,随着研究的深入,研究者们开始进一步探讨行政诉讼性质的层次性以及行政诉讼性质与行政诉讼立法目的、功能、制度之间的关系。林莉红教授认为,行政诉讼的性质是指行政诉讼这样一种客观存在的社会制度在本质上的特征。总的说来,行政诉讼具有三个方面的性质:第一,解决行政纠纷;第二,实施权利救济;第三,监督行政行为。这三方面的性质在不同国家、不同时期表现在立法或者司法实践中的侧重点是不同的,在判例法国家尤其如此。但无论如何,只要确立了行政诉

[①] 参见费宗祎、江必新:《建立我国行政诉讼制度的若干问题》,载《现代法学》1987年第4期。

讼制度,就必然具有这三方面的性质,只不过由于社会现实的不同需要而转换为不同的立法目的。我国的行政诉讼制度同样如此。① 孔繁华博士对行政诉讼性质作了较为系统的研究,认为行政诉讼的性质是指行政诉讼这样一种客观存在的社会制度的根本属性,它既表明行政诉讼作为一种法律制度的一般性,又表明行政诉讼区别于其他法律制度的特殊性。行政诉讼的性质并非单一、唯一的,而是具有多个方面的性质,即在某一层次上的本质表现为多个方面。反过来看,多元的法律现象反映多元的法律本质。多元本质之间并没有轻重之分、本质与非本质之别。只是在特定的历史条件下,某一方面的本质表现得更突出。正确认识行政诉讼的性质,首先要认识其多元本质,其次,要认清其多层次的本质。行政诉讼性质的多元性与多层次性是不同的,多元性从横的方面反映行政诉讼性质,多层次性从纵的方面反映行政诉讼性质。同时,行政诉讼性质与功能都具有客观性。从总体上看,制约行政诉讼功能的相关因素按其重要性可以分为决定性的因素和影响性的因素。行政诉讼的性质决定行政诉讼的功能,行政诉讼的功能同时受制于其他条件如立法目的、法治环境、法律意识等。行政诉讼性质是决定行政诉讼功能的首要因素,性质不同,功能自然有差异。② 通过对上述研究的综述,我们可以清晰地发现,行政诉讼性质具有总领作用,决定了行政诉讼的目的、功能以及相应的法律制度的构建。但是,由于研究视角的差异,目前学界的研究并没有把行政诉讼的性质与诉讼功能模式联系起来,进而选择我国行政诉讼功能模式以及相应的制度建构。显然,目前关于行政诉讼性质、目的以及功能的研究,为我们进一步研究行政诉讼功能模式提供了价值指导。

行政诉讼目的如何定位是行政诉讼功能模式的又一重要理论基础,即行政诉讼立法目的如何处理保护权利、监督行政、解决行政争议以及三者之间的关系。总体来说,行政诉讼目的主要有"保护说""监督说""双重目的说""三重目的说""依法行政说"几种观点。③ "保护说"认为行政诉讼的目的且

---

① 参见林莉红:《行政诉讼法学》(第三版),武汉大学出版社2009年版,第22页。
② 参见孔繁华:《行政诉讼性质研究》,载《武汉大学学报(哲学社会科学版)》2009年第1期。
③ 关于行政诉讼目的讨论,我国学者进行了较为充分的讨论,行政诉讼目的的争议具有代表性的文献有:马怀德:《保护公民、法人和其他组织的权益应成为行政诉讼的根本目的》,载《行政法学研究》2012年第2期;应松年、杨伟东:《我国〈行政诉讼法〉修正初步设想(上)》,载《中国司法》2004年第4期;林莉红:《我国行政诉讼法学的研究状况及其发展趋势》,载《法学评论》1998年第3期;姜明安:《行政诉讼法》(第二版),法律出版社2007年版,第51—52页;张树义:《冲突与选择——行政诉讼的理论与实践》,时事出版社1992年版,第12—17页;杨伟东:《行政诉讼目的探讨》,载《国家行政学院学报》2004年第3期;宋炉安:《行政诉讼程序目的论》,载刘莘、马怀德、杨惠基主编:《中国行政法学新理念》,中国方正出版社1997年版,第358—371页;王学辉:《行政诉讼目的新论》,载《律师世界》1998年第2期;马怀德、王亦白:《行政诉讼目的要论》,载罗豪才主编:《行政法论丛》(第6卷),法律出版社2003年版,第295—296页。

它唯一的目的是保护公民、法人和其他组织的合法权益,离开保护公民、法人和其他组织的合法权益就不会有行政诉讼。"监督说"认为行政诉讼的目的是监督,保护是监督的自然结果。权力分立和人民主权的宪政基础决定了行政诉讼的目的是司法权监督和制约行政权,为实现人民主权也须对行政机关依法行政进行监督;赋予公民行政诉讼诉权的目的在于启动诉讼程序,以达监督的目的。保护不是行政诉讼的特殊目的,任何法律都具保护目的,监督才能体现行政诉讼目的的特殊性;从立法过程及立法内容看,表明目的不是保护而是监督。"双重目的说"认为行政诉讼目的不仅在于保护公民、法人和其他组织的合法权益,而且还包括保障行政机关依法行使行政职权,并认为保护行政相对人的合法权益和保障行政机关依法行使权力不是对立而是统一的,二者不可偏废。"三重目的说"认为行政诉讼的直接目的是保障人民法院正确、及时地审查行政案件;通过审理行政案件,维护和监督行政机关依法行使职权,保护公民和组织的合法权益。该观点的依据就是《行政诉讼法》第1条规定。"依法行政说"认为行政诉讼目的应当是制度的设计者和利用者共同的目的,将目的概括为依法行政,既体现了立法者的意图,又符合了利用者的需要。

从目前已有的研究看,行政诉讼目的争论的焦点问题是:保护权利、监督行政、解决行政争议三者谁是根本目的以及三者之间的位序关系。在笔者看来,任何单一说的观点都是站不住脚的,"保护说"的倡导者马怀德教授也从"保护唯一目的说"转向"保护根本目的说"[1],"单一的纠纷解决说"也是没有意义的,正如应松年教授所言,"行政诉讼的存在并非单纯为了解决纠纷或争端,不存在单以纠纷解决为目的的行政诉讼制度。"[2]因此,本书总体赞同"保护权利根本目的说",但是,行政诉讼目的的讨论归根结底,在于进一步论证保护权利、监督行政、解决行政争议三者当中谁是第一层次以及三者之间的关系问题,这关系到行政诉讼制度的建构,并最终体现行政诉讼制度的风格,形成行政诉讼制度的功能模式。

2. 对行政诉讼功能模式的研究

行政诉讼功能模式概念最初由我国台湾地区学者提出,他们认为,从世界范围内行政诉讼发展历史及理念看,依功能取向不同,存在主观公权利保

---

[1] 参见马怀德:《保护公民、法人和其他组织的权益应成为行政诉讼的根本目的》,载《行政法学研究》2012年第2期。马怀德、王亦白:《行政诉讼目的要论》,载罗豪才主编:《行政法论丛》(第6卷),法律出版社2003年版,第295—296页。

[2] 应松年、杨伟东:《我国〈行政诉讼法〉修正初步设想(上)》,载《中国司法》2004年第4期。

护模式及客观法秩序维护模式两种不同的理想类型。① 从某种意义上说,台湾地区学者提出了行政诉讼功能模式概念,并分析了两种模式的理想模型以及特征,主观公权利保护模式下行政诉讼有五个特点:原告的起诉资格受到限制;行政诉讼受案范围狭窄;诉讼模式上的当事人主义;司法审查遵循成熟原则;行政诉判关系一致。而客观法秩序维护模式下行政诉讼也具有以下五个特点:行政诉讼受案范围相对宽松;原告提起诉讼的资格限制松懈;行政诉讼模式上的职权主义;司法审查可以与行政过程同步;行政诉判关系未必绝对一致。但是,台湾地区学者没有进一步运用功能模式概念解读行政诉讼的构造以及相关制度。"客观法秩序维护模式"的立法目标在于监督行政机关依法行使职权。其理论支撑是"法规维持说",该说认为,"行政诉讼之目标导向(目标),首在于确保行政活动之合法,使法规得以被正当适用或遵守,而其尊严得以维系,至于人民(个人)权利因而获致保障,则仅系附带目标或附随作用而已。"②"主观公权利保护模式"的理论支撑是"权利保护说",该说认为,"行政诉讼之目标导向(目标),最终在于保护人民之权利,或者以之为主要目标,而法规之维持或行政行为合法性之确保,只系附带作用或当然结果而已。"③

据笔者掌握的资料,目前我国学界有四种观点,即"客观诉讼兼顾主观诉讼的模式"说、"以权利保护为主导之多元目标模式"说、"客观法秩序维护模式"说以及"综合模式"说。持"客观诉讼兼顾主观诉讼的模式"说的学者认为,"我国行政诉讼法设置的是一种侧重于客观诉讼兼顾主观诉讼的模式,即诉讼成为相对独立于诉讼请求的监督行政行为的过程。对被诉具体行政行为进行合法性审查的诉讼原则已经不仅仅是法院与原告之间的纠纷解决关系,还包括了法院与行政机关之间的权力监督关系,这种关系使法院获得了对行政机关个案的监督权。"并同时认为,"这种模式具有中国特色,而且预计在今后的《行政诉讼法》修订的过程中仍然不会有太大的变动。"④持"以权利保护为主导之多元目标模式"说的学者,从制度模式的角度,将行政诉讼制度模式归纳为维护行政模式、纠纷解决模式、司法控制模式、权利保护模式以及综合模式五种类型。该学者在进一步对五种诉讼模式的特征进行概括的基础上,将我国行政诉讼法的立法目的定位为"以权利保护为主导之多元目标",与此相对应,行政诉讼的制度模式应选择"以权利保护为主的综合模式",这样才能达到制度设置与立法目的的一致,保证行政诉讼法发挥应有的

---

① 参见翁岳生主编:《行政诉讼法逐条释义》,台湾五南图书出版公司2002年版,第25页。
② 蔡志方:《行政救济法论》,月旦出版社股份有限公司1995年版,第95页。
③ 同上。
④ 江必新、梁凤云:《行政诉讼法理论与实务》(上卷),北京大学出版社2009年版,第59页。

功能,实现立法预期。持"客观法秩序维护模式"说的学者认为①,我国行政诉讼应定位为客观法秩序维护功能模式,同时兼顾主观公权利保护模式的特点,具有宪法学以及行政诉讼法学基础。客观法秩序维护功能模式为我国行政诉讼扩大受案范围、放松原告资格限制、增设公益诉讼类型、准确定位行政诉判关系提供了理论空间,也为人民法院审判职权的正确行使提供价值指导。"综合模式"说认为,行政诉讼应在维护行政、解决争议、监督行政和救济权利之间寻求平衡,在具体制度的设置上,时而体现出这一模式的特点,时而体现出另一种模式的特点。这种模式的优点在于兼采上述三种模式之长,以达到最佳的结果;其缺点也显而易见,综合模式就是没有一种模式居于主导地位,在制度设置上发生冲突时难以取舍。因此没有一种纯粹的综合模式,可行的综合模式仍然是有一种模式居于主导地位,或者说以某一种模式为主,同时兼采其他模式的特点,以达到制度配置的最优化。"以上四种类型的目标,在某些条件下是可以共存的。也就是说,一个行政诉讼法可以同时实现四个方面的目标,同时扮演四个方面的角色。一般说来,立法者总是在企望四者兼顾,达到尽善尽美的境地。但实际情况是,这四种类型之间也并非完全统一的,至少在立足点上是有些差异的。以解决争议为务,是以行政机关为本位的;以监督为务,是以立法机关为本位的;而以救济为务,是以行政管理的相对人为本位的。因此,从总体上说,四者是不能完全兼得的。当四者不能兼顾之时,总是以次要任务服从主要任务。"②

3. 行政诉讼功能模式的制度研究

如何完善行政诉讼制度是近年来行政诉讼法学的热点,涉及行政诉讼受案范围、原告资格、证据规则、诉讼类型、判决体系等。但是,从现有的研究看,都是研究者们根据各自的理念、对行政诉讼制度进行的零散研究,缺乏系统的内在统一的研究。

从行政诉讼的理论逻辑上说,行政诉讼的性质、目的、制度、功能模式具有内在的逻辑性。其基本的逻辑链条是,性质决定目的,目的决定制度,制度体现一定的功能模式。显然,从系统的观点论述行政诉讼制度的研究成果不多。例如,以研究行政诉讼目的为例,正如马怀德教授所言,现有研究关注行政诉讼目的确定的多,而深入分析如何落实行政诉讼目的的少,表现为多侧

---

① 邓刚宏:《论我国行政诉讼功能模式及其理论价值》,载《中国法学》2009年第5期。
② 柴发邦主编:《当代行政诉讼基本问题》,中国人民公安大学出版社1989年版,第15页。原文所说的四种目标包括:维护行政、解决争议、监督行政和救济权利。由于维护行政的目标背离行政诉讼的性质,因此笔者所指的混合模式只包括后三种目标的混合。

重对《行政诉讼法》第1条规定修改的研究。具体而言,现有研究多指出应将保护公民、法人和其他组织权益作为行政诉讼的唯一目的或根本目的,但在具体安排上却不主张或者没有论及对现有行政诉讼制度的调整。而现行行政诉讼制度的问题恰恰在于在具体安排上偏离了保护公民、法人和其他组织权益的目的。① 笔者曾撰文提出我国行政诉讼应当定位为"客观法秩序维护模式"②,我国行政诉讼应定位为客观法秩序维护功能模式,同时兼顾主观公权利保护模式的特点,具有宪法学以及行政诉讼法学基础。客观法秩序维护功能模式为我国行政诉讼扩大受案范围、放松原告资格限制、增设公益诉讼类型、准确定位行政诉判关系提供了理论空间,也为人民法院审判职权的正确行使提供价值指导。尽管笔者也曾试图尝试从系统的观点,把行政诉讼性质、目的、功能模式以及相应的制度建构的逻辑揭示出来,但是,笔者也一直未能实现,期望本书是上述逻辑的反映。

  按照我国台湾地区学者的观点,依功能取向不同,存在主观公权利保护模式及客观法秩序维护模式两种不同的理想类型。在主观公权利保护模式下,行政诉讼受案范围狭窄。在行政诉讼受案范围上,并非所有行政行为都可成为司法审查的对象,受案范围的对象基本上局限于具有以保障人民主观公权利为目的的实体范围,而内部行政行为等不涉及主观公权利的行为则不纳入行政诉讼的受案范围。相反,在客观法秩序维护模式下,行政诉讼受案范围比主观公权利保障模式要宽松,但为了避免此模式因诉讼泛滥致司法审查过度负荷,往往通过列举主义对诉讼受案范围加以限制。由于行政诉讼的功能在于保障行政行为的客观合法性,最大化的结果就是要求对行政决定是否遵守所有与行政决定相关的法规范进行完全的司法审查。因此,不仅没有区分主观公权利及客观法规范的必要,甚至连外部与内部行为的区分也丧失存在的基础。行政诉讼程序的设计自然倾向于司法权审查范围的扩张。司法审查范围的扩张,不仅表现在司法审查原则的扩张,也表现在审查客体上的扩张,例如行政组织内部的行政行为也可以成为司法审查的对象。③ 相反,我国行政法学界鲜有从行政诉讼功能模式的角度解读受案范围,学者们对于行政诉讼受案范围的讨论主要是从行政权与司法权以及原告权利的角度,争论主要集中于受案范围是否要扩大的问题。考虑到随着社会事务日益复杂化,行政活动多样化,行政主体与行政相对人之间的纠纷类型日见增多

---

① 马怀德:《保护公民、法人和其他组织的权益应成为行政诉讼的根本目的》,载《行政法学研究》2012年第2期。
② 邓刚宏:《论我国行政诉讼功能模式及其理论价值》,载《中国法学》2009年第5期。
③ 参见翁岳生主编:《行政诉讼法逐条释义》,台湾五南图书出版公司2002年版,第25—30页。

的现实,以及从切实保护行政相对人合法权益,尽可能完善诉权以制约日益膨胀的行政权角度出发,大多数学者主张应对行政诉讼受案范围予以扩大,但对于如何扩大或者说应扩大到何种范围及程度,却是众说纷纭、莫衷一是。总的来看,有代表性的论点总体分为"扩大论"和"保守论"。如持有"扩大论"的学者认为:"应当按照依法治国、依法行政的要求,总结经验教训,调整行政诉讼功能的定位,澄清一些模糊概念,扩大司法审查的范围,开拓行政诉讼新局面,将我国行政诉讼制度提升到一个新的高度。"①该学者主要从两个方面进行了论证:一是摒弃内涵不清的一些抽象概念,明确行政诉讼的受案范围,二是将行政诉讼的功能定位于监督行政机关依法行政,从而科学地设定行政诉讼的受案范围。至于如何扩大,持有扩大论的学者们提出了不同的路径,有学者认为:"进入20世纪90年代中后期,学术界已不满足于限于行政诉讼法规定来分析受案范围的做法,立足于完善行政诉讼制度,超越条文规定,全面扩大受案范围,几乎成为行政法学界一致性主张。"②另有学者认为,可以通过完善立法和进行司法解释两条新的路径解决行政诉讼受案范围狭窄的问题:一是增加《行政诉讼法》受案范围的事项种类,二是通过司法解释把"其他公权力措施"纳入具体行政行为含义之内。③ 尽管大多数学者主张扩大行政诉讼的受案范围,但仍然有少数"保守论"学者主张,目前我国行政诉讼受案范围还不宜扩大,理由主要在于目前我国对行政权进行司法审查的理论研究尚不到位、法院对行政事务了解较少或者目前的受案范围已使法院系统感觉吃力并导致诉讼疲软以及司法公正的困境等。因此,"尽管行政诉讼受案范围的扩大是社会规律,在条件未成熟时也不应轻举妄动,至少我国目前状况下还不宜扩大行政诉讼受案范围"④。当然除了上述两种观点外,也有个别学者提出了"恢复论",该论认为,《关于执行〈中华人民共和国行政诉讼法〉若干问题的解释》规定的受案范围实际上并不是在原有的行政诉讼法受案范围的基础上的扩大,而是为了取消对受案范围的不当限制,把受案范围恢复到行政诉讼法的本来面目上来,这是一个很有见地的观点。⑤

总体来讲,二十多年来我国行政诉讼受案范围的研究,不论在理论上还是实践中,都有了很大的拓展,大部分学者大都从行政诉讼受案范围的内容和结构等方面加以相对零散的构建。客观地说,的确取得了一些成果,但远

---

① 薛珍:《我国行政诉讼受案范围应予扩大》,载《法学》1999年第8期。
② 杨伟东:《行政诉讼受案范围分析》,载《行政法学研究》2004年第3期。
③ 朱应平:《扩大行政诉讼受案范围的两条新路径》,载《政治与法律》2008年第5期。
④ 张淑芳:《我国行政诉讼受案范围不宜扩大》,载《法学》1999年第8期。
⑤ 江必新:《是恢复,不是扩大——谈〈若干解释〉对行政诉讼受案范围的规定》,载《法律适用》2000年第7期。

没有获得根本性的突破,只是在原来的框架内进行了一些修补工作。究其原因,行政权抵制司法权的介入和司法自身缺乏足够的资源和权威,固然是制约行政诉讼受案范围进一步扩展的重要因素,但理论研究缺乏新思维,往往是就事论事,就某一项行政行为纳入行政诉讼范围的意义和必要性的论证,几乎还是局限在现有法律和司法解释进一步完善的讨论范围内,缺乏整体性解决方案,这是影响行政诉讼受案范围发展的重要原因。理论的贫乏无力,必然导致实践的迟疑不决。因此,必须从更深层次上来思考完善行政诉讼受案范围的理论基础是什么,并为完善行政诉讼受案范围提供强有力的理论支持。我们认为,对我国行政诉讼功能模式及其理论价值的重视和研究不够,可以说是导致行政诉讼受案范围踟蹰不前和行政诉讼理论研究难以深入的一个重要原因。笔者认为,不论哪种观点,是应该扩大,还是"恢复论",往往都是从主观公权利保障角度来论证行政诉讼受案范围,都没把握住问题的本质。在主观公权利救济模式下,行政行为只有在与原告有利害关系的前提下,才可能纳入行政诉讼受案范围,那么,抽象行政行为、内部行政行为显然与主观公权利救济模式是不相融合的,存在理论基础的非正当性问题。相反,只有在客观法秩序模式下,上述行政行为才可能纳入行政诉讼的受案范围。因此,我们认为,在客观法秩序维护模式理论基础上讨论我国行政诉讼受案范围,将显得更科学,更合理。

  同时,行政诉讼功能模式制度研究还涉及原告资格、诉讼类型、判决类型等方面的制度研究。对此,这里不一一赘述。另外,我国行政诉讼制度究竟是以行政行为为中心还是以当事人的权利保护为基点进行制度设计,也是行政诉讼功能模式的制度构建中值得研究的问题。对此,有研究者发现,我国行政诉讼制度以及当下的研究,是以行政行为为中心而不是当事人的权利保护为基点进行制度设计的。现行行政诉讼制度不是以当事人的诉讼请求或权益保护为核心安排的,相反是围绕具体行政行为建立的。该制度以具体行政行为合法性审查作为基本原则,以具体行政行为为中心运转,原、被告双方针对具体行政行为合法与否展开争议,法院在对具体行政行为进行合法性审查的基础上对其是否合法作出裁判。① 不可否认,这一制度安排可以通过撤销甚至变更行政行为以达到保护公民、法人和其他组织权益的效果,但从整体后果上无法给予当事人充分的救济。同时,现行行政诉讼制度的具体运转所面临的困境,放大了这一制度安排的缺陷,从而导致行政诉讼保护公民、法人和其他组织权益的不力。因而,《行政诉讼法》不仅要旗帜鲜明地倡导和确

---

  ① 杨伟东:《行政诉讼架构分析——行政行为中心主义安排的反思》,载《华东政法大学学报》2012年第2期。

定行政诉讼的首要目标和根本目的在于保护公民、法人和其他组织权益,而且要致力于纠正现有制度安排在保护公民、法人和其他组织权益上出现的偏差。

(二)国外研究

本书的研究主线是我国行政诉讼究竟是主观公权利救济模式还是客观法秩序维护模式,大陆法系和英美法系由于其法律传统不同,观点也不一样,行政诉讼的构造也存在差异。英美法系(主观公权利救济模式)总体来说:原告的起诉资格以利益为标准;行政诉讼受案范围以权利受到损害为标准;诉讼模式具有当事人主义色彩;司法审查遵循成熟原则;行政诉判关系一致。而大陆法系(主要呈现为客观法秩序维护模式)总体来说:行政诉讼受案范围以职权为标准;原告提起诉讼的资格有一定限制;行政诉讼模式具有职权主义色彩;司法审查一定程度上与行政过程同步;行政诉判关系未必绝对一致。尽管两大法系行政诉讼构造有所差异,但制度上存在着相互借鉴的趋势。两大法系的行政诉讼(司法审查)成熟制度也可以为我国借鉴。

在大陆法系国家,公法理论建构的代表性人物迈耶和狄骥对行政诉讼模式定位问题的认识存在明显差异。迈耶是将行政诉讼制度定位为法律的执行程序,维护公民的自由权;而狄骥则区分了主观诉讼和客观诉讼两种基本诉讼类型,并认为不同的诉讼类型具有不同的功能定位。大陆法系国家的公法理论对行政诉讼模式问题的讨论主要是集中于"行政行为""主观公权利"以及"特别权力关系"等构建行政审判制度的核心要素上,并且这些讨论也基本限制在自由法治国和社会法治国思想背景下展开。其中,自由法治国思想基本是将行政审判制度的功能定位为保护个人自由权和维护形式法治,而社会法治国思想则强调行政审判应当注重对法的目的及其实质内容的追求。

在英美法系国家,英国学者卡罗尔·哈洛、理查德·罗林斯在《法律与行政》一书中,总体上将行政诉讼模式概括为"形式主义的司法审查模式",其关键要素包括以下几点[①]:一是公法和私法在形式上没有区别。二是此种模式的主要目的是保护当事人的"法律利益"。行政行为绝不会仅仅因其违法即具有可诉性,其受审查的前提必须是它对个人利益造成损害。起诉资格常常取决于当事人是否享有法律权利。三是司法审查的根据局限于并根植于简单的越权原则,它只意味着某一公共机构必须不能超越或滥用其权力。行政决定也只有在违反自然公正原则或者存在"记录表面法律错误"时,才能被撤

---

① 〔英〕卡罗尔·哈洛、理查德·罗林斯:《法律与行政》(下卷),杨伟东、李凌波等译,商务印书馆 2004 年版,第 1060—1062 页。

销。四是普通法以救济为导向。这意味着司法审查的范围是以既存的救济范围而非以某一宏大的设计来界定的;同时,救济也限定了公法的范围,司法审查以逐案的方式发展起来。

总体来看,主观公权利保护模式为通说。这种模式在德国被普遍接受是第二次世界大战结束后。德国学者认为,在行政诉讼中,对于任何一个其权利受到公权力侵害的人而言,法律途径都是敞开的。其基本依据就是《德国基本法》第19条第4项规定,促成了攸关德国二战后行政诉讼的功能定位,即德国行政法院的核心功能在于提供人民权利有实效性的保障,而客观法秩序之维护原则上只是在上述功能范围内附带的结果而已。除了大陆法系的德国,英美法系的司法审查制度总体上也是主观公权利保护模式。这主要是因为,英美法系没有公、私法的划分,司法审查的职能由普通法院承担,整个司法审查程序的构造主要围绕权利的救济展开,诉讼模式更多呈现出当事人主义的特点。

尽管世界主要国家的行政诉讼属于主观公权利保护模式,但并不排斥行政诉讼的客观法秩序维护功能模式。二战前,主观公权利保护模式也并不是学者们普遍接受的模式,在德国行政诉讼形成的历史过程中,两套审查模式均各有其支持者,也都曾获得"一定程度"(即使不纯正)的实践机会。在德国,有效的法律保护原则是德国构建整个行政诉讼领域的基础。有效的法律保护要求对于受到指责的行政决定具有足够的监督审查权,并针对公民的不同诉讼请求,采用与行政行为形式相适应的诉讼方式。而且要实现有效的法律保护必须使用不同的诉讼形式,通过这些形式,公民权利才能得到有效保护。因此,德国的行政诉讼基于公民有效的司法保护目的,事实上具有监督行政权的重要功能。如德国纳入以维护客观法秩序为目的设计出来的诉讼形态、团体诉讼、规范审查程序等,也就成为了德国行政诉讼发展的特色。同样,在英美法系国家,行政诉讼也具有客观法秩序模式发展的倾向。20世纪中后期以来,随着积极行政扩张,英美国家以消极防止公民权利不受行政侵害的观念也有重大转变,司法审查的主要功能从侧重保护私人权利,开始转向促进行政良好运作以及为公民和社会谋求更大的福祉。①

客观法秩序维护模式的理论基础是法国社会连带主义法学派观点。该学派认为,社会冲突主体实施诉讼行为,并非为了主体实现其实体性权利,即使主体不享有实体权利也不影响其提起诉讼的原告资格。对此,法国社会连带主义法学派创立者狄骥认为,"在进行依法申诉的可能性上不可能看到有

---

① 参见〔德〕弗里德赫尔穆·胡芬:《行政诉讼法(第5版)》,莫光华译,法律出版社2003年版,第22—28页。

一种主观的权利。依法申诉经常是由一个公职人员,或一个作为公职人员来行事的个人来使用的,因为依法申诉不是别的东西,只是动用集体的强制手段。公职人员所作的不是别的事情,只是使自己符合法律,而这种法律又命令他在某种情况下行动起来。因此,我们看不出在行使一种权利;他不过在实施所规定于他的命令规则而已。"在狄骥看来,"任何利害关系人,哪怕只是同这种行为之间有一种道德的、间接的关系,都可以向行政法院提出起诉。这种诉讼的目的也不再是保护公民的主观权利。"①

从发展趋势看,目前的各国行政诉讼制度并非表现为单一的维护法治或者保护权利的基本状态。曹达全博士在《行政诉讼制度功能研究——行政诉讼制度在宪政和行政法治中的功能定位》一书中,通过对世界主要国家行政诉讼制度发展的考察,将其发展趋势归结为以下几点②:一是从注重对个体权利的保护向注重协调公共利益或者是尊重行政权的多元价值目标的转变。英国的越权原则、美国传统行政法模式下的司法审查制度以及大陆法系国家早期的越权之诉,无不具有约束行政权、保护公民自由权的价值取向。伴随社会的不断发展,各国行政诉讼依附于立法权的模式基本得以修正,行政诉讼的价值目标也开始注重对于公共利益的保护,或者是注重在行政诉讼中协调公共利益与私人利益之间的关系。这在英美国家,主要表现为对公共利益诉讼的建构,以及司法权对行政权的尊重。二是如果从维护法治的角度加以分析,行政诉讼也经历了从维护形式法治向注重对实质法治维护的历史发展过程。在此发展的过程中,行政诉讼已经不再是仅仅具有维护法治或者是保护权利的单一的价值目标,而是糅合了以上各种价值目标的综合价值目标。三是行政诉讼制度所保护的权利内容也获得了实质性进展,已经不再限于对自由权利的保护,甚至包含了对社会权利的保护的基本内容。

基于对研究现状的把握,我们认为,有必要引入行政诉讼功能模式的概念,对我国行政诉讼功能模式作出选择,并在相应模式下,系统地解析我国行政诉讼构造,并进一步研究我国行政诉讼制度的完善。

四、研究对象

本书的研究对象是行政诉讼主观公权利模式与客观法秩序模式之间的

---

① 参见[法]莱翁·狄骥:《宪法论(第一卷)法律规则和国家问题》,钱克新译,商务印书馆1959年版,第216—217页。[法]莱昂·狄骥:《公法的变迁 法律与国家》,郑戈、冷静译,辽海出版社、春风文艺出版社1999年版,第151页。

② 曹达全:《行政诉讼制度功能研究——行政诉讼制度在宪政和行政法治中的功能定位》,中国社会科学出版社2010年版,第88—95页。

借鉴与平衡以及相应模式下的制度构建。即我国行政诉讼模式如何定位,主观诉讼与客观诉讼之间的内在逻辑关系,我国相应的行政诉讼模式下制度构建的逻辑路径与制度完善。本书主要包括三个方面的内容:

一是行政诉讼功能模式的历史演变以及两种不同理想类型模式的构造分析。两大法系行政诉讼功能模式的历史演变过程以及发展趋势,是本书一个重要的研究视角,也为我国行政诉讼功能模式的定位提供历史借鉴。依功能取向的不同,行政诉讼存在主观公权利保护模式及客观法秩序维护模式两种不同的理想类型,两种理想模式的诉讼构造各自具有其鲜明的特点。揭示两种理想模型的构造特点,其目标是为我国行政诉讼功能模式的定位提供理论参照。

二是我国行政诉讼功能模式之定位及其结构。一个国家的行政诉讼功能模式的选择是行政诉讼法学的基础性问题,关系到一个国家的行政诉讼制度的建构。我国总体上是客观法秩序维护功能模式,同时兼顾主观公权利保护模式的特点,其理论基础是必须搞清楚的问题,关系到我国行政诉讼的价值取向及其司法实践的效果。

三是我国行政诉讼客观法秩序维护模式的制度建构。我国行政诉讼功能定位为客观法秩序维护模式的理论意义在于:第一,扩大行政诉讼受案范围。有必要扩大行政诉讼受案范围,淡化行政事实行为、准司法行政行为等限制受案范围的概念,明确行政主体与相对人之间的"行政争议"作为行政诉讼的受案范围标准。第二,放松行政诉讼原告资格限制。客观法秩序维护模式下,原告资格问题相对宽松,行政诉讼程序的启动,不以原告个人主观公权利可能受侵害为前提要件,并容许更多的启动行政诉讼程序的方式,甚至可以容许由检察机关主动发起司法审查。第三,充分认识我国行政诉讼模式倾向于职权主义。从监督行政、维护行政客观法秩序的角度,人民法院应当充分认识我国行政诉讼模式倾向于职权主义的特点,这对于提高行政审判的实效性是有意义的。第四,行政诉讼法修改应增加禁令判决形式、增设公益诉讼。我国行政诉讼法为完善救济手段,出于保障人权之计,增设预防诉讼、公益诉讼,并相应增加禁令判决是非常必要的,也是与我国行政诉讼的客观法秩序模式相适应的。第五,准确定位行政诉判关系。在诉判关系问题上,民事诉判关系一致是一项基本原则。而行政诉讼则不一样,行政诉判关系并非完全一致。

五、基本框架

本书总体框架设计为:除导论部分介绍了问题提出、研究价值、研究现状、研究对象、基本框架以及研究方法外,主要围绕以下基本观点展开研究。

一是两大法系行政诉讼功能模式的历史演进。其中的核心问题是分析两大法系行政诉讼功能模式的历史发展过程与发展趋势。其中,英美法系主要以英国、美国为研究对象,大陆法系主要以法国、德国为研究对象,比较与梳理其行政诉讼在历史发展过程中呈现的不同的社会背景、不同特点以及发展趋势。

二是我国行政诉讼功能模式选择的法理分析。其中的核心问题是分析行政诉讼功能模式的法理基础,以及主观诉讼与客观诉讼之间的内在逻辑关系。一个国家的行政诉讼功能模式的选择是行政诉讼法学的基础性问题,关系到一个国家的行政诉讼制度的建构。我国总体上是以司法审查为主体,以主观公权利保护与客观法秩序维护为两翼的功能模式,具有宪法学以及行政诉讼法学的理论基础。

三是我国行政诉讼功能模式下制度构建的逻辑路径。其中的核心问题是,我国行政诉讼制度究竟是以主观公权利保护为中心还是以客观法秩序维护为基点进行制度设计。针对我国现行行政诉讼制度不是以当事人的诉讼请求或权益保护为核心安排的,相反是围绕具体行政行为构建的现状,我们认为,该机制无法给予相对人充分的权利保护。因此,宜以"主观公权利保护"与"客观法秩序维护"两条逻辑路径完善我国行政诉讼制度。

四是主观公权利保护路径下的行政诉讼制度完善。主观公权利保护路径下行政诉讼制度的完善主要涉及主观公权利请求权与受案范围、原告资格、诉讼类型以及判决之间的关系问题。主观公权利保护路径下,我国行政诉讼制度应当以"主观公权利请求权"为逻辑起点,厘清主观公权利、请求权、原告资格、受案范围、诉讼类型以及判决之间的关系,建立诉讼类型制度,理顺请求权与判决之间的关系,尽可能地为主观公权利保护提供充分有效的救济机会。

五是客观法秩序维护路径下的行政诉讼制度完善。客观法秩序维护路径下行政诉讼制度的完善主要涉及应当构建哪些客观诉讼类型、行政审判究竟采当事人主义还是职权主义、诉判关系是不是绝对一致、行政判决的完善等四个方面的问题。客观法秩序维护路径下,行政诉讼法修改应增加禁止判决形式、增设公益诉讼、增设预防诉讼,充分认识我国行政诉讼模式倾向于职权主义。在诉判关系问题上,从客观法秩序维护的角度,行政行为的违法性与有效性并非一致决定了行政诉判并非完全一致。因此,行政诉判关系是一致性与非一致性的统一。

六、研究方法

任何学科的研究方法都是多元的,很难讲哪种方法就是唯一的或是最好的。同样,研究行政诉讼法学的方法应该是多种方法的统一。本书综合运用了逻辑分析法、比较分析法、规范分析法、历史分析法。

本书首要的分析方法就是逻辑分析法。所谓逻辑分析法就是以纯粹抽象的形式去研究对象的本质,从本质关系的展开中展现对象发展的过程,并以逻辑的形式展示客观事物发展的内在的、必然的过程,使客观事物变得更加清晰。运用逻辑的方法,首先要明确概念。有了明确的概念,下一步就是要建立概念之间的联系,以形成理性认识的体系。本书全篇贯穿了逻辑分析方法,从分析世界范围内的两种行政诉讼功能模式(主观公权利保护和客观法秩序维护模式)、两种理想类型及其与模式相适应的行政诉讼程序构造特点入手,其价值在于为我们认识行政诉讼程序构造提供分析工具。在此基础上,对我国行政诉讼模式作出选择。我国行政诉讼应定位为客观法秩序维护功能模式,同时兼顾主观公权利保护模式的特点,具有宪法学以及行政诉讼法学基础。最后,进一步对客观法秩序维护功能模式作出制度设计。因此,本书清晰地展示了行政诉讼功能模式研究的内在逻辑结构。

其次,本书运用最多的就是比较分析法。比较分析法是科学研究经常运用的方法之一,比较分析法有助于把握一事物区别于其他事物的特征,从而也利于把握事物的本质属性。本书对比较分析法的运用主要体现在:由于世界各国的政治状况、历史阶段、文化底蕴、宗教伦理、地缘环境等因素的不同,各国的行政诉讼功能模式,在不同的历史时期和不同地域亦有所不同。我们主要以两大法系的代表性国家为考察对象,试图通过分析美国、英国、法国、德国、日本等五国的行政诉讼功能模式的历史发展及其呈现的特点为基础,为我国行政诉讼功能模式的研究提供借鉴。

最后,本书也运用了规范分析法。规范分析法是法学的基本研究方法,它把法作为一种自在的系统来进行研究,有其自身的发展规律,不受外界、人力因素的控制。因此,本书总是运用宪法、行政法、诉讼法的基本原理,把诉讼法的一般原理与行政诉讼的特有原理研究统一起来,从宪法、行政诉讼法层面分析我国行政诉讼功能模式的理论基础,并对我国行政诉讼功能模式作出理性选择。

此外,我们还运用了历史与逻辑相统一的分析方法。所谓历史的与逻辑的相统一,本质上是主观思维与客观实际相统一。作为一种思维方法,它是思考问题以及理论研究的一种基本的方法。这种方法要求历史的起点从哪里开始,逻辑的起点也应当从哪里开始。历史的方法需要逻辑的方法补充其不足,逻辑的方法也需要历史的方法弥补其缺陷。但是,二者相统一的方法,并不是二者的简单相加,而是它们的有机融合。运用历史与逻辑相统一的方法,从整体方面呈现出来的是逻辑的方法,逻辑的方法是核心,而历史的方法则成了外部的表现形式。比如,本书在认识行政诉讼功能模式时,并不是单一地运用逻辑推理,而是从世界各国行政诉讼产生的历史的角度,去认识行政诉讼功能模式,有利于我们全面把握行政诉讼的本质特点与特殊性。

第一章　域外行政诉讼功能模式的历史演变

所谓行政诉讼的功能模式是指设计行政诉讼制度以及行政诉讼活动所要达到的终极目标而呈现的总体风格。行政诉讼功能模式是一个涵盖性较强的概念,是一个国家行政诉讼体制和运行程序过程中所体现出的总体特征,与行政诉讼价值、性质、目的等密切相关。同时,不同的行政诉讼功能模式也是立法者对行政诉讼价值不同选择或价值位阶不同排序的结果。由于世界各国的政治状况、历史阶段、文化底蕴、宗教伦理、地缘环境等因素的不同,各国的行政诉讼功能模式,在不同的历史时期和不同地域亦有所不同。本章主要以两大法系的代表性国家为考察对象,试图通过分析美国、英国、法国、德国、日本等五国的行政诉讼功能模式的历史发展及其呈现的特点,为我国行政诉讼功能模式的研究提供借鉴。

一、普通法系司法审查模式的历史演变

普通法系行政法起步比较晚,英国学者戴西一度认为,英国不存在那种大陆法系式的制度,将法国的行政法院误认为是维护行政特权的制度。如果以戴西的标准,普通法系国家依然不存在以大陆法系的行政法院制度为中心的,一个逻辑自足的、体系完整的、并与私法相分离的行政法体系。不过,这并不意味着在英国及美国不存在行政及关于行政的法。在英国和美国,如果从规制行政权的角度,它们仍然存在完整的行政法体系,而且,其司法审查制度经过历史的演变,具有其自身的特色与体系。

(一)美国司法审查模式的历史演变

美国作为普通法系国家,没有公法与私法的区分,因此,美国和大陆法系国家不一样,没有设立独立的行政法院,这是美国司法审查的特点。尽管美国行政机关也依正式听证程序裁决行政争议,但是,和欧洲大陆法系国家的行政法院不同。美国行政机关裁决行政争议,实质上是一个设在行政机关内部的行政法庭,但是,没有脱离行政机关,其裁决仍然受普通法院的监督。尽

管美国没有严格意义上的行政诉讼制度,但并不代表司法不对行政行为的合法性进行审查。美国司法审查行政行为是否合法的历史渊源来自英国普通法的传统。在英国君主专制时期,"国王的法官主持早期的英国法院,行使国王的权力监督低级官员的行为是否合法。法院主要通过两个途径监督官员的行为:(1) 私人认为官员的行为违反普通法的义务时,在可以对私人提起诉讼的情况下,也可以对官员提起诉讼,要求损害赔偿。法院为了决定官员的赔偿责任,必须审查官员的行为是否合法。(2) 从 17 世纪以来,王座法庭逐渐发展一些补充的救济手段,称为特权令状(prerogative writs),其中最主要的令状是提审状(writ of certiorari)和执行状(writ of mandamus),此外还有人身保护状(writ of habeas corpus)、禁止状(writ of prohibition)和追问权力状(writ of quo warranto)。法院通过这些令状以审查官员的行为是否合法。在普通法的令状以外,大法官的衡平法院后来又发展两个救济手段,可以同时适用于公法和私法,即制止状(writ of injunction)和确认判决(declaratory judgment),法院可以利用它们审查官员的行为是否合法"[①]。这些英国的普通法传统构成了美国殖民地时期及独立后早期各州司法审查的基础,对美国司法审查制度产生了一定的影响。

美国的司法审查方式有其固有的模式。在美国,按照法院取得司法审查方法的不同,美国的司法审查方法有法定的审查、非法定的审查、执行诉讼中的司法审查以及宪法权利的司法审查四种方式。执行诉讼中的司法审查以及宪法权利的司法审查两种审查方式,严格说来,不是我国行政诉讼法意义上的司法审查,只有法定的审查以及非法定的审查一定程度上属于我国行政诉讼法意义上的司法审查。其中,法定的审查包括特定的法定审查与普遍的法定审查两种方式。所谓特定的法定审查(specific statutory review)是指法律对于行政机关的某项活动直接规定的审查,一般规定在机关的组织法中,规定该机构的行为的审查期限,以及由哪一个法院采取哪一种诉讼形式进行审查。所谓普遍的法定审查是指,不是在某一机关的组织法中规定对该机关行为的审查方式,而是在一个法律中,规定若干机关行为的审查方式,以和特定的法定审查相区别。最典型的是行政命令审查法(Administrative Orders Review Act)。所谓非法定审查(non-statutory review)是指,法律未明确规定的司法审查。也就是说,成文法对某机关的行为没有规定时,并不意味着该机关的行为不受司法的审查,一切行政行为都要受到司法审查。因此,非法定审查适用于法律对于某种行为没有明确规定,或者所规定的审查不能给予

[①] 王名扬:《美国行政法》(下),中国法制出版社 1995 年版,第 568 页。

适当的救济的时候。需要说明的是,"非法定审查不是不要法律的规定,联邦法院的非法定审查绝大部分已由成文法规定。因为法院能够给予什么救济手段,什么事项属于法院管辖范围以内都要有法律根据。法定审查和非法定审查的区别,在于前者是对某种行为明白规定的审查,后者是关于法院权限一般的规定,适用于法院管辖范围内的各种行为。非法定管辖的特点是绝大部分来源于普通法或衡平法,后来由成文法加以规定。在成文法没有规定时,并不排除传统普通法和衡平法的适用"[1]。在美国,联邦法院的非法定审查的主要审查形式包括联邦问题管辖权、侵权行为赔偿之诉、制止状、确认判决以及特权令状,其中特权状包括提审状、禁止状、追问权力状、人身保护状以及执行状。关于州法院的非法定审查,一些州继续适用传统的特权状制度,主要包括提审状、禁止状以及执行状,一些州也对传统的特权状制度进行改革,适用改革后的特权状制度。

美国脱离殖民统治后,其司法审查制度的发展,逐渐呈现出一定的本土特色。主要表现为三个特点:一是英国普通法传统的特权令状逐渐被成文法代替或者补充。在19世纪晚期及20世纪初期,英国的传统在美国逐渐被抛弃,英国的特权令状实际上在美国,尤其在联邦法院从未取得牢固的基础。19世纪末期以来,美国联邦法院逐渐抛弃各种特权令状,这些特权令状被成文法代替或者补充,联邦法院也主要根据成文法的规定进行司法审查,发展至今,联邦法院很少利用特权令状进行司法审查。如果没有成文法规定的司法审查时,一些州法院可利用普通法和衡平法上的救济手段。二是美国司法审查经历了一个逐渐简化司法审查形式的过程。英国传统的特权令状技术性强,每一特权令状都有一定的技术规则,不利于当事人提起诉讼。这些传统的技术规则,后来大都由成文法加以简化,以增加司法审查的效率。第二次世界大战以后,特别是20世纪70年代以来,美国司法审查的形式进一步得到改进和简化。三是美国司法审查的发展是逐渐缩小或取消主权豁免原则。根据主权豁免原则,联邦和各州政府不能作为被告,司法审查的对象只是针对官员的行为;以联邦政府和州政府作为审查的对象,必须得到国会的授权。缩小或取消主权豁免原则以后,司法审查可以直接以政府本身作为被告,联邦政府损害赔偿的范围,也因主权豁免原则的缩小而逐渐扩大。[2]

从英美国家的传统行政法模式来看,"很多美国学者认为行政法的目的是约束行政机关的权力,保障私人的权利"[3]。在这种思想的指导下,行政法

---

[1] 王名扬:《美国行政法》(下),中国法制出版社1995年版,第572页。
[2] 同上书,第568—569页。
[3] 同上书,第44页。

作为"控权法"得以产生并发展。控权法理论认为,行政法的基本内容是控制和限制政府权力。施瓦茨认为,行政法就是用以解决行政机关应有什么权力,其权力的限度是什么和如何限制其权力的问题。① 然而,"控权论"在英美司法审查中并不表现为客观法秩序维护模式,而恰恰是主观公权利保障模式。这主要是因为,英美法系没有公、私法的划分,司法审查的职能由普通法院承担,整个司法审查程序的构造呈现主观公权利救济模式,主要围绕权利的救济展开,诉讼模式更多呈现出当事人主义特点。但是,进入20世纪后,美国的司法审查模式也具有向客观法秩序模式发展的倾向。尤其是20世纪中后期以来,随着积极行政扩张,英美国家消极防止公民权利不受行政侵害的观念也有重大转变,司法审查的主要功能从侧重保护私人权利,开始转向促进行政良好运作以及为公民和社会谋求更大的福祉。

从某种特征上说,20世纪前的美国司法审查主要围绕权利救济展开,带有典型的主观公权利的救济模式特征。但是,20世纪以后,美国的司法审查发生了一定程度的转变,带有客观法秩序的某些特征。通过阅读王名扬先生的《美国行政法》一书,我们会清晰地发现美国司法审查模式演变的历史轨迹。以下通过司法审查范围以及原告资格两个方面,阐述美国司法审查模式从主观公权利模式向客观法秩序模式转变的某些特征。

从司法审查的范围看,20世纪以前,美国司法审查的范围极其有限,只有行政行为侵犯了公民普通法上的权利时,司法才对行政行为进行审查。该时期,美国法院基于"三权分立"原则,为避免司法干预行政,在行政案件的受理上持"不可审查的假定"立场,也就是说,公民只能对法律规定范围内的行政行为提起诉讼,否则,法院应作不可诉的推定。法院应作不可诉推定的典型案例是1840年联邦最高法院对德凯特诉波尔丁案件的判决②。因此,在19世纪,整个司法审查程序的构造主要围绕权利的救济展开。主要是因为,美国的司法审查受其普通法的支配,除非有成文法明确规定可以审查的行为以外,行政机关的其他行为只有造成公民普通法上的权利受到侵害以后,才能申请法院审查。这段时期,司法审查的范围特窄,行政机关大部分行为不受司法审查。同时,对于可以审查的行为,法院进行非常严格的全面审查。因此,这一时期,美国的司法审查走向两个极端,要么不审查,要么进行严格

---

① 〔美〕伯纳德·施瓦茨:《行政法》,徐炳译,群众出版社1986年版,第2页。
② 该案的事实是海军部长拒绝一个海军军官寡妇领取两份抚恤金的要求,一份是根据海军抚恤金一般的规定,另一份是根据私法的规定。部长认为该寡妇只能领取任何一份抚恤金,不能领取两份。最高法院在这个判决中声称:"法院干涉行政部门执行的一般的职务,只能产生不幸的结果。我们很高兴,国会从未有意给予法院这种权力"。这个判例的原则在以后继续适用。参见王名扬:《美国行政法》(下),中国法制出版社1995年版,第604页。

的审查,缺乏灵活的适应性。但是,20世纪以后,由于行政权扩张的结果,司法审查的对象不能限于侵害普通法上权利的行为。近代行政赋予公民大量的权利和利益,和普通法无关。如果司法审查的领域仍然停留在19世纪的观念上,显然不符合当代生活的需要。所以20世纪以来,司法审查的领域大量扩张,除了法律明确禁止的行为和行政机关正当地行使自由裁量权的行为以外,一切行政行为都可接受司法审查。首先提出对行政行为的审查不需要法律规定的重要判决,是1902年的美国磁疗学校诉麦坎纳尔蒂案。[①] 但是,这个判决提出的原则在最初二十年没有得到一贯的遵守,到了20世纪30年代以后才巩固下来。[②]

尽管美国法院判例建立了一切行政行为都可以审查的假定原则,但是,判例也建立了不受审查的例外,并将其规定在美国联邦行政程序法中。美国联邦行政程序法确立了一切行政行为都可受司法审查的原则,也明确规定了成文法排除是审查原则的例外。成文法排除司法审查的情况包括明文排除以及默示的排除。所谓明文排除是指,"国会有权在不违反宪法规定的限度内,在法律中规定对某一事项排除司法审查。排除司法审查的法律必须明白确定,令人信服地证明这是国会的意图,法律中使用不确定的词句往往不能发生排除司法审查的效果。法院从行政行为可以受审查的假定出发,对排除司法审查的条款采取严格解释。法律中没有令人信服的证明时,不轻易相信国会排除司法审查。通常法律中规定行政机关的决定是最终的决定这样的词语,往往不会发生排除司法审查的效果。特别是当行政决定涉及到当事人

---

① 该案的事实是邮政总长命令拒绝投寄原告函件,因为原告利用邮政进行不诚实的业务。邮政总长的决定没有法律的授权,但是法律也没有规定这类行为可受司法审查。最高法院在判决中声称:"邮政机关的行为是行政部门的一部分,这是完全正确的。但是这不排除在行政部门的长官或其属员,在没有法律授权而采取行为时,法院给予受害人救济的管辖权……,否则个人将被抛弃,受行政官员没有任何法律授权任意侵犯个人权利的无限制的和专横的行为所控制"。参见王名扬:《美国行政法》(下),中国法制出版社1995年版,第605页。
② 1936年,最高法院在一个政府职员要求退休金的案件中,认为法院可以审查,因为"国会没有明确命令不能审查"。最高法院在这个判决中的观点和19世纪的观点完全相反,19世纪认为只有法律规定可以审查的行为,法院才能受理;而这个判决认为只要法律没有禁止,法院就可审查。在以后的判决中,法院对可以审查的假定说得更清楚。在1944年的一个判决中,最高法院声称:"确定法律授予行政机关权力范围的责任,是一个司法职能……。国会建立法院审查侵害人民权利的案件和争议,不问这种侵害是来自私人的不法行为,或由于行使没有授权的行政行为产生的。"在1967年的一个判决中,最高法院声称:"只有根据明确的和令人信服的相反的法律的规定,才能限制法院进行司法审查。"参见同上。

的重大利益时,法院不会放弃司法审查的职责"①。例如,联邦行政程序法第701节规定,司法审查不适用于行政自由裁量权的行为。单就这条来说,行政自由裁量权的行为是不受审查的行为,但是,美国法院并不是完全放弃对行政自由裁量权的审查。所谓默示的排除是指,法律中没有规定禁止司法审查,但是法院根据这个法律所要达到的目标、法律的整个体制、立法精神、立法过程,认为这个法律在某方面排除司法审查。美国法院对于明文规定排除司法审查的法律已经采取非常严峻的态度,对于默示的排除司法审查更难承认,但不是完全没有承认默示排除司法审查的案件。

在美国,除了成文法排除是可以审查原则的例外,对于问题本身性质不适宜司法审查的,美国法院也不进行司法审查。所谓问题本身性质不适宜司法审查是指,法院对这类问题完全不进行审查,美国学者往往把这类问题称为行政机关的绝对自由裁量行为。主要是因为,行政事项具有一定技术性,其性质非常复杂,由于司法程序及其人员的特点,有些问题性质上不适宜进行司法审查,所以完全排除司法审查。但是,绝对自由裁量一词,不能认为完全正确。因为任何权力都不是绝对的权力,都有一定的界限和限制。一切行政行为都具有某种自由裁量权力,只是程度和方面的差别,不是"绝对有"或"绝对无"的差别。完全排除司法审查的事项,不可能有一个固定的范围,受时代背景、社会结构和历史传统的影响而变化。在美国,一般认为下列事项性质上不宜由法院审查,包括外交和国防、军队的内部管理、总统任命高级助手和顾问、国家安全、追诉职能等。②

综上所述,美国的司法审查范围的历史演变,经历了从19世纪的不可审查的假定到20世纪的可审查的假定的发展过程。因此,20世纪以来,美国司法审查的领域大量扩张,除了法律明确禁止的行为和行政机关正当地行使自由裁量权的行为以外,一切行政行为都可接受司法审查。在可审查的假定的原则之下,法院受理案件没有来自正面的障碍,而主要看是否属于成文法

---

① 美国法院的解释认为,所谓最终的决定是指行政程序的最终而言,即行政决定不能再依行政程序改变,不包括司法程序在内。法律中作出这样的规定,不能证明国会有意排除司法审查。例如联邦最高法院1955年的一个判决,对1952年移民法中"最终决定"的规定这样解释。法院声称:"下述解释更符合行政程序法对申请人有利的司法审查的规定,即1952年移民法中'最终'这个模糊词语是指行政程序的最终而言,对当事人请求司法审查的权利没有完全地或部分地砍掉"。由于"最终决定"这样的条款往往不能发生排除司法审查的效果,国会为了确保达到排除司法审查的目的,往往在最终条款之后,加上禁止司法审查的明确规定。例如退伍军人福利法规定,除该法所指出的某些例外事项以外,"退伍军人事务署署长对由该署执行的法律而产生的福利要求和支付,作出的法律问题或事实问题的决定,是最终的和结论性的决定,美国任何官员或法院没有审查这些决定的权力和管辖权限"。参见王名扬:《美国行政法》(下),中国法制出版社1995年版,第606—607页。
② 同上书,第615页。

排除司法审查的范围。因此,美国的司法审查模式,从司法审查范围的角度看,其范围非常宽广,不仅具有主观公权利救济的功能,而且也积极发挥着监督行政的功能,对于维护客观法秩序发挥着积极的作用。

以上是我们从司法审查范围的角度,分析了美国司法审查模式,从单纯的主观公权利救济模式发展到一定程度上具有客观法秩序模式特征的历史演变过程。为了进一步说明美国司法审查模式历史演变的这一特征,有必要从原告资格的角度,进一步去分析其历史演变过程。

从美国司法审查中原告资格看,不是任何人对行政行为有争议都可成为原告,具备原告资格的人对行政行为提出的申诉,法院才受理。原告的起诉资格是美国司法审查中的关键性问题。原告资格的目的主要是为了防止滥诉,正确地执行司法审查的职能。美国起诉资格的法律渊源包括宪法、成文法和判例。尽管宪法没有直接规定原告资格,但是,宪法关于司法权范围的规定,是原告资格最基本的原则,法院只对构成一个"案件"或者"争端"的问题行使司法权。所谓的一个"案件"或者"争端"是指,只在原告事实上受到损害的时候才会构成,否则就不是一个案件或一个争端。这是由法院是一个解决争端的机构之司法权本质所决定的。理解美国司法审查中的原告资格,一定要清楚认识到,在成文法中规定的起诉资格,绝大部分是对某一特定行政事项的起诉资格,对起诉资格作出普遍性规定的法律是行政程序法。美国关于起诉资格的法律主要由判例产生,因为宪法的规定非常抽象,如何适用由法院决定。联邦行政程序法关于起诉资格的意义不是十分明确,在解释上存在重大分歧,离开法院的判例不能了解美国关于起诉资格的法律,主要是因为,美国原告起诉资格法律的特点很不确定,关于起诉资格的法律主要由判例产生,最高法院关于起诉资格的判决经常自相矛盾,前后不一致,导致下级法院无所适从,各自根据其主观看法解释最高法院的判决。① 事实上,在司

---

① 美国学术界也没有对起诉资格作出概括性说明,行政法学专家 K. C. 戴维斯对最高法院关于起诉资格判例的矛盾,提出严厉批评。他认为最高法院在这方面必须加强适用遵守先例原则,变更自己的判例一定要说明理由,态度明确,不能任意操纵,反复无常。究竟有些什么因素影响美国法院对起诉资格的态度呢? 主要有下列因素:(1) 避免决定自己不愿决定的问题;(2) 取得自己愿意决定的问题;(3) 避免法院认为应由其他政府部门决定的问题;(4) 避免应由州政府决定的问题;(5) 间接反映法院对各种宪法权利和法定权利主观的评价;(6) 避免法院卷入原告提出理由很小的案件。由于以上原因,最高法院有时放宽起诉资格,使自己对于具有原则性的重大案件,能够作出判决;有时加强对起诉资格的要求,避免自己卷入棘手的问题,妨碍法院和其他部门的关系。这是最高法院在司法审查方面谨慎政策的一种表现。美国下级法院有时也利用起诉资格,或者从宽解释,或者严格要求,以达到自己追求的目的。关于起诉资格的法律,是美国法律中最难概括说明的部分,在说明它的原则时,一定要注意这是一种流动性大的原则。参见王名扬:《美国行政法》(下),中国法制出版社 1995 年版,第 618—619 页。

法审查实践中,原告资格问题非常复杂,法院也并不希望界定标准太过于明确,比较模糊的标准使得法院有一定的自由裁量空间,可以避免司法权介入不适宜司法审查的敏感问题。

从美国司法审查原告资格的历史演变看,总体趋势是放宽起诉资格的要求,扩大公民对行政行为的监督以及维护自身权益的权利。美国起诉资格法律的变迁,大体上经历了从"合法权利损害标准"到"法律利益损害标准"的演变。在1946年《行政程序法》出台前,法院坚持合法权利损害标准,即当事人只有法定权利受到行政行为侵害时才有起诉资格,其他利益受到损害时,没有原告资格。1946年《行政程序法》出台后,法院以法律利益损害标准界定原告资格,即当事人在法律保护的利益受到行政行为侵害时,具有起诉资格。如果进一步研究,可以分为以下几个阶段①:

(1) 直接的合法权利侵害标准阶段:20世纪40年代前。1940年以前,当事人只有在权利受到侵害时才有起诉资格。如果权利没有受到侵害,当事人没有起诉资格。典型的案例是最高法院1938年的亚拉巴马电力公司诉伊克斯案件的判决。② 同样,最高法院1939年在一个类似的案件中,声称申诉人只有在合法的财产权利受到侵害时才有起诉资格,否则,即使行政行为违法,当事人无论受到多大的损害也无申请司法审查的资格。在这个阶段,法院判例关于司法审查的起诉资格,这与民事行为引发诉讼的起诉资格适用同样的规则,行政法上起诉资格不具有其特殊性。合法权利侵害标准理论上的缺点是,混淆了程序法和实体法上的标准。起诉资格是程序法上的标准,本质上是法律上的当事人适格能力,是当事人能否启动诉讼的问题,而当事人是否具有合法权利,是当事人权利实体法上的标准,是当事人能否胜诉的问题。实体法上的标准只有在经过审理程序以后才能确定,不能在未经审查以前就否定当事人请求审查的权利,这关系到当事人诉权能否有效得以实现。

(2) 间接的利害关系标准:20世纪40年代的发展。由于近代行政国家的兴起,直接的合法权利侵害标准不能适应公众权利救济的需要。如果把行政法上的起诉资格限制在传统普通法所保护的直接的合法权利,势必导致大量行政行为不受司法控制,对于一般公民的权利救济不到,特别是区别于传

---

① 参见王名扬:《美国行政法》(下),中国法制出版社1995年版,第617—628页。
② 该案申诉人亚拉巴马是私营电力公司,控诉联邦电力管理局给予市政府经营的电力公司财政援助。由于这种援助,私营电力公司受到极大损害,认为这项援助违反联邦宪法和有关的法律。最高法院在判决中声称:"申诉人主张由于市政府在竞争中得到金钱援助,因此(申诉人)受到损害,甚至可能破产……这是一个很明显的没有法律错误的损害案件。换句话说,市政府根据州的法律,有权从事和申诉人竞争的企业,申诉人没有独占经营的权利。如果他的企业由于市政府的经营而亏损或摧毁,这是由于合法经营的结果,不产生法律上的损害。"参见同上书,第620页。

统行政的新型行政活动,例如社会行政、福利行政等。此外,由于当代独占经济的发展提出了新的问题,一些争议不是传统的权利之争,而是利益之争,特别是一般公众的利益,例如消费者、环境享受者的利益得不到保护。而且公众往往不是行政权力的直接当事人,其权利没有受到损害。如果适用直接的合法权利侵害标准,这些人不可能有起诉资格。传统的司法审查起诉资格标准到了非改革不可的地步,20 世纪 40 年代起,这种转变开始在判例中和成文法中体现出来。典型的案例是联邦电讯委员会诉桑德斯兄弟无线电广播站。① 在这个案件的判决中,最高法院认为竞争者虽然没有受到直接的合法权利的损害,但是实际上受到了间接损害,可以依法享有司法审查的起诉资格。这标志着美国司法审查起诉资格从传统的"直接合法权利标准"转向"间接的利益损害标准"。

(3) 公共利益标准的确立:私人检察总长理论。所谓私人检察总长理论是指,为了保护公共利益,国会可以授权检察总长对行政行为申请司法审查,也可以以法律指定其他当事人作为私人检察总长,主张公共利益。桑德斯案后的第三年,在第二上诉法院的纽约州工业联合会(法人)诉伊克斯案件中确立了私人检察总长理论。② 该案中,法院认为,国会为了保护公共利益,可以

---

① 这个案件首先承认除享有合法权利者外,作为竞争者的起诉资格。这个案件的事实是:桑德斯兄弟广播站控诉联邦电讯委员会对另一无线电广播站颁发新的营业执照。桑德斯兄弟广播站声称,在同一区域的广告收入不足以维持两个广播站,两个广播站互相竞争的结果将导致彼此破产,剥夺当地居民享受无线电广播服务的利益。桑德斯申诉的法律根据是联邦电讯法规定"公共方便和需要"是决定颁发营业执照的标准。同时该法第 402 节(b)款规定由哥伦比亚特区上诉法院根据申请执照人,或"由于电讯委员会给予或拒绝给予执照而受到损害或不利影响的任何其他人的申请"进行司法审查。这个案件上诉到最高法院时,最高法院不顾联邦电讯委员会的主张,承认桑德斯兄弟广播站的起诉资格。联邦电讯委员会认为,法律没有规定对于竞争者的损害是拒绝颁发执照的理由。因此联邦电讯委员会颁发新的执照,没有侵害桑德斯兄弟任何合法的权利,桑德斯兄弟没有起诉资格。最高法院承认对于竞争者的损害,不是联邦电讯委员会颁发执照时考虑的因素。但是最高法院认为,尽管联邦电讯委员会的决定没有侵害桑德斯兄弟的任何合法的权利,桑德斯兄弟作为一个竞争者,他的利益受到颁发新执照的不利影响,仍然有资格请求法院审查联邦电讯委员会的决定。因为法律已经给予任何受到联邦电讯委员会决定不利影响的人请求司法审查的权利。最高法院的结论认为,国会建立申请司法审查新的起诉资格标准是承认这样的事实,"竞争者通常是唯一有足够的动力请求法院注意联邦电讯委员会在颁发执照时所犯法律错误的人"。这个判决和前面两个判决形成明显的对比。在前两个判决中,法院认为竞争者所受到的损害不是合法权利的损害,没有起诉资格。在这个判决中,法院认为竞争者虽然没有受到合法权利的损害,但是实际上受到损害,可以依法享有司法审查的起诉资格。这个观点毫无疑问是美国行政法走向现代化的一个发展标志。参见王名扬:《美国行政法》(下),中国法制出版社 1995 年版,第 621—622 页。

② 该案的原告是煤炭消费者,被告是工业部长和煤炭局局长。原告由于不服被告规定煤炭价格过高,根据 1937 年的烟煤法的规定,请求第二上诉法院审查。被告主张原告没有起诉资格,因为被告的决定没有侵犯原告的权利。即使被告的决定不合法,原告因此受到损害,这种损害也不足以使原告取得起诉资格,否则不符合宪法第三条规定的"案件"或"争端"的要求。上诉法院在判决中针对被告的主张,发挥了私人检察总长理论(private attorney-general theory)。参见同上书,第 622—623 页。

授权检察总长对行政机关的行为申请司法审查，国会也有权以法律指定其他当事人作为私人检察总长，主张公共利益。私人检察总长理论的确立也标志着美国司法审查原告资格再往前迈进了一步，实现了从合法权利损害标准到法律利益损害标准再到公共利益标准的质的突破。

正如前述，美国司法审查起诉资格主要由法院的判例和成文法规定。美国原告资格的演变主要是通过判例发展规则，一些规则通过成文法加以确认。1946年颁布的联邦行政程序法首先对司法审查的起诉资格作出普遍性规定。该法第10节(a)款规定，"任何人由于行政行为而受到不法的侵害，或者在某一有关法律意义内的不利影响或侵害，有权对该行为请求司法审查"。其中，"任何人由于行政行为而受到不法的侵害"是传统的起诉资格标准。"或者在某一有关法律意义内的不利影响或侵害"是20世纪40年代初期发展的起诉资格标准。后来，70年代联邦法院的判例对行政程序法关于起诉资格的规定又做了进一步发展。1970年，最高法院将此标准概括为双层结构标准，即宪法要求的标准和法律要求的标准。第一，当事人提出的诉讼要符合根据宪法规定的构成一个"案件"或"争议"，只要"产生了事实上的损害"即构成"案件"或"争议"；第二，被侵害的利益属于法律保护的范围之内。受到法律保护的权利不仅限于法律明确设定的权利，而且包括法律所明示或隐含调整意图的利益。

从原告资格的历史演变，我们可以清楚地认识到，美国司法审查模式不仅关注个体权益的救济，也存有向客观法秩序维护演变的趋势。私人检察总长的起诉资格的效果就是，反对行政机关违反公共利益的违法行为。由于起诉资格和原告所受损失的大小无关，往往是诉讼中原告个人利益较小，而公共利益较大。公共利益原告资格的确立为客观诉讼提供了制度空间，也为美国司法审查的价值目标走向主观公权利的救济与客观法秩序的维护相统一提供了可能。

总之，我们通过美国司法审查范围以及原告资格的历史演变的考察，可以发现，美国司法审查模式已经具有从主观公权利模式向客观法秩序模式转变的某些特征。从司法审查范围看，几乎涵盖了一切行政行为，既没有具体和抽象行政行为之分，也没有内部与外部行政行为的区别；从原告资格看，也确立了为公共利益而提起诉讼的资格标准，使全方位监督行政行为的合法性，没有了制度上的正面障碍。

（二）英国司法审查模式的历史演变

英国的司法审查模式是在法治原则的指引下构建而成。法治的第一层含义是,任何事件都必须依法而行。它要求每个政府当局必须能够证实自己所做的事有法律授权,几乎在一切场合都有议会立法的授权。政府行使权力如果影响他人法律权利、义务和自由,必须有法律依据,受到影响的人可以诉诸法院。如果法律依据不充分,法院将撤销此行为,不产生任何法律后果。这就是合法性原则。法治的第二层含义是,政府必须根据公认的、限制自由裁量权的一整套规则和原则办事。法治的实质是防止滥用自由裁量权的一整套规则。法治要求法院阻止政府滥用权力,法院也采用了许多方法,既从实体法、也从程序法上发力,把行政权力控制在法律的目的之内。因此,法院必须努力在需要公正有效的行政与需要保护公民免受行政专断之间作出平衡。这里存在程度问题的事实,使得批评家贬低法治,认为法治只是一个反映政府的某种特定哲学的政治现实,但是,这种说法只有在下述观点上才有意义,即每种法律制度都有自己的评判滥用自由裁量权的标准。英国为此而设计的法治是客观的、非政治的,确实表明了一种特别的司法立场,即不论对何种政治内容的法律它都可以不偏不倚地适用。没有这些规则,各种各样的滥用行为都有可能发生,法治就可能被专断权力所代替。因此,它们的存在对法治而言是不可缺少的。它们自身是法律原则,而不是政治。法治的第三层含义是,对政府行为是否合法的争议,应当由完全独立于行政之外的法官裁决。虽然许多行政争议由特别的裁决所审理,但是,这些裁判所本身受普通法院的制约,在由高度独立的法官组成的普通法院提起与政府的争议,是英美法治概念中的重要组成部分。法治的第四层含义是,法律必须平等地对待政府和公民。但是,政府必须拥有特别权力,两者不可能有同样的对待,只是政府不应当在普通法律上享有不必要的特权以及豁免权。①

在英国,虽然法治是行政法的精髓,也是其司法审查的理论基础,但是,戴雪的名著《宪法论》认为,行政法对英国的宪法而言是完全陌生的,它与英国的法治、普通法和宪法自由格格不入。戴雪否定的行政法是法国意义上的行政法。根据法国的制度,它有特别的行政法院,控告官员和国家的案件由一个独立的司法系统受理。但是,在英国,古代也曾在国王的行政机构设置过特别行政法院。资产阶级革命后,确立了法的支配原则,行政案件由普通法院按照普通法程序进行审理。在英美法系国家,民主传统根深蒂固,即掌握行政权的官员与私人平等地服从普通法的管制。因此,当公民因官员的违法行为遭受损害时,官员个人的责任只能经过普通法院,按照民事诉讼程序予以追究,不承认在审判程序上的特殊性。但是,要真正理解英国司法审查

---

① 参见王名扬:《英国行政法》,北京大学出版社2007年版,第25—28页。

的历史发展,必须从其令状制度的历史发展谈起。

令状制度是英国普通法历史上主要的也是最具特色的制度,其和陪审制度一起构成了普通法基础。所谓令状是指国王发布书面命令,其主要内容在于命令接受令状的人去作为或不作为某事。溯源英国法制史,在1066年诺曼人入侵前,英格兰的政治、社会及其法制发展状况总体呈现为封建割据状态,也导致其法制不统一。就司法体系而言,王室法庭、地方司法机构和领主的司法机构共存。王室法庭只不过是全国最大的领主所设立的法庭。但1066年以后,中央集权制得以确立和加强,王室法庭取得了绝对的优势,并通过审判实践和判例形成了普遍适用于全英格兰的普通法。在15世纪末至17世纪前期,即都铎王朝和斯图亚特王朝前期,国王对治安法官的监督权转由枢密院行使,枢密院是当时辅助英王行使立法权、行政权和司法权的最高政府机构,从而加强了其专制权力。有必要说明的是,其中具体行使对治安法官监督权的是星法院,它是依国王特权设立的特别法院。当时的星法院是普通法院之外依国王特权设立的和政府密切联系的特别法院,这个法院主要受理公法性质的诉讼,施用严刑以保护国王利益,迫害持反对意见者;王座法庭发布强制令、调卷令、禁令,并且采用其他普通救济手段,任何一个希望对行政执法的合法性以及其他当局的合法性提出挑战的人都可以得到救济。①因此,英国的令状制度起先仅是作为国王的一种行政管理手段而已。当代行政法意义上的令状制度却是在17世纪才得以承认。

但是,星法院毕竟是为维护国王的特权而设立的,其设立的目的主要在于贯彻国王的意志和权力需求,与以保障权利和维护法治为目的的现代意义的行政诉讼有着本质的不同。1641年英国资产阶级革命取得胜利之后,除了大法官法院,一些特权法院被废除,普通法院取得了监督治安法官的权力。此后,王座法庭利用各种特权状监督治安法官的活动,并可以判决治安法官负一般的赔偿责任。1888年的《地方政府法》成立郡议会,治安法官的行政权力大都转移于新成立的民选机构。原来法院对治安法官所实行的各种监督也同样适用于新成立的各种机构。英国于1642年废除了星法院等其他特权法院,1688年取消了枢密院的许多行政权力以后,一切诉讼均由普通法院受理,没有公法关系和私法关系之分,开启了英国由普通法院审理行政案件的传统。但是,普通法因过于注重程序和形式,存在许多弊端,表现为程序的冗长和繁琐,也忽视了实体上的正义。因此,产生了衡平法院及衡平法。15

---

① 参见〔英〕彼得·莱兰、戈登·安东尼:《英国行政法教科书(第五版)》,杨伟东译,北京大学出版社2007年版,第10页;〔英〕威廉·韦德:《行政法》,徐炳等译,中国大百科全书出版社1997年版,第18页。

世纪正式形成了大法官法院,也称"衡平法院"。衡平法院根据审判实践,逐渐发展出一套与普通法不同的法律规则,形成一套有别于普通法的独立法律体系。在衡平法院,一般由原告以控诉状的形式直接向大法官提起,不用陪审制,允许书面答辩,根据"公平""正义"的原则审理案件,以体现实质正义,从而具有优越于普通法的许多优点。但由于两大法院系统的关系,管辖范围存在重叠,大量案件从普通法院转向衡平法院,同时,衡平法院的禁令可以干涉普通法院的判决,两者之间矛盾也日渐增多。17世纪初,普通法院法官科克和衡平法院大法官埃尔斯密将冲突引向白热化,最终以国王詹姆斯一世确立"衡平法优先"的原则而告终。

在英国,传统的司法审查是通过以下两种方式进行的:一是王座法庭使用调卷令、强制令或者禁止令特权救济的方式。其中,调卷令的目的是撤销越权的决定,强制令的目的是强制某一行政机关履行其义务,而禁止令的目的是禁止公共机关将来作出违法行为。在19世纪之前,这些特权令状监督的对象是各地的治安法官,而到了19世纪,由于治安法官的权力已经移交给各种专门委员会,特权令状也因此适用于这些专门委员会。这些令状现在已经转变为撤销令、强制令和禁令。至今仍然保留的是人身保护令,以用于审查公共机关作出的羁押决定的合法性。二是大法官法庭使用禁制令或宣告令等衡平救济方式。禁制令主要是作为禁止令的替代者来使用的。由于它很少受到程序技术性的限制而得到人们的广泛使用。直到1977年,受害人才可以使用不同的救济方式申请司法审查。但由于这些救济方式适用的程序、时效、起诉资格的要求不同,因此给受害人带来如何选择救济方式的困惑,也引发了英国对司法审查程序的改革。最终导致1977年修订了《最高法院规则第53号令》,随后又将第53号令制定为1981年《最高法院法》第31条。这一改革的基本点是,应当建立审理行政法案件的单一的程序,即所谓的司法审查申请程序,并且受害人在传统的五种救济方式中,可以附带提起行政赔偿请求。因此,1977年之后的司法审查程序基本上是以传统的特权救济方式为基础建构起来。改革后的司法审查程序分为两个基本阶段:第一个阶段是许可申请阶段。作为一种过滤性机制,相当于我国的诉讼构成要件,在此阶段法院主要审查被诉机关是否适合于司法审查、被诉决定是公法性质的还是私法性质的、申请人是否有原告资格、申请的理由是什么等。只有获得准许,才能进入全面审理阶段,即第二阶段。这次改革虽然在英国受到了欢迎,但也引发了新的混乱状况,尤其表现为对公私法划分问题的争议。①

在英国,普通法是围绕着令状制度及相应的诉讼模式成长起来的。正是由于令状制度的存在,司法的正义才得以彰显,王室法庭才得以对王国进行统一的司法治理。因此,令状制度是整个普通法的基础。英国的司法审查中,主要存在提审令、禁止令、执行令、人身保护状、阻止令和宣告令这六种令状形式。其中,前四种属于公法救济手段,由于原先均只归于王室享有,而臣民则不在其范围之内,因此,亦被称为特权令状。至16世纪末,这些特权令状已能为一般人所用,但仍然保留了王室的名义。理解英国行政诉讼法必须把握各种令状制度的内涵:(1)关于提审令。所谓提审令是指有监督权的法院命令下级法院或行政机关把所作出的司法裁判或者行政决定移送审查。提审令最初主要用于审查低级法院和治安法官的司法裁判或者行政决定,后来才扩展到一般行政机关的决定。在提审令诉讼中,法院审查的范围包括实质上的越权和程序上的越权,但不能审查事实上的错误。(2)关于禁止令。所谓禁止令是指高等法院、王座法庭对低级法院和行政机关发出并禁止其越权行为的特权令。禁止令的适用范围类似于提审令,只是它只用于作出前和在执行过程中的决定。禁止令常和其他特权令同时使用,如和提审令并用,撤销已经作出的决定,同时,禁止继续作出违法的决定。(3)关于执行令。所谓执行令是指有监督权的法院命令低级法院和行政机关履行其法定义务的特权令。执行令的适用范围只能适用于执行公法上的特定义务,适用于公共机构的一切公法上的义务。(4)关于人身保护状。所谓人身保护状是指法院依被拘禁者或其代理人的申请,命令释放被不合法拘禁者的救济手段。英国境内的任何人可以向高等法院王座法庭申请人身保护状。法院对拘禁决定的合法性进行审查,撤销违法的拘禁命令。但法院的审查不涉及拘禁决定的实质内容,而仅仅就被诉机关是否有权作出该拘禁决定进行审查。(5)关于阻止令。所谓阻止令是指法院要求一方诉讼当事人为或者不为一定行为的命令,前者为积极的阻止令,后者则为消极的阻止令。当事人对于行政机关的一切越权行为,不论其性质为立法、行政或者司法,都可以申请阻止令进行救济。(6)关于宣告令。所谓宣告令是指法院仅仅宣告某种法律关系或法律地位是否存在而不伴随强制执行的命令。法院的宣告虽然不具有强制执行的效力,但具有既判的效力,当事人间的法律关系因宣告而得以确定,可据此申请其他的救济手段。宣告令可以针对包括英王在内的一切公

---

① 参见曹达全:《行政诉讼制度功能研究——行政诉讼制度在宪政和行政法治中的功能定位》,中国社会科学出版社2010年版,第88—95页。

共机构,而其他救济手段不能适用于英王。① 六种令状构成了英国司法审查的基本框架,每一种令状都有其适用的条件、程序与范围,类似于大陆法系国家的诉讼类型。

在英国司法审查模式中,我们尽管没有发现主观诉讼以及客观诉讼的话语体系,但是,从其基本制度,即对令状制度的研究中,我们可以发现其司法审查模式总体是主观公权利救济模式,同时也兼顾了客观法秩序的维护。现从原告资格以及司法审查的范围两个层面分析其特征。

如果说一个国家的司法审查模式呈现为主观公权利救济模式的话,其原告资格必然要求被诉的行政行为与原告具有法律上的利害关系。相反,如果原告与被诉行政行为没有利害关系,也允许提起司法审查,则其司法审查具有一定的客观法秩序维护功能。从原告资格看,英国的司法审查中,总体来看,只给有足够资格的诉讼当事人以救济的机会,这是历来的传统。这是因为,救济是与权利相关联的。但是,在公法中,只有这个原则还不够,因为它忽略了公共利益。公共当局有许多权力与义务,这些权力与义务与其说是影响特定个人的,不如说是影响一般公众的。如果公共机构违法,没有人有过问这件事的资格,那它就可以无视法律而逍遥法外,这种结果会使法律成为一纸空文。一个有效的行政法体系必须对此找出某种解决办法,否则法治就会垮台。随着政府权力与公务的增加和公共利益压倒私人权利的情形日益突出,特别救济显示了它的价值,因为它不仅为私人利益而且是为公共利益而存在的,它是公法制度的核心。英国司法审查发展的历史表明,法律必须给没有利害关系或者没有直接利害关系的相对人以诉讼资格,以便防止政府内部的违法行为,否则,没有人能有诉讼资格对这种不法行为提起司法审查。② 因此,英国的司法审查不仅具有主观公权利的救济功能,也具有客观法秩序维护的功能。

但是,在英国司法审查中,原告资格因不同的救济有不同的规则。具体分述如下③:(1) 禁制令中的原告资格。个人的权利遭到一个公共机构威胁的人,自然就享有申请禁制令的资格。如果一种公法权利受到威胁,个人可以在两种情况下请求禁制令:一种情况是个人权利同时受到侵犯。另一情况是侵犯了公法权利,个人也受到了损失。否则,只有检察总长才能维护公共权利。法院只有根据个人要求支持其法律权利的起诉下才会下达禁制令,这是一项基本规则。但是,在许多情况下,个人有特殊的利益而没有具体的法

---

① 参见王名扬:《英国行政法》,北京大学出版社 2007 年版,第 360 页。
② 参见同上书,第 365 页。
③ 参见同上书,第 365—378 页。

律权利,法院有一种只能根据特殊利益而发禁制令的趋势。(2)宣告令中的原告资格。申请宣告令的人不需要有现实诉因或有其他救济的权利,只需具有实际争议或有可能发生争议这一条件即可。除非案情如此,否则法院对他的合法地位没有什么可以宣告。法院的权力不是一般地宣布法律或提出咨询意见,其局限于向诉讼各方当事人而不是任何其他人宣告有争议的现实的或未来的合法权利。宣告令与禁制令一样,局限于私法救济的性质。如果申请人的个人权利未受到威胁,除非他得到检察总长的帮助,获准作原告起诉,否则他是不会成功的。(3)调卷令与禁令的原告资格。调卷令与禁令作为特别救济,在诉讼资格问题上的规定历来比私法要宽松一些。特别救济是在王室的起诉下给予的,而王室总是有资格来控告公共机构以及它自己的大臣,只要他们采取了非法行为。调卷令与禁令主要同公共秩序有关,每一个公民都享有请求法院防止某种滥用权力行为的资格,这样做不是多管闲事,而是为公众做好事。使用调卷令与禁令的救济几乎取消了诉讼资格的要求,在英国已经成为广泛的原则。[1] 依靠这样的手段,可以为一个真正有冤情但从法律角度又不属于冤屈的公民找到一种救济办法。(4)强制令原告资格。关于强制令申请人资格问题的法律,原则上应与其他特别救济一样宽松。任何真正相关的人只要提出请求,只要法院裁定许可,就应能迫使公共机构为了公共利益履行其义务。强制令申请人必须表明具有申请法院干预的具体合法权利,法院应"从严掌握",应实行比调卷令申请"严格得多的标准"。有必要指出的是,英国的司法审查基于经验,没有过多的理论预设,往往通过诉讼创设权利及权利主体,因此,原告资格的理念也呈现开放的状态。一般认为英国司法审查的原告资格实行的是足够的利益标准,在寻求申请司法审查的许可阶段,法院认为原告具有足够的利益时,才会颁发申请许可。而在判断是否有足够的利益上,法院可以行使自由裁量权。作为一个明确概念,原告资格问题的实质在于,有提起诉讼理由的申请人有可能缺乏足够的利害关系,使之不能提起诉讼。但是,申请人的利害关系即使微不足道,甚至仅仅是作为一个纳税人去对抗另一个纳税人的评估,如果原告能证明行政机关有玩忽职守或滥用职权的明显情况,仍然可以胜诉。法律的重心在公共政策上,

---

[1] 调卷令与禁令的基本目的是通过防止越权和滥用权力,维护法制秩序,而不是最终确定私人权利。如果法院根据自由裁量权拒发调卷令,申请人仍可在其他诉讼程序中对有关行政决定的合法性提出异议,例如在租金法庭已命令减租,调卷令申请已告失效的情况下,仍可对房客提出缴纳原定租金的诉讼请求。换句话说,法院不能用一事不再理的理由拒绝他,他总是可以证明(如果他有能力的话),该法庭没有管辖权可以把这种原则引申到司法复审的各种救济中去,这是合乎逻辑的。参见王名扬:《英国行政法》,北京大学出版社2007年版,第390页。

而不是在私人利益上。因此,在英国,具有司法审查原告资格的主体非常广泛,包括个人、利益集团、压力集团或组织、检察总长、行政当局等。较为宽松的原告资格以及原告资格主体的广泛性也恰恰表明了其司法审查功能之权利救济与客观法秩序的维护的兼顾性。

以上是从原告资格的层面,分析了英国司法审查模式的特征。为了进一步把握其司法审查模式的特征,我们有必要进一步从司法审查范围的层面进行分析。如果说,主观公权利救济模式下,其司法审查范围相对客观法秩序模式较窄的话,那么,英国的司法审查范围的宽泛性,则说明了其司法审查模式不仅具有主观公权利救济模式特点,也一定程度上表明了其具有客观法秩序模式特征。英国司法审查确立了有利于司法复审的假定,总体上遵循可审查原则。英国历史上,尽管由于国会各项法律往往存在旨在限制甚至取消司法复审的规定,但是,现在情形发生了转变,除非有最明确无误的语言,任何成文法都不能取消调卷令的救济办法。在英国,即使许多成文法规定某种裁定是最终的,构成对其提起上诉的障碍,但是,法院拒绝让它妨碍司法复审的运行,司法政策的取向是决不允许削弱法院的权力以破坏法治的。因此,英国对司法救济的法定限制是尽可能缩小其范围,有时甚至反对限制这个用语浅显的含义,否则行政机构和裁判所将拥有不可控制的权力。如果一项制定法说某项裁决或命令是最终的和结论性的,仅仅意味着不能再上诉了,司法对其合法性的控制没有受到损害,这是英国 300 年来的一贯理论,保卫着司法复审的整个领域,包括越权和表面性错误。[①] 从以上论述看,英国在司法审查范围问题上,是以可审查假定为原则。英国司法审查是依据普通法上的宪法原则,不需要制定法上的授权。公法领域的案件原则上是可以审查的。任何公共机构的行为只要影响了公民的权利及其合法期待的权利,或者其权力的行使,超越了其权限或者违背了自然公正的原则,那么法院就享有对行使该权力的司法审查权。而且,法院通过调卷令行使司法审查权扩展到了特权领域以及政府规制权力的领域,即使该权力不是源于制定法。同时,可审查的例外是相当严格的,英国司法审查范围的限制,一方面源于制定法上的限制,制定法在某个具体问题上可以限定司法审查权的行使以及其行使方式,其目的是为了保证行政自由裁量权以及行政程序的运转。制定法上往往针对一些情形,采取对司法审查予以限制或排除的立场,其主要包括意图排除挑战或质疑行政行为,以禁止在任何司法程序中提出质疑、行政终局行为、议会法律明确禁止的、决定性证据。此外,申请人需在一定时限内提出司

---

① 参见王名扬:《英国行政法》,北京大学出版社 2007 年版,第 403—404 页。

审查,在法定期限之后行政决定则免于通过司法审查程序受到质疑。另一方面,源于普通法上的限制,基于权力分立的宪法原则,在一定程度上是法院的自制,法院一般认为不具备可司法性的事项仅包括具有高度政策性或政治性、事关国家安全、皇家特权行为。即使是普通法上的特权,当今已经有议会法案的规范,但是,法院并不因为特权而拒绝审查,而是看被诉事项是否具有可司法性,如果构成司法案件、宜于法院裁判,也可纳入司法审查的范围。在英国,对于普通法上的司法审查范围限制,现在往往通过制定法明文规定,法院对制定法的限制也倾向于持严格解释的态度。[1] 特别是 1998 年《人权法案》对英国司法审查产生了重大影响,尽管司法审查的目的仍在于对行政行为的司法控制,但法院在审理时开始关注人权保护的主观因素。《人权法案》第 6 条第 1 项规定:"公共机关以与公约中的权利不一致方式行为是不合法的。"该条的一个确定的影响是,把司法审查范围拓展到《人权法案》所保护的所有公约中的权利。[2] 因此,英国司法审查的范围相当广泛,包括法规、履行公共职能相关的裁决、作为或不作为等。原告寻求义务令、禁止令、撤销令、禁令、宣告性裁决,同时,包括但不限于损害赔偿诉讼,都可运用司法审查程序。英国司法审查为保障公民主观公权利以及维护客观法秩序发挥了无所

---

[1] 即使成文法明确提出对越权行为或决定不应颁发调卷令,法院仍可批准下发此令以撤销这种行为或决定。17 世纪法院开始以此方式使用调卷令时,它过多地撤销法官在形式上存在小缺点的裁定。正如一项成文法所一再指出的,一些命令或判决,"由于是例外或者是反对该命令或判决的形式问题而遭到撤销或被搁置一边,却不问有关事情的真相和是非曲直(1849 年)"。国会对此进行了报复,在许多成文法中规定,根据国会法作出的裁定,不得颁发调卷令予以撤销。法院针对这一条款指出(1861 年):"司法审查中的理论缺陷和分歧,以及上诉法院的撤销权理论根据是有害的。有关成文法是对法律的最有利的变动,变动的目的是要控制已经造成可悲的、不光彩的技术细节的做法。"但法院一方面全力贯彻上述条款以达到这些条款的正当目的,另一方面则拒绝让这些条款干预法院对越权的控制,否则下级裁判所会(再次)成为我行我素、各自为政的机构了。因此,尽管有"不发调卷令"条款,法院继续对任何越权案件颁发调卷令。在一项早期的案件中,排水委员会要求得到 1571 年某成文法律规定的福利,规定不应迫使它收回诉讼,并拒绝从高等法院调卷令,但他们是向管辖区外征收地方税,因此,因藐视法庭而被处罚款和监禁。林奇称,法院不能允许管辖权限失控。丹宁勋爵法官就此指出:"在制止这种现象方面,成文法确实起了很有益的作用,但法院从未允许把那些法律利用来作为下级裁判所错误行为的掩盖物。如果这些裁判所可以任意超越管辖权而不受到法院的制止,那么,法治就将岌岌可危了。"这就精辟地概括了法院维护法制正常运转并把每项国会法的宗旨解释为维护法制服务的决心。他在一个案件中指出:"如果不这样做,其后果将是:一个大都市区的县长可以任意发号施令而不受到制约。"但是,对仅仅是案卷表面错误的控制,在有不发调卷令的专门条款规定时,就不能继续维持了。因为这些条款的实施,其目的正是要制止这种控制权和这种控制权的滥用。否则,这些条款就一点效力也没有了。有一名法官曾指出:对于实质性法律问题满可以作为一种例外,因为这种问题是应由法院来确定的,但他后来也不得不为此而拒绝颁发调卷令。参见王名扬:《英国行政法》,北京大学出版社 2007 年版,第 406—407 页。

[2] 〔英〕A. W. 布拉德利、K. D. 尤因:《宪法与行政法(第 14 版)》(下册),刘刚、江菁等译,商务印书馆 2008 年版,第 711—712 页。

不能的功效,也为英国构建法治国家奠定了司法保障基础。

基于以上分析,英国司法审查模式总体上属于主观公权利救济模式,但是,随着历史的发展,其出现了客观化的倾向,实现了主观公权利救济与客观法秩序的统一,与世界行政诉讼发展的趋势也是相吻合的。

二、大陆法系行政诉讼功能模式的历史演变

(一)法国行政诉讼功能模式的历史演变

法国行政法堪称大陆法系行政法的代表,法国为"行政法的母国"。孟德斯鸠在《论法的精神》一书中曾论及,立法权、行政权及司法权的分立思想是政治自由的基本保障,也是行政法创立的理论基础。在法国,司法职能与行政职能截然不同,法官不能妨碍行政机关的活动,也不能以行政职务上的原因将行政官员传讯至庭上,否则将构成滥用职权罪。基于这样的法律传统,法国行政诉讼制度的一大特色是采用二元结构的诉讼体制,将普通诉讼和行政诉讼区分开来,并分别交给司法法院和行政法院审理,其特殊的诉讼框架主要源自具有特色的三权分立理念。18世纪末期,随着资产阶级革命的胜利,法国行政诉讼制度得以创立。但是,法国人对三权分立的理解,与其他普通法系国家理解的有所区别,其更重视三权各自的独立,法院审查行政行为被认为是违反权力分立精神的,行政审判应当由属于行政部门的行政法院来审查。因此,法国形成了与司法法院管辖下的法律体系不同的、独立的法律体系,隶属于行政部门的法国行政法院,作为保护国民免受行政权侵害的、独立而公正的法院,比司法法院对国民的权利保护更全面、更彻底,发挥了积极作用。

法国从1789年大革命以后,产生了行政诉讼法,发展到今天已成为一个体系相对完备、结构合理和职能重大的部门法律,已经有二百余年的历史。大革命后,法国开始着力于现代行政诉讼制度的建构,最核心的问题便是构建审理行政案件的行政法院体系。1789年的制宪会议否决了两项建议,即将行政审判权交由普通的司法法院行使,以及设立既独立于司法法院又独立于行政机构的特别法院,由其负责行使行政裁判权。之所以否决这两项建议,是因为法国立法者担心,如果不将其废除将导致司法法院的权力膨胀,并可能干扰行政系统的日常运作。同时,由于特别法院在旧制度时期的声名狼藉,不管在情感上还是在理智上都难以肩负审理行政案件之重责。因此,在行政诉讼制度设立之初,实际上是由行政人员所组成的合议集体及政府行使

行政裁判权。具体而言，对于某些省、县级地方案件，由省、县政府审理，余下的案件则由国王主持的部长会议来审理。由于共和3年的宪法明令废除部级集体负责制，部长从此成为法官，并对自己主管部门的案件享有行政管辖权。共和历8年，执政府对行政诉讼制度进行了改革，废除了原先的行政官——法官体制。但行政机构在行政司法中依然占有一席之地，行政裁判权转由咨询性行政组织行使，而且可为实际行政部门提供咨询意见，并受理裁判因实际行政组织行政行为所引发的诉讼，但行政首脑享有最终决定权。因此，法国在早期并未设立所谓的行政法院，而是建构了极带行政色彩的参事院，即国家参事院和地方各省参事院。因此，此时所确立的行政裁判制度称为"保留裁判制度"，即行政首脑保留了对行政裁判的最终决定权，颇具局限性。其原因在于行政司法的独立性不够，国家元首可修正或推翻国家参事院的决定。实际上，国家参事院所通过的法律文本不是最终决定，须报请国家元首以命令或法令的形式批准通过。为保障行政司法的独立性，法国于1872年最终撤销了保留裁判制度，并将裁判权委付于行政法院，确立了所谓的"委任裁判制度"。意味着行政法院可自行对行政纠纷作出判决，或通过某一法律文本，无须获得国家元首的签字。与此同时，国家设立了权限争议法庭，以解决司法法院和行政法院之间可能出现的管辖冲突。从"保留裁判制度"到"委任裁判制度"的发展，无疑极具进步意义。正如法国宪法委员会所评价的，正是从1872年的法律开始，行政司法的独立性才获得宪政依据。但是，委任裁判制度同样具有一定的局限性。根据1872年的法律，行政法院虽被赋予完全的管辖权，但驻省代表依然被视为行政法官，市民在程序上应首先向其提交诉状。从这个意义上讲，行政法院仅作为上诉级别的法院介入案件。从委任裁判制度发展至今，法国行政诉讼又经历了诸多转型，既包括行政裁判价值理念、行政诉讼程序技术规则的修正，也包括裁判主体的权力、裁判案件的类型的改革等。例如，1986年第86—14号法律所进行的改革，确立了行政法院法官的独立裁判原则，导致行政法院法官的地位开始逐步趋同于司法系统内的法官；1987年第87—1127号法律设立了上诉行政法院，以解决最高行政法院负担过重的难题。正是一系列基于社会背景变迁的变革构建了法国现行的行政诉讼制度。①

法国现行的行政诉讼制度与普通法系国家的主观公权利救济模式不同，法国行政诉讼功能模式呈现的是客观法秩序维护模式，其理论基础是法国社

---

① 金邦贵、施鹏鹏：《法国行政诉讼纲要：历史、构造、特色及挑战——区域行政立法模式前瞻》，载《行政法学研究》2008年第3期。

会连带主义法学观点。① 该学派认为,社会冲突主体实施诉讼行为,并非为了主体实现其实体性权利,即使主体不享有实体权利也不影响其提起诉讼的原告资格。对此,法国社会连带主义法学派创立者狄骥认为,"在进行依法申诉的可能性上不可能看到有一种主观的权利。依法申诉经常是由一个公职人员,或一个作为公职人员来行事的个人来使用的,因为依法申诉不是别的东西,只是动用集体的强制手段。公职人员所做的不是别的事情,只是使自己符合法律,而这种法律又命令他在某种情况下行动起来。因此,我们看不出在行使一种权利;他不过在实施所规定于他的命令规则而已。"②在狄骥看来,"任何利害关系人,哪怕只是同这种行为之间有一种道德的、间接的关系,都可以向行政法院提出起诉。这种诉讼的目的也不再是保护公民的主观权利。"③通过解读狄骥上述论点,我们不难看出,公民依据法律的规定起诉,即使获得某种实体权益也不过是公法秩序的副产品,体现公共服务的法律并非靠公民的利益来维护,公民通过司法程序获得保护并不涉及公民的主观权利,甚至不涉及他们的利益。④ 尽管狄骥否认任何权利之存在,即便诉讼行为也是个人对社会连带义务的服从,这在权利意识高涨的今天是不可思议的,但是,法国社会连带主义法学派对法国行政诉讼制度产生了一定的影响,导致了法国行政诉讼总体上属于维护客观公法秩序模式。与英、美、德等国家不同,法国行政诉讼的主要目的是监督行政机关的活动,保证行政机关的活动符合法律。在法国,行政诉讼是制裁违法行政行为最主要的手段,也是行政法治原则最主要的保障。法国行政诉讼功能模式呈现的是客观法秩序维护模式,通过行政诉讼的基本构造得以体现。

一是诉讼类型体现了其客观法秩序维护模式。通过阅读王名扬先生《法国行政法》一书可以看到,在法国行政诉讼中,撤销之诉、完全管辖之诉、解释及审查行政决定的意义和合法性之诉、处罚之诉等几种诉讼类型都体现出客观法秩序维护模式特征。在解释及审查行政决定的意义和合法性之诉中,法院有权撤销某个行政行为,也有权解释这个行为的意义。在法国行政诉讼类

---

① 我国台湾地区学者认为,客观法秩序模式的理论支撑是"法规维持说",该说认为"行政诉讼之目标导向(目标),首在于确保行政活动之合法,使法规得以被正当适用或遵守,而其尊严得以维系,至于人民(个人)权利因而获致保障,则仅系附带目标或附随作用而已。"参见蔡志方:《行政救济法论》,月旦出版社股份有限公司1995年版,第95页。
② 〔法〕莱翁·狄骥:《宪法论(第一卷)法律规则和国家问题》,钱克新译,商务印书馆1959年版,第216—217页。
③ 〔法〕莱昂·狄骥:《公法的变迁 法律与国家》,郑戈、冷静译,辽海出版社、春风文艺出版社1999年版,第151页。
④ 〔法〕莱翁·狄骥:《宪法论(第一卷)法律规则和国家问题》,钱克新译,商务印书馆1959年版,第142—143页。

型中的撤销之诉是最重要也是最主要的诉讼类别,而此种诉讼着眼于公共利益,主要目的在于保证行政行为的合法性,属于对事不对人的客观诉讼,对起诉资格要求宽松,法院的判决效力也不以当事人为限,而发生对事的效果。有必要澄清的是,法国行政诉讼不是不注重对公民权利的保护,撤销之诉必须在当事人的利益受到侵害时才能提起,事实上具有保护当事人的权益的作用。与此同时,法国行政诉讼中同撤销之诉并行的另一重要诉讼形式完全管辖权之诉,它以保护当事人的某项权利为核心,属于主观诉讼的范畴。[①] 尽管行政诉讼之客观法秩序维护模式与诉讼的一般规律显得不太协调,但却与产生行政诉讼制度的历史相吻合。享有"行政法母国"之誉的法国行政审判制度产生的历史背景是大革命前在普通法院和行政机关之间存在的对立情绪,法国行政法院隶属于行政机关,把行政案件交给行政机关自己进行处理,实质是行政机关内部的层级监督,是行政机关的自我反省制度,目的是维护和促进行政职能的实现。

通过进一步研究发现,王名扬先生笔下法国行政诉讼类型主要来自于法国著名的公法学家爱德华·拉费里埃的《行政法院及诉讼总论》一书,以及20世纪的莱昂·狄骥与马塞尔·瓦里纳等公法学家将行政诉讼分为客观之诉和主观之诉的德国法理论,前者为涉及客观法的行政诉讼,后者则为涉及主观权利的行政诉讼。然而,当今法国学界更多地援引多种标准来对诉讼类型作划分,大体可以分为两大类。第一大类是越权之诉,即依据法的一般原则以确保行政行为合法性之诉讼,或者是以撤销非法行政决定为目的之行政诉讼,即撤销之诉。越权之诉又可分为三个种类,即合法性判断之诉、行为不存在的宣告之诉与一般意义上的越权之诉三种类型。这三种类型的越权之诉主要区别表现为,从诉讼目的看,合法性判断之诉是以宣告行政行为不合法为目的,行为不存在宣告之诉尽管以作出宣告为目的,但却是在受诉行为具有严重瑕疵情形下,要求法院作出行为不存在的宣告,一般意义上的越权之诉则是请求法院以受诉行为不合法为由撤销行政行为。从诉讼的从属性看,一般意义上的越权之诉、行为不存在宣告之诉为主诉,而合法性判断之诉则为从诉,往往是仅作为先决事实裁判。例如,普通司法法院在审理案件过程中因涉及行政行为合法性,裁定暂停案件审理,并要求当事人向行政法院提起诉讼。从受诉行政行为的性质看,在一般意义上的越权之诉以及合法性判断之诉中,受诉行政行为可以是行政决定、行政合同等行政行为,但行为不存在之诉则只针对行政决定。另一大类是完全管辖之诉,作为一种重要的诉

---

① 参见王名扬:《法国行政法》,中国政法大学出版社1988年版,第668—669页。

讼类型，它是以矫正原行政决定为目的、请求法院依职权作出新行政决定的诉讼。完全管辖之诉几乎囊括了所有与主观权利相关的行政案件，任何原告主张其主观权利受到侵犯的行政诉讼，均属于完全管辖之诉。除此之外，行政责任、行政合同、财税案件以及选举争讼案件也均属于完全管辖之诉。前者称为完全管辖的主观之诉，后者则称为完全管辖的客观之诉。①

二是诉讼构造采纳职权主义原则也在一定程度上体现了其客观法秩序维护模式。一般情况下，司法具有被动性，一百多年以前，托克维尔曾描述道："从性质上来说，司法权自身不是主动的。要想使它行动，就得推动它。向它告发一个犯罪案件，它就惩罚犯罪的人；请它纠正一个非法行为，它就加以纠正；让它审查一项法案，它就予以解释。但是，它不能自己去追捕罪犯、调查非法行为和纠察事实。"②因此，"司法权与行政权最主要的区别是司法权的行使具有极为被动的特征。司法的被动性来源于司法的公正性这一最高的价值追求。司法权行使的被动性是司法公正性的需要，司法公正性要求司法权的行使必须是被动的，而不是主动的，否则就会破坏司法的公正性。"③但是，在法国行政诉讼制度中，行政法官在诉讼程序的运作中发挥着主导作用，而当事人的作用则相对有限，这一点与我国现行的行政诉讼制度有点相似。法官依诉状受理原告的预审请求，当事人只需提交诉状，由法官负责送达并决定是否启动预审。由于诉讼构造采职权主义，行政审判权在庭审程序中处于主导地位，法官对传唤被告、组织案件调查、确认诉讼中的期限、终止案件的调查审理等都有权决定。此外，法官还可能在举证方面协助原告，以弥补原告在面对强大行政机关时的弱势地位，这也与我国行政诉讼制度相似。

三是原告资格制度也一定程度上体现了其客观法秩序维护模式。法国行政诉讼中，尽管原告应当证明其原告资格上的诉之利益，但是，行政法官在原告诉的利益问题上带有相当的自由主义色彩，其唯一的限制就是不允许任何社会成员质疑任何行政行为，唯一理由就是希望法官审查该行为的合法性，与自身没有任何利益。因此，在提起行政诉讼时，原告应当向法官展示其

---

① 19世纪30年代，爱德华·拉费里埃便在《行政法院及诉讼总论》一书中将行政诉讼按性质分为四类：(1) 完全管辖之诉。即行政法院行使与普通司法法院类似的职权，负责对行政机关和行政相对人之间的争讼案件作出裁决。(2) 撤销之诉。行政法院负责撤销行政机关违法的行为。(3) 解释之诉。行政法院负责解释所提交的法律文本。(4) 处罚之诉。行政法院负责处罚损害公产完整性或用途的行为。参见金邦贵、施鹏鹏：《法国行政诉讼纲要：历史、构造、特色及挑战——区域行政立法模式前瞻》，载《行政法学研究》2008年第3期。
② 〔法〕托克维尔：《论美国的民主》(上卷)，董果良译，商务印书馆1988年版，第110页。
③ 林莉红：《行政诉讼法学》(第三版)，武汉大学出版社2009年版，第3页。

与受诉行政行为存在着法律上的利害关系。但是,法国原告资格并未限于此,而是提供了起诉规范性行政行为的可能性,对规范性行政行为提起的诉讼采用的是另外一种立场。法国行政法官对行政诉讼原告资格立场是,在主观之诉中,原告要指出其某项权利受到了侵害,但是,在客观之诉中,原告只要证明存在某种简单的利益即可。构成法国行政法标志的"越权之诉",则属于客观之诉的范畴,要求原告在起诉时具有诉的利益。选举之诉作为完全管辖之诉,则属于主观之诉的范畴,仅需要是选区内选民这一事实就足以证明具有诉的利益。因此,属于完全管辖之诉的选举之诉与客观之诉原告资格非常接近,向行政法官提起诉讼的选民,在某种程度上是以民意表达良好进行的保证人的身份出现。事实上,法国行政判例在诉的利益上的解决方案是非常灵活的,在纳税人质疑公法人财政支出案件中,如果起诉人是国家税种的纳税人,起诉人对整个国家涉及到财政支出的某一项决定,没有诉的利益,其原因是,国家层面上存在几千万纳税人。如果起诉人是地方税种的纳税人,对地方团体的财务支出决定不服,则有诉的利益的。在享受公共服务案件中,公共服务的利用者被广泛承认有针对公用事业组织及其运行措施的诉讼利益,其条件是,运行措施对其享受的服务产生影响。在选举之诉中,任何一个选区内的选举人都有提起质疑选举结果的诉讼利益,不以本人未被选举为限。在合议制组织中,例如,市议会或公务法人董事会等,其成员均可以起诉该机构的决定。法国原告资格为我们展示了法国行政法官在这一行政诉讼核心问题上的基本立场,即尽可能广泛地接受原告诉的利益,但也要防止出现"全民诉讼"的局面。[①] 从对法国原告资格理论与实践上的梳理,我们认为,法国的原告资格尽管需要法律上的权益,但是,实践中,对原告资格标准的把握是相对宽松的,也是相对灵活的,以至于行政诉讼发挥其客观法秩序维护的功能并不因为原告的资格的限制而受到制约。

四是行政受案范围的广度也在一定程度上体现了其客观法秩序维护模式。如果说,在客观法秩序维护模式下,行政诉讼受案范围比主观公权利保障模式要宽,其最大化的结果就是要求对行政决定是否遵守所有与行政决定相关的法规范进行完全的司法审查,倾向于司法权审查范围的扩张。司法审查范围的扩张,不仅表现在司法审查原则的扩张,也表现在审查客体上的扩张。如果这种逻辑成立的话,那么法国行政诉讼受案范围之广,足以体现其客观法秩序维护模式特征。"我们可以清晰地捕捉到法国行政诉讼制度的若干特点。首先,受案范围广。包括外国人、囚犯、公务员在内的众多个人,都

[①] 参见〔法〕特里·奥尔森:《法国行政诉讼中的原告》,张莉译,载《行政法学研究》2009 年第 3 期。

可以对具体行政行为的合法性质疑。由此可见,传统上用以限缩行政诉讼受案范围的'内部行政措施''高权行政'等概念的影响正在逐步消除。宽松的结社环境成就了所谓的'公益诉讼'。在法国,如果没有直接的利害关系,个人异地纯粹以维护公益为名提起的行政行为合法性审查之诉很难被法院受理。相反,如果以协会、团体的名义提出,即便无地域上的联系,法院通常也会因为该协会保护环境、维护弱势群体利益等公益性宗旨而接受其诉讼请求。"①尽管法国是以保障公民自由为行政诉讼的基本价值导向,个人权利自由作为法国行政诉讼的精神依托,行政诉讼也是构建民主、法治国家的核心所在。与立法权、司法权相比,行政权与公民的日常生活联系最为紧密,也更易损害公民的个人权利。因此,有效限制行政权力是建构法治国的关键所在。同时,我们也要清楚地认识到,法国行政诉讼受案范围如此之广,与法国行政法是以判例为主要法源的制度有关,"在行政诉讼法领域,判例才是法国行政法最为重要的渊源。法国行政法上的诸多概念,如公用事业、公共设施、公共领域、行政合同、行政单方行为、行政责任甚至是司法机关和行政机关分立原则等均为判例所创设。在法国学者看来,行政事项复杂、变化迅速,不可能用成文法予以囊括。因此,如若法律未作任何规定,则行政法上的原则由判例产生。但即便成文法有规定,判例也可通过解释特定术语确定适用范围和方式。从法国现行行政法的一般原则看,判例发挥着主导作用。当然,成文法在行政法中也发挥着重要作用。例如有关公务员、行政征用、地方市镇机构等术语便源自成文法的规定"②。在法国,行政诉讼是防止行政权力滥用的有效监督方式,也是公民在权利受侵害时获得救济的必要程序手段。除成文法规定外,行政机关不得随意限制公民权利与自由,否则视为违法。例如,行政机关不得随意发布法令,限制公民的教育自由、信仰自由、学术自由等,否则,行政相对人有权向各级行政法院起诉,要求撤销之。但是,公民权利意识的日益兴起也给法国行政法院带来强大的案源压力,这也是法国行政诉讼所面临的挑战。我们完全有理由相信,未来法国行政法院将进一步通过判例制度,不断扩充其行政审判的范围,发挥其维护客观法秩序的功能。

(二) 德国行政诉讼功能模式的历史演变

德国行政诉讼功能模式的历史演变过程具有明显的德国特点。由于德

---

① 马怀德对法国行政诉讼制度的评述,参见〔法〕特里·奥尔森:《法国行政诉讼中的原告》,张莉译,载《行政法学研究》2009 年第 3 期。
② 金邦贵、施鹏鹏:《法国行政诉讼纲要:历史、构造、特色及挑战——区域行政立法模式前瞻》,载《行政法学研究》2008 年第 3 期。

国国体采用联邦制,其行政诉讼的历史发展过程一直呈现出高度的多样性特点,直到最近时期,才表现出有所趋同。尽管行政诉讼的发展路径是多样的,但是,在历史演变过程中,这段历史的基本问题却大体上是相同的。这些问题主要包括,国家权力行为究竟要不要处于法院监督之下?如果需要,应由普通的还是一个特别的司法机构实行?国家行为的每种形式是否都应受到监督?行政诉讼目的是监督客观合法性,还是保护个体的主观权利?就其今天的形式来说,行政法院乃是一种历史的妥协之结果。① 就德国当今的行政诉讼功能模式而言,主观公权利保护模式为德国目前的通说。但这种模式在德国普遍被接受是在第二次世界大战结束后。第二次世界大战后,基于对纳粹主义的深刻反思,德国逐步摆脱传统立法绝对主义和法律实证主义的束缚,开始从自然法的理念中寻求宪政改革。德国法哲学经历了一场自然法的复兴,知识阶层展开了对自然法精神的深刻思考,权利作为一种普世的、更高的价值准则的观念,被战后参加制宪会议的代表们普遍接受了,因而人性尊严的维护成为德国战后宪法最高的价值。人民权利保障为行政法院核心功能之基调遂自此成立。因而,战后德国基本法所确立的法治国家原则认为,在国家采取干涉公民权利的措施时保证提供法院司法保护是公民的一项基本权利,对个人提供法律保护是德国行政诉讼的最重要任务,为公民提供无漏洞、有效的司法保护是德国行政诉讼的主要目的。基于对宪法的理解,德国学者认为,在行政诉讼中,对于任何一个其权利受到公权力侵害的人而言,法律途径都是敞开的。其基本依据就是《德国基本法》第19条第4项规定:"任何人之权利若受公权力之侵害者,得向法院请求救济。若未设有特别的管辖法院时,得向普通法院请求救济。"此一规定促成了德国二战后行政诉讼的功能定位,即德国行政法院的核心功能在于提供人民权利有实效性的保障,而客观法秩序之维护原则上只是在上述功能范围内附带的结果而已。但是,二战前,主观公权利保护模式也并不是学者们普遍接受的模式,在德国行政诉讼形成的历史过程中,两套审查模式均各有其支持者,也都曾获得"一定程度"(即使不纯正)的实践机会。② 因此,德国当今的主观公权利模式,经历了长期的历史演变。

19世纪初,德国还是一个君主专制国家,如同公法和私法不分离一样,统治和司法之间也是区别甚微,法庭是君主统治最重要的标志之一。法庭的职责要么由君主自己行使,要么由邦国法庭和司法委员会代行其职。因此,

---

① 参见〔德〕弗里德赫尔穆·胡芬:《行政诉讼法(第5版)》,莫光华译,法律出版社2003年版,第21页。
② 参见翁岳生主编:《行政诉讼法逐条释义》,台湾五南图书出版公司2002年版,第28页。

法庭既是司法机构,也是行政机构。但是,此时的德国,已经是开明专制统治。在帝国法院,市民控告君主的权利得到了保障,其合法私权受到侵害的部分臣民,都可以向帝国法院和各邦国法院寻求法律保护。最初的行政司法曾致力于为市民的权利提供法律保护,也期望运用行政司法手段实现公共福利,因此,行政司法最初并未成为谋求私利的官僚集团的统治手段。尽管如此,19世纪中叶,呼吁司法和行政分离,通过独立的法院有效监督国家行政活动的呼声越来越强烈。在此背景下,1849年的保罗教堂宪法的第182条满足了市民的呼声,明确规定了停止行政司法、一切违法行为均由法院裁判。但是,保罗教堂宪法脱离了德国当时的社会历史条件,以失败告终。尽管如此,通过独立法官实施行政监督的呼声,并未因为保罗教堂宪法的失败而戛然而止,尤其是出自第182条的"消极要求"即停止行政司法,团结了改革者们。尽管对保罗教堂宪法第182条的"积极要求",即将一切违法行为均交由法院裁判,未达成共识,但是,作为妥协方案,产生了单独的行政法庭,虽未作为陪审法庭被建构,却不同于最初的行政司法,而是将其从行政机构剥离出来,以法院形式进行组织,并由独立法官任职。当时,真正的行政法院仅限于中层,即使在1871年帝国建立之后,行政法院也没有获得统一的发展。但是,一些重要的邦国,产生了一种由高级行政法院和(初级)行政法院组成的特别行政法院。例如,1863年巴登建立了第一个真正独立的行政法院,1872年普鲁士设立了自己的高级行政法院,黑森—达姆施塔特(1875)、符腾堡(1876)以及拜恩(1879)等邦国也相继建立了类似机构。这些法院的建立,对于日后行政法的发展具有重大意义。①

当时的德国,奥托·巴尔和鲁道夫·格奈斯特都很有影响。"奥托·巴尔在他的文章《法治国》(1864)中,似乎把国家视为若干兄弟会性质的社会组织的最高一级,并由此出发,造成通过普通司法机构保护个人的权利空间。而在鲁道夫·格奈斯特看来,国家与社会的严格分离处于首要地位——这完全符合自由主义的基调。他认为,作为'市民法庭'的普通法院,不适合监督行政、实现公共福利和运用公法。在格奈斯特心目中,重要的不是保护主观权利和利益(他觉得那是社会空间的典型特征),而是客观的法律监督。凭着这些在他的文章《法治国与德国的行政法院》(1872)中形成的,以及主要是他在第12届德意志法学大会上提出的观点[参见《第12届德意志法学大会谈判》,第3册(1875),第220页],格奈斯特从行政法院的独立性着眼,千方百计地想贯彻其思想。他的结论就是:建立独立的行政法院,以避免国家为它

---

① 参见〔德〕弗里德赫尔穆·胡芬:《行政诉讼法(第5版)》,莫光华译,法律出版社2003年版,第24—25页。

的权力行为像公民一样受到普通法院的审判——这真是一个不仅令保守者都感到惊诧的观念。"①尽管这些思想对行政法院的建立起到了思想上的引领作用,但是,也并没有完全如愿以偿,行政法院的局限性也是明显的。其主要表现在两个方面:一是受案范围上,几乎所有邦国采取列举的方式,行政法律保护只能针对特定的行政决定形式,主要是不利行政行为。二是原告资格上,必须有主观的权利侵害,才能启动行政法院程序。因此,当时德国的行政诉讼模式带有明显的主观公权利模式特征,其受案范围是有限的,同时,只有主观权利受到侵害才能启动程序。

但是,帝国结束以前,主观公权利保护模式也并不是学者们普遍接受的模式,在德国行政诉讼形成的历史过程中,客观法秩序模式也有其支持者,存有两种不同的构想:一是行政法院是否应当是一个客观的监督机关——就像鲁道夫·格奈斯特构想中所包含的那样。二是是否只有主观权利受到侵害,才能启动行政法院程序——就像民法中的请求权体系或者奥托·巴尔设想的那样。这两种构想分别被人称为"北德"方案和"南德"方案。在北德普鲁士范围内,行政管理司法和客观合法性审查的思想,比南德各州致力于个人法律保护的思想,影响的时间更长。今天的一些重要规范,对诉之理由具备性的权利侵害必要性之规定和对民众诉讼的排斥,就是"南德"方案的标志。即使在当今的德国,一种以客观法律监督为导向的某些因素,又开始重新渗入德国行政诉讼法中。有必要指出的是,在帝国结束以前,在政治以及学理上显得更加困难的是,行政法院对行政裁量的监督问题,标识着法院对行政的法律约束和法院监督的范围,如今仅仅被视为诉之理由具备性问题,但它最初是进入司法程序的可能性问题。除行政裁量的监督问题外,行政内部领域以及"特别权力关系"不受任何法律监督也是不言而喻的。因为人们认为,在此范围内——同立宪制国家的观念一致——似乎不会发生国家干预公民自由空间的事情。这种观念后来在联邦宪法法院对基本权利的解释之影响下才逐渐消除。②

德国进入魏玛共和国时期以后,《魏玛宪法》是那一时期的宪法,也是德国历史上一部实现民主制度的宪法,旨在建立一个议会民主制、联邦制的共和国。《魏玛宪法》第 107 条规定:"在帝国和各州内,必须依法设立行政法院,以保护个人不受行政机关之命令与处分的侵害。"但是,在魏玛共和国时期,行政法院的发展仍然是花样繁多,各州各行其道,其局限性也是不言而喻

---

① 参见〔德〕弗里德赫尔穆·胡芬:《行政诉讼法(第 5 版)》,莫光华译,法律出版社 2003 年版,第 24 页。
② 同上书,第 26 页。

的。行政法院的这种滞后,与当时正爆炸般增长的行政行为本身,形成了鲜明的对比。行政法院也与这一时期在行政法以及行政诉讼法基础领域所取得的长足进步毫无干系,更谈不上实施广泛的行政法律保护和实现《魏玛宪法》第 107 条所规定的使命。当历史进入纳粹时期,1941 年建立帝国行政法院,在德国历史上,这是一个向往已久的却又屡经挫折的事情。其原因是,一个真正独立的行政法院,在没有实行权力分立、没有实现基本权利——作为自卫权利以防范国家权力侵害——的前提下,是不可想象的。它和元首原则的纳粹主义意识形态更是格格不入的,自由主义和主体公法权利的思想,当时被冠以"犹太思想"的罪名。因此,取而代之的是,要用具有"民族性"的行政法院,去更好地实现法律以及元首的意志。在该时期,法官们即便能够保持清白,按照他们的实证主义传统,也要恪守着纳粹主义不公正的法律。所有具有政治意义的法律领域,均被剥夺。面临当时那种不公正的特殊体制,对个人的法律保护从未得到实现。因此,1941 年建立帝国行政法院这一事件,充其量不过是桩笑料而已。当今意义上完备的行政法院是第二次世界大战之后为了迅速实现盟国意志在德国建立起来的。随着基本法的生效,围绕行政法院之独立性及行政自我监督由来已久的争议,终于有了结论:如同在其他法院一样,在行政法院,也应由独立法官作出裁判;如果受到公权力的侵害时,公民应当享有受到法律保护的基本权利。这就最终排除了行政审判列举原则的限制。从 1960 年至今,行政法院法被频频修订。需要特别指出的有两个方面:规范审查范围的逐步扩大和 1976/1977 年的《行政程序法》生效。但这两方面都成了新近那些"加快性法律"的典型限制对象。①

通过对德国行政诉讼制度的历史演变分析,我们可以清楚地看到,德国行政诉讼演变的历史总体是围绕主观权利的救济而不断发展的,其中也夹杂着主观诉讼与客观法秩序维护的争论与实践,但最终由于二战后受美国司法审查制度的影响,形成了主观公权利救济占主导地位的行政诉讼功能模式。其特征表现为以下两个方面:

一是从行政诉讼功能模式内在的结构看,构建了完备的主观公权利救济体系。完备的主观公权利救济体系首先得益于基本法第 19 条第 4 款的保障,对于任何一个其权利受到公权力侵害的人而言,法律途径都是敞开的。虽未规定特别的法律途径,但是,有效的法律保护原则是德国构建整个行政诉讼领域的基础。针对公权力的法律保护,必须尽可能是周延的且行之有效的。基本法第 19 条第 4 款本身是一项基本权利,但它作为真正的受法律保

---

① 参见〔德〕弗里德赫尔穆·胡芬:《行政诉讼法(第 5 版)》,莫光华译,法律出版社 2003 年版,第 27—31 页。

护的利益,却需要一个主观权利为前提,获得法律保护的条件是诉之理由具备性,即存在权利侵害的可能性,就足以使诉适法,相应的义务之诉将会具备理由。对于基本权利的保护,有很大一部分是在行政诉讼中得以实现的。完备的主观公权利救济体系也体现于行政诉讼之内部构造,从行政诉讼法目的看,尽管以普通行政法所定义的行政概念为前提,但其真正的关键点却不是"行政",而是非宪法性质的公法争议。行政诉讼不是通过"行政",而是通过"公法争议"来彰显的。通常情况下,只有一个行政诉讼参加人是公共行政的主体,而另一方则是公民或者私法意义上的法人主张其权利。① 这彰显了行政诉讼之权利救济与解决纠纷功能。同时,有效的法律保护要求对于受到指责的行政决定具有足够的监督审查权,并针对公民的不同诉讼请求,采用与行政行为形式相适应的诉讼方式。而且,要实现有效的法律保护必须使用不同的诉讼形式,通过这些形式,公民权利才能得到有效保护。

　　二是从行政诉讼功能模式内在的结构看,实现了主观公权利救济与客观法秩序的完美结合。尽管德国基本法第 19 条所指的并非客观的合法性审查,而是司法意义上的个人法律保护,但是,法律与权利跟法治国家的客观联系与主观公权利之间的联系是非常紧密,以至于行政诉讼中的客观审查就像规范审查的理由具备性检查一样,绝不是体系之内的"异己者"。因此,尽管德国的行政诉讼是基于公民有效的司法保护目的,但是,事实上却具有监督行政权的重要功能。如《德国基本法》第 19 条第 4 项规定,并不禁止立法者透过法律扩充行政法院维护客观法秩序功能。因而,纳入以维护客观法秩序为目的设计出来的诉讼形态,例如团体诉讼、规范审查程序等,也就成为了德国行政诉讼发展的特色。德国行政诉讼功能模式内在的结构实现了主观公权利救济与客观法秩序的完美结合缘于德国基本法的民主原则,要求在公众与负有国家使命的机关和公职人员之间存在一个连续的合法性链条。行政法院的审查,是保障国家行为之合法性的重要手段。各行政法院不仅保障着行政与民主的法律之结合,而且,作为民主原则的另一个重要因素,它们还对保护少数派的利益提供司法保障,也有助于在公共生活中通过民意形成和讨论的公开方式,培养民主的公众意志。因此,行政诉讼法和普通行政法一起组成了几乎所有公法部门都与之相关的行政法的核心部分。行政诉讼法既非单纯的"行政法",又非单纯的"诉讼法"。在广义上,它是公法上法律争议的法院程序法,也是通过各种具体个案的裁判去实现宪法和行政法的方式。事实上,有关实体性宪法和行政法的高度专业化知识如果不涉及行政诉讼

---

　　① 参见〔德〕弗里德赫尔穆·胡芬:《行政诉讼法(第 5 版)》,莫光华译,法律出版社 2003 年版,第 3 页。

法,并借以获得相应解释和实现的话,它们就是毫无用处的。在德国,独立的行政法院,总是被人们用诸如法治的"支柱"或"基石"这类表述来形容。这就说明,假如没有独立的行政法院、行之有效的司法审查,法治国的基本原则将无法实现。行政法院是法治国家中不可替代的一种限制国家权力的形式,保障着行政活动的合法性和法律的优先地位。同时,当今行政法院的重要性,不仅局限于审查功能。事实上,行政法院也对立法活动产生了重要的推动作用。所以,行政法院意义上的国家权力分配,今天已不再意味着简单的权力划分。准确地讲,它是指对参与形成和执行国家决定的各方力量之间的相互监督、制约与均衡。①

此外,从德国行政诉讼发展的过程看,在纯正的个人权利保障模式及客观法秩序维护模式之间,仍有不少中间形态发展的空间。例如德国法上之机关诉讼,是维护机关或机关成员在组织法上享有的权限,就理念上属于以客观法秩序维护为目的。不过,原告必须具有诉讼权能才可以提起行政诉讼,即透过"法律续造",承认在一定条件下,机关及其成员享有维护其组织法上之权限或地位之"权利"。由于这种权利与个人领域的"公权利"本质上不同,故学者将"机关诉讼"归类于"广义的权利保障"。②

(三) 日本行政诉讼功能模式的历史演变

日本行政诉讼具有其特殊性,一定程度上是其历史发展的特定产物。日本行政诉讼法深受美国行政法的影响,同时也兼顾德国行政法的特点,总体上经历了从大陆法系模式向普通法系模式的变迁,是在德国模式的基础上采用普通法系制度的产物。当今的日本行政诉讼法模式经历了一个长期的历史演变过程,大致经历了以下几个阶段③:

第一个阶段是明治年间的行政诉讼制度阶段。早在明治初年,日本就建立了行政诉讼制度,允许国民对地方官户长的违法行为向司法法院起诉。但是,针对地方官的行政诉讼案件数量激增,导致了司法权牵制行政权的弊端。因此,1874年(明治七年)法律规定,如果不是针对臣民个人利益,而是针对一般公共利益提起的行政裁判,不能在司法法院作出裁判,必须服从太政官正院的指令。此后该制度的基本内容一直没有修改,直至迎来了日本的明治宪法。明治宪法,总体属于德国、奥地利的君主立宪制宪法。明治宪法框架

---

① 参见〔德〕弗里德赫尔穆·胡芬:《行政诉讼法(第5版)》,莫光华译,法律出版社2003年版,第4—11页。
② 德国的行政诉讼事实上具有监督行政权的重要功能的论述,参见翁岳生主编:《行政诉讼法逐条释义》,台湾五南图书出版公司2002年版,第28页。
③ 参见杨建顺:《日本行政法通论》,中国法制出版社1998年版,第698—704页。

下的行政诉讼制度，模仿了大陆法系国家的制度，带有大陆法系行政诉讼模式的特征。明治宪法第 61 条规定，由于行政官厅的违法处分而受到伤害的行政案件，由行政法院审判。除法律另有规定外，不能由司法法院予以受理。1890 年（明治二十三年）制定了《行政裁判法》《关于行政厅违法处分的行政裁判的事宜》以及《诉愿法》，确立了具有大陆法系特征的行政裁判制度，奠定了行政案件交由行政法院专门管辖的法律基础。明治宪法之所以另设行政法院来审理行政案件，主要出于诉讼技术上的考量，行政案件的审理需要行政上的专门技术、知识和经验，将其委任给司法法院在技术上欠妥，应当将行政权从司法权的拘束中独立出来，以维护行政的独立性，享有其特权。明治宪法下的行政裁判制度，具有强烈的行政权自我控制色彩，不利于保护国民权利目的的实现。其主要缺陷表现为：一是受案范围很窄。行政诉讼受案范围采取列举主义，列举之外的行政法院不能受理，这不利于国民的权利救济。对起诉事项，采取列举主义，严格限定了能够起诉的事项。尽管行政诉讼案件属于行政法院管辖，但是，并不是有关这些案件都可以提起诉讼。根据《行政审判法》第 15 条的规定，"行政法院根据法律、赦令审判允许向行政法院提起的案件"，对起诉事项采取列举主义。并且，根据《关于行政厅违法处分的行政审判的事宜》及其他法律，可以向行政法院提起诉讼的事项，实际上被限定在极小的范围之内。除法律、赦令有特别规定外，关于行政厅违法处分的行政审判的事宜主要包括以下五项有关处分的起诉：一是关于除海关税以外的租税以及手续费的赋课的案件。二是关于租税滞纳处分的案件。三是关于拒绝颁发或吊销营业执照的案件。四是关于水利及土木建设的案件。五是关于查定土地的官有、民有之区分的案件。因此，明治年间的行政裁判制度的受案范围非常狭窄，国民提起行政诉讼极不方便。主要表现为，在全国只有一所行政法院，只在东京设置行政法院，既是一审法院也是终审法院，全国各地的行政案件皆由设在东京的行政法院管辖。在交通、通信条件不发达的情形下，对一般民众来说，可想而知是非常不便的。行政法院评定官的身份保障不充分，法院与行政机关在组织上以及在人事上的分离极不彻底，难以保障其独立性以及公正性。而且，当时的行政审判制度起诉期限极短，诉讼程序具有强烈的行政职权主义的色彩，当事人程序上的权利保障非常不足。同时，缺少解决行政法院与司法法院之间权限争议的权限法院，也是造成国民的权利救济不充分的重要原因之一。

第二个阶段是日本国宪法下的行政诉讼制度阶段。尽管明治年间的行政裁判制度有许多缺陷，并进行了多次修改的尝试，但是由于种种原因，未能修改成功，随即迎来了《日本国宪法》的制定。《日本国宪法》下的行政案件诉讼的特点主要是废除了行政法院。《日本国宪法》规定，司法权专属于最高法院及其系统的下级法院，不得设置特别法院，行政机关不得进行作为终审的审判，任何人不能被剥夺在法院接受审判的权利。这意味着将行政案件的终审审判权保留给司法法院，以实现所谓法的统一，民事案件、刑事案件以及行政案件均由司法法院予以审理。因此，根据这种宪法精神，除《日本国宪法》有特别规定，司法法院有权审判一切法律争讼，在法律争讼的限度内，行政权必须服从司法机关的审理和判断。基于如此理念，《日本国宪法》施行后，制定了《关于伴随〈日本国宪法〉施行的〈民事诉讼法〉应急措施的法律》，规定了对有关违法行政处分的抗告诉讼，但是，该法律仅对行政诉讼制度设置了起诉期限的规定。

　　第三个阶段是第二次世界大战后1962年日本行政诉讼制度阶段。由于《关于伴随〈日本国宪法〉施行的〈民事诉讼法〉应急措施的法律》仅对有关违法行政处分的抗告诉讼设置了起诉期限的规定，而关于与诉愿及其他行政不服申诉的关系、被告资格、诉的利益、管辖、临时处分的关系未作任何规定，有人主张法律设置应该考虑行政案件的特殊性。1948年制定了《行政案件诉讼特例法》，针对《民事诉讼法》，规定了行政案件的特例，设定了诉愿前置主义。请求行政厅违法处分的撤销变更的诉讼，原则上在向法院起诉之前，首先要经过诉愿途径请求裁决；设定了专属管辖制度，行政案件被告为行政厅的，土地案件管辖采用专属管辖的制度；对于所谓抗告诉讼案件规定了6个月的起诉期限；设立了诉讼合并制度，允许抗告诉讼与恢复原状、损害赔偿及其他请求的诉讼合并，以实现诉讼的经济性；设立了执行停止制度与内阁总理大臣异议制度，排除《民事诉讼法》关于临时处分规定的适用，承认执行停止制度以及内阁总理大臣的异议制度。设立了特别情况判决，即使诉讼请求是有理由的，但是，当撤销或变更行政处分不符合公共利益时，法院可以作出驳回请求的判决；诉讼程序上采职权主义，鉴于行政诉讼的特殊性，承认依职权的诉讼参加以及依据职权的证据调查。《行政案件诉讼特例法》是在美军占领期制定的，是以《民事诉讼法》的特例为原则，规定的内容很简单，适用上疑问接连不断。因此，政府对关于行政案件诉讼的法令进行了再检讨，1955年向法制审议会提出了制定法案的咨询。法制审议会于1961年决定了修改纲要，政府在该纲要基础上，制定了《行政案件诉讼法案》和《关于伴随〈行政案件诉讼法〉实施的有关法律整理等的法律案》，提交第40次国会，于1962年获得通过并施行。1962年制定的《行政案件诉讼法》，从某种意义上使行政诉讼法的特殊性得以确定。《行政案件诉讼法》使用了"公权力的行使""公法上的法律关系"等法律用语，其中公权力和公法的概念，属于"行政法的产物",也成为行政诉讼法上的核心概念。《行政案件诉讼法》以抗告诉讼为中心,实质上是抗告诉讼法,出于实务上考虑,《行政案件诉讼法》对原告法律上的利益、原告起诉期间执行不停止的原则、执行停止要件、内阁总理大臣异议、特别情况判决等方面作了规定。但是,在法律解释上,抗告诉讼对象、原告资格及诉之利益等难以作扩大解释,导致有学者认为,由司法法院进行行政审判,与由行政法院审判相比,救济范围不一定更广,成为日后行政法及行政法学研究的重大课题。应当承认,1962年的行政诉讼制度兼具主观公权利的救济以及客观法秩序的维护模式,应当属于混合模式。1962年建立的行政诉讼制度将行政案件作为民事诉讼之环节来考虑,其特色以及行政诉讼构造的特殊性在于,承认行政诉讼案件在理论上具有与民事诉讼不同的性质,有必要构建行政诉讼自足的理论以及判例规则。《行政案件诉讼法》规定,除了其他法律有特别规定的情况外,根据本法律的规定,本法律没有规定的事项,依据民事诉讼之例。

第四个阶段是2004年的日本行政诉讼法修改阶段。日本的《行政案件诉讼法》于1962年制定以后,经过了四十多年都没有得到修改,2004年才进行了修改。其修改的理由就是,1962年制定的《行政案件诉讼法》导致日本行政诉讼的案件数量很少,而且原告的胜诉率也非常低。因此,2004年日本对行政诉讼法进行了修改,主要包括:(1)行政诉讼救济范围的扩大。救济范围的扩大首先就是,撤销诉讼明确了第三者的原告资格。其次,增加行政诉讼类型,新设立了课予义务诉讼、停止诉讼和确认诉讼。课予义务诉讼并不是行政案件诉讼法修改才有的新类型,抗告诉讼中有一种法定外的诉讼,它是在有些判例中已经被承认的一种诉讼类型,这次的修改只是让其法定化。停止诉讼就是向法院提出申请,要求停止行政机关的某种行为。确认诉讼作为当事人诉讼的一种类型被明确地规定了。所谓抗告诉讼就是对于公权力行使的行为所提起的诉讼,对于行政机关除了公权力行使之外的行为,也应该可以提起诉讼,这就是当事人诉讼存在的意义。从修改之前法院的判决来看,在日本,虽然当事人诉讼是一种诉讼类型,但是在行政诉讼中并未得到充分的利用,由于跟民事诉讼区别不是很大,也就不是很重视。这次修改为了这种诉讼类型被充分利用,重新进行了构建,明确规定了确认诉讼这种诉讼类型。(2)有关审理的充实和促进。所谓审理的充实和促进就是,法律规定法院可以要求行政机关,必须公开其作出行政决定的理由和相关信息。在日本,行政机关拥有名目繁多的职权,也拥有非常多的信息和资料。行政机关和相对人并非对等,相对人和行政机关这样一个庞大的组织来对抗,为了平衡其不对等地位,要求行政机关在诉讼中必须提供明确的资料。(3)为了更加容易地利用行政诉讼制度构建的法律构造。一方面，此次修改使被告资格简略化。在修改之前，行政诉讼的被告被称为行政厅，修改后，将行政厅主义变为现在的行政主体主义。另一方面，管辖的法院扩大了。修改之前的行政诉讼管辖制度，对于国民来说不容易提起诉讼。通过这次修改，增加了可以提起诉讼的法院的范围，相对人更容易运用行政诉讼制度进行救济。同时，起诉期间从原来的三个月扩大到了六个月，更容易利用行政诉讼制度，并且行政机关在作出处分的时候必须告知相对人可以救济的途径，比如，提起诉讼的期间，可以向哪些法院提起诉讼等信息。(4)有关临时救济制度的扩大。执行停止是一个临时性的救济制度，原来是规定必须是为了避免难以回复的损害才可以停止行政行为的执行，修改为了避免重大的损害，可以用支付金钱赔偿或者是重新建设等方式恢复原状的，不属于难以回复的损害情形。

尽管日本的行政诉讼法明确规定行政诉讼案件的审理依据民事诉讼法审理，但是，从其构造看，是按照主观公权利的救济以及客观法秩序的维护两条路径来构建行政诉讼制度。

从主观公权利的救济角度看，日本行政案件诉讼的种类有抗告诉讼、当事人诉讼，进而将抗告诉讼细分为撤销处分诉讼、撤销裁决诉讼、无效等确认诉讼、不作为违法确认诉讼四种。从诉讼的性质看，抗告诉讼和当事人诉讼属于主观诉讼的类型。主观诉讼就是指即使没有法律的明文规定也可以提起的诉讼。所谓抗告诉讼是指行政相对人对于行政机关公权力行使的行为不服所提起的诉讼。而当事人诉讼并不是行政相对人对行政机关公权力行为不服所提起的诉讼，而是相对人因对国家或者地方公共组织在法律上的关系引发争议所提起的诉讼。其中，抗告诉讼又可以分为法律明文规定的法定抗告诉讼和法律无明文规定的抗告诉讼两种类型。法定抗告诉讼又具体包括几种类型：撤销诉讼、无效确认诉讼、停止诉讼以及对于不作为行为的违法确认诉讼。

从客观法秩序维护的角度看，日本行政诉讼法构建的主观诉讼类型，也一定程度上起到监督行政、维护客观法秩序的目的，只不过是利用原告的利己之心，启动行政诉讼程序，达到客观上的法律效果。同时，日本行政诉讼确立了民众诉讼和机关诉讼两种客观诉讼类型，发挥行政诉讼维护客观法秩序的目的。从客观诉讼的性质看，"有关客观诉讼的纷争，是行政组织内部的权限争议，本来应该属于由行政组织内部以行政作用的统一为职责的上级行政厅来解决的事项；而民众诉讼与国民个人的利害无关，完全是以纠正行政的违法行为为目的的。所以，二者都属于学理上的客观诉讼，而不属于法律上的争讼"①。所谓机关诉讼是指关于国家或者公共团体的机关相互之间权限存在与否,或者因其权力行使引起的争议提起的诉讼。行政机关相互间的权限争议,是行政内部的纷争,理论上不属于法律上的争讼。但是,法律明确要求采取诉讼程序来解决。机关诉讼最典型的一种类型就是国家与地方之间产生争议的时候,由地方团体以国家为被告提出的诉讼。所谓民众诉讼是指民众以选举人的资格或者其他与自己的法律上的利益无关的资格,请求纠正国家或者公共团体机关不符合法规行为的诉讼。因为民众诉讼是以与自己的法律上的利益无关的资格提起的诉讼,因而不是法律上的争讼,而是为了确保法规的正确适用而提起的诉讼。因此,民众诉讼只是限于法律规定才能够提起。民众诉讼中最典型的例子就是居民诉讼。地方的居民对于地方自治团体的公共资金的使用产生争议的时候,其可以以这种方式提起诉讼。这种诉讼在国家的层面并不存在,只存在于地方公共自治团体的层面。选举诉讼也属于民众诉讼范畴,选举人对于被选举人的当选不服或者选举存在争议的时候,当事人和关系人可以以这种方式进行诉讼。

　　日本行政诉讼制度体现主观公权利的救济与客观法秩序维护的统一,是与行政诉讼的理念相关联的。"现代法治主义原理,要求行政活动符合于法律;没有法律时,则要求根据公共利益来实施。但掌握和运用行政的是自然人,自然就难免犯错误。换言之,尽管行政活动必须符合于法律,服从公共利益,但是,现实中违反法律(违法)或者违反公共利益(不当)的行政活动并不少见。为了维持社会公共秩序,保护国民权益,必须及时、迅速地解决这个矛盾。违法或不当的行政活动使自己的权利或者利益受到侵害者,希望对行政诉诸某种抗议手段,这是自然的。因此,国家法律以利害关系人的利己心作为杠杆,设置了一种制度,一方面纠正违法或不当的行政,另一方面保护个人的权利或利益。这种制度一般称为行政争讼。因而,行政争讼是以如下思想为前提得以承认的:在确认违法或者不当行政活动不可避免的基础上,在法治国家,其过错至少必须在事后得以纠正"②。正是在此意义上,行政诉讼制

---

① 日本的客观诉讼一般是有条件,只有在法律明确规定的条件下才能提起。机关诉讼典型的例子是,《地方自治法》第176条规定的地方公共团体的长官和议会的争议,该法第146条规定的主务大臣和都道府县知事的争议、都道府县知事和市町村长的争议等(职务执行命令诉讼)。这种职务执行命令诉讼,是在普通地方公共团体的长官不执行国家的机关委任事务等情况下,主务大臣向高等法院提起诉讼,获得其判决,代执行并且罢免该长官的制度。作为民众诉讼的典型事例,有根据《公职选举法》进行的选举诉讼或者当选诉讼和《地方自治法》所规定的居民诉讼等。这种居民诉讼,是在普通地方公共团体的长官等进行了违法或者不当的公款支出以及财产的管理处分时,居民在经过对监察委员进行监察请求后提起的诉讼,对于地方行政的民主化、公正化,发挥着极大的作用。参见杨建顺:《日本行政法通论》,中国法制出版社1998年版,第726页。
② 杨建顺:《日本行政法通论》,中国法制出版社1998年版,第695页。

度要体现主观公权利的救济与客观法秩序维护的统一。

三、两大法系行政诉讼功能模式的发展趋势

大陆法系行政诉讼法的特征在于，由与普通法院不同的行政法院审理行政诉讼，而在英美法系行政法中，则不存在大陆法系国家行政法院制度，以由普通法院对行政实行规制的法律制度为特征。但是，第二次世界大战后，同为大陆法系的德国，其行政法院作为审判权的一部分归属于司法部门，其管辖事项采取一般概括主义。因此，在审判制度方面，与受美国法影响的战后日本行政诉讼制度相比较，不存在根本性差异。但是，德国行政法的核心是行政实体法，而英美行政法的核心是行政程序法。尽管如此，两大法系的行政诉讼制度在功能上，走向了趋同的发展趋势，只是两者的路径有所差异。

（一）普通法系：从主观公权利救济模式走向混合模式

从上述普通法系行政诉讼功能模式的历史演变分析，总体上，其历史演变走过了一段从主观公权利救济模式走向主观公权利救济与客观法秩序维护模式统一的历程。我们以美国为例，分析普通法系司法审查模式发展的典型特征。正如前述，从某种特征上说，20世纪前的美国司法审查主要围绕权利救济展开，带有典型的主观公权利的救济模式特征。但是，20世纪以后，美国的司法审查发生了一定程度的转变，带有客观法秩序维护的某些特征。进入20世纪以后，行政权的膨胀使"三权分立"这一基本原则发生了动摇，导致公民的基本权利受到威胁，为权力的制衡和权利保障之需要，司法权对行政权加强了控制的力度，其重要表现之一就是，降低司法审查的门槛，让起诉变得更加容易，以发挥司法权的主观公权利救济与客观法秩序的维护功能。

从逻辑起点看，美国的司法审查制度最初主要是为公民的权利救济而生，其明显的特征就是受案范围有限，被诉行政行为与原告具有法律上的侵害与被侵害关系。因此，受司法审查的行政行为以不可审查为假定原则。但是，随着社会发展，司法审查行为标准发生了转变，从不可审查的假定发展到可审查的假定标准。20世纪，法院放弃了不可审查的假定，确立了可审查的假定作为受理行政案件的标准。对此，联邦最高法院判例揭示了其中的两点理由，其一，确认法律授予行政机关的权力范围是一个司法职能，行政机关的权力有多大，应由司法来做最终决定。其二，国会建立法院审理侵害公民权利的案件，不论侵害是来自私人的不法行为，还是行使没有授权的行政行为，法院有权审理一切案件和争议。因此，在可审查的假定之下，法院受理案件

只要是不属于排除司法审查的事项,就可以审查。事实上,按照美国行政程序法的规定,法律排除司法审查的行为和自由裁量的行政行为是不受司法审查的,此外,事项性质上不宜司法审查的国防、外交行为、政治任命、行政机构内部事务、涉及国家安全的行为、司法部的追诉行为等也不属于司法审查的范围。与扩大受案范围的努力相一致,法院往往持严格解释标准,解释排除司法审查的行为,只有达到明白的和令人信服的程度,才能排除司法审查。同样,对于自由裁量行政行为,法院也加强对行政自由裁量权的控制,以扩张司法审查的适用空间。所谓的排除事项不是绝对的排除,如果当事人的重大利益或者宪法上的基本权利受到侵害,法院也应受理。在美国,司法审查的范围与我国现行的行政诉讼法相比较,其范围相当宽,包括裁决、规章,除法律明确排除的之外,几乎一切行政行为都要接受司法的审查,使司法权在维护客观法律秩序方面发挥了非常积极的作用。

正因为美国的司法审查制度最初主要是为公民的权利救济而生,被诉行政行为与原告具有法律上的利害关系。显然,在主观公权利模式下,原告资格是有一定限制的。而在客观法秩序模式下,原告资格就较为宽松,如果以这样的逻辑为标准,美国司法审查模式具有客观法秩序维护模式的特征。从前述美国司法审查原告资格的历史演变看,尽管美国没有在法律上明确规定公益诉讼这一客观诉讼类型,但是,法院判例确立了"私人检察总长"理论,基于公共利益保护的需要,国会可以授权检察总长或者私人对行政行为申请司法审查。因此,环境消费者、一些组织、协会等当事人即使与被诉行政行为没有法律上的利害关系,也可以对不法行政决定提起诉讼。因此,从原告资格的历史演变看,美国司法审查呈现了客观法秩序维护模式的特征,表现出与世界趋同的特征。

(二) 大陆法系:从客观法秩序维护模式走向混合模式

大陆法系行政诉讼功能模式历史演变与普通法系相反,总体上,其走过了一段从客观法秩序模式走向主观公权利救济与客观法秩序维护模式统一的历程。这主要是与大陆法系国家的历史传统以及相关的学说有关。

法国行政诉讼功能模式从其产生就是客观法秩序维护模式。正如前述,18世纪末期,随着资产阶级革命的胜利,法国行政诉讼制度得以创立。法国人基于对孟德斯鸠在《论法的精神》一书中立法权、行政权及司法权分立的思想的理解,行政诉讼与普通法系国家有所区别,更重视三权各自的独立,法院审查行政行为被认为是违反权力分立精神的,行政审判应当由属于行政权的行政法院来审查。法国行政诉讼功能模式属于客观法秩序维护模式,其理论基础是法国社会连带主义法学观点。该学派认为,社会冲突主体实施诉讼行为,并非为了主体实现其实体性权利,即使主体不享有实体权利也不影响其提起诉讼的原告资格。任何利害关系人,哪怕与这种行为之间有一种道德的、间接的关系,都可以向行政法院提出起诉。行政诉讼的目的也不再是保护公民的主观公权利。公民依据法律的规定起诉,即使获得实体权益的救济也不过是维护公法秩序的副产品,体现公共服务的法律并非靠公民的利益来维护,公民通过诉讼程序获得保护并不涉及他们的主观公权利,甚至不涉及其利益。因此,法国行政诉讼制度之客观法秩序维护功能是其与生俱来的品质。

但是,法国行政诉讼的历史演变最终却实现了主观公权利救济与客观法秩序维护的统一。尽管法国行政诉讼类型都体现出客观法秩序维护模式特征,例如,在法国行政诉讼类型中,撤销之诉是最重要、最主要的诉讼类型,而此种诉讼着眼于公共利益,主要目的在于保证行政行为的合法性,属于对事不对人的客观诉讼,对起诉资格要求宽松,法院的判决效力也不以当事人为限,而发生对事的效果。但是,法国行政诉讼不是不注重对公民权利的保护,撤销之诉必须在当事人的利益受到侵害时才能提起,事实上具有保护当事人权益的作用。与此同时,法国行政诉讼中同撤销之诉并行的另一重要诉讼形式——完全管辖权之诉,它以保护当事人的某项权利为核心,属于主观诉讼的范畴。尽管行政诉讼之客观法秩序维护模式与诉讼的一般规律显得不太协调,但却与产生行政诉讼制度的历史相吻合。享有"行政法母国"之誉的法国行政审判制度产生的历史背景是由于大革命前在普通法院和行政机关之间存在对立情绪,法国行政法院隶属于行政机关,把行政案件交给行政机关自己进行处理,实质是行政机关内部的层级监督,是行政机关的自我反省制度,目的是维护和促进行政职能的实现。[①] 因此,尽管法国的行政诉讼制度的最初模式是为了维护客观法秩序,但是,最终却与普通法系国家一样,从最初的客观法秩序模式转向了主观公权利与客观法秩序维护的统一。

同属于大陆法系的德国,与法国行政诉讼的产生与发展路径有所不同。通过前述的德国行政诉讼的历史演变,我们也可以发现,其行政诉讼演变的历史总体是围绕公民主观公权利救济,其制度也是在不断发展中展开的。其中,也夹杂着主观诉讼与客观法秩序维护的争论与实践。但是,最终由于第二次世界大战后受美国司法审查制度的影响,形成了主观公权利救济占主导地位的行政诉讼功能模式。诸如前述,19 世纪初,德国还是一个君主专制国

---

① 邓刚宏:《论我国行政诉讼功能模式及其理论价值》,载《中国法学》2009 年第 5 期。

家，如同公法和私法不分离一样，统治和司法之间也是区别甚微，法庭是君主统治最重要的标志之一。法庭的职责要么由君主自己行使，要么由邦国法庭和司法委员会代行其职。因此，法庭既是司法机构，也是行政机构。但是，此时的德国，已经是开明专制统治。在帝国法院，市民控告君主的权利得到了保障，部分其合法私权受到侵害的臣民，可以向帝国法院和各邦国法院寻求法律保护。最初的行政司法曾致力于为市民的权利提供法律保护，也期望运用行政司法手段实现公共福利，因此，行政司法最初并未成为谋求私利的官僚集团的统治手段。因此，从德国行政诉讼制度的产生看，其最初的目的是实现权利的救济，同时也达到维护客观法秩序的目的。

但是，从发展过程看，主观公权利保护模式也并不是学者们普遍接受的模式，正如前面分析德国行政诉讼历史发展过程中所言，在德国行政诉讼形成的历史过程中，客观法秩序模式也在一定程度上有其支持者，存有两种不同的构想。即使在当今的德国，一种以客观法律监督为导向的某些因素，又开始重新渗入德国行政诉讼法中。由此可见，德国行政诉讼制度是在主观公权利救济与客观法秩序维护之间的艰难选择过程中，从主观公权利的救济模式转向主观公权利救济与客观法秩序维护两者的统一。

第二章 我国行政诉讼功能模式之定位①

行政诉讼的功能模式是指设计行政诉讼制度以及行政诉讼活动所要达到的终极目标而呈现的总体风格。行政诉讼的功能模式关系到整个行政诉讼程序的设计以及具体制度的构建。依功能取向不同,世界范围内,行政诉讼的功能模式可分为主观公权利保护模式和客观法秩序维护模式两种理想类型,分别具有与其模式相适应的行政诉讼程序构造特点,但不存在绝对意义上的理想模型,其价值在于为我们认识行政诉讼程序构造提供了分析工具。我国行政诉讼应定位为客观法秩序维护功能模式,同时兼顾主观公权利保护模式的特点,具有宪法学以及行政诉讼法学基础。客观法秩序维护功能模式为我国扩大行政诉讼受案范围、放松原告资格限制、增设公益诉讼类型、准确定位行政诉判关系提供了理论空间,也为人民法院审判职权的正确行使提供价值指导。

一、行政诉讼功能模式之价值及其核心概念

(一) 行政诉讼功能模式之价值

从学术史的角度,孔繁华博士对此进行了学术梳理。② 模式一词运用于诉讼法学研究领域,首先出现在刑事诉讼和民事诉讼中。陈瑞华教授认为,"所谓模式(model, pattern),又可称为'模型',是指某一系统结构状态或过程状态经过简化、抽象所形成的样式。模式所反映的不是系统或过程原型的全部特征,但能够通过其描述出原型的本质特征。一般而言,模式的抽象程度越高,离系统或过程原型就越远,所需考虑的因素就越少,但越具特殊性。"③ 在民事诉讼领域,张卫平教授意欲以民事诉讼基本模式这一概念来概括民事诉讼体制的基本特征,阐明民事诉讼基本模式与特定民事诉讼体制中各具体

---

① 本章以拙作《论我国行政诉讼功能模式及其理论价值》为蓝本,做了一些补充以及删减。原文发表于《中国法学》2009 年第 5 期。
② 参见孔繁华:《从性质看我国行政诉讼立法目的之定位》,载《河北法学》2007 年第 6 期。
③ 《辞海》"模式""模型"词条。转引自陈瑞华:《刑事审判原理论》,北京大学出版社 1997 年版,第 298 页。

诉讼制度的相互关系,提出中国应该采用大陆型当事人主义民事诉讼模式。① 从语义学的角度,模式有多种不同的解释。《现代汉语词典》定义为,某种事物的标准形式或使人可以照着做的标准样式。《当代新观念要览》则认为,"模式指一定事物通过自身程式化的努力使之形成同类事物的样式或典范"②。在马克斯·韦伯看来,模式是一种思维建构的抽象概念,它是由互有联系的要素所组成,它不会以纯粹形态存在于现实之中,也没有完全的经验例证与其相对应,但它绝非由研究者的主观意志想象出来的。它是研究者透过对具体问题的经验分析,参考对现实因果关系的了解,予以的高度抽象。其目的不是单纯拷贝社会现实,而是作为比较和衡量社会现实的手段,以便成为引导人们达到认识社会现象的指示。模式是研究者从某些观点和经验材料出发形成的一种理想构想,绝不代表唯一可能的观点。随着研究者实际认识的获得和实践的新发展,原有模式可能不再有效,为了更有效地认识社会现象,就需要建构新模式,通过模式的不断代替,促进对社会现象认识的加深。③ 事实上,不管人们怎样解释模式,在我们看来,从本质上说,模式就是解决某一类问题的方法论,它描述了一个在一定环境中不断出现的问题以及解决方案的核心。因此,我们认为,从社会科学的角度看,所谓模式是指系统化解决问题的方案所呈现出的总体风格。它包括目的结构以及实现目的的方法、手段、措施和途径等基本要素。

如何科学认识诉讼功能模式之价值,"首先,模式是一种话语表述。其次,诉讼模式是建立在对诉讼结构(或构造)进行分析的基础之上的。某种诉讼模式的建立,始终要以某种诉讼构造来展现它的具体内容。反过来说,模式的具体内容是在诉讼程序构造中得以存在的。再次,诉讼模式反映了诉讼程序的价值取向和目标定位。不同的诉讼模式的建立和发展的背后,都存在着制约它的文化背景。"④正因为模式可以简化我们对问题的认识,我们可以把行政诉讼功能模式作为分析行政诉讼制度构造的逻辑工具。所谓行政诉讼的功能模式是指设计行政诉讼制度以及行政诉讼活动所要达到的终极目标而呈现的总体风格。行政诉讼功能模式是一个涵盖性较强的概念,是一个国家行政诉讼体制和运行程序过程中所体现出的总体特征,与行政诉讼价值、性质、目的等密切相关。同时,不同的行政诉讼功能模式也是立法者对行政诉讼价值不同选择或价值位阶不同排序的结果。从行政诉讼的功能模式

---

① 参见张卫平:《民事诉讼基本模式:转换与选择之根据》,载《现代法学》1996 年第 6 期。
② 李述一、姚休:《当代新观念要览》,杭州大学出版社 1993 年版,第 456 页。
③ 参见〔德〕马克斯·韦伯:《社会科学方法论》,韩水法、莫茜译,中央编译出版社 2002 年版,第 19 页。
④ 江伟主编:《民事诉讼法学原理》,中国人民大学出版社 1999 年版,第 183 页。

与价值的关系看,一个国家行政诉讼功能模式是国家对行政诉讼价值选择的结果,一个国家特定历史时期行政诉讼的价值直接决定并体现于行政诉讼功能中,如果一个国家的行政诉讼制度突出监督行政的功能,则强调追求秩序与效率价值的实现;而如果行政诉讼突出救济权利的功能,则强调追求公正与自由价值的实现。从行政诉讼的功能模式与目的关系看,行政诉讼的目的与功能模式之间具有内在的关联性,行政诉讼功能模式极大地制约和影响着行政诉讼目的的实现。科学合理的行政诉讼功能模式将有效地实现行政诉讼的目的,而欠缺科学合理性的行政诉讼功能模式将阻挡行政诉讼目的的实现。行政诉讼目的是其功能模式的核心要素,行政诉讼功能模式包含着行政诉讼目的结构的排列,一个国家行政诉讼目的结构决定了行政诉讼功能的总体风格,它既表明国家权力结构的特色,还承载了一个国家的诉讼模式所呈现的整体风格。如果一个国家行政诉讼制度突出它的权利救济功能,那么其诉讼模式则更多突出当事人主义,弱化行政诉讼的监督功能。相反,如果一个国家的行政诉讼制度突出监督行政的功能,那么其诉讼模式则更多突出职权主义,相比较而言淡化权利救济的功能。

(二) 主观公权利与客观法秩序两个概念的引入

1. 主观公权利与客观法秩序两个概念基本内涵①

主观公权利是一个德国法上的概念,是主观权利在公法领域的衍生。所谓主观权利是指法律规范赋予主体的权能,即为了实现个人利益,要求他人为或者不为一定的行为,容忍或者不作为的权利。主观权利可以私法或者公法为根据确立,如果以公法为依据就表现为主观公权利。因此,所谓主观公权利——从公民的角度来看——是指公法赋予个人为实现其权益而要求国家为或者不为特定行为的权能。②

主观权利(subjektives Recht)是与客观权利(objektives Recht)相对应的概念。③ 同样,主观公权利是与客观公权利相对应的概念。在德国,作为名

---

① "两个概念的基本内涵"可参见邓刚宏:《行政诉判关系研究》,法律出版社2013年版,第58、72页。
② "主观公权利的概念"可参见〔德〕哈特穆特·毛雷尔:《行政法学总论》,高家伟译,法律出版社2000年版,第152页。
③ 我国有学者将这一组概念译为"主观权利"和"客观法"。参见张翔:《基本权利的双重性质》,载《法学研究》2005年第3期。

词的 Recht 在德文中有"法"和"权利"两个基本含义。① 而德国人在使用 Recht 一词时往往在其前用"客观的"或"主观的"加以限定。主观权利就是指权利,而客观权利就是指全部法律规定的总和,是主观权利的根据。德国"权利"(Recht)一词具有的双义性——主观权利与客观权利在欧陆其他国家也存在。法国公法学家狄骥在其名著《宪法学教程》中也是这样解释"法"的含义,他认为"同一个词'法'指代两个决不相同但又可能互相渗透、紧密联系的概念:客观法(即客观权利,笔者注)和主观权利"。② 在德国,由于"主观权利实际上并没有给公民提供多于客观权利(即客观法,笔者注)所赋予的权益,因此,人们不免怀疑主观公权利是否具有自己的价值。但是,进一步的研究表明:主观权利对国家和公民之间的关系具有决定性影响。主观权利使宪法保障的尊严和人格产生法律效果。基本法承认公民是权利主体,从而赋予公民独立于国家,要求国家遵守有关法律的权利。离开这些权利,公民可能成为国家活动的仆从和客体。保障主观权利是自由,民主,社会,法治国家的基本条件之一。因此,基本法颁布之后,主观权利得到了广泛的提高。基本权利是主观权利的特殊表现形式"③。

主观公权利是主观权利在公法领域衍生的概念。这并不是德国学者的多此一举。这是因为,"在私法上,义务通常与他人的法律请求权相对应,这是由私法的功能——对公民利益作平等和相互对应的界分——决定的。义务或者限制存在于他人的权利之中,只有赋予公民将其法律确认的权利和保护的利益为主观权利主张的机会,才能前后一致。在公法上,关系比较复杂。行政活动的目的是公共利益,行政法的调整对象是以公共利益为出发点的行政,因此经常——但并非总是——涉及公共利益和私人利益的划分。主观公权利理论即以此为根据,认为,如果有效的法律规定(行政的法律义务即由此而来)不仅是为了公共利益,而某个法律规定对公民有利尚不足以确立一个主观权利,而只是提供了一个有利的权利反射,只有公民个人权益成为法律的目的时,才构成主观权利"④。

---

① 在拉丁语中,"jus"一词也既指法律,又指权利。法律的目的,就是为了规定和保护权利,而不受法律规定保护的利益,则不能作为权利。因此可以说,从客观上看是法,从主观上则为权利,二者合二为一,以致罗马人就用一个词来表达这两个概念。参见周枏:《罗马法原论》(上册),商务印书馆 1994 年版,第 88 页。
② 〔法〕莱昂·狄骥:《宪法学教程》,王文利等译,辽海出版社、春风文艺出版社 1999 年版,第 3 页。
③ 〔德〕哈特穆特·毛雷尔:《行政法学总论》,高家伟译,法律出版社 2000 年版,第 152 页。
④ 同上。

主观公权利是公民与国家间的关系。① 正如上面指出，主观公权利是指公法赋予个人为实现其权益而要求国家为或者不为特定行为的权能。权利是一种关系，任何一项权利的实现必然意味着另一方主体义务的履行，任何权利的法律逻辑就是他人的相应法律义务，该义务以某个客观的法律规范为根据。在法律技术上，一旦设定权利，就应当设定相应的义务，也就是说，法律义务应当与权利同时设定，没有无法律义务的权利，也没有无法律权利的义务。如果上述逻辑成立的话，那么，公民享有主观公权利就意味着，为了使主观公权利得以实现，国家就有作为或者不作为的义务。或者说，公民享有主观公权利就意味着国家相应的义务存在，国家负有积极服务或消极克制的义务。因此，主观公权利表明的是公民和国家之间的一种相互关系。

所谓客观法，与主观公权利一样，也是源于德国法的概念。德国法上有这样一种观念：主观公权利是个人得以向国家主张的权利，而客观法是国家机关或国家一切权力运作必须遵守的一种规则。这些规则并不是个人向国家主张意义上的，所以称为客观的规则或"客观的法"。② 即我们所称的客观法秩序。

2. 引入两个概念的必要性

我们之所以引入这两个概念分析我国行政诉讼的功能模式，其必要性主要体现在三个方面：

第一，主观公权利完全契合我国行政诉讼权利救济的理念。主观公权利的实践意义在于司法救济，如果说，任何主体"在享有一项权利时，他人的角色至关紧要。如果你不是因为他的作为或不作为，而是因为自然事件的因素被否弃你曾有资格享有的东西，就不构成过错"③。那么，公民享有主观公权利，国家就负有积极服务或消极克制的义务，如果国家没有履行其义务，就构成作为或不作为违法。根据《德国基本法》第19条第4款，任何一个主观权

---

① 在德国，行政法学者哈特穆特·毛雷尔认为，主观公权利不仅存在于公民和国家的关系，也存在于公法人相互之间的关系。例如，在特定法律条件下，国家"有权"要求公民缩小建筑规模，缴纳税金等。参见〔德〕哈特穆特·毛雷尔：《行政法学总论》，高家伟译，法律出版社2000年版，第152页。但我们认为，主观公权利仅存在于公民和国家的关系，以及公法人相互之间的关系。国家对公民来说，那是行使权力。
② 德国法上主观公权利与客观法这一对范畴在罗马法中也可以找到其大致对应的概念。在罗马法中，一切受保障的、在外部世界实施行为的权能也叫做法权(ius)，当人们把它同作规范的法相区别时，称它为主观法。在旧的学派中，人们习惯于称主观意义上的法为"facultas agenda(行为权利)"，称作为规范的法或客观意义上的法为"norma agenda(行为规范)"。〔意〕彼德罗·彭梵得：《罗马法教科书》，黄风译，中国政法大学出版社1992年版，第23页。
③ 〔英〕A.J.M.米尔恩：《人的权利与人的多样性——人权哲学》，夏勇、张志铭译，中国大百科全书出版社1995年版，第112页。

利遭受公权力侵害的公民都可以诉诸法律途径,主张其"主观权利"受到侵害。《基本法》第 19 条第 4 款通过行政法院得以具体化。据此,德国《行政法院法》第 42 条第 2 款规定,只有公民主张其权利遭受侵害,至少是可能的侵害情况下,才能对行政机关的违法行为提起诉讼。另外,《行政法院法》第 113 条规定,只有在其权利已经受到侵害的情况下,诉讼才能成立。尽管行政机关在行政程序中居于主导地位,可以单方面作出决定,但在行政诉讼程序中,行政主体和公民的诉讼地位是相互平等的诉讼参与人,这充分展现了主观公权利的价值。

引入主观公权利不仅在于它的司法救济意义,更重要的是它明确了公民相对于国家的权利内涵。从主观公权利概念,我们可以知道,主观公权利包括请求行政机关"为"一定行为权利以及"不为"一定行为的权利。因此,主观公权利包含两层意义:其一防御权。也就是当行政主体违法侵害行政相对人权利时,个人可以请求行政主体停止侵害,而且此项请求可以得到司法上的支持。其二受益请求权,主观公权利具有直接请求行政主体积极"作为"以使个人享有某种受益的权利。与行政相对人的主观公权利相对应的是行政主体的义务,行政主体负有积极"作为"或者消极的"不作为"的义务。主观公权利之防御权和受益请求权的两分法,其实质是把行政相对人与行政主体之间的权利关系划分为积极关系和消极关系两大部类,任何一种权利关系都必然归属于这两类关系之一种。笔者认为,主观公权利概念是一个具有动态意义的"权利"概念,更能提升行政相对人的权利主体意识,使行政相对人真正成为行政执法活动中的主体而不是客体。同时,任何静态意义的权利都可以通过主观公权利这一具有动态的"权利"得以实现。

第二,客观法秩序的概念也契合我国行政诉讼上的监督行政理念。行政行为的合法性审查是我国行政诉讼的核心问题,在某种意义上也就是说行政行为是否符合客观的行政法律秩序,即客观法秩序。由于"对法律主体而言,法律规范的规定是外在的客观法。要使客观法上的规定成为特定法律主体现实的权利义务即主观权利,还需要借助于一座桥梁即法律主体的意思表示或法律行为"[①]。"一切主观法律地位的范围和影响都是在个人的表现出现后确定的,是随着单方行为或多方行为所产生的"。人们在作意思表示时只知道"这是使他达成自己所取得法律地位的手段,因为他知道客观法是把这

[①] 叶必丰:《行政行为的效力研究》,中国人民大学出版社 2002 年版,第 13 页。

种地位的产生与这种表示联系起来的"①。因此,在行政法上要实现客观法与主观权利之间的沟通,也需要法律主体行为这座桥梁。而行政法上的法律行为有行政行为和相对人的行政法行为两类。那么,究竟是哪一类法律行为架起了客观法与主观权利之间的桥梁呢？叶必丰教授认为,行政行为架起了客观法与主观权利之间的桥梁。这是因为,"行政行为决定着行政法上权利义务关系的设定、变更和消灭,是沟通行政法规范规定和行政法主体权利义务的桥梁。……相反,相对人的行政法行为仅仅是行政行为实施程序中的一个环节或法律事实,表现为对行政的合作即参与和配合,而并不具有独立的法律意义,并不能决定行政实体法上权利义务的取得、变更和消灭。相对人在行政法上的行为,只有在分析相对人对行政主体的服务是否提供了充分的合作,行政主体的服务是否充分地考虑了相对人的合作时,才值得重视和研究。这样,行政法学往往只研究行政行为而不研究相对人的行政行为,或者只有在对研究行政行为有意义时才研究相对人的行政法行为"②。

尽管行政行为架起了客观法与主观权利之间的桥梁,但是行政行为并不是随心所欲。从严格意义上说,行政相对人的主观权利与客观权利应当是等价的,行政行为必须依据客观法设定、变更和消灭行政法上权利义务关系。否则,即构成行政违法侵权,相对人可以向人民法院提起司法救济。自然行政行为成为行政诉讼的对象,其适法性成为诉讼的核心问题。也正是在这个意义上,行政诉讼一身兼二任,即主观诉讼和客观诉讼的统一体。③ 这也正是我们分析构建行政诉讼功能模式的基本逻辑,也契合了我国行政诉讼上的监督行政理念。

第三,两个概念的引入对分析我国行政诉讼的构造也是可能的,与行政诉讼解决行政争议之性质也是相契合的。或许有人质疑,主观公权利作为一个德国法的概念,能否适用于解释中国法的问题？我们认为是可能的,不论从主观公权利的实质抑或其基本内涵,都完全可以解释中国法的问题。首先,从其实质看,我国有学者认为,主观公权利是人民或特定人民在行政法律上的真正权利。质言之,该权利就是指人民或特定人民得依据宪法或行政法律之规定,直接主张的权能;而且,当此种权能受到行政主体之侵害,一定可

---

① 〔法〕莱翁·狄骥:《宪法论(第一卷)法律规则和国家问题》,钱克新译,商务印书馆1959年版,第222、226、252、253页。转引自叶必丰:《行政行为的效力研究》,中国人民大学出版社2002年版,第13页。
② 叶必丰:《行政行为的效力研究》,中国人民大学出版社2002年版,第17页。
③ 但是目前学界很少有学者这样认为,往往把主观诉讼和客观诉讼分开讨论,一般是从原告起诉目的的角度来认识主观诉讼和客观诉讼,进而根据原告起诉目的把行政诉讼分为主观诉讼和客观诉讼。笔者认为,这不利于把握行政诉讼的本质,也不利于原告权利的救济。

以提起行政争讼或其他替代性的争讼。由此可见,主观公权利不仅是宪法上的权利,也是行政法上的权利,完全可以理解为,只要公民认为行政主体侵犯了其主观公权利,那么,公民就可以提起行政诉讼。因此,主观公权利是公民提起行政诉讼的权利基础,与我国行政诉讼法规定的,公民认为行政机关行使职权的行为侵犯其权利的属于人民法院受案范围中的"权利",在实质上并无二致。其次,从主观公权利的内涵看,它明确了公民相对于国家的权利内涵,而且其内涵可以涵盖我国公民行政法上任何权利。从主观公权利概念来看,主观公权利包括请求行政机关"为"一定行为的权利以及"不为"一定行为的权利。其与主观公权利的"防御权"与"受益请求权"的两层内涵具有外延上的一致性。因此,作为一个德国法的概念的主观公权利,完全可以适用于解读中国法,它是公民提起行政诉讼的权利基础。

任何权利的实现都必须建立起权利的宣示、预防侵害、救济、国家帮助机制。在这一权利的实现机制中,救济机制是其核心,可谓有权利就有救济,反过来也一样,有救济才有权利。因此,行政相对人的主观公权利的实现必须仰仗于其救济机制。其实,救济本身就是一种权利,所谓救济权是权利不能得到对方主体配合实现而产生的一种权利。因此,从此意义上说,行政相对人的主观权利是行政诉权的基础,没有主观公权利,行政诉权便没有真实内容。同时,行政诉权是主观公权利的保障和前提。保障是前提,没有保障就没有权利。没有行政诉权,一切主观公权利都不成其为权利。

二、行政诉讼功能模式理想类型及其诉讼构造特点

关于行政诉讼功能的理解可谓见仁见智。所谓行政诉讼的功能,是指行政诉讼制度对社会关系可能产生的影响。行政诉讼的功能是多方位多层面的。有学者从价值的角度把行政诉讼功能概括为"三功能说",即行政诉讼具有平衡功能、人权保障功能和实现社会公平正义功能。[1] 同样是"三功能说",有学者从行政诉讼法的角度认识行政诉讼的功能,即行政诉讼具有以国家审判权制约国家行政权,保护行政相对人的合法权利、维护行政机关依法行使行政职权、保证人民法院正确及时审理行政案件,维护社会公正的功能。[2] 也有学者是从制度功能角度理解,把行政诉讼功能概括为解决行政纠纷,实施权利救济、监督行政机关依法行使其职权、一定程度上起到维护国家

---

[1] 姜明安主编:《行政法与行政诉讼法》(第七版),北京大学出版社、高等教育出版社 2019 年版,第 398—399 页。

[2] 参见胡建淼主编:《行政诉讼法学》,复旦大学出版社 2003 年版,第 6—8 页。

行政机关依法行使行政职权的作用以及通过保证行政机关具体行政行为的合法性,起到维护国家法律尊严和统一的作用等。① 基于我国学者对行政诉讼功能的认识,我们可以发现,行政诉讼的功能既具有主观性,不同的学者对行政诉讼功能有不同的选择,又具有客观性,其客观性表现为行政诉讼具有解决行政纠纷、权利救济、监督行政、实现行政客观法律秩序的功能。

尽管学者们对行政诉讼功能有不同的理解,但行政诉讼功能具有保护权利以及实现行政客观法律秩序这两个要素是基本认同的。由于世界各国的政治状况、历史阶段、文化底蕴、宗教伦理、地缘环境等因素的不同,各国设计的行政诉讼功能模式,在不同的历史时期和不同国家亦有所不同。因此,行政诉讼之功能,从世界范围内行政诉讼发展的历史及理念看,依功能取向的不同,存在主观公权利保护模式及客观法秩序维护模式两种不同的理想类型。

(一) 两种不同理想类型模式的内涵

1. 主观公权利保护模式

所谓主观公权利保护模式就是指国家设立行政诉讼制度的核心功能在于保障人民的公权利,而客观法秩序的维护只是在保障人民的公权利的范围内附带功能的理想模式类型。在此模式下,行政诉讼的主要功能是保护公民的合法权益。当公民的合法权益受到来自国家的行政侵害时,国家有义务提供帮助。其理论基础是个人主义和自由主义,其逻辑假设就是个人权利优先,把社会看作是个人为了实现本质上属于个人的目的而建构起来的工具。在个人权利优先及注重司法与行政分立的理念下,司法审查的目的被定位为救济权利,而不是监督行政。

主观公权利保护模式为德国目前的通说。但这种模式在德国普遍被接受是在第二次世界大战结束后。第二次世界大战后,基于对纳粹主义的深刻反思,德国逐步摆脱传统立法绝对主义和法律实证主义的束缚,开始从自然法的理念中寻求宪政改革。德国法哲学经历了一场自然法的复兴,知识阶层展开了对自然法精神的深刻思考,权利作为一种普世的、更高的价值准则的观念,被战后参加制宪会议的代表们普遍接受了,因而人格尊严的维护成为德国战后宪法最高的价值。自此以后,人民权利保障为行政法院核心功能之基调遂自此成立。因而,战后德国基本法所确立的法治国家原则认为,在国

---

① 参见林莉红:《行政诉讼法学》(第三版),武汉大学出版社2009年版,第18页。

家采取干涉公民权利的措施时保证提供法院司法保护是公民的一项基本权利,对个人提供法律保护是德国行政诉讼的最重要任务,为公民提供无漏洞、有效的司法保护是德国行政诉讼的主要目的。基于对宪法的理解,德国学者认为,在行政诉讼中,对于任何一个其权利受到公权力侵害的人而言,法律途径都是敞开的。其基本依据就是德国基本法第 19 条第 4 项规定:"任何人之权利若受公权力之侵害者,得向法院请求救济。若未设有特别的管辖法院时,得向普通法院请求救济。"此一规定攸关德国第二次世界大战后行政诉讼的功能定位,即德国行政法院的核心功能在于为人民权利提供有实效性的保障,而客观法秩序之维护原则上只是在上述功能范围内附带的结果而已。

除了大陆法系的德国,英美法系的司法审查制度总体上也是主观公权利保护模式。从英美国家的传统行政法模式来看,"很多美国学者认为行政法的目的是约束行政机关的权力,保障私人的权利"[①],在这种思想的指导下,行政法被作为"控权法"而产生并发展。控权法理论认为,行政法的基本内容是控制和限制政府权力。施瓦茨认为,行政法就是用以解决行政机关应有什么权力,其权力的限度是什么和如何限制其权力的问题。[②] 然而,"控权论"在英美司法审查中并不表现为客观法秩序维护模式,而恰恰是主观公权利保障模式。这主要是因为,英美法系没有公、私法的划分,司法审查的职能由普通法院承担,整个司法审查程序的构造主要围绕权利的救济展开,诉讼模式更多呈现出当事人主义特点。

尽管上述国家的行政诉讼属于主观公权利保护模式,但并不排斥行政诉讼维护客观法秩序的功能。而且第二次世界大战前,主观公权利保护模式也并不是学者们普遍接受的模式,在德国行政诉讼形成的历史过程中,两套审查模式均各有其支持者,也都曾获得"一定程度"(即使不纯正)的实践机会。[③] 在德国,有效的法律保护原则是德国构建整个行政诉讼领域的基础。有效的法律保护要求对于受到指责的行政决定具有足够的监督审查权,并针对公民的不同诉讼请求,采用与行政行为形式相适应的诉讼方式。而且要实现有效的法律保护必须使用不同的诉讼形式,通过这些形式,公民权利才能得到有效保护。因此,德国的行政诉讼基于公民有效的司法保护目的,事实上具有监督行政权的重要功能。如《德国基本法》第 19 条第 4 项规定,并不禁止立法者透过法律扩充行政法院维护客观法秩序功能。因而,纳入以维护客观法秩序为目的设计出来的诉讼形态,例如团体诉讼、规范审查程序等,也

---

① 王名扬:《美国行政法》(上),中国法制出版社 1995 年版,第 44 页。
② 〔美〕伯纳德·施瓦茨:《行政法》,徐炳译,群众出版社 1986 年版,第 2 页。
③ 参见翁岳生主编:《行政诉讼法逐条释义》,台湾五南图书出版公司 2002 年版,第 28 页。

就成为了德国行政诉讼发展的特色。此外,从德国行政诉讼发展的过程看,在纯正的个人权利保障模式及客观法秩序维护模式之间,仍有不少中间形态发展的空间。例如德国法上之机关诉讼,是维护机关或机关成员在组织法上享有的权限,就理念上属以客观法秩序维护为目的,不过,原告必须具有诉讼权能才可以提起行政诉讼,亦透过"法律续造",承认在一定条件下,机关及其成员享有维护其组织法上之权限或地位之"权利"。由于这种权利与个人领域的"公权利"本质不同,故学者将"机关诉讼"归类为"广义的权利保障"。[1]同样,在英美法系国家,行政诉讼也具有向客观法秩序模式发展的倾向。20世纪中后期以来,随着积极行政扩张,英美国家以消极防止公民权利不受行政侵害的观念也有重大转变,司法审查的主要功能从侧重保护私人权利,开始转向促进行政良好运作以及为公民和社会谋求更大的福祉。

2. 客观法秩序维护模式

所谓客观法秩序维护模式是指国家确立行政诉讼制度的目的是维持行政客观的公法秩序并确保公法实施的有效性,其功能取向在于协助行政创造或重建行政行为的客观合法性。正如前面所言,行政诉讼功能模式是一个国家对行政诉讼价值选择的结果,特定历史时期行政诉讼的价值直接决定并体现于行政诉讼功能中,因而,一个国家的行政诉讼呈现维护客观公法秩序模式是由于这个国家的行政诉讼制度突出监督行政功能的价值选择。

客观法秩序维护模式的理论基础是法国社会连带主义法学观点。该学派认为,社会冲突主体实施诉讼行为,并非为了主体实现其实体性权利,即使主体不享有实体权利也不影响其提起诉讼的原告资格。对此,法国社会连带主义法学派创立者狄骥认为,"在进行依法申诉的可能性上不可能看到有一种主观的权利。依法申诉经常是由一个公职人员,或一个作为公职人员来行事的个人来使用的,因为依法申诉不是别的东西,只是动用集体的强制手段。公职人员所做的不是别的事情,只是使自己符合法律,而这种法律又命令他在某种情况下行动起来。因此,我们看不出在行使一种权利;他不过在实施所规定于他的命令规则而已。"[2]在狄骥看来,"任何利害关系人,哪怕只是同这种行为之间有一种道德的、间接的关系,都可以向行政法院提出起诉。这

---

[1] "德国的行政诉讼事实上具有监督行政权的重要功能"的论述,参见翁岳生主编:《行政诉讼法逐条释义》,台湾五南图书出版公司2002年版,第28页。
[2] 〔法〕莱翁·狄骥:《宪法论(第一卷)法律规则和国家问题》,钱克新译,商务印书馆1959年版,第216—217页。

种诉讼的目的也不再是保护公民的主观权利。"①通过解读狄骥上述论点,我们不难看出,公民依据法律的规定起诉,即使获得某种实体权益也不过是公法秩序的副产品,体现公共服务的法律并非靠公民的利益来维护,公民通过司法程序获得保护并不涉及公民的主观权利,甚至不涉及他们的利益。②

尽管狄骥否认任何权利之存在,即便诉讼行为也是个人对社会连带义务的服从,这在权利意识高涨的今天是不可思议的,但是,法国社会连带主义法学派对法国行政诉讼制度仍然产生了一定的影响,导致了法国行政诉讼总体上属于维护客观公法秩序模式。与英、美、德等国家不同,法国行政诉讼的主要目的是监督行政机关的活动,保证行政机关的活动符合法律。在法国,行政诉讼是制裁违法行政行为最主要的手段,也是行政法治原则最主要的保障。这在法国行政诉讼的撤销之诉、完全管辖之诉、解释及审查行政决定的意义和合法性之诉、处罚之诉等几种诉讼类型中都有所体现。在解释及审查行政决定的意义和合法性之诉中,法院有权撤销某个行政行为,也有权解释这个行为的意义。在法国行政诉讼类型中的撤销之诉是最重要、最主要的诉讼类别,而此种诉讼着眼于公共利益,主要目的在于保证行政行为的合法性,属于对事不对人的客观诉讼,对起诉资格要求宽松,法院的判决效力也不以当事人为限,而发生对事的效果。有必要澄清的是,法国行政诉讼不是不注重对公民权利的保护,撤销之诉必须在当事人的利益受到侵害时才能提起,事实上具有保护当事人的权益的作用。与此同时,法国行政诉讼中同撤销之诉并行的另一重要诉讼形式——完全管辖权之诉,它以保护当事人的某项权利为核心,属于主观诉讼的范畴。③

尽管行政诉讼之客观法秩序维护模式与诉讼的一般规律显得不太协调,但却与产生行政诉讼制度的历史相吻合。从世界范围看,各国行政诉讼制度发展史表明,设立行政诉讼的初衷并不主要是为了保障公民权益,而首先是为了维护客观法律秩序,协调司法权与行政权的关系。如享有"行政法母国"之誉的法国的行政审判制度产生的历史背景,是大革命前在普通法院和行政机关之间存在对立的情绪,法国行政法院隶属于行政机关,把行政案件交给行政机关自己进行处理,实质是行政机关内部的层级监督,是行政机关的自我反省制度,目的是维护和促进行政职能的实现。因此,在法国存在按照法官判决案件权力大小分类的解释及审查行政决定意义和合法性之诉的类型,

---

① 〔法〕莱昂·狄骥:《公法的变迁 法律与国家》,郑戈、冷静译,辽海出版社、春风文艺出版社1999年版,第151页。
② 〔法〕莱翁·狄骥:《宪法论(第一卷)法律规则和国家问题》,钱克新译,商务印书馆1959年版,第142—143页。
③ 参见王名扬:《法国行政法》,中国政法大学出版社1988年版,第668—669页。

法院可以判决行政行为是否合法。不惟大陆法系,在司法审查制度产生源头的英国,司法审查中所广泛使用的各种救济手段,即特权令状制度,其最初目的也是为了维持各级公共机构的效率和行政秩序。星座法院用英王的名义对低级法院和各种法定机构发布命令,约束它们遵守法律、履行义务。即使"在美国的司法审查中,确认判决常和制止状同时采取,法院一方面确认某种行为是否合法,同时禁止或命令实施这种行为"①。美国的法院判决经常出现支持行政行为的判决,其目的就是维护客观的法律秩序,这一方面验证了美国人自己说的"三权分立"是迂腐的教条,也验证了在司法审查中也具有客观诉讼的特征。总之,"司法救济的历史表明,行政诉讼肇始于客观之诉即最初目的主要不在于保护行政相对人的权益,而在于监督和维护行政机关依法行政,这在大陆法系与英美法系国家都是如此。"②同样,我国行政诉讼也如是,这是一个不争的历史事实。

(二) 两种不同理想类型的诉讼构造特点

值得一提的是,从上面的论证可以看出,不论是大陆法系还是英美法系国家的行政诉讼都不存在绝对意义的两种理想类型。但研究这两种不同理想类型并不是没有意义,其意义在于为我们认识行政诉讼程序构造,特别是把握诉讼构造的特点提供了分析框架。

1. 主观公权利保护模式之行政诉讼构造特点

由于主观公权利保护模式下的行政诉讼的核心功能在于保障公民的公权利,因而主观公权利保障模式下的行政诉讼程序构造具有与其功能相适应的特征。该模式在理念上以保护个人权利为重心,属主观诉讼的范畴。在此理念下,行政诉讼的程序设计和运作机制主要围绕当事人的权利损害与救济展开。在行政诉讼审理过程中,行政行为合法性问题并非审理的核心,只是给予当事人救济的辅助手段。因此,主观公权利保护模式下行政诉讼程序构造具有如下特点:

(1) 原告的起诉资格受到限制。在行政诉讼入口上,原告资格需要具备受到行政行为法律上的侵害,至少与行政行为具有利害关系。因此,只有公民的主观公权利受到侵害时,才能启动行政诉讼程序。否则,法院以诉之不合法性不予受理。

---

① 王名扬:《美国行政法》(下),中国法制出版社 1995 年版,第 576 页。
② 张坤世、欧爱民:《现代行政诉讼制度发展的特点——兼与我国相关制度比较》,载《国家行政学院学报》2002 年第 5 期。

(2) 行政诉讼受案范围狭窄。在行政诉讼受案范围上，并非所有行政行为都可成为司法审查的对象，受案范围的对象基本上局限于具有以保障人民主观公权利为目的的实体范围，而内部行政行为等不涉及主观公权利的行为则不纳入行政诉讼的受案范围。

(3) 诉讼模式上的当事人主义。在行政诉讼程序推进问题上遵循处分原则，当事人对权利如何行使、诉讼标的的确定、诉讼程序的开始和终结享有一定的自主权。

(4) 司法审查遵循成熟原则。在司法介入的时机上，司法审查机制原则上只有在已发生权利侵害时才得以介入，如果权利仅有被侵害之可能性，原则上司法审查不得提前介入，因而，主观公权利保障模式下的司法审查倾向于"事后回应"型。

(5) 行政诉判关系一致。在行政诉判关系上，正因为行政诉讼的程序设计和运作机制主要围绕着当事人的权利损害与救济展开，因此，在主观公权利保障模式下，行政判决与诉请一致是行政诉讼的一个基本原则。这一原则要求判与诉是相对应的，判决是对诉讼请求的回应，法院的裁判只能在当事人诉求的范围内，判决的拘束力也只局限于诉讼当事人之间。比如：我国台湾地区的行政诉讼是主观公权利保护模式，在行政诉判关系上遵循严格一致的原则，即使在情况判决中也是以驳回诉讼请求判决结案。唯一的例外就是，台湾"行政诉讼法"规定了径为判决制度，也就是说诉讼之两造均缺席的情况下，基于公共利益的考虑，法院可以直接作出判决。

2. 客观法秩序维护模式之行政诉讼构造特点

如前所述，维护客观法秩序模式下的行政诉讼制度的功能主要在于行政创造或重建行政行为客观的合法性。因此，该模式下行政诉讼的主要目的不在于保护当事人的权利，而在于促进行政客观法秩序的实现。此种诉讼目的应当纳入客观诉讼的理念。在该理念下，行政诉讼的要旨不是当事人的权利或利益是否受到侵犯，而是行政行为的适法性。因而，对当事人起诉资格的要求宽松许多，法院的审理侧重围绕行政行为的合法与否进行。尽管维护行政法治、监督行政行为，客观上可以实现保护公民权利之目的，但当事人是否享有法定权利、法定权利与行政行为之间的关联性等问题不是审理的核心。因此，维护客观公法秩序模式下，行政诉讼运作与主观公权利保护模式的出发点是不同的，司法权的运作空间以及行政诉讼程序构造也有差异。具体来说，客观法秩序维护模式下行政诉讼程序构造具有以下特点：

第一，行政诉讼受案范围相对宽松。在客观法秩序维护模式下，行政诉讼受案范围比主观公权利保障模式要宽松,但为了避免此模式因诉讼泛滥致司法审查过度负荷,往往通过列举主义对诉讼受案范围加以限制。由于行政诉讼的功能在于保障行政行为的客观合法性,最大化的结果就是要求对行政决定是否遵守所有与行政决定相关的法规范进行完全的司法审查。因此,不仅没有区分主观公权利及客观法规范的必要,甚至连外部与内部行为的区分也丧失存在的基础。行政诉讼程序的设计自然倾向于司法审查范围的扩张。司法审查范围的扩张,不仅表现在司法审查原则的扩张,也表现在审查客体上的扩张。例如行政组织内部的行政行为也可以成为司法审查的对象。

第二,原告提起诉讼的资格限制松懈。行政诉讼程序的启动,不以原告主观公权利受到侵害为前提要件,赋予个人请求启动行政诉讼程序的地位,从某种意义上说,其目的是借助个人启动诉讼程序以实现行政诉讼制度维护客观法秩序的功能,原告只是扮演行政监督者的角色。由于客观法秩序维护模式属于客观诉讼理念范畴,所以,它可以容许更多地启动行政诉讼程序的方式。例如公益诉讼、团体诉讼、机关诉讼、公民诉讼等诉讼类型在原告资格问题上相对宽松。原告资格最大化的理想状况就是,可以容许由检察机关主动发动司法审查。

第三,行政诉讼模式上的职权主义。客观法秩序维护模式与主观公权利保护模式不同的是,行政诉讼程序推进问题上,除了诉讼启动由原告掌控外,法院比当事人享有更多的掌控权。为了有效维护客观法秩序,行政诉讼程序上倾向于尽可能限制当事人对诉讼标的的处分权能,行政诉讼程序构造倾向于采职权主义。

第四,司法审查可以与行政过程同步。主观公权利模式下,司法介入行政行为的审查需要遵循成熟原则。但在客观法秩序模式下,由于行政诉讼是确保行政决定合法、正确的监督机制,因此,司法介入的时机有必要与行政过程相衔接,甚至司法审查与行政同步伴随,未必一定需要遵循成熟原则,比事后回应式的司法审查更能发挥维护行政客观法秩序的功能。

第五,行政诉判关系未必绝对一致。客观法秩序维护模式下的行政诉判关系具有与主观公权利保护模式不同的特点。一方面,尽管原告诉讼请求对法院审判权的范围起到限制作用,但法院也并不完全受诉讼请求措辞的限制。如德国1960年的《行政法院法》第88条规定,"法院不得超出原告诉讼请求的范围,但法院也不受诉讼请求措辞的拘束。"另一方面,行政诉讼判决有超越争讼当事人间的一般性效力,这是因为行政诉讼很大程度上是客观诉讼——对事不对人的诉讼类型。甚至,维护客观法秩序模式下,基于维护客观法秩序或者公共利益的需要,行政判决有超越诉讼请求的可能。如法国行政诉讼制度中解释及审查行政决定的意义和合法性之诉中,法院有权撤销某个行政行为,也有权确认某个行政行为合法。

三、客观法秩序维护模式:我国行政诉讼功能模式之定位

就行政诉讼法学理论而言,我国行政诉讼究竟是主观公权利保护模式还是客观法秩序维护模式抑或二者的结合是存在争论的,这当中往往忽视了行政诉讼维护客观法秩序的特征。① 笔者认为,行政诉讼应当兼顾个人利益与公共利益的关系,亦即我国行政诉讼功能模式应当是混合模式,即兼顾主观公权利保护和客观法秩序维护功能模式,但是,二者不能等量齐观,行政诉讼模式总体上是客观法秩序维护功能模式,同时兼顾主观公权利保护模式的特点,这是由我国的宪政结构、行政诉讼制度的特殊性等因素所决定的。

(一) 客观法秩序维护功能模式的宪法学基础

我国《宪法》第 41 条规定了公民的批评权、建议权、申诉权、控告权和检举权,其中与行政诉讼最为直接相关的权利是申诉权,为公民提起行政诉讼提供了宪法依据。② 但有学者认为,将宪法规定的申诉权作为行政诉讼法的宪法依据,理由并不充分。申诉权的内容是相当广泛的,此权利不足以作为

---

① 有学者认为,"自古迄今,中外行政诉讼制度原则上均为主观诉讼,客观诉讼仅仅是作为一种非常特殊、例外的情形存在,在可以预见的将来恐怕也还会是如此。换言之,客观诉讼在逻辑上虽然可以与主观诉讼并立,但其实际作用或重要性却远远不及主观诉讼。另外,或许并非不重要的是,诉讼的基本问题无非是原告通过诉讼为何种请求,对于原告的请求法院得作何种裁判,这一基本问题决定了诉讼的各个方面、各个环节的制度设置。"参见赵清林:《行政诉讼类型研究》,法律出版社 2008 年版,第 153 页。持该观点的学者在学界还有不少。尽管如此,随着行政诉讼理论研究的深入,也有为数不少的学者开始关注行政客观诉讼的研究,并提出行政诉讼客观化是行政诉讼的世界发展趋势。如欧鹛父的《借鉴与建构:行政诉讼客观化对中国的启示》(载《求索》2004 年第 8 期)一文认为,行政诉讼客观化是一个世界性的趋势。所谓行政诉讼客观化是指通过立法或司法解释的途径使传统偏重保护个人利益的行政诉讼制度亦兼及公共利益的维护。从理想的角度而言,"完整的行政诉讼制度,既应当有对公民、法人和其他组织合法权益的救济,也应当有对国家和公共利益的保护,这在理论上表现为行政诉讼是主观诉讼和客观诉讼的统一体。建立以保护国家和公共利益为宗旨的客观诉讼制度,是从制度上改进、发展和完善我国行政诉讼法律制度的一个基本方向。"参见安:《行政诉讼的公益诉讼和客观诉讼问题》,载《法学》2001 年第 5 期。但是,该论者也仅是对现象的诠释,并没有从理论上论证行政诉讼是主观诉讼和客观诉讼的统一体,更没有揭示主观公权利保护和客观法秩序维护功能在行政诉讼功能模式中的位序关系。

② 我国《宪法》第 41 条规定,中华人民共和国公民对于任何国家机关和国家工作人员,有提出批评和建议的权利;对于任何国家机关和国家工作人员的违法失职行为,有向有关国家机关提出申诉、控告或者检举的权利,但是不得捏造或者歪曲事实进行诬告陷害。对于公民的申诉、控告或者检举,有关国家机关必须查清事实,负责处理。任何人不得压制和打击报复。由于国家机关和国家工作人员侵犯公民权利而受到损失的人,有依照法律规定取得赔偿的权利。

行政诉讼的根据。与其他国家的规定相比,我国行政诉讼的宪法依据相当不完备。第 41 条规定公民行使相应权利针对的是"国家机关和国家工作人员的违法失职行为",公民可以向"有关机关"提出申诉、控告和检举,而不限于司法机关;公民可以使用的方式包括"申诉、控告和检举",而不限于提起诉讼。该条的内容是以行政权和行政行为为核心的,规定公民的申诉权、控告权和检举权是为了对行政行为进行监督,以达到维护客观的法律秩序、纠正违法行政行为之目的,而不在于对公民受行政行为侵害后主观权利的救济。笔者认为,宪法作为国家的根本大法,具有抽象性,它只可能对国家的根本制度做出抽象的规定,更多的是需要部门法根据宪法的精神具体化。因此,赋予宪法太多的功能,期望宪法对我国行政诉讼制度提供完备的依据既不现实也不可能。但是论者对我国《宪法》第 41 条的理解也不乏洞察力,从我国《宪法》第 41 条赋予公民诉权的角度看,行政诉讼确应是一种维护客观法秩序模式。行政诉讼主要宗旨是以审查行政权和行政行为的适法性为核心的,赋予公民申诉权、控告权和检举权的初衷是以公民监督行政主体依法行政,以实现客观的法律秩序、纠正违法行政行为为目的,其次才是通过行政诉讼程序实现权利救济,解决行政争议为目的。也就是说,从行政诉权的宪法依据看,我国行政诉讼是一种客观法秩序兼顾主观公权利的模式。

除了从行政诉权的宪法依据的角度分析外,我国国家权力之间的关系也决定了行政诉讼制度呈现出客观法秩序模式的特点。就我国的宪政结构而言,宪法在构建国家权力体系时不搞三权分立,但仍然将国家权力划分为立法权、行政权和司法权,分别由不同的国家机关行使。我国国家权力属于人民,由人民的代表机关即权力机关行使。国家权力机关依法选举产生行政机关和司法机关,并赋予其相应的行政权和司法权。在我国的国家权力格局中,行政权与司法权的宪法地位是平等的,同在宪法框架下承担各自职能,具有不同的权力特征和运行规律。行政权依照行政法律规范行使,组织和管理社会的公共事务,维护社会公共利益和公共秩序。司法权依照法律对行政权行使的合法性作出裁判。我国的司法制度是建立在人民代表大会制度基础之上的,既强调司法权对行政权进行监督,也强调司法权与行政权彼此协调、良性互动,以发挥各自在国家权力配置中的功能和作用。行政诉讼法作为调整司法权、行政权以及行政相对人之间权力(利)关系的部门法,必然体现宪法法律关系。从此意义上说,行政诉讼中司法权与行政权之间的关系是我国国家权力关系的法律写真。一方面,司法权发挥着监督行政权的功能,表现在行政诉讼领域中,通过个案审查行政行为的合法性,监督行政机关依法行政。另一方面,司法权与行政权之间并不是简单的监督关系,在一定情形下,司法权也发挥着维护行政权的功能,从而使行政诉讼承担着实现客观的宪法秩序的功能。比如,根据我国《行政诉讼法》(1989年)第54条第1款的规定,人民法院审理一审行政案件,认为具体行政行为证据确凿,适用法律、法规正确,符合法定程序的,应当作出维持判决。维持判决意味着法院对具体行政行为合法性的肯定。所以,行政权与司法权的关系不仅是简单的限制和约束。正如有学者认为,"行政诉讼承载的司法功能除了如民事诉讼中适用法律解决纠纷的功能之外,还在于法院通过诉讼体现诉讼法承载的客观法律价值。这种法律价值除了保护个人的合法权益外,更有国家利益和公共利益需要司法保护。……从这个意义上讲,法院不仅仅是两造之外的第三方,同时也是保证国家公权力行使的重要保障。因此,在将来的行政诉讼法制度中,既要强调监督行政公权力行为,也要强调法院作为国家机关维护行政机关依法行政的方面。"[①]

(二) 客观法秩序维护功能模式的行政诉讼法学基础

行政诉讼从它的"娘肚子"——民事诉讼中脱胎出来后,究竟具有什么特殊性是我们把握行政诉讼性质的关键,也是我们认识行政诉讼的逻辑起点。笔者认为,行政诉讼最大的特殊性就是其承担了维护行政客观法秩序的功能。但理论界却恰恰忽视了行政诉讼之维护客观法律秩序的性质,把行政诉讼定位为主观公权利的救济,而淡化了行政诉讼维护行政客观法秩序的功能,这是对行政诉讼性质的误读,也不利于行政审判实践。例如,由于对行政诉讼维护行政客观法秩序的功能认识不到位,导致行政审判审理对象定位不清,一些地方行政审判不是审查行政行为的合法性,反而出现了法院和行政机关一起审原告的现象。这种误读也直接导致了对行政诉判关系定位不准,错误地认为诉判一致是一个普适的原理。

事实上,我国行政诉讼与世界行政诉讼制度产生发展的历史一样,维护行政客观法秩序属性也是其与生俱来的品质。1989年制定的《行政诉讼法》的立法目的就凸显了维护行政客观法秩序的功能。立法之初,有关部门的人士以及学者们表达了不同意见。从行政诉讼法草案座谈会来看,政府法制部门和理论界对行政诉讼的立法目的是有细微差别的。政府法制部门更强调行政诉讼法的"促进""保障"和"维护"行政行为的目的;而行政法学理论界看

[①] 梁凤云:《行政诉讼法修改的若干理论前提(从客观诉讼和主观诉讼的角度)》,载《法律适用》2006年第5期。

重的是行政诉讼保障公民的合法权益和监督行政行为的目的。但最终通过的《行政诉讼法》结合了大多数人的意见,以保障公民合法权益、维护与监督依法行政为立法目的。维护与监督行政行为的实质就是要实现客观的行政法律秩序。即使是保障公民合法权益的角度也暗含着行政诉讼就是审查行政行为的合法性。因为公民权益是否被侵害是与行政行为的合法性息息相关的。因此,立法目的决定了行政诉讼必然是行政客观法秩序模式,以审查行政行为的合法性为主要宗旨。除了立法目的决定了行政诉讼是一种客观诉讼外,如果通览我国行政诉讼法,就会发现,不论是案件之审理对象还是行政判决的类型等相关条款的规定,都决定了行政诉讼总体上是一种客观法秩序维护模式。①

尽管维护行政客观法秩序是行政诉讼与生俱来的品质,但是作为司法程序也兼顾了主观公权利保护模式的特点,是主观公权利保护模式和客观法秩序维护模式的统一。当然,我们要清楚地认识到,两种诉讼模式并不是泾渭分明,而是相互交融,既实现司法权对主观权利的救济,也实现司法权对行政权的合法性审查,保障客观的行政法律秩序。我们更要清楚认识到,正如前面所言,二者不能等量齐观,客观法秩序维护是矛盾的主要方面,行政诉讼总体上呈现的是客观法秩序维护模式。主要有四个方面的理由:

一是行政诉讼性质的特殊性决定了行政客观法秩序维护是矛盾的主要方面。一般认为,行政诉讼具有解决纠纷、权利救济和监督行政三个方面的性质。这不仅符合行政诉讼认识的最一般规律,而且是与我国行政诉讼制度发展的一般规律、产生的历史背景、立法现状以及行政审判的实践相吻合的。把握行政诉讼的性质需要从三个维度去理解:从解决纠纷的角度,要充分认识行政诉讼作为一种诉讼活动,与民事诉讼一样,具有与生俱来的解决纠纷的属性,是解决行政争议的重要环节;从权利救济的角度看,行政诉讼是行政相对人遭受行政主体侵犯其权利后的事后救济制度,其目的是通过审查行政权的适法性,以保护行政相对人的合法权益;从监督行政的角度看,监督行政作为行政诉讼的根本属性,是当代中国社会变革的产物,也是建设社会主义市场经济、民主政治、法治政府的必然要求。行政诉讼性质三个层面的认识是有层次的,行政诉讼解决行政争议只是对行政诉讼性质认识的第一步,只

---

① 我国《行政诉讼法》第 6 条规定:"人民法院审理行政案件,对行政行为是否合法进行审查"。《行政诉讼法》以及其司法解释确立的维持判决、确认合法判决、重作判决等形式,以及人民法院对撤诉的审查规定等,实质上就说明行政诉讼既要重视诉讼请求,但更要注重行政诉讼实现客观法律秩序的目的。

停留在这一层面上并没有认清行政诉讼,也不能说明为什么行政诉讼要从民事诉讼中分离出来。监督行政与救济权利的需要是行政诉讼与民事诉讼分野的重要原因,行政诉讼与民事诉讼功能的差别是两大诉讼分野的原因之一。在此意义上,审查行政行为的适法性以及权利救济的需要是产生行政诉讼制度的基础。台湾地区学者认为,"行政诉讼制度与民事诉讼制度不同,于历史沿革上并非因'纷争解决'此一前法律性格之要求而生(即民事裁判制度早于私法而存在,并非因有私法之存在而设置民事裁判制度),而系基于对行政之适法性控制与对贯彻人民权利保护之要求而生。"① 也就是说,"就法院基于法律对围绕国民权利及利益的纷争进行裁判这一点而言,行政诉讼与普通民事诉讼并无二致。但是,行政诉讼的对象涉及行政行为的适当与否,因此具有与私人纠纷的民事事件相异的性质。"② 从上述研究我们完全可以推断出,行政诉讼与民事诉讼的根本区别就是,行政诉讼的功能首先是维护行政客观法秩序,而后才是主观公权利的救济,而民事诉讼目的主要是主观权利的保护,维护客观私法秩序则是次要的。这是行政诉讼与民事诉讼性质的根本差异所决定的,也是我们准确认识行政诉讼构造的基础。

二是行政诉讼立法目的之内在逻辑决定了行政客观法秩序维护是矛盾的主要方面。我国现行行政诉讼法确立的是"保护—维护—监督"结构的立法目的,即保护相对人合法权益、维护和监督行政机关依法行政。从保护相对人合法权益的角度看,行政诉讼属于主观权利保护的范畴。而从维护和监督行政机关依法行政的角度看,行政诉讼主要是确保行政行为的合法性,又属于维护客观法秩序的范畴。但是"保护—维护—监督"三者之间关系的内在逻辑决定了监督行政处于矛盾的主要方面。这是因为,所谓监督行政就是审查行政行为的合法性,它是行政诉讼目的的逻辑起点,也是行政相对人权利能否得到保护的前提,审查行政行为合法性与行政诉讼所追求的维护行政客观法律秩序功能是不谋而合的。没有监督行政立法目的的实现就谈不上公民合法权利的保护,这种行政诉讼目的的内在逻辑决定了行政诉讼首先是维护行政客观法秩序,从而也决定了维护行政客观法秩序是矛盾对立统一体中的主要方面。至于维护行政之立法目的,尽管其处于理论界的一片"讨伐"声中,但由于行政诉讼毕竟承担了一定的政治功能,从司法的政治功能上说,维护行政是有其必要性的。但是,笔者认为,维护行政只是行政诉讼的附带

---

① 翁岳生主编:《行政法》(下册),中国法制出版社 2002 年版,第 1311 页。
② 〔日〕中村英郎:《新民事诉讼法讲义》,陈刚、林剑锋、郭美松译,法律出版社 2001 年版,第 17 页。

目的,既不是行政诉讼的逻辑起点,也不是行政诉讼所追求的价值,只是通过个案的审理,对行政机关合法的行政行为进行维持或确认,或者尽管行政行为有瑕疵,但出于公共利益考虑,维持或者确认行政行为有效。其存在的价值只是司法权的国家态度而已。尽管维护行政行为违背了诉讼本身的规律,脱离了原告的诉讼请求,但是却保障了行政客观法律秩序的实现。

三是行政诉讼法律关系的特殊构造决定了行政客观法秩序维护是矛盾的主要方面。行政诉讼法律总体呈现"两面"关系,即人民法院与原告以及人民法院与行政主体之间的关系。① 但这"两面"法律关系有主次之分,人民法院与行政主体之间的矛盾(即审辩矛盾)是主要的,审辩关系是居于绝对的主导地位,主宰着整个行政审判的进程。与此相对应的人民法院与原告之间的关系则居于从属地位,对行政审判的进展起着辅助性的作用。这是因为,一方面,"行政审判中的诉辩冲突,是其在行政活动中的冲突的延伸,这种延伸的必然结果就是将具体行政行为的合法性交给审判机关进行裁判。产生于行政活动中的诉辩冲突,是行政审判的唯一启动器,但也仅仅是启动器而已,它一旦将行政审判程序启动,便从幕前退居幕后,并将矛盾转交给了审判者,从而使审辩矛盾成为行政审判中的主要矛盾"②。另一方面,"行政审判从本质上而言是权力对权力的审判,是强力对付强力的游戏。这就决定了审、辩双方的对抗和冲突成为行政审判的主要矛盾,它决定着整个行政审判的性质,并左右着行政审判的进展和结果。审判机关在受理原告起诉后,就以被诉的具体行政行为违法为逻辑前提,在这种逻辑前提支配下的法官,不应当像民事审判的法官那样做一个貌似公正的仲裁者,而应当以一个积极的、主动的强权享有者和司法审查者的形象推动着行政审判的运作和进展"③。因此,在行政诉讼中,原告和裁判者并不像民事诉讼那样,不是原告与裁判者之间毫不相干,裁判者完全处于中立地位,而是原告与裁判者之间是"协作统一"的关系,其目的就是监督行政,保障公民的合法权利。行政诉讼这种不同于民事诉讼的诉讼法律关系特殊构造决定了行政诉讼主要是客观法秩序维护模式。

四是行政诉讼审理对象决定了维护客观法秩序是矛盾的主要方面。行

---

① 行政诉讼法律关系有"两面说"(即人民法院与原告以及人民法院与行政主体之间的关系)与"三面说"(除了"两面说"所包含的两对关系,还包括原告与被告之间的关系),本文赞同"两面说","三面说"不符合我国行政诉讼法的规定和基本理论,而且对行政诉讼的运行是有害的。参见林莉红:《行政诉讼法学》(第三版),武汉大学出版社2009年版,第37页。
② 胡肖华、江国华:《行政审判方式的特点研究》,载《法律科学》2000年第5期。
③ 同上。

政诉讼审理对象是审判的重心,左右着法官的审判行为,也决定了行政审判程序中法庭审判的中心。行政审判程序只有紧紧围绕审理对象才能保证案件审理的客观性、公正性,从而体现行政诉讼的性质,进而发挥行政诉讼的功能,达到行政诉讼的目的。根据行政诉讼法的规定,我国行政案件的审理对象恒定是行政机关具体行政行为的合法性,而不是原告提出的行政诉请。也就是说,在行政诉讼中,不论当事人的诉请是什么,法庭审判的中心必须是行政行为的合法性。行政机关的具体行政行为作为行政案件的审理对象,我们可以从行政诉讼的性质、行政诉讼法律关系以及原告的诉请能否得到满足三个方面去理解:从行政诉讼的性质看,行政诉讼的性质决定了行政案件的审理对象是具体的行政行为是否具有合法性。行政诉讼的本质是司法权对行政权的监督,通过司法程序审查行政行为的合法性,对违法行政行为予以撤销或者确认违法,对行政处罚显失公正的予以变更,从而维持客观的行政法律秩序。从法律关系的角度看,在行政诉讼之前,行政主体与原告形成的是行政法律关系,是行政主体首次行使判断权,首次判断权的结论是具体行政行为,而启动诉讼程序后,形成的是行政诉讼法律关系,行政诉讼法律关系的主体是三方——原告、被告和法院。行政诉讼法律关系的形成,是基于原告诉权的行使,是司法权对行政首次判断权的司法审查,其重心就在于审查行政主体的具体行政行为的合法性。从原告的诉请能否得到满足看,具体行政行为是否违法是原告诉讼请求能否得到满足的决定因素,同时也是解决行政争议的焦点。因此,行政案件审理的对象必然是被诉的具体行政行为的合法性。在行政诉讼审判过程中,不论行政诉请的形态,整个行政诉讼都是围绕行政行为是否合法进行的,司法权根据行政行为的合法与否以及特定情况,评判行政行为的效力,从而直接或间接对行政诉请做出肯定或者否定的判决。因此,从审理对象决定判决对象的角度,行政诉讼审理对象决定了行政判决的对象必然包含行政行为的合法性,也就是说,行政诉讼审理对象决定了维护行政客观法秩序是行政诉讼的主要功能,同时把回应诉讼请求与回应行政行为的合法性有机结合起来。而行政行为的合法性是原告诉讼请求能否得到满足的决定性因素。从此意义上说,行政行为的合法性审理是主观公权利能否得到保护的决定性因素,因而行政客观法秩序维护在这一对立统一关系中必然处于矛盾的主要方面。[①]

---

① 参见邓刚宏:《行政诉讼依诉请择判原则之局限性——依行政行为效力择判原则的可行性分析》,载《法学》2008 年第 9 期。

四、我国行政诉讼客观法秩序维护模式之理论价值

我国行政诉讼功能定位为客观法秩序维护模式的理论意义在于，为我们认识行政构造提供了基本分析工具，为我国行政诉讼制度的完善与发展提供了理论空间。同时，充分认识我国行政诉讼功能的客观法秩序模式，有助于提高行政审判的实效性。

第一，扩大行政诉讼受案范围。前面论述了在客观法秩序维护模式下，行政诉讼受案范围比主观公权利保障模式要宽，其最大化的结果就是要求对行政决定是否遵守所有与行政决定相关的法规范进行完全的司法审查，倾向于司法权审查范围的扩张。司法审查范围的扩张，不仅表现在司法审查原则的扩张，也表现在审查客体上的扩张。例如行政组织内部的行政行为也成为司法审查的对象。然而，出于多种原因和多重因素的考虑，我国行政诉讼受案范围在立法上做了大量限制，司法实践中法院也存在一些不愿和不敢立案的现象，不利于行政争议的解决，无形当中增加了社会不稳定因素。既然我国行政诉讼定位为客观法秩序维护模式，那么，行政主体和行政相对人之间一旦出现行政纠纷，国家应当尽可能地提供司法救济途径。因此，有必要扩大行政诉讼受案范围，淡化行政事实行为、准司法行政行为等限制受案范围的概念，明确行政主体与相对人之间的"行政争议"作为行政诉讼的受案范围标准，而不是目前立法上以"行政职权行为"为标准，有条件地将抽象行政行为、内部行政行为以及事实行政行为纳入司法审查范围。同时，正确处理行政权和司法权的关系，减少行政终局裁决行为的范围，尽可能让其接受司法审查，以保障公民权利，监督行政主体依法行政。

第二，放松行政诉讼原告资格限制。行政诉讼原告资格是依照法律规定的条件，行政相对人能够向人民法院提起行政诉讼的权利。客观法秩序维护模式下，原告资格问题相对宽松，行政诉讼程序的启动，不以原告个人主观公权利可能受侵害为前提要件，并容许更多的启动行政诉讼程序的方式，甚至可以容许由检察机关主动发动司法审查。从世界范围看，各国行政诉讼制度对原告资格的规定都经历了一个从限制到逐渐放宽的过程，原告资格标准基本上走了一段从"法定权利"到"法律上权利"再到"利害关系人权利"直至"公共利益"标准的历程。1989年我国颁布的《行政诉讼法》对行政诉讼原告资格做了严格的限制。这是与当时历史背景相吻合的。但是，随着社会发展，人民法院审判能力以及公民权利意识不断提高，这种限制束缚了行政诉讼的

发展。尽管最高人民法院的司法解释对原告的资格做了扩张性解释,把原告资格拓宽到利害关系人诉讼标准,但仍然与客观法秩序维护模式相匹配的宽松的原告资格有差距有进一步放宽原告资格的必要。例如:近年来,公益诉讼中由于原告不具备主体资格而被驳回起诉的现象就值得我们反思。事实上,尽管这些案件的原告败诉了,但对社会的变革仍然具有积极作用。公益诉讼往往具有保障人权、保护公共利益、扩大公众参与和推动社会变革的意义。因此,我们认为,既然我国行政诉讼定位于客观法秩序维护模式,很有必要放松行政诉讼原告资格限制。

第三,充分认识我国行政诉讼模式倾向于职权主义。所谓行政诉讼模式是指构成行政诉讼程序的各要素相互结合与作用所表现出来的总体风格。客观法秩序维护模式与主观公权利保护模式不同的是,除了诉讼启动由原告掌控外,行政诉讼程序的推进由法院与当事人共享,尽可能限制当事人对诉讼标的的处分权能,行政诉讼程序构造倾向于采职权主义。而且世界大多数国家和地区的行政诉讼模式总体呈现出职权主义模式的特征。如我国台湾地区就是如此,表现在事实职权探知性和程序进行职权性两个方面。行政诉讼采事实职权探知性是因为"行政诉讼所涉之事件,恒攸关公益及行政是否依法行政,因此,在事实之掌握方面,务求其符合[实质之真实],而非以当事人不争执即可"[①]。而程序进行采职权主义是因为"行政诉讼为求其经济性与营运之顺遂,除起诉操诸原告外,其他程序之进行,原则上由行政法院指挥与支配"[②]。我国行政诉讼之诉讼模式同样也呈现出职权主义模式的特点,主要表现在三个方面:一是在程序的架构与运行上的职权主义。人民法院依职权指挥整个行政诉讼的运行。二是调取证据上的职权主义。我国《行政诉讼法》第 39 条规定:"人民法院有权要求当事人提供或者补充证据。"第 40 条规定:"人民法院有权向有关行政机关以及其他组织、公民调取证据。但是,不得为证明行政行为的合法性调取被告作出行政行为时未收集的证据。"依据此规定法院可以主动调查和收集认为有助于发现案件真实的事实与证据。三是对原告撤诉做了限制。我国行政诉讼法明确规定,原告申请撤诉必须经过人民法院的审查认可。然而,在行政审判实践中,人民法院对行政诉讼的职权主义模式认识不够,并没有体现出我国行政诉讼模式职权主义的特点,更多体现为援用民事诉讼的思路办案,如:不限制原告的处分权,甚至动员原

---

① 蔡志方:《行政救济法新论》,台湾元照出版公司 2000 年版,第 108 页。
② 同上。

告撤诉,导致撤诉结案率高,不利于行政诉讼功能的实现。因此,从监督行政、维护行政客观法秩序的角度,人民法院应当充分认识我国行政诉讼模式倾向于职权主义的特点,这对于提高行政审判的实效性是有意义的。

第四,行政诉讼法修改应增加禁令判决形式。所谓禁令判决就是法院判令行政主体停止即将侵害或者正在持续侵害相对人权利的行政行为的判决形式。这种判决形式的优点在于克服了行政诉讼无法救济行政行为即将或者持续侵害相对人权利的情况。前面论证到,在客观诉讼模式下,在行政诉讼介入的时机上,与行政过程相衔接,甚至是与行政同步伴随,比事后回应式的司法审查更能发挥维护行政客观法秩序的功能。一般在事后回应型的主观公权利司法审查模式中,行政行为是否成熟是判断其是否具有可诉性的一个根本标准。因而,在美国的司法审查中,成熟性原则是判断行政行为是否具有可诉性的一个标准,所谓"成熟性原则指行政行为必须发展到一定的阶段,即已经达到成熟的程度,才能允许进行司法审查"①。在日本行政诉讼中,行政行为的成熟性也被作为法院审查的前提,"形成有关行政过程的行政厅的行为,只要没有达到对当事人的权利义务作出最终决定的所谓终局阶段,便不承认其具有处分性"②,因而作为过程的行政厅行为也就没有可诉性。但成熟原则也有例外。不论是大陆法系还是英美法系国家都规定了禁令判决。如美国法院就可以做出禁止令;在德国,如果行政相对人受到即将发生的,或正在持续中的行政行为的侵害,可提起停止作为之诉。但目前我国行政诉讼中,即将侵害相对人权利的行政行为不属于行政诉讼的受案范围。事实上,有些行政行为如果得到实施,将对相对人的权利造成无法挽回的损失。因此,我国在修改行政诉讼法时,为完善救济手段,出于保障人权之计,增设预防诉讼,并相应增加禁令判决是非常必要的,也是与我国行政诉讼的客观法秩序模式相适应的。

第五,准确定位行政诉判关系。由于维护客观法秩序模式下的行政诉判关系与主观公权利保护模式不同,其具有法院并不完全受诉讼请求措辞的限制以及判决有超越争讼当事人间的一般性效力的特点。甚至基于维护客观法秩序或者公共利益的需要,行政判决有超越诉讼请求的可能。在诉判关系问题上,民事诉判关系一致是一项基本原则,除非出于国家利益的考虑或者有明确的法律规定,才可以超越原告诉请,否则就是错误判决。而行政判决

---

① 王名扬:《美国行政法》(下),中国法制出版社1995年版,第642页。
② 杨建顺:《日本行政法通论》,中国法制出版社1998年版,第730页。

则不一样,虽然行政诉讼与民事诉讼都遵循不告不理原则,即不得诉外裁判,但是行政诉判关系并非完全一致,如维持判决、情况判决等。① 正如日本行政法学者美浓部达吉所言,诉外不得裁判"此亦非各国行政裁判制度共通之原则也,行政诉讼惟置重于以维持行政事件法规正当适用为目的之性质,故亦有国家依行政裁判所之职权而可出于当事者请求范围外以为审理,或得变更系争之处分,与原告以不利益者。行政诉讼,非以保护个人权利为主要之目的,乃以判断宣告公益事件何为正法为其目的者也,是故不拘于当事者之声明,而从裁判所自身之见地,以宣告关于系争事件之正法,是为当然,其结果反有归于原告之不利益者,亦非得已也"②。

---

① 笔者认为,行政诉讼依诉请择判原则与行政诉讼原理以及审判实践具有内在的矛盾,忽视了行政诉讼性质、审理对象、诉讼法律关系主体的特殊性以及现代行政审判的发展趋势。行政审判在处理诉判关系时,应当从"依诉择判"转换为"依行政行为效力择判"原则。依行政行为效力择判原则是对依诉请择判原则的"扬弃",是辩证的肯定与否定,契合了行政诉讼原理的内在逻辑,厘清了适用行政判决类型的界限,体现了行政审判权的司法秉性,适应了行政审判发展的现实需要。参见邓刚宏:《行政诉讼依诉请择判原则之局限性——依行政行为效力择判原则的可行性分析》,载《法学》2008 年第 9 期。
② 〔日〕美浓部达吉:《行政裁判法》,邓定人译,中国政法大学出版社 2005 年版,第 155 页。

第三章　行政诉讼功能模式下的受案范围

行政诉讼受案范围是行政诉讼制度中不可或缺的核心内容，也是学界关注的热点。我国行政诉讼受案范围的立法起点不是《行政诉讼法》，早在1982年由全国人大常委会通过的《中华人民共和国民事诉讼法（试行）》第3条第2款规定："法律规定由人民法院审理的行政案件，适用本法的规定"，开启了新中国行政诉讼制度的序幕，其核心内容是明确人民法院审理行政案件所适用的程序，确定人民法院受理行政案件的范围，其对我国行政诉讼受案范围的规定采用的是列举模式。行政诉讼受案范围解决的是人民法院与其他国家机关之间处理行政争议的分工与权限问题，不仅与保护公民权利和监督行政主体依法行政有着直接的关系，同时，它也决定了司法机关对行政主体行为的审查范围，决定了受到行政主体侵害的公民、法人和其他组织能否纳入司法审查的范围。我国行政诉讼的受案范围，虽然经由司法解释、立法修改，比行政诉讼制度建立之初已经有了很大发展，但与我国当代政治、经济、文化发展水平，特别是民主法治建设水平、人权保障要求，还有很大差距。[①] 同时，目前学界仍然没有一个统一的认识，许多行政诉讼受案范围的认识缺乏一个统一的分析框架与理论基础，也导致了新修改的行政诉讼法对于受案范围的制度设计也未必尽善尽美。因此，笔者试图以行政诉讼功能模式为分析框架，并以其为理论基础，就行政诉讼受案范围制度设计做一探讨，从而推动我国行政诉讼制度的发展。

一、我国《行政诉讼法》受案范围之评述

（一）行政诉讼受案范围之立法现状

1989年通过的《行政诉讼法》标志着我国行政诉讼制度全面建立，在累积近十年的行政审判实践经验的基础上，对我国行政诉讼受案范围重新做出

[①] 喜子：《反思与重构：完善行政诉讼受案范围的诉权视角》，载《中国法学》2004年第1期。

了规定。规定集中体现在1989年的《行政诉讼法》第2条概括式规定和第二章"受案范围"第11条和第12条的列举规定之中。总体看来,凡行政机关直接影响公民、法人或者其他组织人身权、财产权的所有外部具体行政行为,均在我国行政诉讼受案范围之列。《行政诉讼法》的这些规定也构成了此后立法和司法解释规定及学者探讨受案范围的起点。面对不断丰富的行政法治实践以及权利意识的发展,行政诉讼法的简单规定也捉襟见肘,凸显其不足之处。1991年最高人民法院颁布的《关于贯彻执行〈中华人民共和国行政诉讼法〉若干问题的意见(试行)》(以下简称《贯彻意见》),除明确规定对劳动教养、收容审查和计划生育的处罚、行政赔偿裁决、强制补偿决定、自然资源权属争议行政裁决应属受案范围外,特别对具体行政行为做出了界定。此后,最高人民法院于2000年颁布了《关于执行〈中华人民共和国行政诉讼法〉若干问题的解释》,参与起草的法官认为,"有关受案范围的规定,是起草技术难度最大的部分。最高人民法院以及行政法学界的专家、学者曾为此作过很多设想,提供了多种方案,起草过程非常复杂。"①该解释从根本上改变了上述《贯彻意见》的指导思想,期望在行政诉讼法规定范围内扩大行政诉讼受案范围,其第1条第1款明确规定:"公民、法人或者其他组织对具有国家行政职权的机关和组织及其工作人员的行政行为不服,依法提起诉讼的,属于人民法院行政诉讼的受案范围。"并列举了属于以及不属于行政诉讼受案范围的事项。

实践证明,主要通过界定具体行政行为来解决行政诉讼法给受案范围带来的不确定性和适用上的困难的尝试,其效果并不理想。因此,通过立法修改,进一步明确受案范围是必然的选择。此次修改也欲寻求突破。2014年8月,全国人大常委会在官方网站上公布了《中华人民共和国行政诉讼法修正案(草案二次审议稿)》,并向社会征求意见。与一审稿相比,二审稿的显著变化之一,是将行政诉讼法规定的"具体行政行为"修改为"行政行为",并以行政行为作为统领行政诉讼法全部条文的基本法律概念。行政诉讼的基本原则、受案范围、管辖、诉讼参加人、证据、审理程序与审理制度、裁判方式等相关规定,在具体表述上也发生了相应变化。② 2014年11月1日,全国人大常委会通过了关于修改《行政诉讼法》的决定,这是我国《行政诉讼法》制定二十五年来的首次修改,意欲扩大行政诉讼受案范围。《行政诉讼法》第2条规

---

① 甘文:《行政诉讼法司法解释之评论——理由、观点与问题》,中国法制出版社2000年版,第15页。
② 闫尔宝:《论行政诉讼法的修订路径:以当事人诉讼活用论为参照》,载《中国法学》2014年第6期。

定,"公民、法人或者其他组织认为行政机关和行政机关工作人员的行政行为侵犯其合法权益,有权依照本法向人民法院提起诉讼。前款所称行政行为,包括法律、法规、规章授权的组织作出的行政行为。"这有利于实践中对可诉行政行为进行界定。修改工作着重于以下几点:一是维护行政诉讼制度的权威性,针对现实中的突出问题,强调依法保障公民、法人和其他组织的诉讼权利;二是坚持我国行政诉讼制度的基本原则,维护行政权依法行使和公民、法人和其他组织寻求司法救济渠道畅通的平衡,保障人民法院依法独立行使审判权;三是坚持从实际出发,循序渐进,逐步完善;四是总结行政审判实践的经验,把经实践证明的有益经验上升为法律。[①] 行政诉讼法在受案范围上,主要体现在以下三个方面:

一是废弃了"具体行政行为"的概念,确立了以"行政行为"为受案范围的基准。在受案范围上,一般认为,新行政诉讼法的修改,体现了行政诉讼受案范围的扩大,人民法院受理案件无具体行政行为限制。新法将现行行政诉讼法中对"具体行政行为"可提起行政诉讼,修改为"行政行为"。1989 年的《行政诉讼法》第 2 条规定:"公民、法人或者其他组织认为行政机关和行政机关工作人员的具体行政行为侵犯其合法权益,有权依照本法向人民法院提起诉讼。"当时立法采用"具体行政行为"的概念,是与"抽象行政行为"相对应,主要是考虑限定人民法院的受案范围。考虑到现行《行政诉讼法》第 12 条、第 13 条对可诉范围和不予受理的范围已作了明确列举,界限是比较清楚的,没有必要再从概念上加以区分。同时,"行政行为"概念,也为行政诉讼受案范围的扩大预留了空间。因此,《行政诉讼法》将"具体行政行为"修改为"行政行为"有利于权利保障,有利于监督行政。具体表现为,《行政诉讼法》增加了以下几种行政行为:行政机关做出关于自然资源所有权或使用权决定的行为,行政征收和征用行为,行政机关滥用行政权力排除或限制竞争的行为,行政机关不依法履行、未按照约定履行或违法变更、解除有关协议的行为。在原有法条基础上,丰富了"违法要求履行其他义务"的内涵,在未依法支付抚恤金之外又增加了最低生活保障待遇和社会保险待遇。

二是通过列举方式增加或者修改了可以纳入人民法院审理的受案范围。主要表现在以下几个方面:(1) 表述更为科学。如《行政诉讼法》的第 12 条在原来《行政诉讼法》的第 11 条基础上,将具体受案范围里第 1 款对行政处罚不服的"拘留"改为"行政拘留"。(2) 增加行政强制措施"暂扣或者吊销许可证和执照"可以起诉。(3) 对行政许可不服可以提起诉讼。即申请行政许

---

① 陈丽平:《扩大受案范围 完善审理程序 强化执行措施——解读新修改的行政诉讼法》,载《法制日报》2014 年 11 月 4 日,第 7 版。

可,行政机关拒绝或者在法定期限内不予答复,或者对行政机关作出的有关行政许可的其他决定不服的。(4) 对与自然资源相关的行政确认可以提起诉讼。即对行政机关作出的关于确认土地、矿藏、水流、森林、山岭、草原、荒地、滩涂、海域等自然资源的所有权或者使用权的决定不服的。(5) 对行政征收、征用决定及其补偿决定不服的可以提起诉讼。(6) 申请行政机关履行保护人身权、财产权等合法权益的法定职责,行政机关拒绝履行或者不予答复的可以提起诉讼。(7) 对行政机关侵犯其经营自主权或者农村土地承包经营权、农村土地经营权的可以提起诉讼。(8) 对行政机关滥用行政权力排除或者限制竞争的可以提起诉讼。(9) 对行政机关违法集资、摊派费用或者违法要求履行其他义务的可以提起诉讼。(10) 对行政机关没有依法支付抚恤金、最低生活保障待遇或者社会保险待遇的可以提起诉讼。(11) 对行政机关不依法履行、未按照约定履行或者违法变更、解除政府特许经营协议、土地房屋征收补偿协议等协议的可以提起诉讼。

三是修改后的《行政诉讼法》扩大了权利保护范围。1989年的《行政诉讼法》第11条第1款只明确列举保护人身权、财产权、自主经营权三项合法权益,同时,第11条第2款做出了兜底性的规定,将"法律、法规规定可以提起诉讼的其他行政案件"纳入受案范围,但是,修改前的《行政诉讼法》对公民权利的保护仍有很大局限性。现行的《行政诉讼法》在权利保护上,对农村土地承包经营权、农村土地经营权的保护加以确认和强调,超越了人身权和财产权的限制,将权利保护范围扩展到公民、法人和其他组织的各项合法权益。

(二) 行政诉讼受案范围之立法评述

《行政诉讼法》扩大了受案范围是历史发展的延续。追溯我国行政诉讼制度的发展史,它就是行政诉讼受案范围的不断扩张史。20世纪80年代初,我国法制建设刚刚恢复不久,"民告官"几乎被认为是大逆不道的异端邪说,所以民事诉讼法只是把行政案件作为一种特殊的民事案件来做出特别规定,当时几乎没有考虑要建立一套相对独立的行政诉讼制度,这从法院组织法也没有规定设立行政审判庭可以得到印证。在这种情况下,行政诉讼空间很小是必然的。到了20世纪80年代中期,随着民主法制建设的发展,建立相对独立的行政诉讼制度才被提上议事日程,但当时司法地位不高,司法资源有限,司法权威微弱,加上行政法律制度特别是行政程序法律制度不健全,行政活动不规范,行政审判缺乏合法性判断标准,以及行政机关对行政诉讼是否会损害行政效率和行政权威存在较大担忧。因此,当时本着"先建立制度再逐渐完善"这一立法策略考虑,为了使行政诉讼法能够顺利出台,行政诉讼法规定的行政诉讼受案范围比较有限,同时又为后来发展留有一定余地。20世纪90年代后期,改革开放的深入和民主法制建设的发展为进一步扩大行政诉讼受案范围提供了条件,因此通过行政复议法和司法解释进一步扩大了行政诉讼受案范围。三十多年来,我国行政诉讼受案范围的发展,并不仅仅依靠行政诉讼法的制定和修改,而是采取多条腿走路的办法,齐头并进,走过了从民事诉讼法到行政诉讼法,再到行政复议法和司法解释这样一个多形式发展的过程,特别是采取扩张性司法解释来发展行政诉讼受案范围,更是突显我国法制建设深受现实主义和实用主义的影响。本来我国作为一个成文法国家,法院的权限和受理案件的范围,必须通过法律授权,法院只能在法律授权的范围内行使职权,受理案件。但受司法能动主义思潮影响和在社会实践对司法不断提出更多需求的压力下,司法机关在法律容许范围内,积极而审慎地不断自我拓展司法空间,扩大了受理行政案件的范围。我国行政诉讼受案范围几经发展,总的趋向是不断扩大,但保护人身权和财产权始终被放在优先地位,同时不断扩大和加强对其他权利的保护。可以说,我国行政诉讼受案范围的发展,是体现了与时俱进精神的,在发展策略选择上是明智的、成功的,否则,也许我国行政诉讼制度的建立会被推迟许多年,导致行政法治乃至整个法治建设可能也要因此而放慢步伐。因为,正是由于行政诉讼制度的建立,迫使行政活动必须尽快规范化、法制化,从而催生了依法行政观念的提出,进而催生了依法治国观念的提出。① 该学者的评述总体是客观的,反映了我国行政诉讼受案范围历史发展脉络。2014年修正的《行政诉讼法》对行政诉讼受案范围的扩大,是我国行政诉讼受案范围不断扩大的历史发展的延续,尽管有其局限性,与权利的充分保障还有一段距离,但是,我们必须用历史唯物主义的观点,客观地评价我国行政诉讼受案范围的发展过程。任何对历史的评价,必须放到一定的社会历史条件中去分析,不顾社会发展的历史条件去批评当下,是没有意义的。同时,我们也要用历史发展的眼光,去审视我国行政诉讼受案范围制度,逐步推进受案范围的扩大,逐步实现公民权利的充分救济。

《行政诉讼法》对于受案范围的扩大瞄准审判实践中的"立案难"问题。1989年颁布的《行政诉讼法》,被称为"民告官"的法律,自实施以来,在解决行政争议,推进依法行政,保护公民、法人和其他组织的合法权益等方面,发挥了重要作用。同时,随着社会主义民主法制建设的发展,行政诉讼制度与我国社会经济发展存在的不协调、不相适应的问题也日渐突出。公民对行政

---

① 参见喜子:《反思与重构:完善行政诉讼受案范围的诉权视角》,载《中国法学》2004年第1期。

诉讼中存在的"立案难、审理难、执行难"等突出问题反映强烈。为解决这些审判实践中的突出问题,适应"依法治国、依法执政、依法行政"共同推进的新要求、"法治国家、法治政府、法治社会"一体建设的新要求,有必要对行政诉讼法予以修改完善,改变立案难的行政审判现状,进一步扩大行政诉讼受案范围。

《行政诉讼法》对于何为公民、法人或其他组织的合法权益仍不明确,从而在实践中容易造成混乱。根据我国现行《行政诉讼法》的规定,公民、法人或其他组织认为自己的合法权益被具体行政行为侵犯,即享有行政法意义上的诉权。但是对于公民、法人或其他组织的合法权益范围到底包括哪些,在《行政诉讼法》及最高人民法院的司法解释中都没有任何规定。按照《行政诉讼法》受案范围中第12条的规定,即可推断出公民、法人或其他组织的合法权益范围界定为"人身权、财产权",排除了其他权利的存在。《行政诉讼法》受案范围在立法技术上,采取列举式和概括式相结合的体例,概括规定"认为行政机关侵犯其他人身权、财产权"和"法律、法规规定可以提起诉讼的其他行政案件",这两项概括规定为扩大受案范围预留了空间,也说明了我国行政诉讼受案范围远不止列举的行政行为。

《行政诉讼法》除将"具体行政行为"统一扩展为"行政行为",列举受案范围时没有根据行政行为的基本分类,亦未在排除列举上作出任何修改,不免带有一定遗憾。从《行政诉讼法》有关受案范围排除事项的第13条规定,可以发现几乎照搬了原《行政诉讼法》第12条的条款规定,未作排除列举上的任何修改。可见在行政诉讼法的修改上,理论界与实务界主要关注的是增加人民法院可受理案件的问题,而就受案范围排除事项没有予以关注。原《行政诉讼法》对于行政诉讼受案范围排除事项的规定,分别体现于《行政诉讼法》的第2条和第12条。第2条对受案范围的概括式规定,表明非具体行政行为排除在行政诉讼受案范围之外。第12条则具体列举了不属于行政诉讼受案范围的四类事项。① 也就是说,抽象行政行为、内部行政行为以及终局裁决行政行为是被排斥在人民法院的受案范围之外的。现行《行政诉讼法》除将"具体行政行为"统一扩展为"行政行为",却并未在排除列举上作出任何修改。正如有学者提出,原《行政诉讼法》的规定在排除事项,设定主体的严

---

① 《行政诉讼法》(1989年)第2条规定:"公民、法人或者其他组织认为行政机关和行政机关工作人员的具体行政行为侵犯其合法权益,有权依照本法向人民法院提起诉讼"。第12条规定:"人民法院不受理公民、法人或者其他组织对下列事项提起的诉讼:国防、外交等国家行为;行政法规、规章或者行政机关制定、发布的具有普遍约束力的决定、命令;行政机关对行政机关工作人员的奖惩、任免等决定;法律规定由行政机关最终裁决的具体行政行为"。

格性、设定方法和设定标准的科学性上都存在一定不足。① 这也在一定程度上限制了行政诉讼的受案范围,克减了行政诉讼功能的发挥。作为对行政诉讼范围肯定列举并加以具体细化的第 11 条以及修正后的第 12 条的规定,则着眼于行政权行使的方式,在列举诸多可诉行政行为时,似乎也没有根据行政行为的基本分类加以列举,列举的诸多事项之间具有随意性。②

同时,《行政诉讼法》对行政行为的审查规定仍然限于合法性审查,除非明显不当,不对合理性行政行为进行审查。原《行政诉讼法》原则上规定只限于合法性审查,不包括合理性审查。对此,原《行政诉讼法》第 5 条规定:"人民法院审理行政案件,对具体行政行为是否合法进行审查。"这是关于行政诉讼审查范围的原则规定。严格地说,审查范围与受案范围是有区别的:"审查范围是一个立体视角,它反映司法权介入行政领域的深度,而受案范围是一个平面视角,它反映司法权介入行政领域的广度。"③如果从广度与深度的视角,我国行政诉讼受案范围与世界其他国家相比,仍然有一定的差距。从世界范围看,一些国家对行政行为的不当性也将其纳入司法审查的范围,然而我国行政诉讼的修改仍然未对此有所突破。④ 事实上,一些不当行政行为对公民权利的损害不亚于违法性行政行为,因此,我国行政诉讼的审查不论是广度还是深度都有待于进一步拓展。

尽管行政诉讼受案范围通过立法修改一定程度上有所扩大,但是并没有达到理想的模式,其中,立法改革的制约因素是多层次的,追根究底,主要有以下几个方面的原因:

(1) 对行政争议性质的认定模糊。笔者曾提出,理论上明确行政主体与相对人之间的"行政争议"作为行政诉讼的受案范围标准,而不是目前立法上采取的以"行政职权行为"为标准。⑤ 但是,学界对行政争议性质的认定是模糊的。正如胡建淼教授所指出的那样,"许多人"在认定行政争议的性质时存在泛政治化、特权化的倾向,即便对行政争议持广义理解,他们也会认为一些争议不完全是法律问题,而是涉及政治、政策或者行政机关的"特权",从而排

---

① 方世荣:《对行政诉讼受案范围中设定排除事项的反思》,载《法商研究》2014 年第 6 期。
② 陈天本:《行政诉讼的受案范围》,载《行政法学研究》2001 年第 4 期。
③ 章剑生:《有关行政诉讼受案范围的几个理论问题探析》,载《中国法学》1998 年第 2 期。
④ 《行政诉讼法》确立合法性审查原则,主要是出于行政行为是否适当,原则上应由行政复议处理,人民法院不能代替行政机关作出决定的考虑。法学界和司法实务界普遍认为,行政诉讼原则上仅限于合法性审查,不包括合理性审查,对行政机关在自由裁量权范围和幅度内作出的具体行政行为是否适当,一般不予审查。但合法性审查原则也有例外,现行《行政诉讼法》第 70 条、第 77 条规定,人民法院对超越职权或滥用职权的行政行为有撤销权;对有明显不当的行政处罚有变更权。
⑤ 邓刚宏、马立群:《对行政诉讼之特质的梳理与反思——以与民事诉讼比较为视角》,载《政治与法律》2011 年第 6 期。

斥司法管辖。此处的"许多人"不仅包括立法者,也包括执行法律的人。对于前者,主要的证据是法律将其他规范性文件也排除在受案范围之外。将《立法法》明确规定"视同立法"的法规、规章排除在外也算情有可原,但其他规范性文件却纯粹是行政活动的产物,并且有许多直接影响公民、法人或其他组织的合法权益,是完全没有理由被排除在受案范围之外的。对于后者,主要的证据是实践中把所谓的"内部行政行为"一概排除在受案范围之外。现行法将行政机关对于公务员的奖惩、任免等决定排除在受案范围之外,行政机关所作的关于公务员权利义务的所有决定都被认为是不可诉的。执行法律的人显然是受到了"特别权力关系"理论的遗害。"特别权力关系"理论在其发源国如德国、日本等早已衰弱,中国立法者从未明确承认过这一理论,执行法律的人就更无必要使用这个理论自缚手脚。① 这些对行政争议的理解,本质上是观念还没有真正转变过来,权利意识远弱于权力本位,导致对行政争议的理解模糊,政治化色彩强,法律色彩淡化。因此,行政诉讼受案范围的制度变革,本质上受当下的法律文化、法律观念的制约。

(2) 司法权威还没有根本确立。行政诉讼制度本质上反映了司法权与行政权的关系,一个司法权威还没有确立的国家,其行政诉讼受案范围被限制是不言而喻的,因为立法者抑或司法者在权力的天平上会自觉或者不自觉地偏向行政权,导致司法权被压制。有学者对此进行了概括。一方面,法官们倾向于将不确切的概念作消极的解释更反映了司法权相对其他权力的弱势,遇到有冲突的法律规范时往往转送有权机关处理、法院缺乏对行政机关直接责任人的强制权等现象,体现了司法权不能对其他国家权力进行有效制衡。导致上述现象的更深层次的原因在于司法的行政化和地方化,法院在人财物等方面受制于同级地方政府,导致法院和法官受理和审理案件时常常受到外部干涉,部分法院和法官甚至主动向行政机关妥协。另一方面,在众多行政争议解决机制中,司法最终裁决原则未确立。如果一个行政争议构成一个法律问题,由法院作最终裁决是最合理的,这是司法权威的体现。但现行法的许多制度安排,将抽象行政行为、刑事司法行为等排除在受案范围之外,还规定部分争议由国务院最终裁决,这相当于承认了权力机关、检察机关,乃至行政机关在一些争议上有最终裁决权,一定程度上表明,我国的立法机关没有肯定司法最终裁决原则。②

(3) 受司法资源有限性的制约。一个国家行政诉讼制度受案范围的宽

---

① 胡建淼:《"特别权力关系"理论与中国的行政立法——以〈行政诉讼法〉、〈国家公务员法〉为例》,载《中国法学》2005年第5期。
② 参见宋炉安:《司法最终权——行政诉讼引发的思考》,载《行政法学研究》1999年第4期。

窄受它的司法资源的限制。一个国家行政司法资源是否丰富，受法官的数量、审判能力等因素的制约。全国人大法制工作委员会原主任王汉斌曾明确表示，行政诉讼法之所以规定较窄的受案范围，其中一个原因是考虑到了法院的承受能力以及法院审理行政案件"不适应"两个问题。从法院的承受能力看，行政诉讼立法之初，行政审判就存在受过专业训练的法官数量不足的问题，如果受案范围过于宽泛，难以适应行政审判的需要。自行政诉讼法修改确立立案登记制度以来，行政诉讼案件数量增加迅速，一些地方的行政审判难堪负荷。从行政审判"不适应"的角度，法官拘泥于民事诉讼的审判思维，行政审判的质量大打折扣，如果放开受案范围，法院将面临更大的挑战。

总之，《行政诉讼法》的修订是历史的进步，但不免也存有局限性。不论是从公民权利救济的角度还是从行政客观法律秩序的角度，行政诉讼受案范围还有进一步扩展的空间。从理想状态看，行政主体和行政相对人之间一旦出现行政纠纷，国家应当尽可能地提供司法救济途径。从理论研究看，学者们也提出了，有必要扩大行政诉讼受案范围，淡化行政事实行为、准司法行政行为等不可诉行政行为以及限制受案范围的概念，明确将"行政争议"作为人民法院受案范围的基准，而不是目前立法上的"行政职权行为"，更不要以"具体行政行为"为标准，附条件地将抽象行政行为、规范性文件、内部行政行为纳入行政诉讼的受案范围。同时，正确处理两个公权力即行政权和司法权的关系，缩小行政终局裁决行为的范围，尽可能让其接受司法审查，以保障公民权利，监督行政主体依法行政。但是，科学认识行政诉讼受案范围的理论基础，并以其作为分析工具与分析框架探讨我国行政诉讼的应然性与实然性是有必要的，有助于我们对行政诉讼受案范围的系统性构建，减少研究的主观性与盲目性。

二、行政诉讼功能模式下受案范围的逻辑

如何确立一个科学的分析框架去探讨行政诉讼的受案范围，是一个深层次的理论问题。不同的学者会选择不同的理论路径。如行政诉讼性质、行政诉讼功能、权利的救济等都有可能成为其研究的逻辑起点。但是，笔者认为，行政诉讼受案范围的探讨，关系到行政诉讼理论的方方面面，是一个全局性的考量。而且，在我们看来，行政诉讼功能模式是一个不错的选择，因为其涵盖了整个行政诉讼的基础理论问题，不同模式的选择，其行政诉讼的风格以及相应的制度也不一样。正如前述，我国行政诉讼功能模式应当兼顾个人权利的救济与客观法秩序维护的关系，亦即我国行政诉讼功能模式应当是混合模式，即兼顾主观公权利保护和客观法秩序维护功能模式。但是，二者在其

中的地位是不一样的,行政诉讼模式总体上是客观法秩序维护功能模式,同时兼顾主观公权利保护模式的特点,具有宪法学以及行政诉讼法学的理论基础。① 因此,我们不妨以主观公权利与客观法秩序为两条基本路径探讨行政诉讼的受案范围。

(一) 主观公权利保护路径下行政诉讼受案范围的逻辑

所谓主观公权利保护模式是一种理想模型,是指国家设立行政诉讼制度的核心功能是保障公民的公权利,是与客观法秩序维护相对应的模式,是在保障人民的公权利的范围内附带审查行政客观法律秩序的理想模式类型。在此模式下,行政诉讼的主要功能是保护公民的合法权益。当公民的合法权益受到来自国家的行政侵害时,国家有义务提供帮助。其理论基础是个人主义和自由主义,其逻辑假设就是个人权利优先,把社会看作是个人为了实现本质上属于个人的目的而建构起来的工具。在个人权利优先及注重司法与行政分立的理念下,司法审查的目的被定位为救济权利的法,而不是监督行政的法。主观公权利保护模式为德国目前的通说。除了大陆法系的德国,英美法系的司法审查制度总体上也是主观公权利保护模式。

由于主观公权利保护模式下的行政诉讼的核心功能在于保障公民的公权利,因而主观公权利保障模式下的行政诉讼程序构造具有与其功能相适应的特征。该模式在理念上以保护个人权利为重心,属主观诉讼的范畴。在此理念下,行政诉讼的程序设计和运作机制主要围绕当事人的诉讼请求,以权利损害与救济为中心展开。在行政诉讼审理过程中,行政行为合法性问题并非审理的核心,只是给予当事人救济的辅助手段。因此,相应的主观公权利保护模式下行政诉讼受案范围较为狭窄。在行政诉讼受案范围上,并非所有行政行为都可成为司法审查的对象,受案范围的对象基本上局限于具有以保障人民主观公权利为目的的实体范围,而内部行政行为、抽象行政行为等不涉及主观公权利的行为则不纳入行政诉讼的受案范围。

那么,在主观公权利模式下,行政诉讼受案范围相对较为狭窄,其内在的机理是什么呢? 在我们看来,其原因是,在主观公权利模式下行政诉讼的受案范围是由多种因素综合作用的结果。其内在的机理主要表现在四个方面:

其一,行政诉讼法律关系的复杂性决定了在主观公权利模式下行政诉讼的受案范围的有限性。所谓行政诉讼受案范围即人民法院受理行政案件的界限,简言之,即可以受理哪些行政案件,不能受理哪些行政案件,哪些行政

---

① 邓刚宏:《论我国行政诉讼功能模式及其理论价值》,载《中国法学》2009 年第 5 期。

行为应当接受法院审查,哪些则不能纳入审查。行政诉讼受案范围决定了原告诉权和合法权益能够受到司法补救的范围的大小,反映了行政机关受司法监督的广度与人民法院审判权的范围。如果说民事诉讼处理平等主体间的纠纷,维护民事法律秩序的稳定,那么行政诉讼既关系着与行政主体不平等的相对人的合法权益是否得到充分、及时、有效的救济,也维系着社会整体的稳定和利益。由于因行政法律关系而发生的"民告官"行政争议案件难以像民事案件那样简单,行政诉讼法律关系相对复杂。其中主要的原因是,民事诉讼法律关系的主体处于平等的地位,保护平等个体的合法权益,因平等主体的民事关系发生的纠纷只要符合诉讼的基本要件,人民法院都应当立案审理。相反,行政诉讼的受案范围则很难界定,要受到行政权与司法权之间的关系制约,在保持司法权对行政权制约的前提下,司法权也要给行政权保留一定的独立空间。因此,即使在主观公权利模式下,并不是所有侵害相对人的权利的行政行为,都要接受司法审查。

其二,一定社会历史条件决定了在主观公权利模式下行政诉讼受案范围的有限性。行政诉讼受案范围的大小也是一定社会历史条件的产物,受社会经济发展水平、公众权利意识的高低、行政诉讼的理念、司法资源的多寡等因素的制约,因此,随着社会历史条件的变化,行政诉讼法律关系中原被告之间呈现出此消彼长的态势。正如在第七届全国人大第二次会议审议行政诉讼法草案时,时任全国人大常委会副委员长、法制工作委员会主任的王汉斌所说,"考虑我国目前的实际情况,行政法还不完备,人民法院行政审判庭还不够健全,行政诉讼法规定民可以告官,有观念更新问题,有不习惯、不适应问题,也有承受力的问题,因此对受案范围现在还不宜规定太宽,而应逐步扩大,以利于行政诉讼制度的推行"①。但是,随着我国社会经济的不断发展,行政诉讼受案范围也应不断扩展,公民权利救济范围的限制也在不断缩减,以使其主观公权利得到较为充分的救济。

其三,行政诉讼受案范围根本上取决于行政诉讼的性质。就我国行政诉讼而言,理论上对行政诉讼性质的定位有:解决纠纷说(一元说)、解决纠纷和权利救济说(二元说)及解决纠纷、权利救济和监督行政说(三元说)。笔者比较赞同三元说。与行政诉讼理论不同的是,民事诉讼理论中没有民事诉讼性质的提法,但从性质决定立法目的的角度看,与其最接近的概念是民事诉讼的目的理论。我国民事诉讼法学者对民事诉讼目的的定位主要有纠纷解决说、程序保障说、利益保障说、解决纠纷和民事权益保护双重目的说以及上述

---

① 王汉斌:《关于〈中华人民共和国行政诉讼法(草案)〉的说明——1989年3月28日在第七届全国人民代表大会第二次会议上》,载《中华人民共和国最高人民法院公报》1989年第2期。

多元综合说。① 在笔者看来,民事诉讼的目的总体不外乎解决纠纷和权利保障两个目的。民事诉讼与行政诉讼性质上的根本区别就是,行政诉讼除了具有解决纠纷和权利救济之基本属性外,还具有监督行政之根本属性。正因为如此,行政诉讼的制度设计与民事诉讼有本质的区别:如行政诉讼法受案范围、举证责任、诉讼类型、审判对象、诉讼模式、判决种类等方面与民事诉讼比较起来也都表现出鲜明的特色。最主要的是,民事诉讼一般来说都是主观之诉,而行政诉讼基于监督行政的考量,不仅是主观之诉,保障原告的合法权利,更多的情形是客观诉讼,发挥着维护客观法律秩序的功能。而且从世界范围看,行政诉讼有客观化的趋势。因此,从行政诉讼之性质角度,其本质是如何处理国家行政权与司法权的关系。因此在主观之诉中,当行政行为的特殊属性与公民主观公权利出现冲突时,行政行为就不能进入诉讼管道。如国防、外交等行为,通过司法程序有可能会泄密,从而不适宜让司法权介入。同时,从监督行政的角度,作为行政法制监督制度之一,行政诉讼与其他监督类型存在取舍的问题,行政诉讼作为行政法上的救济制度之一,与行政复议、行政申诉等行政法律救济制度并存。如果行政诉讼不能取代其他管道,以致公民主观公权利的救济只能通过其他管道,就导致了一些主观公权利的救济只能通过其他途径实现。正如姜明安教授所言,对行政诉讼受案范围设定一个合理的范围,确保其与其他行政法律救济制度有合适的分工至关重要。② 因此,行政诉讼之性质及其内在的关系决定了,在主观公权利模式下,行政诉讼之受案范围不可能无限制的扩大,总是处于一个合理的平衡状态。同时,我们也要清楚地认识到,行政诉讼的受案范围体现着一个国家行政法治水平的高低,体现着国家对于公民基本权利的保障范围及程度,也体现着国家及公民对行政行为监督的到位与否。因此,制定一个较为合理的临界点至关重要。③ 因而,在国家司法制度内,国家在设计行政诉讼之受案范围时,要尽可能地为公民主观公权利的救济提供管道,而不是无任何限制地扩大行政诉讼的受案范围。

其四,行政司法审查的强度也决定了在主观公权利模式下行政诉讼受案范围具有一定的限制。行政司法审查范围是任何一个国家在建立司法审查制度时不可或缺的,从广度和深度界定了司法权对行政权介入的强度。影响司法审查范围界定的相关因素,与一国的民主政治和宪政体制密切相关,在很大程度上反映了行政权与司法权之间的关系,必然受到多种复杂因素的影响。从司法权与行政权的关系看,根据西方的分权理论,必须由两个性质不

---

① 参见江伟主编:《民事诉讼法专论》,中国人民大学出版社 2005 年版,第 61 页。
② 姜明安:《扩大受案范围是行政诉讼法修改的重头戏》,载《广东社会科学》2013 年第 1 期。
③ 张慧:《浅议行政诉讼受案范围》,载《学理论》2014 年第 11 期。

同的机关行使,不得互相逾越,其逻辑体系中的核心是,实现权力之间的互相制约。在我国,行政诉讼是人民法院通过对行政权的司法审查,实现对行政权的制约,在行政领域中,行政主体的行政行为效力,最终取决于法院对该行政行为的司法审查后作出的判决。但并不是所有的行政行为都必须进入司法程序、接受司法审查,司法权也不可能解决除行政行为合法性之外的所有问题,换句话说,也就是行政诉讼必须保持适度的司法审查强度,合理界定司法权介入行政领域的深度和广度。在确定行政诉讼的受案范围时,必须为行政主体保留出一部分不适宜司法审查、存有司法审查豁免的空间,同时在划定司法权介入行政权领域的界线时也必须具有其正当性。从主观公权利救济的角度,不同的行政行为对主观公权利的影响是不同的,而且主观公权利之间也存在着重要性的差异,这种差异性也决定了并不是所有的主观公权利都能接受司法的救济。如果法院能根据主观公权利的性质差异对行政行为决定进行不同程度的审查,合理界定其审查的范围,给司法审查权的行使提供必要的指引,对不同的行政行为施以不同强度的审查,以"维护国家权力之间的分工,寻求最适当的社会调控方式。立法者主动或者不得已而授予行政机关以裁量权,实际上包含着希望行政机关依据法律进行社会调控的重托。不同的司法审查强度体现着法律对行政机关的不同要求,体现着法院对行政机关不同程度的尊重"①。因此,司法审查强度的合理界定,也导致了主观公权利路径下,行政诉讼的受案范围相对狭窄,比如,内部行政行为、终局行政行为等,由于其特殊属性,即使侵害了相对人的权利,也不宜纳入受案范围。

以上仅是分析了主观公权利模式下,行政诉讼受案范围比客观法秩序模式下要窄的内在机理。但是,在主观公权利模式下,确定行政诉讼受案范围的具体逻辑是什么呢?通过上述分析,我们可以得出以下结论,在主观公权利救济模式下,一个行政行为是否纳入行政诉讼受案范围主要取决于一个最基本的逻辑,即司法审查与被诉的行政行为之间的实质上的关联程度,这些实质上的关联程度至少包括以下要素:

一是问题本身的性质适宜司法审查。所谓问题本身的性质适宜司法审查,就是指构成一个法律上的行政争议。公法领域的争端,有些是宪法问题,有些是政治问题,有些是国家行为,有些是历史遗留问题等等,并不是所有的争端都会构成一个适宜司法审查的争议。往往一些问题本身的性质不适宜司法审查,法院对此类问题完全不进行审查,属于行政机关的绝对自由裁量行为,完全排除司法审查。一般认为下列事项性质上不宜由法院审查:

---

① 王贵松:《论行政裁量的司法审查强度》,载《法商研究》2012年第4期。

(1) 外交和国防行为。外交与国防行为其本身性质是政治的,而不是司法的,这些行为是很微妙的、复杂的,包含大量不确定性因素,法院对于这类决定完全不进行审查。(2) 行政内部管理行为。法院对这类问题没有审查能力,法院不是政府机构。它不能够命令或者管理其他行政机关,行政决定如果超过内部范围,涉及外界人员的利益时,就不能排除法院的审查。(3) 国家安全行为。尽管国家安全的概念与范围很难确定,但是,真正重大的国家安全问题,法院不进行审查。(4) 历史遗留问题。行政机关对于历史遗留问题享有很大的自由裁量权,法院对其决定一般不审查。

二是行政事项性质复杂程度。对于事实问题的审查适用另外一种标准。事实问题的正确裁定需要专门知识和经验,这是行政机关的特长。法院对于事实问题一般尊重行政机关的裁定,不能用法院的意见代替行政机关的意见。当然,法律问题和事实问题的区别,有时会遇到困难,但是当代存在削弱这种区别的趋势。而且法律问题和事实问题本身也很复杂,也不能适用完全相同的审查标准。这些问题将在后面详细说明。一些行政事项由于技术性强,法官不懂行政方面的专门知识,法院的程序和人员的特点决定了其擅长的是法律问题,对于这些技术性强的问题,性质上不适宜由法院进行审查,所以排除司法审查。因此,司法审查遇到专门问题时,一般会尊重行政机关的判断,法院尊重行政方面的专门知识。对于不受司法审查的技术性问题,不可能有一个稳定的范围,受案件所处的时代背景、社会结构以及历史传统等因素的影响而变化。

三是行政诉讼之审查强度。所谓行政诉讼之审查强度,是指法院对行政行为进行审查的广度与深度,包括法院对行政行为审查的纵深两个方面的范围。在美国,"司法审查的范围实际上是在行政机关和法院之间进行权力和责任的分配,即行政机关有多大的决定权力,法院有多大的决定权力,哪些决定应由行政机关作出,哪些决定由法院作出。这个分配影响行政活动的效率和公民权益的保护。如果审查的范围过于严格,大部分行政问题将由法院决定,显然不利于行政效率的发挥,因为行政机关不能利用他们的专门知识和经验,也不符合国会设立行政机关的目的。如果审查的范围过窄,法院的审查受到很大的限制,大部分问题全由行政机关决定,法院只是一个橡皮图章,照例认可行政机关的决定,这种情况显然不利于保护公民的正当权益。特别是在英美这样的国家中,传统的观念高度重视法院对公民权益的保护,司法审查占有重要地位。司法审查的范围必须平衡各方面的利益,这是一个微妙和复杂的问题,很难决定。从理论上说,行政机关和法院权限的分配受一定的原则支配"①。同样,我国行政诉讼之审查强度也是由法院与行政机关之间权力关系所决定的。强调司法审查强度的国家,即强调司法权对行政权监督的国家,其行政诉讼的受案范围相对较为宽泛,也有利于主观公权利的救济,反之,行政诉讼的受案范围较窄,不利于主观公权利的救济。而司法审查强度受到各种因素的影响,例如,审查问题的性质、学理的发展、法官的能力等等因素。因此,司法审查的范围不是一个固定不变的模式,不可能存在一个绝对明确的范围,而是与行政诉讼的性质、目的、功能等因素相关。如果一个国家的行政诉讼的性质、功能、目的把权利救济摆在第一层次,那么,其行政诉讼的受案范围则较窄,因为仅与相对人权利具有利害关系的行政行为才纳入受案范围。

四是被侵害的相对人权利的性质。行政行为只在侵害相对人的权利以后,才能被人民法院审查。因此,在主观公权利模式下,行政诉讼受案范围的覆盖面不广,行政主体大部分行为不受司法审查,如行政立法行为、事实行为等。而且,相对人的权利之性质,也是考虑行政行为是否纳入行政诉讼受案范围的主要因素。例如,我国现行行政诉讼明确规定只有行政行为侵犯公民的人身权与财产权才能纳入行政诉讼的受案范围。因此,行政行为侵犯公民的政治权利、社会权利、教育权利等是否能纳入行政诉讼的受案范围,尚处于讨论中。

五是行政行为的性质。行政诉讼受案范围因被审查行政行为的性质不同而不同。行政主体采取的行为种类很多,按照不同的标准有不同的分类。从性质的角度,有正式程序下与非正式程序下做出的行政行为,有实体法上与程序法上的行政行为,另外,还有事实行为与法律行为。对不同性质的行为,司法审查的范围也不一样。在主观公权利模式下,司法权一般只关注实体法的问题,对程序意义上的或者中间形态的行政行为,司法权一般不做审查。同样,主观公权利救济路径下,司法权也只关注法律行为,不关注事实行政行为的合法性问题,不关注那些非正式程序下所作出的行政行为,只关注正式程序下所作出的行政行为。法院在对行政行为进行审查时,其中最基本的问题是,确定案件的事实和法律的解释及适用。因为法律在授予行政机关一定权限时,也要求权力运行方式必须具备合法性,行政机关行为必须具备法律依据和事实依据,这也是案件审理的核心。"任何行政行为都建筑在行政机关对该行为的法律结论和事实裁定的基础之上,所以法院主要针对这两个问

---

① 我国《宪法》明确规定了权力机关、行政机关、审判机关、监察机关、检察机关、军事机关的设置及各自的权限范围。我国《宪法》第 3 条第 3 款规定:"国家行政机关、监察机关、审判机关、检察机关都由人民代表大会产生,对它负责,受它监督。"因此,法院要通过司法审查监督控制行政权的行使,使行政机关依照法定的目的和条件行使职权,保护公众的合法权益不受侵犯。

题进行审查。区别事实问题和法律问题,对法律问题的审查,由法院组织法律专家进行。法律知识是法官的特长,法院对法律问题审查的范围和决定的权力比较大,甚至可以用法院对法律问题的结论代替行政机关的法律结论。"①

如果说,在主观权利救济路径下,一个行政行为是否纳入行政诉讼受案范围主要取决于一个最基本的逻辑,即司法审查与被诉的行政行为之间的实质上的关联程度,总体属于一个实体性问题的话,那么,一个行政行为是否可以纳入行政诉讼的受案范围,也有其程序性的逻辑。如果程序上的逻辑不成立,仍然不能纳入行政诉讼的受案范围。

首先,在程序上,一个行政行为必须是成熟的,才可以进入司法审查,否则,人民法院则不予审查。这是行政法成熟原则的要求。在美国的司法审查中,成熟性原则是判断行政行为是否具有可诉性的一个标准,所谓"成熟性原则指行政行为必须发展到一定的阶段,即已经达到成熟的程度,才能允许进行司法审查"②。在日本行政诉讼中,行政行为的成熟性也被作为法院审查的前提,"形成有关行政过程的行政厅的行为,只要没有达到对当事人的权利义务作出最终决定的所谓终局阶段,便不承认其具有处分性"③,因而作为过程的行政厅行为也就无可诉性。近年来,我国行政法学者也开始关注成熟性原则,并出现了一些研究成果。我们不妨借用这一工具分析具体行政行为公告的可诉性。在行政实践中,具体行政行为类的行政公告并不一定都是可诉的,一些行政公告承载的往往是以行政过程的形态或者说是未成熟的行政行为的形态出现的,此类形态的行政公告不具有可诉性。如国土资源部的《征用土地公告办法》第3条规定:"征用农民集体所有土地的,征用土地方案和征地补偿、安置方案应当在被征用土地所在地的村、组内以书面形式公告。其中,征用乡(镇)农民集体所有土地的,在乡(镇)人民政府所在地进行公告。"根据此办法,政府土地管理部门对于征地补偿、安置方案的公告属于一个行政过程形态的行政行为,公告的事项即征地补偿、安置方案尚是一个未成熟的事项,因而不具有可诉性。相反,如果行政公告的内容是一个成熟的行政处理行为,已成熟到允许司法审查的程度,那么此类行政公告就具有可诉性。如:税务机关对税务违法案件的处理决定由于客观原因不能直接送达而采用行政公告的方式送达,就具有可诉性,实际上该公告的内容是税务违法案件的处理决定,是一个成熟的行政行为。④

成熟原则作为一项域外的法律制度,在我国有其存在的价值,它着重于

---

① 姬亚平:《论行政诉讼审查标准之完善》,载《甘肃政法学院学报》2009年第2期。
② 王名扬:《美国行政法》(下),中国法制出版社1995年版,第642页。
③ 杨建顺:《日本行政法通论》,中国法制出版社1998年版,第730页。
④ 邓刚宏:《论行政公告行为的司法救济》,载《行政法学研究》2009年第1期。

行政程序是否发展达到适宜于司法介入的时机。尽管我国新旧《行政诉讼法》都没有明确规定"成熟原则",但是,2018年《最高人民法院关于适用〈中华人民共和国行政诉讼法〉的解释》(以下简称《司法解释》)第1条第2款第10项规定,"对公民、法人或者其他组织权利义务不产生实际影响的行为"则是表达了成熟原则之基本思想,主要是指尚处于行政程序过程之中,还没有最终影响相对人权利义务的行为。其存在的基本理由主要源于两个方面,一方面,避免司法权过早地介入属于行政权的事项,司法权不能过早地介入未来可能发生的事情;另一方面,也是司法权对行政权的尊重,法院应当尊重行政权的专业知识和经验,在其作出最后的明确的决定以前,不应受到法院的审查。问题的关键是,法院根据什么标准认为行政案件已经成熟到可以进行司法审查呢?在美国,"对于行政机关的决定,如果只是就事实问题发生争执,不足以引起司法审查。只有出现法律争议时,司法审查的时机才算成熟。如果当事人所争论的问题是一个纯粹的法律问题,为了进行裁判不再需要确定事实时,毫无疑问,这个问题已经发展达到司法审查所要求的成熟程度,即使行政机关在任何时候没有实施或准备执行的行为"①。为什么要以最后决定作为司法审查成熟的标准呢?正如其存在的理由,主要是避免人民法院过早卷入行政程序。行政主体对其职权范围内可以处理的事项有首次判断权,这是法律授予行政主体的权力。在行政主体作出决定以前,法院过早干预,是侵犯行政主体的职权。因此,司法权介入行政权必须等到行政程序走完,案件的基础事实清晰,内容、权限以及程序合法,形成了一个完整的最后结论,此时,如果对相对人的利益产生影响,司法权才适宜介入。即行政行为经历了行政决定程序、实施终了的行为,是一个已经成熟、适于提起行政诉讼的行政行为。② 把握成

---

① 张本顺:《行政判例视野中的行政法原则研究——以梁宝福案、赖恒安案为例评释》,载《西南大学学报(社会科学版)》2007年第5期。
② 在美国,有两个指导性的原则可以作为参考,用以判断某个决定是否为最后决定:(1) 行政机关作出决定的程序是否可能由于司法审查而扰乱,如果司法审查可能扰乱行政机关作决定的程序,则行政机关还没有作出最后决定。例如行政机关中间性的决定或预备性的决定,不是最后的决定。(2) 当事人的法律地位是否因行政决定而可能受到影响。例如行政机关的决定是否增加当事人的负担,减少当事人的权利或利益,改变当事人法律地位的决定是否是最后的决定。当事人的法律地位没有受到行政决定的影响时,不是最后的决定。联邦最高法院在1969年的麦卡特诉美国案件的判决中,列举穷尽行政救济的理由如下:(1) 国会设立行政机关是为了把法定的计划实施于特定的事实情况,穷尽行政救济原则保障行政机关能够完成这个任务,特别是使行政机关能利用其专门知识行使法律所授予的自由裁量权。(2) 让行政程序连续发展不受妨碍,法院只审查行政程序的结果,比在每一阶段允许司法干预更有效。(3) 行政机关不是司法系统的一部分,它们是由国会设立执行特定职务的实体,穷尽行政救济原则保护行政机关的自主性。(4) 没有穷尽行政救济时,司法审查可能受到妨碍,因为这时行政机关还没有搜集和分析有关的事实,说明采取行政的理由,作为司法审查的根据。(5) 穷尽行政救济原则使行政系统内部有自我改进错误的机会,减少司法审查的需要,使法院有限的人力和财力得到更有效的使用。(6) 不要求穷尽行政救济原则而进行司法审查,可能降低行政效率,鼓励当事人超越行政程序,增加行政机关工作的困难和经费。

熟原则要和原告资格概念相区别,两者既有联系又有区别。原告资格侧重于行政行为与相对人之间的利害关系,是否具有适格的法律能力,而成熟原则侧重于行政行为适宜于人民法院审查的时机。此意义上的"时机"有别于提起行政诉讼的期限。提起行政诉讼的期限是相对人提起行政诉讼的时间范围上的限制,而适宜于人民法院审查的时机是起诉期限的起点。一般情况下,我国公民、法人或者其他组织直接向人民法院提起诉讼的,应当在知道或者应当知道作出行政行为之日起6个月内提出,法律另有规定的除外。

其次,在程序上,一个行政行为必须穷尽了行政救济的手段,才可以进入司法审查,否则,人民法院则不予审查。在美国,所谓穷尽行政救济原则是指当事人没有利用一切可能的行政救济以前,不能申请法院裁决对他不利的行政决定。当事人在寻求救济时,首先必须利用行政系统内部存在的、最近的和简便的救济手段,然后才能请求法院救济。穷尽行政救济原则和成熟原则互相补充,目的都在于避免司法程序不必要和不合时宜地干预行政程序。成熟原则着眼于行政决定的程序是否已经完成,行政机关是否已经作出能够影响当事人法律地位的决定。穷尽行政救济原则存在的理由,主要由美国的司法判例所阐述。其基本作用在于保障行政机关的自主、司法职务的有效执行,避免法院和行政机关之间可能产生的矛盾。①

同样,穷尽行政救济原则作为一项域外的法律制度,在我国存在一定价值,它着重于保障行政机关的事项由行政机关自主做出,避免法院和行政机关之间可能产生的矛盾。根据我国行政诉讼法的规定,对属于人民法院受案范围的行政案件,公民、法人或者其他组织可以先申请复议,对复议不服的,再向人民法院提起行政诉讼,也可以直接向人民法院提起行政诉讼。法律、法规规定应当先向行政机关申请复议,对复议不服再向人民法院提起诉讼的,依照法律、法规的规定。因此,我国实质上是体现出了有限的穷尽行政救济原则,也体现了当事人的意志,赋予当事人选择权,把"成熟原则"与"穷尽原则"统筹考虑,既满足相对人的正当要求,也在一定程度上考虑了权利救济的可得性。即如果行政机关不能提供适当的救济,制度设计上不应该要求穷尽行政救济。同样,在行政程序中当事人没有提出的问题,不能在行政诉讼中提出,因为没有给予行政机关首次判断权应有的尊重。美国联邦最高法院在1946年的一个判决中声称:"司法审查根据以前没有提出的理由取消行政机关的决定,是剥夺行政机关考虑问题、作出裁决、说明理由的机会,这是篡夺行政机关的职能。"我国行政诉讼也体现了这一规则,例如我国《行政诉讼

---

① 张正钊、韩大元主编:《比较行政法》,中国人民大学出版社1998年版,第757页。

法》第35条和第36条规定,在诉讼过程中,被告及其诉讼代理人不得自行向原告、第三人和证人收集证据,但是,原告或者第三人提出了其在行政处理程序中没有提出的理由或者证据的,经人民法院准许,被告可以补充证据。根据这个规则,人民法院在行政诉讼中只审理当事人在行政程序中提出的或保留的问题。

综上所述,一个行政行为是否纳入行政诉讼受案范围主要取决于两个最基本的逻辑:从实体上说,取决于司法审查与被诉的行政行为之间的实质上的关联程度;同时,从程序性的逻辑看,一个行政行为是否可以纳入行政诉讼的受案范围,必须遵循成熟原则以及穷尽行政救济原则。两者构成逻辑上的统一,是我国判断行政行为是否纳入行政诉讼受案范围的基本标准。

(二) 客观法秩序维护路径下行政诉讼受案范围的逻辑

所谓客观法秩序维护模式是指国家确立行政诉讼制度的目的是维持行政客观的公法秩序并确保公法实施的有效性,其功能取向在于协助行政创造或重建行政行为的客观合法性。尽管行政诉讼之客观法秩序维护模式与诉讼的一般规律显得不太协调,但却与产生行政诉讼制度的历史相吻合。因此,在客观法秩序维护模式下,行政诉讼受案范围比主观公权利保障模式要宽,其最大化的结果就是要求对行政决定是否遵守所有与行政决定相关的法规范进行完全的司法审查,倾向于司法权审查范围的扩张。司法审查范围的扩张,不仅表现在司法审查原则的扩张,也表现在审查客体上的扩张。[①] 那么,在客观法秩序维护模式下,行政诉讼受案范围比主观公权利保障模式要宽泛得多,其内在的逻辑是什么呢? 我们认为,其内在机理主要表现在四个方面:

其一,客观法秩序维护模式下行政诉讼受案范围比主观公权利保障模式下要宽泛得多,是由一国行政诉讼的秩序价值所决定的。"法律上的秩序,是指法律关系主体要素的合理定位、优势结构及合规则或规律的运作状态。法律秩序首先是主体要素的合理定位,即是一种安排或排列,例如,公民在和行政机构发生的法律关系上,将公民或者将行政机构放在什么地位上,公民和行政机构地位是平等还是不平等,这就是一种定位。这种定位必须合理,公民和行政机构的关系才是协调的、良好的。相反,就会带来不必要的消耗和摩擦等。法律关系主体要素的定位,就是在法律关系中地位的界定。只有先确定地位或先定位,然后才是优势结构,再后才是有规则的运作。"[②] 从行政

---

① 邓刚宏:《论我国行政诉讼功能模式及其理论价值》,载《中国法学》2009年第5期。
② 刘善春:《论行政诉讼价值及其结构》,载《政法论坛》1998年第2期。

诉讼之秩序价值的角度,如果公民和行政主体因行政行为发生争议,公民就应依法向人民法院提起诉讼,相对人无抵抗权或与以行政主体的公务行为相抵抗。也就是说相对人要么服从行政行为,或通过其他途径救济,要么依法提起行政诉讼。这是行政秩序的必然要求。同时,为保证和实现相对人的救济权利,公民有权依法提起诉讼,但不允许在法律程序之外,运用暴力手段反抗政府,这是为了维护正当的行政法律秩序的需要。因此,行政诉讼秩序的价值就是将行政法律规范所确定的行政秩序予以实现,就是行政主体权力和相对人救济权的地位界定和诉讼结构安排。这种内在的结构安排,就是要求如果行政主体侵犯了相对人的权利,就应当为相对人提供管道,实现其权利的救济与恢复。某种意义上说,行政诉讼功能模式是一个国家对行政诉讼价值选择的结果,特定历史时期行政诉讼的价值直接决定并体现于行政诉讼功能中。因而,如果一个国家把秩序价值作为其第一价值,由于行政诉讼制度应当受行政诉讼价值的统率,行政诉讼价值更具抽象性,属于更高级的上位概念,是行政诉讼制度赖以形成的基础,那么,行政诉讼模式就呈现维护客观公法秩序模式,这是由于这个国家的行政诉讼制度突出监督行政功能的价值选择所决定的。客观法秩序维护模式的理论基础,是法国社会连带主义流派的法学观点。从世界范围看,各国行政诉讼制度发展史表明,设立行政诉讼的初衷并不主要是为了保障公民权益,而首先是为了维护客观法律秩序,协调司法权与行政权的关系,也导致了其受案范围的扩大,行政行为的内外划分的意义就显得价值不大,客观诉讼也就成为可能,相应其受案范围比主观公权利模式下要宽泛得多。

其二,客观法秩序维护模式下行政诉讼受案范围比主观公权利保障模式下要宽泛得多,是由一国行政诉讼的功能所决定的。目前实务界和学术界对行政诉讼功能认识的误区主要表现在下述三个方面:第一,将行政诉讼与民事诉讼等同,只承认和重视其解纷功能,而否认或轻视其救济和监督功能,特别是否认其监督功能。第二,将行政诉讼与民事诉讼截然区分,过分强调和重视其监督功能,轻视或忽视其救济和解纷功能,特别是轻视其解纷功能。第三,对行政诉讼功能发挥的成本估计过高,效益估计过低。认为行政诉讼耗费过多人力、财力和时间,影响行政效率,影响官民关系。而解纷不如信访成本低、效果好;救济不如申诉、控告快捷、便利、廉价;监督不如纪检、监察能对公职人员直接采取能产生法律效果的措施(如记过、降职、撤职、开除等)有效。从而重信访、申诉、纪检、监察而轻行政诉讼。[①] 尽管学者们存有不同的

---

① 参见姜明安:《行政诉讼功能和作用的再审视》,载《求是学刊》2011年第1期。

认识，但是从整体上看，纠纷解决、监督行政、权利救济是其基本的功能。在我们看来，上述三方面的功能是三位一体的，其中监督行政，维护客观的行政法律秩序是其内核，也是其他功能发挥的基础。如果这样的逻辑成立，那么，行政诉讼功能模式就是客观法秩序模式。如前所述，客观法秩序维护模式下的行政诉讼制度的功能主要在于行政创造或重建行政行为客观的合法性。由于行政诉讼的功能在于保障行政行为的客观合法性，最大化的结果就是要求对行政决定是否遵守所有与行政决定相关的法规范进行完全的司法审查。因此，不仅没有区分主观公权利及客观法规范的必要，甚至连外部与内部行为的区分也丧失存在的基础。行政诉讼程序的设计自然倾向于司法权审查范围的扩张。司法审查范围的扩张，不仅表现在司法审查原则的扩张，也表现在审查客体上的扩张。例如行政组织内部的行政行为也可以成为司法审查的对象。因此，在行政诉讼受案范围这个层面上，客观法秩序维护模式比主观公权利保护模式更有利于保障公民权利和监督行政主体依法行政。

其三，客观法秩序维护模式下，行政诉讼受案范围比主观公权利保障模式下要宽泛得多，是由一国的行政诉讼的目的所决定。行政诉讼的目的作为一种观念形式，一定程度上表达了国家设立行政诉讼所要期待的目标，是国家基于对行政诉讼及其调整法律关系之固有属性的认识，所期望行政诉讼制度所达到效果的理想模式。人们对行政诉讼目的的认知具有主观性和差异性。利益法学的代表人物耶林指出:"目的是全部法律的创造者，每条法律规则的产生都源于一种目的，即一种实际的动机。"① 事实上，行政诉讼依据何种目的设立和运行不仅是立法者的观念选择，也是一国行政诉讼理论的具体体现，最终导致该国行政诉讼制度所体现的总体风格。学理上，对行政诉讼目的的认识众说纷纭。② 笔者认为，行政诉讼只有把监督行政与保障行政相

---

① 〔美〕E.博登海默:《法理学：法律哲学与法律方法》，邓正来译，中国政法大学出版社 2017 年版，第 105 页。
② 学界对行政诉讼的目的研究参见孔繁华:《从性质看我国行政诉讼立法目的之定位》，载《河北法学》2007 年第 6 期。她认为，关于立法目的问题，在行政诉讼法出台之前就一直争论不休，最后行政诉讼法采取了综合的观点，但这并没有终止理论界对此问题的争论。有学者对现有的观点进行了总结，包括"一元"目的论、"二元"目的论、多元目的论三大类，每一类中又有不同的观点。行政诉讼立法目的的讨论出现了"百家争鸣"的局面，其中较有代表性的主张是"救济权利""监督行政""维护行政"与"纠纷解决"四种观点。"二元"目的论或多元目的论无非是对上述四种观点的组合不同。"纠纷解决"的主要倡导者来自法院方面，虽有少部分支持者，但这种观点却有固有的缺陷。诉讼制度的具体设计必须有利于纠纷的实际解决，但行政诉讼制度的设立并不仅仅是因纠纷解决的需要而出现的，更重要的是其监督行政与救济权利之价值。"维护行政"的"一元"目的观并没有太多的市场，关于"维护行政"目的之争议集中于行政诉讼的多元目的中是不是存在着"维护行政"这一目的。对行政诉讼立法目的的讨论最终归结为在"救济权利"与"监督行政"之间取舍或平衡。

对人的合法权益有机结合才是准确的定位,只有以此为目的进行相关的诉讼制度设计才能真正保障行政相对人的合法权益。一方面,监督行政与权益救济是密不可分的。行政诉讼既是一种监督行政的方式,也是一种权利救济渠道。人民法院在对行政行为合法性审查后作出行政判决,其对行政行为的合法性进行评价,法院判决对行政行为的监督最终作用于相对人,从而实现督促行政与合法权益保障的有机统一。另一方面,必须注意的是,监督行政与权益救济两者具有层次关系。行政诉讼作为司法审查制度,对行政主体作出的行政行为进行审查,是行政诉讼的目的之一,但是,并不意味着是唯一途径。在英美法系国家,其行政法的理论基础是控权论,因而学者倾向于认为行政法的目的主要是控权,但是其司法审查的目的却是权利救济。因为英美法系国家行政法的逻辑基础是假定个人优先于社会的,而且在司法权与行政权分立的宪法理念指引下,司法审查的目的只能是权利救济的法,而不是监督行政的法。在大陆法系国家,德国和法国对行政诉讼目的的界定有所不同。在德国,行政诉讼的主要目的是为公民提供无漏洞、有效的司法保护。在法国,行政诉讼的主要目的在于监督行政机关的活动,保证行政机关的活动符合法律。如果一个国家的行政诉讼制度主要目的定位为监督行政机关活动的话,那么,其诉讼功能模式也就体现为客观法秩序模式。在该模式下行政诉讼的主要目的不在于保护当事人的权利,而在于促进行政客观法秩序的实现。此种诉讼目的应当纳入客观诉讼的理念。在该理念下,行政诉讼的要旨不是当事人的权利或利益是否受到侵犯,而是行政行为的适法性。因而,对当事人起诉资格宽松许多,法院的审理侧重围绕行政行为的合法与否进行。尽管维护行政法治、监督行政行为,客观上可以实现保护公民权利之目的,但当事人是否享有法定权利、法定权利与行政行为之间的关联性等问题不是审理的核心。因此,维护客观公法秩序模式下,行政诉讼运作与主观公权利保护模式的出发点是不同的,司法权的运作空间以及行政诉讼程序构造也有差异。相应地,客观法秩序维护模式下行政诉讼受案范围就相对宽松。在客观法秩序维护模式下,行政诉讼受案范围比主观公权利保障模式下要宽松,但为了避免此模式因诉讼泛滥致司法审查过度负荷,往往通过列举主义对诉讼受案范围加以限制。

其四,客观法秩序维护模式下,行政诉讼受案范围比主观公权利保障模式下要宽泛得多,是由行政诉讼之性质决定的。正确认识行政诉讼的性质,是进行立法目的选择的前提,也对行政诉讼受案范围产生直接的影响。

"行政诉讼的性质在不同的社会形态、不同的国家中有不同的内容。但总的说来,行政诉讼具有三个方面的性质:第一,解决行政纠纷;第二,实施权利救济;第三,监督行政行为。这三方面的性质在不同国家、不同时期表现在立法或者司法实践中的侧重点是不同的,在判例法国家尤其如此。但无论如何,只要确立了行政诉讼制度,就必然具有这三方面的性质,只不过由于社会现实的不同需要而表现为不同的立法目的。"①因此,行政诉讼的性质是多元的,但是行政监督是行政诉讼性质中的主要矛盾,行政诉讼基于监督行政的考量,更多的情形是客观诉讼,发挥着维护客观法律秩序的功能。因此,在客观诉讼模式中,行政行为的特殊属性与公民主观公权利之间冲突的概率大减,几乎所有的行政行为都能进入诉讼管道,其最大的可能是无受案范围的限制,内部行政行为、抽象行政行为等不能纳入受案范围的限制大为缩减。理论界对此也都提出打破具体行政行为与抽象行政行为的界限的主张。② 如果我国行政诉讼功能模式定位为客观法秩序模式的话,其理论基础是成立的,也为我国行政诉讼的受案范围打开了空间。其基本的逻辑包括三个方面:(1)从宪法的角度看。我国宪法规定了公民享有一些基本权利,但是,从行政诉讼法受案范围看,公民只有当人身权、财产权遭受行政行为侵害时可以得到司法救济,而其他大量的权利,除政治权中的平等权、选举权和被选举权、言论、出版、结社、集会、游行、示威外,一些经济、教育和文化方面权利中的劳动权、受教育权、科学研究、文艺创作和文化活动自由等经济、社会权利遭到行政主体侵害时不能得到司法救济。因此,从保障宪法权利的角度,我国行政诉讼应当定位为客观法秩序模式,为除人身权、财产权以外的公民权利提供司法救济。(2)从行政法的角度看,随着行政行为理论的发展,行政权从高权行政向平权行政的转变,与行政权行使的方式相对应的行政行为的种类也增多,出现了与传统行政不同的新型行政行为,行政权行使的方式、类型发生了新的变化。

---

① 林莉红:《行政诉讼法学》(第三版),武汉大学出版社 2009 年版,第 15 页。
② 事实上,现在学界和实务界都认为行政诉讼的范围不应限于具体行政行为,抽象行政行为应有限纳入。但"有限纳入"有多种多样的选择方案,是只纳入"规定",还是"规定"和"规章"都纳入,甚至将行政法规也部分地纳入?另外,如果将抽象行政行为有限纳入行政诉讼的范围,相对人如何起诉?是直接诉,还是采用现在行政复议法确立的模式:附带诉,即只有相对人在起诉具体行政行为时,才能一并对抽象行政行为提起诉讼。关于抽象行政行为纳入行政诉讼的范围,可大胆一点,将规定和规章全部纳入,因为规章的违法侵权与规定的违法侵权没有特别重大的区别。有人可能担心"口子"开得太大,法院难以承受。其实,只要在抽象行政行为"准入"方式上设卡,即采取"附带诉"的方式,案件量就会大大减少,不会给法院增加太多负担。参见姜明安:《行政诉讼法修改中的六大难题》,《法制日报》2011 年 11 月 30 日,第 7 版。

在诸多行政行为中,如果发生争议,例如,内部行政行为、行政确认、行政合同、行政补助、行政奖励、行政裁决等行为,从权利救济的角度,一些权利的救济,只有在客观法秩序模式下才可能纳入行政诉讼受案范围。(3)从行政主体理论看,行政权的行使除了行政机关,还包括法律、法规授权的组织。对于法律、法规授权的组织,尽管在学理上被认为具有可诉性,但行政诉讼法的修改并没有明确确认一些特别权力关系,如果认为其合法利益遭受侵害也应当能得到司法救济。这些权利的救济不仅涉及到主观公权利的救济,也涉及到客观法秩序的维护,而且也只有在客观法秩序模式下,其才可能纳入行政诉讼的受案范围。

以上仅是分析了客观法秩序模式下,行政诉讼受案范围比主观公权利模式下要宽的内在机理。但是,在客观法秩序模式下,确定行政诉讼受案范围的具体逻辑是什么呢?通过上述分析,我们可以得出以下结论,在客观法秩序模式下,一个行政行为是否纳入行政诉讼受案范围主要取决于一个最基本的逻辑,即假定一切行政行为都可以接受司法审查。

假定一切行政行为都可以接受司法审查,也就是说,在法律有明确的规定属于行政诉讼受案范围时,行政诉讼按照法律的规定,如果法律无规定时,假定行政行为可以接受司法权的审查,不能审查的行政行为只是例外。这种例外只出现在法律规定不能进行司法审查以及行政行为本身的性质不宜由司法权审查。在美国,法院通过判例建立了可以审查的假定原则及其例外,《联邦行政程序法》第704节规定:"法律规定可以审查的行政行为,以及没有其他适当的法院救济的最后确定的行政行为,应受司法审查。"第701节规定司法审查的范围,关于排除司法审查的情况规定:"本章的规定在下述例外的范围以内不适用:(1)成文法排除司法审查,或者(2)法律授予行政机关自由裁量权的行为。"这项规定是可以审查原则的例外。排除司法审查的行为,美国行政法学称为不能审查的行为。法院只受理没有排除司法审查的行为。除了成文法上的排除,默示的排除是法律中没有规定禁止司法审查,但是法院根据这个法律所要达到的目标、法律的整个体制、立法精神、立法过程,认为这个法律在某方面排除司法审查。美国法院对于明文规定排除司法审查的法律已经采取非常严峻的态度,对于默示的排除司法审查更难承认。美国法院认为默示排除司法审查的情况很少出现,但是联邦法院的判例中,不是完全没有承认默示排除司法审查的案件。① 但是，在确定受案范围的原则上，我国实行不予审查的假定原则，人民法院不享有对政府行为进行审查和监督的权力，除非有明确的法律规定，不得受理任何行政案件。人民法院可以受理哪些类型的行政案件完全取决于法律的规定，我国建立的是一种不完整的司法审查制度。

正如前面所述，由于客观法秩序维护模式下的行政诉讼制度的功能主要在于行政创造或重建行政行为客观的合法性，因此，该模式下行政诉讼的主要目的不在于保护当事人权利，而在于促进行政客观法秩序的实现。此种诉讼目的应当纳入客观诉讼的理念。在该理念下，行政诉讼的要旨不是当事人的权利或利益是否受到侵犯，而是行政行为的适法性，法院的审理侧重于围绕行政行为的合法与否进行。尽管该模式下监督行政行为是诉讼的主要目的，同时，客观上可以实现保护主观权利之目的，但当事人是否享有诉之利益、诉之利益与行政行为之间的关联性等问题不是审理的核心。因此，维护客观公法秩序模式下，司法权的运作空间以及行政诉讼程序构造也有差异。在客观法秩序维护模式下，行政诉讼受案范围比主观公权利保障模式要宽，倾向于司法权审查范围的扩张。然而，出于多种原因和多重因素的考虑，我

---

① 列举式是对法院应该受理和不能受理的案件从行为的角度加以列举，包括肯定式列举和否定式列举。肯定式列举如《行政诉讼法》第12条第1款，列举了12项具体行政行为作为行政诉讼的受案范围，包括：对行政拘留、暂扣或者吊销许可证和执照、责令停产停业、没收违法所得、没收非法财物、罚款、警告等行政处罚不服的；对限制人身自由或者对财产的查封、扣押、冻结等行政强制措施和行政强制执行不服的；申请行政许可，行政机关拒绝或者在法定期限内不予答复，或者对行政机关作出的有关行政许可的其他决定不服的；对行政机关作出的关于确认土地、矿藏、水流、森林、山岭、草原、荒地、滩涂、海域等自然资源的所有权或者使用权的决定不服的；对征收、征用决定及其补偿决定不服的；申请行政机关履行保护人身权、财产权等合法权益的法定职责，行政机关拒绝履行或者不予答复的；认为行政机关侵犯其经营自主权或者农村土地承包经营权、农村土地经营权的；认为行政机关滥用行政权力排除或者限制竞争的；认为行政机关违法集资、摊派费用或者违法要求履行其他义务的；认为行政机关没有依法支付抚恤金、最低生活保障待遇或者社会保险待遇的；认为行政机关不依法履行、未按照约定履行或者违法变更、解除政府特许经营协议、土地房屋征收补偿协议等协议的；认为行政机关侵犯其他人身权、财产权等合法权益的。否定式列举如《行政诉讼法》第13条，排除了下列行政行为的可诉性：国防、外交等国家行为；行政法规、规章或者行政机关制定、发布的具有普遍约束力的决定、命令；行政机关对行政机关工作人员的奖惩、任免等决定；法律规定由行政机关最终裁决的行政行为。2018年《司法解释》第1条第2款进一步明确了下列行政行为不可诉：公安、国家安全等机关依照刑事诉讼法的明确授权实施的行为；调解行为以及法律规定的仲裁行为；行政指导行为；驳回当事人对行政行为提起申诉的重复处理行为；行政机关作出的不产生外部法律效力的行为；行政机关为作出行政行为而实施的准备、论证、研究、层报、咨询等过程性行为；行政机关根据人民法院的生效裁判、协助执行通知书作出的执行行为，但行政机关扩大执行范围或者采取违法方式实施的除外；上级行政机关基于内部层级监督关系对下级行政机关作出的听取报告、执法检查、督促履责等行为；行政机关针对信访事项作出的登记、受理、交办、转送、复查、复核意见等行为；对公民、法人或者其他组织权利义务不产生实际影响的行为。

国行政诉讼受案范围在立法上做了大量限制,这不免是一个遗憾。

基于以上的分析,我们认为客观法秩序模式下,行政诉讼受案范围的基本逻辑,就是假定一切行政行为可以接受司法审查为原则,其最大化的结果就是与被诉的行政行为与起诉人是否有利害关系无关,对行政行为是否遵守所有与行政行为相关的法律规范进行完全的司法审查。

三、行政诉讼功能模式下行政诉讼受案范围的制度构建

(一) 立法明确双层结构的受案范围标准

行政诉讼受案范围,是指人民法院受理行政诉讼案件的范围,界定了人民法院对行政行为进行审查的边界,反映了我国司法权与行政权之间的关系以及权限分工。根据《行政诉讼法》关于受案范围的规定,我国仍然采用了概括式和列举式两种方法规定法院受理行政案件的范围。概括式是对法院受理行政案件的范围作出原则性统一的规定。1989 年制定的《行政诉讼法》第 2 条规定:"公民、法人或者其他组织认为行政机关和行政机关工作人员的具体行政行为侵犯其合法权益,有权依照本法向人民法院提起诉讼。"2000 年的《最高人民法院关于执行〈中华人民共和国行政诉讼法〉若干问题的解释》(以下简称《若干解释》)第 1 条第 1 款规定:"公民、法人或者其他组织对具有国家行政职权的机关和组织及其工作人员的行政行为不服,依法提起诉讼的,属于人民法院行政诉讼的受案范围。"两项规定都是采用概括的方式规定了行政诉讼的范围。2014 年修正的《行政诉讼法》进一步扩大了受案范围,但是并没有改变"概括+列举"的受案范围模式。① 只是将对行政机关作出

---

① 列举式是对法院应该受理和不能受理的案件从行为的角度加以列举,包括肯定式列举和否定式列举。肯定式列举如《行政诉讼法》第 12 条第 1 款,列举了 12 项具体行政行为作为行政诉讼的受案范围,包括:对行政拘留、暂扣或者吊销许可证和执照、责令停产停业、没收违法所得、没收非法财物、罚款、警告等行政处罚不服的;对限制人身自由或者对财产的查封、扣押、冻结等行政强制措施和行政强制执行不服的;申请行政许可,行政机关拒绝或者在法定期限内不予答复,或者对行政机关作出的有关行政许可的其他决定不服的;对行政机关作出的关于确认土地、矿藏、水流、森林、山岭、草原、荒地、滩涂、海域等自然资源的所有权或者使用权的决定不服的;对征收、征用决定及其补偿决定不服的;申请行政机关履行保护人身权、财产权等合法权益的法定职责,行政机关拒绝履行或者不予答复的;认为行政机关侵犯其经营自主权或者农村土地承包经营权、农村土地经营权的;认为行政机关滥用行政权力排除或者限制竞争的;认为行政机关违法集资、摊派费用或者违法要求履行其他义务的;认为行政机关没有依法支付抚恤金、最低生活保障待遇或者社会保险待遇的;认为行政机关不依法履行、未按照约定履行或者违法变更、解除政府特许经营协议、土地房屋征收补

的关于确认土地、矿藏、水流、森林、山岭、草原、荒地、滩涂、海域等自然资源的所有权或者使用权的决定不服的;认为行政机关侵犯其经营自主权或者农村土地承包经营权、农村土地经营权的;认为行政机关违法集资、摊派费用或者违法要求履行其他义务的;对征收、征用及其补偿决定不服的;认为行政机关没有依法支付抚恤金或者支付最低生活保障待遇、社会保险待遇的;认为行政机关不依法履行、未按照约定履行或者违法变更、解除政府特许经营协议、土地房屋征收补偿协议等协议的,纳入受案范围。

我国目前行政诉讼受案范围的立法模式存在一定程度上的局限性。一方面,在受案范围的规定方式上,一定程度上限制了行政诉讼的受案范围。我国采取的"概括＋肯定列举＋否定列举"方式,虽然清楚明了,易于操作,能够起到明确界定范围的作用,但是,列举具有一定的局限性,难免出现挂一漏万的现象。另一方面,在确定可诉行政行为的种类上,我国行政诉讼法将抽象行政行为、内部行政行为和行政终局裁决行为,不分条件地排除在行政诉讼受案范围之外,事实上只能放纵上述违法行政和不当行政行为,增加受到侵害的当事人纠正违法行政和不当行政行为的成本,对公民的合法权益造成不必要的损害,削弱行政诉讼实现法治目标与监督制约违法行政的功能。最重要的是,确立我国行政诉讼受案范围,要求被诉行政行为与相对人具有法律上利害关系,即与行政行为有法律上利害关系的行政相对人对该行为不服的,可以依法提起行政诉讼。① 这严重地曲解了行政诉讼受案范围的概念及其功能,被诉行政行为与相对人是否具有法律上利害关系,属于原告资格的范畴,而行政诉讼受案范围的本质是界定司法权对行政权审查的深度与广

偿协议等协议的;认为行政机关侵犯其他人身权、财产权等合法权益的。否定式列举如《行政诉讼法》第13条,排除了下列行政行为的可诉性:国防、外交等国家行为;行政法规、规章或者行政机关制定、发布的具有普遍约束力的决定、命令;行政机关对行政机关工作人员的奖惩、任免等决定;法律规定由行政机关最终裁决的行政行为。2018年《司法解释》第1条第2款进一步明确了下列行政行为不可诉:公安、国家安全等机关依照刑事诉讼法的明确授权实施的行为;调解行为以及法律规定的仲裁行为;行政指导行为;驳回当事人对行政行为提起申诉的重复处理行为;行政机关作出的不产生外部法律效力的行为;行政机关为作出行政行为而实施的准备、论证、研究、层报、咨询等过程性行为;行政机关根据人民法院的生效裁判、协助执行通知书作出的执行行为,但行政机关扩大执行范围或者采取违法方式实施的除外;上级行政机关基于内部层级监督关系对下级行政机关作出的听取报告、执法检查、督促履责等行为;行政机关针对信访事项作出的登记、受理、交办、转送、复查、复核意见等行为;对公民、法人或者其他组织权利义务不产生实际影响的行为。

① 2018年《司法解释》第1条第1款规定:"公民、法人或者其他组织对行政机关及其工作人员的行政行为不服,依法提起诉讼的,属于人民法院行政诉讼的受案范围。"根据司法解释的规定,有下列情形之一的,行政相对人可以依法提起行政诉讼:(1)被诉的具体行政行为涉及其相邻权或者公平竞争权的;(2)与被诉的行政复议决定有法律上利害关系或者在复议程序中被追加为第三人的;(3)要求主管行政机关依法追究加害人法律责任的;(4)与撤销或变更具体行政行为有法律上利害关系的。

度,两者具有本质上的区别。

从比较法的角度,我国在确定受案范围的法治理念上,与世界其他国家尚有较大的差别。大陆法系和英美法系国家从充分保障行政相对人权利的行政法治理念出发,只对何种行政行为不可诉作出例外规定,不对可诉行政行为进行繁琐的列举式规定。以美国为例,行政行为原则上假定属于司法审查的范围,除例外情况,一切行政行为都可以接受司法审查,无须法律明文规定。国外的经验告诉我们,肯定概括加否定列举的立法模式是目前许多国家普遍采取的模式,也是各国行政诉讼发展的共同特征。因此,我国行政诉讼受案范围有必要借鉴域外的经验,实行可以审查的假定原则,以利于实现行政诉讼目的及其功能。

基于以上分析,我们认为,我国应当修正行政诉讼受案范围与利害关系挂靠的立法理念。将"与该行为存在法律上利害关系的行为属于人民法院的受案范围",修正为"因行政机关的行政行为引起的争议案件,属于人民法院的受案范围"。这样,为行政诉讼受案范围的扩大留有广阔的空间,也厘清了原告资格与受案范围之间概念的差异。行政诉讼受案范围的设定标准有必要设计如下:

(1) 假定行政行为可以审查标准。关键是怎么理解行政行为?其概念的内涵以及外延怎么界定?在美国,法院对于这个问题采取实用主义态度,避免作出抽象的定义,而是对每个案件具体分析。然而法院在决定行政行为的意义时,经常以几个原则作为指导。法院首先考察行政机关的行为,是否符合联邦行政程序法中规定的行为,如果回答是肯定的,就按照法律规定的意义认为这是行政行为。其次,法院考察行政机关的行为是否对当事人具有拘束力量,直接影响当事人的法律地位。对当事人没有拘束力量,不直接影响其法律地位的行为,不是行政行为。例如行政机关命令当事人说明原因的通知,不是一个可以审查的行政行为,因为它对当事人的权利和义务没有发生确定的影响。只有当行政机关作出最后决定,影响当事人的权利、义务或利益时,才是可以审查的行政行为。最后,法院考察行政机关的行为是否已经产生损害,如果已经产生损害,则是一个可受审查的行为。总之,法院决定某种行为是否可以审查时,根据实际情况判断,不受行政机关使用名称的拘束。因此,假定行政行为可以审查标准有利于扩大保护相对人合法权益的范围。人身权和财产权是行政相对人最基本的权益,应当属于行政诉讼受案范围,但是,行政诉讼不能仅限于人身权和财产权,如果把受案范围只限于人身权和财产权,就会导致公民依照宪法和法律享有的其他一系列权利得不到行政诉讼法的保护。

(2) 排除司法审查的例外标准。明确例外的情形,以明确排除司法审查的范围。其范围严格限定在国家行为、统治行为,例如,外交、国家安全等问题的属性不适合司法审查。

(二) 客观法秩序模式下行政诉讼受案范围的完善[①]

通过上述分析可知,我国行政诉讼应当以客观法秩序维护模式为受案范围的理论基础,最大化的结果就是要求对行政决定,以及与行政决定相关的法规范进行完全的司法审查,倾向于司法权审查范围的扩张。这是我们构建行政诉讼受案范围的基本指导思想。但是,当下我国行政诉讼受案范围与这一逻辑路径尚有差距,特别是行政实践中,"许多行政相对人'信访不信法',受到行政侵权宁愿选择找官,不愿选择找法院;一些行政机关违法侵权后想方设法阻止相对人向法院起诉;一些法院受各种影响以各种理由不受理某些行政案件等原因外,一个重要的原因乃是现行行诉法规定的受案范围过窄,许多行政案件进不了法院,行政相对人受到行政侵权后即使想提起行政诉讼,行政机关即使愿意当被告,人民法院即使愿意受理,因行诉法设置的'门槛'太窄,行政相对人也进不了法院,法院依法也受理不了"[②]。尽管行政诉讼经过此次修改后,受案范围有所扩大,但是,仍然有进一步扩展的空间,特别是可以扩展至抽象行政行为、内部行政行为、行政终局裁决行为等。

1. 抽象行政行为应当纳入行政诉讼受案范围

所谓抽象行政行为,是指具有普遍约束力的决定、命令,也即行政机关针对不确定的多数人而发布的反复适用的行政规范性文件。包括国务院制定、发布的行政法规,国务院各部委制定发布的部门规章,省级人民政府、省政府所在地的市的人民政府和国务院批准的较大的市的人民政府及经济特区的政府制定发布的地方行政规章和各级各类行政机关发布的具有普遍约束力的决定、命令等。司法实践中,与具体行政行为相比,抽象行政行为具有以下特点:第一,抽象行政行为指向不特定的人或事项;第二,抽象行政行为可以反复适用,其效力没有废止前具有持续性,而具体行政行为的效力则相反,不具有持续性和反复适用性;第三,抽象行政行为通常表现为具有普遍约束力的规范性文件;第四,抽象行政行为是具体行政行为的依据。我国立法机关

[①] 本部分是以笔者2010年主持的教育部人文社会科学规划基金项目部分内容为蓝本,做了较大幅度的修正而成。原文可参见侯继虎:《客观法秩序维护模式:行政诉讼受案范围扩大的理论基础及其制度建构》,载《政治与法律》2011年第12期。
[②] 姜明安:《扩大受案范围是行政诉讼法修改的重头戏》,载《广东社会科学》2013年第1期。

将抽象行政行为排除在司法审查之外主要是基于两个方面的考虑：一是法院的承受能力；二是我国宪法对抽象行政行为已经设有救济途径。① 尽管我国行政诉讼法把抽象行政行为排除在受案范围之外，2017年修改后的《行政诉讼法》也没有涉及抽象行政行为的可诉性，但是，学界对抽象行政行为的讨论一直不断，主流的学者也都参与了讨论，一般认为有必要将抽象行政行为纳入行政诉讼受案范围。例如，马怀德教授认为，经过很多年的司法实践，人们对此的认识也逐渐发生了变化，由于其具有普遍的约束力，又有强大的行政权力作为后盾，抽象行政行为的不当，将更广泛地使国家机关名誉受到损害、公共利益和公民利益受到侵犯。况且，从目前的实际情况看，某种程度上，抽象行政行为比具体行政行为更具有危险性和破坏力，这是由抽象行政行为的性质和特点所决定的，因而应该把抽象行政行为纳入司法审查的范围。② 对此，我们表示赞同，其必要性主要表现在以下几个方面：

首先，将抽象行政行为纳入司法审查的范围是实现人民民主的必然要求。人民民主是社会主义民主法治的内核，然而人民民主并非抽象的存在，需要一系列的法律机制加以保障，特别是救济机制，是保障民主的最后防线。宪法作为国家根本大法确认了公民具有控告滥用职权的国家机关或玩忽职守的国家机关工作人员的主体资格，宪法也明确规定了一切权力主体包括行政机关应在宪法和法律规定的范围内行使权力，并且规定了司法机关依法独立行使审判权。事实上，抽象行政行为的不当，相比具体行政行为，将更广泛地使国家机关名誉受损，致使公共利益和公民利益受到侵害。如果抽象行政行为侵害了公民的权利，应当赋予行政相对人诉权，将抽象行政行为纳入人民法院的受案范围，以体现了民主的价值内涵。

其次，将抽象行政行为纳入司法审查的范围是依法治国与依法行政的要求。依法治国是中共十五大明确提出的治国方略。依法治国的本质是依法行政，依法治权。中共十八届四中全会通过的《中共中央关于全面推进依法治国若干重大问题的决定》（以下简称《决定》）再一次明确提出，要"深入推进依法行政，加快建设法治政府"。在"关于《决定》的说明"中，习近平总书记强调，"各级政府必须坚持在党的领导下、在法治轨道上开展工作，加快建设职能科学、权责法定、执法严明、公开公正、廉洁高效、守法诚信的法治政府。"③ 从某种程度上说，依法行政是依法治国的必然要求，只有行政权实现依法行

---

① 姜明安主编：《行政法与行政诉讼法》（第七版），北京大学出版社、高等教育出版社2019年版，第424页。
② 马怀德：《司法改革与行政诉讼制度的完善》，载《法律适用》2005年第8期。
③ 习近平：《关于〈中共中央关于全面推进依法治国若干重大问题的决定〉的说明》，载《人民日报》2014年10月29日，第1版。

政才能进入真正的法治国家。依法行政不仅仅是依据法律行政，更重要的是执法的依据应当具有正当性与合法性，包括作为主要执法依据的抽象行政行为具有正当性与合法性。在依法行政实践中，出于地方利益、部门利益的考虑，行政机关往往通过抽象行政行为将其固化、常态化，而且对相对人利益造成的侵害涉及面更广、影响更深，也更具有持久性。如果对抽象行政行为仅仅通过人大的备案审查或者行政机关内部的行政复议附带审查，那只是隔靴搔痒，起不到监督的效果。有必要为抽象行政行为设置一道司法防线，将其纳入司法审查的范围，赋予人民法院对抽象行政行为的审查权，有利于法治政府的建设，最终有利于实现法治国家。

最后，将抽象行政行为纳入人民法院的受案范围也是行政审判的内在需求。我国1990年制定的《行政复议条例》没有将抽象行政行为纳入行政复议的受案范围，但是，1999年制定的《行政复议法》(2017年、2023年修正)将除行政立法以外的抽象行政行为，纳入了行政复议的审查范围①，规定了公民、法人或者其他组织对行政机关的具体行政行为不服，可以一并向行政复议机关提出对该具体行政行为所依据的规章以下的规范性文件进行审查的申请，这在我国行政法史上具有重要意义。这一规定对于防止行政主体滥用行政权力，更切实地保障行政相对人的合法权益，无疑具有重要作用。尽管抽象行政行为没有纳入行政诉讼的受案范围，但是并不表示人民法院不需要对抽象行政行为进行审查，对抽象行政行为进行审查，往往是判断行政行为合法性的必然要求。只是人民法院发现其违法，可以选择不适用，而不能撤销其法律效力。这无疑削弱了司法权的权威，既不利于公民权利的救济，也削弱了司法权对行政权的监督功能。因此，从行政诉讼功能模式的角度，不论是从主观权利的救济还是客观法秩序维护的维度，将抽象行政行为排除在受案范围之外，没有正当的理由。而且，建立对抽象行政行为的司法审查制度也是顺应世界发展趋势。纵观当今欧美诸国，它们都将抽象行政行为纳入司法审查的受案范围。美国《联邦行政程序法》第702条规定，凡是因行政机关的行政行为而使公民或组织的法定权利受到不利影响或损害，不论其为抽象行政行为还是具体行政行为，均可以纳入行政诉讼的受案范围。② 英国行政诉

---

① 《行政复议法》第7条规定："公民、法人或者其他组织认为行政机关的具体行政行为所依据的下列规定不合法，在对具体行政行为申请行政复议时，可以一并向行政复议机关提出对该规定的审查申请：(一)国务院部门的规定；(二)县级以上地方各级人民政府及其工作部门的规定；(三)乡、镇人民政府的规定。前款所列规定不含国务院部、委员会规章和地方人民政府规章。规章的审查依照法律、行政法规办理。"

② 〔美〕E.博登海默：《法理学：法律哲学与法律方法》，邓正来译，中国政法大学出版社2017年版，第404页。

讼的受案范围主要由判例法确定,凡是被认为违背"越权原则"的行政行为(包括抽象行政行为和具体行政行为)均属于行政诉讼的受案范围。如前所述,法国法律没有规定一个划分行政审判的权限和司法审查权限的普遍性标准,而是主要通过行政法院和权限争议法庭的判例加以确定,除判例所排除的情况外,行政机关的一切决定,不论是采用口头或书面、明示或默示的、抽象或具体的形式,均可提起诉讼。德国的行政诉讼范围就更广泛,包括认为行政行为违法,或者向行政机关主张权利的,均可向法院起诉,超越、滥用自由裁量权也在受案范围之列。① 可见抽象行政行为不具有可诉性,既不符合行政诉讼的内在规律,也不符合世界行政诉讼的发展走向。

行政抽象行政行为具有可诉性也是学界普遍的观点,只是学界对其持"有限论"态度。从关于抽象行政行为应否纳入行政诉讼的受案范围的研究看,总体涉及两个方面的问题:一是是否应有限纳入,如果是有限纳入,其度怎么把握?二是是直接起诉,还是附带提起诉讼?关于第一个问题,主张有限论的学者中,有人主张只纳入"规定",有人主张"规定"和"规章"都纳入。共同点是排除行政法规的司法审查。当然也有个别青年学者持激进的观点,甚至将地方性法规、行政法规也逐步纳入受案范围。② 笔者赞同姜明安教授的观点,笔者也曾经提出有条件地将抽象行政行为纳入受案范围,将地方性法规与行政法规纳入受案范围还远不现实。关于第二个问题,是直接起诉还是附带提起诉讼,姜明安教授的观点是,为了防止给法院增加太大的负担,在抽象行政行为"准入"方式上,采取"附带诉"(但不限于"附带诉")的方式,案件量就会大大减少。也就是说,在一般情形下,相对人对抽象行政行为只能"附带诉",但如果相应规定、规章一类的抽象行政行为不经具体行政行为即可造成对相对人合法权利的损害,相对人则可直接对该抽象行政行为提起诉讼,请求人民法院撤销该抽象行政行为或确认该抽象行政行为违法,以避免

---

① 于安编著:《德国行政法》,清华大学出版社1999年版,第36页。
② 有青年学者提出,囿于我国目前的法治发展现状,应当采取一种更稳妥的做法,即以渐进式和平稳式的改革步伐,分三步逐步放开抽象行政行为进入到行政诉讼的受案范围。第一步,可以先将地方人大或政府部门所制定的地方性法规和规章纳入行政诉讼受案范围,为什么是地方性的法规或规章呢?理由在于这些法规或规章效力范围有限,对其合法性审查不会引起全国范围的重大社会影响;其次,这些法规或规章的制定程序不像法律、行政法规那样完善,在制定过程中容易出现错误和纰漏。第二步,当我国法治水平发展到一定程度之后,可以适度地将具有全国性的、普遍约束力的行政法规或规章纳入行政诉讼受案范围。第三步,进一步建立我国法院对行政权力的最终、最后以及最完善监督机制,突破现行行政诉讼受案范围之规定,赋予法官更宽、更广的自由裁量权,实现法院对行政权力的完全监督。这就意味着,法院不只是可以审查具体行政行为,还可以对具体行政行为的执法依据作出评判。参见邓小龙:《法治思维下行政诉讼受案范围研究——以全国首例机场建设费案为例》,西南政法大学2014年硕士学位论文。

实际损害的发生。① 笔者认为,该观点灵活地处理了权利救济与司法负担之间的矛盾,把主观权利救济与客观法秩序的维护有机地结合起来。总之,把抽象行政行为纳入行政诉讼受案范围,赋予人民法院对抽象行政行为的司法审查权,不论是从主观公权利救济的角度还是从客观法秩序维护的角度,都具有内在的价值与意义。

抽象行政行为纳入行政诉讼受案范围,我们可以做如下制度设计:

(1) 关于原告诉讼主体与资格。关于提起诉讼的主体我们认为包括两类:一类是普通公民。即行政相对人认为抽象行政行为侵犯其合法权益或者依据抽象行政行为做出的具体行政行为侵犯其合法权益的,可以直接或者附带提起诉讼。一类是检察机关。即可以由检察机关代表国家提起行政诉讼。由于"在实践中,法院基于某种压力,往往以'抽象行政行为'为借口拒绝接受应该受理的行政案件。而且,行政机关用规范性文件为公民、法人和其他组织设立义务的情况越来越多,但由于相对人力量微薄,以及法律上的缺陷,常出现诉而不理,或理而必败的情况。由人民检察院作为原告,提起行政公诉,不仅能体现抽象行政行为的特殊地位,而且能更有力地保护不特定相对人的利益和公共利益"。②

(2) 关于起诉方式。对抽象行政行为起诉可以立法规定采取直接起诉与附带起诉相结合的方式。即相对人可以直接针对抽象行政行为起诉,或者在对具体行政行为起诉时,请求法院一并审查该具体行政行为所依据的抽象行政行为。

(3) 关于审查范围。囿于我国目前行政法治发展现状,应当采取一种相对稳妥的渐进式步伐,分三步逐步将抽象行政行为纳入到行政诉讼的受案范围。第一步,可以先将部门规章以下的规范性文件纳入行政诉讼受案范围,其理由是法院已经积累了一定的规范性文件审查的经验,不会突然给法院带来过大的压力。第二步,经过一段时间行政审判经验积累,可以适度地将部门规章以及地方政府规章纳入行政诉讼受案范围。理由是现行行政诉讼法也规定了法院参照规章以下的规范性文件,也就是说人民法院一定程度上也对规章进行审查,如果放开到这一步,人民法院从技术上审查规章的合法性也是可行的。第三步,赋予法院对抽象行政行为的全面审查,实现法院对抽象行政行为不做任何限制的完全审查。

(4) 诉讼管辖。就我国而言,应根据抽象行政行为效力等级确定诉讼管

---

① 姜明安:《扩大受案范围是行政诉讼法修改的重头戏》,载《广东社会科学》2013年第1期。
② 侯继虎:《客观法秩序维护模式:行政诉讼受案范围扩大的理论基础及其制度建构》,载《政治与法律》2011年第12期。

辖。具体设想如下:对于规章以下的抽象行政行为的一审管辖权确定为中级人民法院为宜,对于部门规章或者地方政府规章由高级人民法院行使一审审判权。其理由是,防止出现较低级别的人民法院审理较高级别的政府制定的抽象行政行为时人民法院不敢审不敢判的现象。

(5)判决方式。经过审查,法院可以根据不同情况做出判决。抽象行政行为合法的,驳回原告诉讼请求。抽象行政行为违法的,采取确认判决,判决其违法。对当事人因违法的抽象行政行为而遭受损失的,确认其违法的同时,根据原告的诉讼请求判决。

另外,将抽象行政行为纳入到行政诉讼受案范围,在实践中有可能会在提起诉讼的动机上存在问题。一种情况是,对抽象行政行为提起诉讼有可能存在滥诉的现象。另一种情况是,对抽象行政行为提起诉讼存有动力不足的可能。对于第一种情况,我们认为,应当严格按照诉的一般要件,审查其是否符合行政诉讼之一般合法性构成要件,凡是不符合的一律不予以立案。对于第二种情况,我们认为,可以建立行政公益诉讼制度,以解决相对人之动力不足问题。但是,我国目前还没有建立行政诉讼公益制度,对行政机关所作出的侵犯公共利益的行政行为,还缺乏司法监督。如果违法的行政行为包括抽象行政行为损害了公共利益,因为缺乏特定的利害关系人,所以无法向法院提起行政诉讼。目前公共利益遭受违法行政行为侵害的事例屡见不鲜,例如行政机关与行政相对人恶意串通损害公共利益的行为、行政机关某具体行政行为损害了公共利益但受害者是不特定的多数人、行政机关的不作为侵害公共利益、抽象行政行为特别是地方政府发布的命令决定等规范性文件侵害公共利益等。公益行政诉讼之目的在于纠正行政违法行为,防止行政机关因第三方监督的缺位而滥用行政职权。将公益诉讼纳入到行政诉讼的受案范围,建立公益行政诉讼制度,并明确其受案诉讼范围、诉讼程序、诉讼费用以及举证责任等等配套机制,行政公益诉讼就一定会在我国得以发展,从而遏制行政机关侵犯公共利益的不法行政行为。

2. 内部行政行为应当纳入行政诉讼的受案范围

内部行政行为主要是指行政机关对其工作人员实施的不具有对外行政管理性质的组织、调配、命令等行为,其对象与行政机关之间有隶属关系。[①]事实上,内部行政行为是一个广泛的概念,包括内部行政规则(如裁量基准、指导性纲要、行政给付规则等)、行政处分(含警告、记过、记大过、降职、撤职、

[①] 胡建淼主编:《行政诉讼法学》,复旦大学出版社2003年版,第35页。

开除等)、人事管理监察行为(含录用、聘用、考核、调动、交流、培训、"双指"、限制财产权等)以及公立高校对学生、教师的纪律处分等等。① 由于内部行政行为的外延较为广泛,为了更清晰地理解内部行政行为,以便于我们分析内部行政行为的可诉性,有必要理解其分类。根据姜明安教授的观点,我国内部行政行为可以分为三类:一类是单纯内部工作性质的,如上下级行政机关之间或者上下级行政机关工作人员之间的请示、指示、汇报、交办、批转、委托、通知、批复等行为,这类行为通常涉及内部工作关系的调整,对公务员和外部行政相对人都不会带来利益影响;第二类内部行政行为则会给外部行政相对人带来利益影响,例如行政机关作出的命令、决定和会议纪要等,其一旦实施,会给外部行政相对人带来利益影响;第三类则是人事性质的,体现为行政机关与其工作人员之间的奖惩、任免、调动、考核以及工资、福利发放等关系。② 对于第一类内部行政行为,出于行政权与司法权之间的分工考量,不将其纳入行政诉讼受案范围内是可以理解的。对于第二类总体上属于抽象行政行为的范畴,在前面我们已经讨论过。因此,在这里,我们主要讨论第三类内部行政行为的可诉性。

第三类内部行政行为主要是涉及人事性质的内部行政行为,将其纳入行政诉讼受案范围是必要的。2006年我国《公务员法》开始实施,对行政公务人员只是赋予了申诉及控告的权利,而没有提供行政诉讼的救济途径,在实务界以及学术界均引起非常大的争议。学界一般认为,人事性质的内部行政行为涉及行政机关人员的权利和义务,当其权利受到损害时就应允许其主张权利。其理由是,行政机关内部的行政行为也是一种法律关系,同样关系相对人的各种权利,不仅像法国这种行政法院隶属于行政机关、行政复议程序与行政诉讼程序大体重合的国家,存在着法院审理有关行政机构内部组织建设的行政案件;而且像美国那种由普通法院承担审判任务的国家也将某些内部行为纳入了司法审查的范围。③ 但是,一般教科书认为人民法院绝对不能干预行政机关内部的行政行为。④ 人民法院不宜对行政机关的组织建设事务,通过审判程序来加以干涉。如果行政机关的内部管理行为涉及到工作人员的基本权利,严重损害公务员的权益,可通过今后的法律、法规将之纳入行政诉讼范围。在我们看来,将内部行政行为纳入到行政诉讼的受案范围是有必要的,其理由如下:

---

① 姜明安:《扩大受案范围是行政诉讼法修改的重头戏》,载《广东社会科学》2013年第1期。
② 黄学贤、杨海坤:《新编行政诉讼法学》,中国人事出版社2001年版,第91页。
③ 参见姜明安主编:《行政法与行政诉讼法》(第七版),北京大学出版社、高等教育出版社2019年版,第425页。
④ 邓刚宏主编:《行政诉讼实务教程》,华东理工大学出版社2014年版,第51页。

第一,将内部行政行为纳入到行政诉讼的受案范围,其理论基础是客观法秩序功能模式。正如前述,从内部行政行为可诉性之理论基础——行政诉讼功能模式看,我国行政诉讼应当定位为客观法秩序模式,在该模式下,行政诉讼受案范围没有内外部行政行为区分之必要,凡影响到公民身份以及地位的事项,无论涉及外部行政关系或者是内部行政关系,当事人均应获得有效的司法救济途径。目前,我国的内部行政管理缺乏公开性、公正性和规范性,无法接受来自外部的有效的司法审查,"尤其是行政工作人员的权益受到严重侵犯时,不赋予其诉权,而要求其在行政系统内部寻求解决是不公平的"①。从实践来看,在我国,公务员与行政机关之间发生纠纷之后,公务员只能通过行政系统内部解决争议,将司法审查的权力排除在外,因而司法最终救济这一特性没有得到体现,这对公务员而言是不公平的。事实上,公务员与行政机关之间发生纠纷之后,由于没有确立司法最终救济原则,对内部行政行为不服的公务员往往是憋一肚子气,连内部行政系统的救济也不敢提起,不利于其权利的救济。因此,把内部行政行为纳入到行政诉讼受案范围,有利于保护公务员的权益。

第二,将内部行政行为纳入到行政诉讼的受案范围,即使从主观公权利的角度,也是有必要的。从行政法律关系看,人事一类的内部行政行为具有合同法律关系的一般属性。即使从主观公权利救济的角度,如果作为内部行政行为之一方的合同主体,行政主体违法行为侵害了另一方合同主体公务员的权利,也应当赋予其诉权,将内部行政行为纳入行政诉讼的受案范围。正如有学者认为,行政机关是国家的执法机关,而其作为抽象存在的概念,必须通过具体的公务人员履行职权所作的行政行为,从而行使行政机关所享有的行政权力。行政机关与其相关工作人员建立了公法上的行政合同关系。既然属于合同关系,就是以权利和义务作为主要内容,因而必然涉及法律问题。既然属于法律问题,就应当受到法律的规制以及司法的审查。公务员具有双重身份,首先是一个公民,其次才是一个公务员。既然其属于公民,那么,只要其合法权益遭受到行政权力的侵害,那么就应当有权提起行政诉讼。行政机关对公务员作出任免、奖惩等决定也是根据其享有的行政职权而作出的,并非一般的民事主体。②内部行政行为与一般行政行为,特别是与行政合同没有本质区别。因此,将内部行政行为纳入到行政诉讼的受案范围也是主观公权利救济之需要。

---

① 陈小华:《内部行政行为的可诉性研究》,载《行政与法》2001年第4期。
② 李劲:《行政诉讼受案范围的局限与重构》,载《法学杂志》2005年第5期。

第三,将内部行政行为纳入行政诉讼受案范围能有效地监督内部行政管理行为,防止滋生腐败,从而有效地保障公务员依法享有的基本权利。行政机关工作人员既是国家公务人员,也是普通公民中的一员,所以在接受国家行政机关领导和管理的过程中,必须保证其基本人权不受侵犯。也就是说,内部行政行为并不存在所谓的"绝对自由裁量权",那些在法律上予以保留却受到了行政机关侵犯的权利,当然应当受到法院的司法审查。我国受第二次世界大战前德、日的"特别权力关系理论"的影响,认为行政机关对其内部行政人员的奖惩任免等行为是一种特别权力行为,行政机关有必要对其所属工作人员的宪法权利进行限制。当时的观念是,法律是调整国家与公民之间关系、保护公民权利和自由的,至于国家内部关系,是不受法律调整的。到了20世纪,这种学说受到很多批评,1972年德国联邦宪法法院作出一个著名的判例,因犯诉监狱案,从这个判决生效时起,"特别权力关系理论"开始走向消亡。[①] 现在,从世界范围看,"特别权力关系"不受法治制约的理念早已经成为迂腐的教条。不论是大陆法系的德国、法国,还是英美法系的英国、美国,法院对行政机关产生、变更、消灭以及影响特别权力的行为,以及行政处分,均有审查权。

总之,把内部行政行为纳入到行政诉讼受案范围,赋予人民法院对行政机关内部行政行为合法性的审查权,既是行政诉讼客观模式所决定的,也是行政法治顺应世界发展趋势的需要。把内部行政行为纳入行政诉讼受案范围,对有效监督内部行政管理活动,防止滋生腐败,纠正行政违法,保障公务员依法享有的权利都具有重要意义。

3. 行政终局裁决行为应当纳入行政诉讼的受案范围

所谓行政终局裁决行为,是指依据法律规定由行政机关作出的具有最终法律效力,从而排斥司法审查的行为。也就是说,法律赋予了行政机关对于某些行政争议拥有最终裁决权,即由行政机关依法作出最终裁决,当事人不服,只能向作出最终裁决的机关或其上级机关申诉或申请复议,而不能向人民法院起诉,法院无权对其进行审查。目前我国有四部法律中存在行政终局行为的规定,它们是《中国公民出境入境管理法》《外国人入境出境管理法》《集会游行示威法》和《行政复议法》。主要可以分为以下两类:第一,绝对的

[①] 于安编著:《德国行政法》,清华大学出版社1999年版,第36页。

行政最终行为,就是指由行政机关做最终裁决,完全排斥法院的司法审判权。① 除了一些法律规定外,根据司法解释,一些历史遗留问题的、或者因行政指令而调整划拨、机构撤并分合等,引起的房地产纠纷,也不属于人民法院的受案范围。第二,相对行政最终行为,就是相对人不服行政机关所做的行政行为,可以向行政机关提出申请,由行政机关作出最终裁决,也可以直接向人民法院提起行政诉讼,由人民法院作出司法最终裁决。也就是说,可在行政复议和行政诉讼中任选一个途径解决,但如果选择复议为最终裁决,不能就复议决定再次提起行政诉讼。

取消行政终局裁决权,确立司法最终审查原则,是权利救济的必然要求。我国法律规定部分事项由行政机关最终裁决,其法理依据主要是考虑我国的司法传统,行政管理的技术性、专业性和行政权与司法权的合理分工。就法学理论的角度,排除法院对行政机关的行政行为涉及法律问题的审查,是不符合法治原则要求的。② 对于行政终局行为的救济途径仅限于行政系统内部,明显违反了现代法治社会的司法最终解决原则。法理上,司法在法的实施过程中是非常重要的一个环节,是保障公正的"最后一道闸门",是在穷尽其他救济手段之后的最后救济手段。司法最终解决原则,反映到行政法学领域是指行政行为不应具有最终效力,当事人对行政行为不服的,仍然可以提起行政诉讼,由司法机关对行政争议作出最终裁决。司法最终解决原则应是处理行政救济与行政诉讼关系时所必须坚持的一项救济原则,我国法律中关于行政终局的规定,应当通过修改法律取消。③ 当然,由于一些法律制度设定上的不一致或者传统观念的束缚,将行政最终行为作为某些领域的过渡阶段,也是不得已的,而且,这种现象可能还要在相当长的一段时间内存在。但是我们可以通过立法规定,严格限定行政终局裁决行为,比如:某一类行政行为涉及到国家重要机密,一旦进入诉讼,将会严重危害国家利益;某一类行政

---

① 例如,根据《行政复议法》第30条第2款的规定:"根据国务院或者省、自治区、直辖市人民政府对行政区划的勘定、调整或者征收土地的决定,省、自治区、直辖市人民政府确认土地、矿藏、水流、森林、山岭、草原、荒地、滩涂、海域等自然资源的所有权或者使用权的行政复议决定为最终裁决。"在把握绝对行政最终行为时,还应当注意到一个司法解释。1992年最高人民法院发出《关于房地产案件受理问题的通知》(法发〈1992〉38号)规定,以下行政行为也属于行政最终裁决行为:其一,历史遗留的落实政策性质的房地产纠纷。如果政府关于发还或者不发还、落实或者不落实以及怎样落实有关土地、房产政策的行政行为而引起的纠纷,不能提起行政诉讼。其二,因行政指令而调整划拨、机构撤并分合等引起的房地产纠纷。其三,因单位内部建房、分房等而引起的占房、腾房等房地产纠纷。

② 胡建淼主编:《行政诉讼法学》,复旦大学出版社2003年版,第37页。

③ 2019年修正的《商标法》和2020年修正的《专利法》都对此予以了修正。当事人对商标评审委员会的决定不服的,以及专利申请人对专利复审委员会的复审决定不服的,均可向人民法院起诉,从而突破了对商标复审,实用新型、外观设计的复审不可诉的禁区,是我国行政诉讼受案范围的一大进步。

行为不可能或极少可能侵犯行政相对人的权益;某一类行政行为专业性极强而且非常复杂,以至于使法官的审查徒劳无益;某一类行政行为已有近乎司法程序的行政程序作保障,行政系统内部已有充分的能确保公正的救济手段;因不可抗力事件(如战争)使行政救济以外的司法救济成为不可能;等等。从世界各国的发展趋势看,行政终局裁决权的范围是越来越窄,有的国家仅有非常有限的行政终局裁决权范围。① 旧的行政最终行为消失了,还可能出现新的行政最终行为。但是,从发展的趋势看,行政最终行为应当越来越少,直至完全消失而不是相反。②

取消行政终局裁决权,确立司法最终审查原则也是我国适应世界经济一体化的需要。根据WTO与中国协议书的要求,我国有义务在承诺的范围内取消行政终局裁决权,确立司法最终审查原则。③ 据此,如果外国出口商对我国政府所作的裁决不服的,就可以援引《反倾销协议》的规定,向我国法院提起诉讼要求司法审查。显然,我国《行政诉讼法》将行政终局行为排斥在人民法院的受案范围外的相关规定与WTO的上述要求是相悖的。

值得指出的是,我国2017年修正的《行政诉讼法》将原《行政诉讼法》第54条的相关规定加以修改并扩充,除了将"具体行政行为"更改为"行政行为"以外,还增设条件"原告申请被告履行法定职责或者给付义务理由不成立的,人民法院判决驳回原告的诉讼请求",且在可判决被告重新作出行政行为的参照标准里增设一条"明显不当"的行政行为。

从立法本意上看,我国《行政诉讼法》奉行的是合法性审查原则,这一点本身是无可厚非的,因为司法权无论如何都不应该完全取代行政权。问题的关键在于如何理解和确定合法性审查的内涵,明确合法性审查与合理性审查的关系。我国的行政诉讼立法及相关的学说理论存在着一个共同的倾向,即对合法性的理解过于狭窄,将行政行为的合法性简单地等同于形式合法,而不包含实质合法。实际上,行政行为的合法性不仅要求行政行为应当符合法律的外在规定,即符合主体、权限、内容和程序等方面的规定,而且也要求行

---

① 姜明安主编:《行政法与行政诉讼法》(第七版),北京大学出版社、高等教育出版社2019年版,第321页。
② 应松年、王锡锌:《WTO与中国行政法制度改革的几个关键问题》,载《中国法学》2002年第1期。
③ 例如,《关税及贸易总协定》第10条第3款规定,为了能够对有关海关事项的行政行为迅速进行检查和纠正,缔约各方必须建立司法的、仲裁的或行政的法庭或程序。《反倾销协议》第13条强制性地确认了反倾销案件的司法复审,规定反倾销案件的有关当事人如对处理该案件的国家主管机关所作的最终裁决或行政复审结果不服,各成员方应允许其向司法部门提起诉讼。根据这一规定,当事人如果对处理倾销案件的成员方行政机关所作的行政决定或复议结果不服的,有权要求司法复审,以提起行政诉讼的方式救济自己的合法权益。《与贸易相关的知识产权协定》规定,在任何情况下,对知识产权的获得与维持所作出的行政部门的终极决定,成员方应授予当事人将该决定提交司法审查的权利。

政行为应当符合法律规定的内在精神,即符合法律的目的,考虑相关因素,符合公正法则等。前者属于形式合法,或者叫作外在合法;后者属于实质合法,或者叫作内在合法。① 长期以来,我们习惯于从形式合法的角度来理解行政行为的合法性,把实质合法归入行政行为的合理性范畴,从而人为地缩小了合法性审查的外延,并把合法性审查与合理性审查对立起来。这样,实质上有违法律的内在精神和公正法则的行为就被当作"合法"行为,成为司法审查不能问津的"禁区"。由于大量的不公正行为游离于司法审查范围之外,行政诉讼制度的功能自然大打折扣。

本 章 小 结

应当从行政诉讼的功能模式和《行政诉讼法》的立法宗旨出发,在客观法秩序维护模式下来把握受案范围。凡是行政机关做出的处分公民、法人或其他组织的权利的行为,或者对公民、法人或其他组织实现自己的权利产生直接影响的行为都是可诉的,不再受行政行为所涉权利的性质的限制。更不以单纯的主观公权利救济来研究行政诉讼受案范围,而是应当把权利救济与客观法秩序统一起来再审视行政诉讼受案范围,但并不是说行政诉讼受案范围是无限的,行政机关的一切行为都可列为行政诉讼的受案范围。行政机关的一些行政行为,比如统治行为,在性质上不宜纳入行政诉讼。合理地界定行政诉讼受案范围对于人民法院正确及时地审理行政案件,保障和监督行政机关依法行政,保护公民、法人和其他组织的合法权益有着重要的价值。在客观法秩序维护模式下内部行政行为、行政终局裁决行为、抽象行政行为都应当有条件地逐步纳入行政诉讼受案范围。

---

① 薛刚凌:《对行政诉讼审查范围的几点思考》,载《行政法学研究》1997年第2期。

第四章　行政诉讼功能模式下的原告资格

行政诉讼原告资格是行政诉讼理论中最基本的问题，但是，对于行政诉讼原告资格这样一项基本的程序性权利，我国行政诉讼法经过修改后仍然有不尽如人意的地方，理论界对此的讨论也众说纷纭。我国《行政诉讼法》对原告资格，从一般行政诉权、原告不同情形以及起诉、受理条件三个方面做了较为系统的规定。但是，我国《行政诉讼法》的立法规定总体太过基础，目前学界的讨论也是纷纷不一，人们对于原告资格的判定也是以惯常思维的行政相对人作为标准，无法解决司法实践中原告资格的确定问题。① 尽管最高人民法院对审判实践中的行政诉讼原告资格判定标准做了若干解释，但仍然难破司法实践操作中的窘境和理论认识的瓶颈。其根本原因是，我国关于行政诉讼原告资格的理论与实践缺乏一个系统的理论逻辑认识，并以此指导我国行政诉讼原告资格的立法与司法实践。因此，笔者试图以行政诉讼功能模式为分析框架与理论基础，就行政诉讼原告资格理论逻辑以及立法完善进行研究，以期望推动行政诉讼原告资格相关制度的发展。

一、我国《行政诉讼法》原告资格之评述

（一）新修改后的行政诉讼原告资格的立法现状

原告资格是指某人在司法争端中所享有的将该争端诉诸司法程序的足够的利益。其核心是确定司法争端对起诉人的影响是否充分，从而使起诉人成为本案诉讼的正当原告。如果起诉人符合原告资格的各项要求，具有为司法争端所影响的足够利益，就可以认为起诉人在诉讼中享有法院应当给予保护的实实在在的利益。原告资格的另一个作用是确定司法审查的范围，即法院是否享有审判某一司法争端的权力。原告资格与起诉人的实体诉讼请求

---

① 姜明安主编：《行政法与行政诉讼法》（第七版），北京大学出版社、高等教育出版社2019年版，第448—452页。

的是非曲直没有直接关系。① 所以通常认为,行政诉讼的原告资格是一种程序性权利,享有原告资格的人,只要认为其合法权益受到具体行政行为的侵害即可提起行政诉讼,并不要求真正发生侵害其合法权益的事实。② 行政诉讼原告资格关系到国家保护公民合法权益、监督行政机关依法行政这一特定制度发展的水平,同时,也是民主政治发展的体现。③ 我国行政诉讼原告资格的历史沿革,从学理上以及审判实践上,大体经历了从"无标准时期"到"法律规定的标准时期"再到"合法权益标准时期"的发展过程,至今在立法上与世界发达国家基本同步,但在实践中对"合法权益标准"的理解产生了偏差,限制了原告资格。④

我国行政诉讼法制定前,人民法院审理行政案件,根据民事诉讼法的规定,程序上适用民事诉讼的相关规定,无专门的关于行政案件原告诉讼资格的法律规定。原告资格问题处于探索阶段,由各个法律法规对原告资格分别做出零星规定。1989年《行政诉讼法》的颁布使行政诉讼从民事诉讼中分离出来,从而取得了独立地位。该法第2条的规定体现了行政诉讼原告资格上采"合法权益标准",标志着我国行政诉讼从保障行政权转变为保障公民权和保障行政权并重。但是,在行政审判实践中,人民法院对行政诉讼案件中"合法权益标准"的理解不统一,什么是合法权益问题,行政诉讼法也没有明确规定,给行政审判实践带来了障碍。《行政诉讼法》施行十年后,最高人民法院试图通过司法解释解决这个问题。2000年《若干解释》第12条规定了原告资格的新标准,进入了"法律利害关系标准"时期。⑤ 至此,我国行政诉讼原告资格的相关规定构成了一个相对完善的体系,主要包括:

(1) 关于原告资格范围的规定。1989年《行政诉讼法》第24条规定,"依照本法提起诉讼的公民、法人或者其他组织是原告。有权提起诉讼的公民死亡,其近亲属可以提起诉讼。有权提起诉讼的法人或者其他组织终止,承受其权利的法人或者其他组织可以提起诉讼。"这是对原告主体的一个范围确定。但是,原《行政诉讼法》及其司法解释都没有明确规定与行政行为有利害关系的第三人的原告资格。

---

① 杨寅:《行政诉讼原告资格新说》,载《法学》2002年第5期。
② 马怀德主编:《行政诉讼原理》,法律出版社2003年版,第205页。
③ 沈福俊:《论对我国行政诉讼原告资格制度的认识及其发展》,载《华东政法学院学报》2000年第5期。
④ 夏锦文、高新华:《我国行政诉讼原告资格的演进》,载《法商研究》2001年第1期。
⑤ 最高人民法院颁布的《关于执行〈中华人民共和国行政诉讼法〉若干问题的解释》第12条规定,与具体行政行为有法律上利害关系的公民、法人或者其他组织对该行为不服的,可以依法提起行政诉讼。

(2) 关于原告资格与权利属性的规定。尽管司法解释明确了原告资格的"法律利害关系标准",司法实践对行政诉讼的原告确定也以利害相对人为标准,但是,起诉人只有在主张自己的合法权益受到侵害时,其原告资格才有获得承认的可能。若起诉人没有主张自己的合法权益受到侵害,或者仅主张他人的合法权益或者公共利益受到侵犯,则不具有原告资格"。该条款表明行政诉讼中的原告一定要有合理的诉讼请求,即其合法权益受到行政行为的侵害,同时,对原告主张公共利益的诉讼请求,立法上也没有予以确认,因此,"法律利害关系标准"在实际司法运行中,也就演变成"合法权益标准"。但是,行政诉讼法及其司法解释都没有对合法权益之内涵予以明确,给司法实践以及理论研究带来困惑。例如,理论上通常认为,行政诉讼在原告资格上限于具体行政行为侵犯人身权和财产权争议,即除了法律、法规有特别规定外,只有公民、法人和其他组织认为具体行政行为侵犯其人身权、财产权的,才能向人民法院提行政诉讼,而人身权、财产权以外的其他合法权益,如宪法规定的平等权利、政治权利、受教育权和劳动权等则不受行政诉讼的救济和保障。

(3) 原告资格与诉的构成要件配套制度。1989 年《行政诉讼法》第 37—41 条对原告起诉的构成要件、人民法院的受理条件做了具体规定①,包括起诉期限、起诉条件等,这些在实践中恰恰就成为原告之行政诉权行使的障碍。从这些原告资格的相关规定,我们可以体味出,看似宽泛的原告资格范围受到原告资格与诉的构成要件配套制度的制约,是造成我国行政审判"立案难"的根本原因。正是由于我国旧版的行政诉讼法对原告资格的规定以及相关制度的瑕疵,造成了行政审判实践的困局,有必要进一步修法。相较我国 1989 年《行政诉讼法》,2014 年修正的《行政诉讼法》历经三次审议,做出了二十五年来的首次大修。2017 年修正的《行政诉讼法》在原告资格相关规定上

---

① 1989 年《行政诉讼法》第 37—41 条规定,对属于人民法院受案范围的行政案件,公民、法人或者其他组织可以先向上一级行政机关或者法律、法规规定的行政机关申请复议,对复议不服的,再向人民法院提起诉讼;也可以直接向人民法院提起诉讼。公民、法人或者其他组织向行政机关申请复议的,复议机关应当在收到申请书之日起两个月内作出决定。法律、法规另有规定的除外。申请人不服复议决定的,可以在收到复议决定书之日起 15 日内向人民法院提起诉讼。复议机关逾期不作决定的,申请人可以在复议期满之日起 15 日内向人民法院提起诉讼。法律另有规定的除外。公民、法人或者其他组织直接向人民法院提起诉讼的,应当在知道作出具体行政行为之日起 3 个月内提出。法律另有规定的除外。公民、法人或者其他组织因不可抗力或者其他特殊情况耽误法定期限的,在障碍消除后的 10 日内,可以申请延长期限,由人民法院决定。第 41 条规定了提起诉讼应当符合下列条件:"(一) 原告是认为具体行政行为侵犯其合法权益的公民、法人或者其他组织;(二) 有明确的被告;(三) 有具体的诉讼请求和事实根据;(四) 属于人民法院受案范围和受诉人民法院管辖。"第 42 条规定,人民法院接到起诉状,经审查,应当在 7 日内立案或者作出裁定不予受理。原告对裁定不服的,可以提起上诉。

没有进行修改。针对原告资格的确定,修改后的《行政诉讼法》在两个方面有所体现：

一是体现了新法保护原告诉权的立法意图。1989 年《行政诉讼法》第 24 条第 1 款规定："依照本法提起诉讼的公民、法人或者其他组织是原告。"第 2 款规定："有权提起诉讼的公民死亡,其近亲属可以提起诉讼。"第 3 款规定："有权提起诉讼的法人或者其他组织终止,承受其权利的法人或者其他组织可以提起诉讼。"2014 年修正的《行政诉讼法》将第 24 条改为第 25 条,将第 1 款修改为："行政行为的相对人以及其他与行政行为有利害关系的公民、法人或者其他组织,有权提起诉讼。"其他与行政行为有利害关系的公民、法人和其他组织,也可以作为行政诉讼的原告。2014 年修正的《行政诉讼法》对于原告、第三人、共同诉讼和委托代理人均作出一定调整,将原告限定为"行政行为的相对人以及其他与行政行为有利害关系的公民、法人或者其他组织"。也就是说,行政案件的原告不仅限于行政相对人,还包括其他与行政行为有利害关系的公民、法人和其他组织,明确赋予第三人依法寻求救济的权利。同时,2014 年的修改,对于原告资格主体范围的扩大跨出了一大步,还表现在《行政诉讼法》对行政相对人诉权的保护。1989 年《行政诉讼法》将被告限定为行政机关及其工作人员,诉讼标的为具体行政行为。但是,随着经济社会发展和法治环境的变化,行政管理开始向公共行政和公共治理转化,行政主体也由单一行政机关,向多元主体转变。中共十八届四中全会决定明确提出了国家治理体系和治理能力的现代化目标,行政方式由管理转向治理。由此,一些行使公共行政职能的组织,也有可能成为行政诉讼的被告。2014 年修正的《行政诉讼法》第 2 条增加了第 2 款："前款所称行政行为,包括法律、法规、规章授权的组织作出的行政行为",使治理通过稳妥的步伐向前迈进。这是原规定中没有的重要内容。① 因此,将原法条中的"具体行政行为"全部变更为"行政行为",将原法条中的"行政案件"更改为"行政争议",扩大了行政许可范围,不限于核发执照、许可证等单项许可。可以预见,"行政行为""行政争议"概念的使用,使原告资格的限制呈现放松的态势,有利于原告诉权的实现,也有利于"立案难"问题的解决。

二是其他保障行政诉讼原告诉权实现的修改变化。首先,进一步明确了不得干预行政案件审理的主体范围。现行《行政诉讼法》第 3 条第 2 款规定："行政机关及其工作人员不得干预、阻碍人民法院受理行政案件。"此前的限制主体仅限于行政机关、社会团体和个人,将行政机关中的工作人员独立出

---

① 应松年：《〈行政诉讼法〉修改的亮点与期待》,中国政法大学法治研究院,2015 年 3 月 29 日,http://fzzfyjy.cupl.edu.cn/info/1044/1725.htm,访问日期：2023 年 4 月 18 日。

来,有利于行政诉讼原告权益保护。其次,创新了行政诉讼管辖体制。现行《行政诉讼法》第15条规定中级人民法院管辖:"对国务院部门或者县级以上地方人民政府所作的行政行为提起诉讼的案件。"同时新法增加跨行政区域的管辖,第18条第2款规定,"经最高人民法院批准,高级人民法院可以根据审判工作的实际情况,确定若干人民法院跨行政区域管辖行政案件",避免了同级人民法院审理同级人民政府的尴尬局面,也避免了同级人民法院利用对原告资格的理解具有一定的不确定性,做出限制性原告资格的解释而不予立案。

(二) 修改后行政诉讼原告资格的立法评述

《行政诉讼法》对原告资格的修改总体符合原告资格之发展历程,也是对原告资格历史发展的法律确认。行政诉讼原告资格是一个动态的、不断发展变化的概念,它是基于一国的政治、经济发展状况而不断演进的结果。从历史发展进程看,在1949年至1982年《中华人民共和国民事诉讼法(试行)》(以下简称《民事诉讼法(试行)》)颁布前,我国行政诉讼原告资格处于"无标准"时期。1954年《宪法》第97条规定:"中华人民共和国公民对于任何违法失职的国家机关工作人员,有向各级国家机关提出书面控告或者口头控告的权利。由于国家机关工作人员侵犯公民权利而受到损失的人,有取得赔偿的权利。"这是我国确立行政诉讼制度的宪法依据。但是,由于我国在这个时期没有建立行政诉讼制度,这一时期的行政诉讼不存在行政诉讼原告资格问题。[①] 1982年通过的《民事诉讼法(试行)》第3条第2款规定:"法律规定由人民法院审理的行政案件,适用本法规定。"这一规定揭开了新中国行政诉讼发展的序幕,是中国法制建设史上的一座重要的里程碑,标志着行政诉讼制度在我国的正式确立。[②] 从1982年至1990年,在原告资格问题上采用了严格的"法律规定",即可以提起行政诉讼的原告是由法律明确规定的,主要包括受到行政机关行政处罚或者其他行政处理的当事人,尽管这一阶段行政诉讼完全适用民事诉讼法的程序规定,但是,民事诉讼法没有对行政诉讼原告资格作出规定。行政机关的行政行为能否起诉,主要依照其他具体的法律加以规定,总的来说,行政诉讼原告的范围比较窄,法律对原告资格设置了很大的限制。1989年《行政诉讼法》的实施,标志着行政诉讼从民事诉讼程序中完全脱离出来。1989年《行政诉讼法》第2条规定:"公民、法人或者其他组织认为行政机关和行政机关工作人员的具体行政行为侵犯其合法权益,有

---

① 王彦:《行政诉讼当事人》,人民法院出版社2005年版,第10页。
② 江必新、梁凤云:《行政诉讼法理论与实务》(上卷),北京大学出版社2009年版,第106页。

权依照本法向人民法院提起诉讼。"即行政诉讼原告资格上实行统一的"合法权益标准"。据此,公民、法人和其他组织认为行政主体的具体行政行为侵犯了其合法的权益,就可以依法向法院提起行政诉讼。但是,具体行政行为是否侵害行政相对人的合法权益需要通过法院的实质审查。理论上,原告起诉时并不需要实质审查,只要形式上侵犯了原告的合法权益,就认定他具有行政诉讼的原告资格。但是,实践中如何把握"合法权益标准"并不是件容易的事情,也导致实践中法院审查的标准不统一。为了统一把握原告资格标准,2000年《若干解释》对此进行了解释,《若干解释》第12条规定:"与具体行政行为有法律上利害关系的公民、法人或者其他组织对该行为不服的,可以依法提起行政诉讼。"标志着我国行政诉讼原告资格进入了"法律利害关系标准"时期,是我国放宽原告资格限制的一项重大举措,即行政诉讼原告资格不仅限于行政相对人,还包括与具体行政行为有利害关系的公民、法人以及其他组织,避免了只有作为被害人的相对人才有权提起行政诉讼,使原告资格过窄的状况,但是,行政诉讼原告资格也并没有完全放松,公益诉讼以及无利害关系标准并没有得以确立。从2014年修改的《行政诉讼法》看,我国行政诉讼原告资格并没有突破"法律利害关系标准",同样,公益诉讼之原告资格也没有确立,只是对原告资格历史发展的立法确认,不免是一个遗憾。

尽管2014年《行政诉讼法》的修改并没有对原告资格范围做根本的突破,但是,并不能否认新法对行政诉讼原告资格所做的一些技术上修正,在原告资格"法律利害关系标准"的框架下,放松了原告资格的法律限制,并对原告诉权的保障做了制度安排,主要变化体现在以下几方面:(1)从"具体行政行为的相对人"走向"行政行为的相对人","其他"行政行为的相对人也可以成为原告,使原告不仅仅局限于"具体"行政行为的相对人,一定程度上放松了原告的资格限制①;(2)从"与具体行政行为有利害关系"走向"与行政行为有利害关系",对诉讼主体进行调整,原告不仅仅局限于行政行为的相对人,

---

① 例如,现行《行政诉讼法》增加"对行政机关作出的关于确认土地、矿藏、水流、森林、山岭、草原、荒地、滩涂、海域等自然资源的所有权或者使用权的决定不服的";增加"对征收、征用决定及其补偿决定不服的";明确土地承包经营权之诉,增加"认为行政机关侵犯其经营自主权或者农村土地承包经营权、农村土地经营权的"。明确行政限制竞争之诉,增加"认为行政机关滥用行政权力排除或者限制竞争;认为行政机关违法集资、摊派费用或者违法要求履行其他义务的"。出现兜底条款:"认为行政机关侵犯其他人身权、财产权等合法权益的"。

明确了与行政行为有利害关系的第三人可以成为原告,丰富了原告资格之外延①;(3)从"立案审查制"走向"登记立案制",以应对"立案难"问题,同时,通过管辖权、行政不得干预司法等制度创新,以应对"审理难"问题,有利于保障原告诉权的实现。

总之,现行《行政诉讼法》从技术上对行政诉讼原告资格修正的努力还是值得肯定的,但是,我们也应看到,理论界为完善行政诉讼原告资格提出的方案并没有被立法完全吸收,其局限性也是明显的。主要表现在:(1)尽管现行《行政诉讼法》致力于公民权利的保护,但对何谓合法权利仍然没有明确,可以预见,司法实践中对权利人请求权利救济的资格审核,还是会受到条框的限制和影响。(2)何谓"利害关系"及其判断标准,没有明确的说法。例如,行政行为对未来的、可能的影响,相对人是否具有诉讼资格也没有明确,没有很好地体现"有侵害,必有救济"的法治原则。(3)没有确立公益诉讼制度,新法仍然局限于主观诉讼,如果一些行政行为侵害的是公共利益,就无法提起诉讼。例如,环境行政侵权公益诉讼、针对抽象行政行为的诉讼等。如此看来,在肯定新法进步的同时,我们还是要"吹毛求疵"的,行政诉讼原告资格有待进一步完善。

事实上,学界针对原告资格的论证也是研究的热点,但是,从已有的研究成果看,其局限性也是明显的,主要表现在三个方面:一是缺乏一个系统的理论分析框架,导致学界对原告资格的研究往往是零散的,要么是从主观权利救济的角度,要么是从客观诉讼的角度,而且对当事人具有原告资格的内在逻辑的研究深度不够。二是关于原告资格的相关概念不是很清晰,甚至出现概念上的混淆,把原告资格与诉讼要件、受案范围等混同。例如,学者邹荣认为:"具备行政诉讼原告资格必须符合以下条件:(1)所诉行政行为必须是在《行政诉讼法》的受案范围以内;(2)必须是所诉行政行为的相对人;(3)符合其他法定条件,如未过诉讼时效、是否属受诉法院管辖等。"②甚至姜明安教授主编的教材也出现了混同,该教材认为,根据《行政诉讼法》的有关规定,作为行政诉讼原告的主要条件包括:(1)在行政法律关系中,处于行政管理相对人的地位;(2)认为具体行政行为侵犯其合法权益;(3)有明确的被告,有

---

① 早在 2000 年就有学者提出,在设定权利义务的具体行政行为与其他的公民、法人或者其他组织存在法律上的利害关系,或者是以损害其他公民、法人或者其他组织合法权益而为行政管理相对人设定权利的,在该具体行政行为引起的行政法律关系中,合法权益受损害的是非行政管理相对人。为行政诉讼的目的起见,非行政管理相对人应成为行政诉讼法律关系主体,故设定行政诉讼原告资格应包括非行政管理相对人。参见沈福俊:《论对我国行政诉讼原告资格制度的认识及其发展》,载《华东政法学院学报》2000 年第 5 期。
② 邹荣:《"行政诉讼的原告资格研究"学术讨论会综述》,载《法学》1998 年第 7 期。

具体的诉讼请求和事实根据;(4) 所诉具体行政行为属于人民法院的受案范围;(5) 起诉符合法定期限和其他法定条件。以上是行政诉讼原告的资格条件。根据《行政诉讼法》的规定,能够取得行政诉讼原告资格,引起行政诉讼法律关系发生的人可以分为以下 8 类:(1) 作为具体行政行为直接对象的公民、法人或其他组织;(2) 不服行政复议决定的复议申请人;(3) 不服行政处罚的被违法行为侵害人;(4) 其合法权益因具体行政行为而受到不利影响的人;(5) 其合法权益因行政不作为而受到不利影响的人;(6) 具有原告资格的公民死亡后其近亲属(包括配偶、父母、子女、兄弟姐妹、祖父母、外祖父母、孙子女、外孙子女);(7) 具有原告资格的法人或其他组织终止后其权利承受者;(8) 同一具体行政行为所指向的若干相对人(共同原告)①。三是尽管学界对原告资格的研究出现了大量的研究成果,但总体看来,高质量的研究成果不多,为完善原告资格而提出的研究成果仍然不能满足实践需要,其缺陷是明显的。总之,归结到一点,原告资格现有的观点和理论不够成熟,也难以得到学界的认同以及满足实践上的需求,有必要进一步从理论上诠释原告资格的内在逻辑,为完善我国行政诉讼原告资格提供理论指导。

二、行政诉讼功能模式下原告资格的逻辑

正如前述,我国行政诉讼原告资格的研究缺乏一个系统的分析框架。在笔者看来,行政诉讼的功能模式是一个不错的切入点。所谓行政诉讼的功能模式是指设计行政诉讼制度以及行政诉讼活动所要达到的终极目标而呈现的总体风格。从理想模式看,存在主观公权利模式以及客观法秩序模式,因此,我们试图从主观公权利以及客观法秩序两条路径,讨论在行政诉讼功能模式下的原告资格,在对行政诉讼原告资格相关概念做一个剖析的基础上,进而去揭示行政诉讼原告资格的内在逻辑。

(一) 主观公权利救济模式下原告资格的逻辑

原告资格在英语中用"standing"来表示,在拉丁语中,原告资格是以"locus standi"表示的,其核心问题是,起诉人是否为诉诸法院裁决的适格当事人。按照《牛津法律辞典》的解释,原告资格是指"提起诉讼或者指控某种决定的权利"。美国最高法院御伦南大法官曾指出,原告资格是"请求司法复

---

① 姜明安主编:《行政法与行政诉讼法》,北京大学出版社、高等教育出版社 2019 年版,第 448—449 页。

审的特定原告是否能得到复审"①的问题。在日本,原告适格是指可以合法提起诉讼的资格,亦可称为诉讼的主观利益。② 在我国,行政诉讼的原告是指认为行政主体及其工作人员的行政行为侵犯其合法权益,而向人民法院提起诉讼的个人或者组织。其原告资格是指符合法律规定的条件,能够向人民法院提起行政诉讼的资格。③ 尽管国内外学术界和实务界对如何界定行政诉讼原告资格有不同的表述,但其内核是一致的,即原告提起诉讼的资格,即公民、法人或者其他组织就行政争议向人民法院提起行政诉讼从而成为行政诉讼原告的法律能力。行政诉讼原告资格之研究,其理论以及司法价值是显而易见的。首先,从司法实践层面看,原告资格的认定关系到行政诉讼能否得以顺利展开。如果原告资格的认定不明确,那么法院审查原告资格时,决定是否启动诉讼程序将无所适从。如果原告资格的标准不统一,那么,一国之内的法院启动行政诉讼程序的起点将迥异,从而影响到国家法律的统一,也将削弱行政诉讼功能的发挥。其次,从理论逻辑看,原告资格一方面涉及到对其性质的认识,究竟是程序性权利还是实体性权利抑或两者兼具,是我们认识原告资格的前提性问题;另一方面,其也涉及到司法权、行政权、行政相对人三者之间关系及其界限。从司法权、行政权与相对人三者之间关系看,如果侧重监督行政的话,原告资格限制就少,原告未必需要诉之利益,就具有原告资格;如果侧重主观权利救济的话,原告资格必然具有一定限制,司法权对原告应当具备诉之利益,才具有原告资格。因此,原告资格的认定标准实质上反映了司法对行政监督制约的程度、法院在国家权力关系中的定位、司法权对行政相对人权利的保护程度等。

尽管原告资格在整个行政诉讼中具有举足轻重的地位,但是,理论界与立法、司法实践对原告资格概念的理解是存在混淆的,其根源是背后的逻辑认识错位。这种认识错位也导致理论上以及实践上的误区,带来的理论后果就是原告诉讼资格理论研究的混乱,缺乏内在统一的分析工具,进一步体现出行政诉讼原告资格理论内在逻辑的混乱。因此,有必要厘清其相关概念,为行政诉讼功能模式下的原告资格的逻辑认识提供分析工具。

(1) 行政诉讼原告资格与行政诉权之间的关系。一般认为,行政诉权是行政活动中的权利主体按照法律预设的程序,请求法院对有关行政纠纷做出公正裁判的程序性权利。行政诉权的内容包括起诉权、获得行政裁判权以及

---

① 转引自孔祥俊:《行政行为可诉性、原告资格与司法审查——受案范围·原告资格标准·新类型行政案件》,人民法院出版社 2005 年版,第 111 页。
② 参见马怀德主编:《行政诉讼原理》,法律出版社 2003 年版,第 213 页。
③ 《最高人民法院关于执行〈中华人民共和国行政诉讼法〉若干问题的解释》,载《中华人民共和国最高人民法院公报》2000 年第 3 期。

得到公正裁判权;原告资格解决了具备何种条件的主体可以成为原告的问题。只有具备原告资格的主体才能成为原告,进而行使其起诉权,并获得公正裁判。① 因此,行政诉讼中,两者的区别是,相对人具有原告资格是其行使行政诉权的前提,原告资格强调的是相对人提起诉讼的法律能力;而行政诉权强调的是诉讼过程中的请求权。两者的相同点是,在行政诉讼中,两者都既是一项程序性权利,也是一项实体性权利。

(2) 行政诉讼原告资格与起诉条件、受理条件之间的关系。起诉条件是起诉人提起行政诉讼所应具备的各种条件,包括原告适格、有明确的被告、有具体诉讼请求和事实根据、属于法院受案范围和符合管辖的规定、未过起诉期限等。而原告资格仅是成为原告主体的条件,起诉条件则是一个行政诉讼案件能被法院受理的条件,它既包括主体条件,也包括客体条件。其中,原告资格仅是起诉条件之一,两个概念属于种属关系。原告资格只是起诉的必要条件,而不是充分条件。② 受理条件是指法院受理起诉应满足的所有条件。根据我国行政诉讼法规定,受理条件除了原告具有原告资格之外,还包括起诉期限、受案范围、管辖等其他条件。只有符合法律规定的全部条件,一个案件才能被人民法院受理。受理条件是从人民法院立案的角度考虑的,而起诉条件是从当事人的角度考虑,因此,受理条件与起诉条件相比较,在内容上,除了比起诉条件多一个人民法院是否具有管辖权外,两者是相同的。③

(3) 行政诉讼原告资格与受案范围之间的关系。行政诉讼的受案范围,即法院对行政争议的主管范围,指人民法院受理行政案件的范围,它是法律规定的、法院受理审判一定范围内行政案件的权限。它是解决公民在哪些权利受到侵害时应当由法院主管、对行政机关行使职权可以实施司法审查的范围问题。④ 对于行政诉讼受案范围与原告资格之间的关系,我国学界存在两种完全不同的认识。一种观点认为,原告资格与受案范围之间不存在任何关系,行政诉讼原告资格的设定不需要考虑受案范围,受案范围是原告地位的

---

① 参见薛刚凌:《行政诉权研究》,华文出版社 1999 年版,第 17 页。
② 参见胡锦光、王丛虎:《论行政诉讼原告资格》,载陈光中、江伟主编:《诉讼法论丛》(第 4 卷),法律出版社 2000 年版,第 598 页。
③ 目前,我国普遍存在混淆原告资格、起诉条件和受理条件之间的区别。比如,1989 年《行政诉讼法》第 41 条规定,"提起诉讼应当符合下列条件:原告是认为具体行政行为侵犯其合法权益的公民、法人或者其他组织;有明确的被告;有具体的诉讼请求和事实根据;属于人民法院受案范围和受诉人民法院管辖。"事实上修改后的行政诉讼法关于起诉的条件仍然如此。尽管其文字表述让人们往往将其作为起诉条件看待,但其实是有关受理条件的要件。又如,将起诉条件当作原告资格的要件,认为只要满足原告资格条件即可启动行政诉讼程序。
④ 马怀德主编:《行政诉讼原理》,法律出版社 2003 年版,第 205 页。

取得条件,而不是原告资格的设定条件。① 另一种观点认为,受案范围是原告资格的前提,因为只有在司法争端——行政诉讼受案范围之内的行政争议中才有可能产生原告资格问题,但不能认为受案范围是行政诉讼原告资格的构成条件,更不能将其等同,受案范围与原告资格是两个不同的法律问题。② 我们认为这两种观点都带有一定的片面性,既不能简单地认为两者不存在任何关系,也不能认为受案范围是原告资格的前提,在我们看来,两者具有相对的独立性,是行政诉讼中不同的法律问题,不存在受案范围是取得原告资格的前提。同时,两者也并不是没有任何关系,两者具有一定的联系性,都是构成起诉条件以及受理条件的要件之一。

　　行政诉讼审查的对象是一个行政上的争议,行政争议主要的当事人是原告和被告,原告是向法院提出起诉的当事人,被告是作为原告起诉对象的当事人。不是任何人对行政决定有争议都可成为原告,人民法院只对具备一定条件的起诉人对行政决定提出的起诉才受理。这个受理的条件称为原告的起诉资格,这是行政诉讼中的核心问题,关系到原告权利救济的可得性,也关系到人民法院对行政主体是否依法行政的监督。

　　原告资格与一个国家的行政诉讼功能模式具有密切关系。由于世界各国的政治状况、历史阶段、文化底蕴、宗教伦理、地缘环境等因素的不同,各国设计的行政诉讼功能模式,在不同的历史时期亦有所不同。因此,行政诉讼之功能,从世界范围内行政诉讼发展的历史及理念看,依功能取向的不同,存在主观公权利保护模式及客观法秩序维护模式两种不同的理想类型。因此,行政诉讼功能具有保护权利以及实现行政客观法律秩序两个基本要素,这也是我们分析原告资格的基本逻辑路径。所谓主观公权利保护模式就是指国家设立行政诉讼制度的核心功能在于保障人民的公权利。因而,主观公权利模式下,原告资格问题有严格的限制,行政诉讼程序的启动,以原告个人主观公权利受到侵害为最主要的要件,只容许单一地启动行政诉讼程序的方式,即利害关系人提起。从世界范围看,从主观公权利救济的角度,原告资格标准基本上走了一段逐步扩大并减少限制的历程。1989年我国颁布的《行政诉讼法》到2014年、2017年修正的《行政诉讼法》对行政诉讼原告资格的标准也经历了从严格限制到逐渐放宽的阶段。最初我国对原告资格严格限制也是符合实时社会形态的。随着公民权利意识的觉醒,这种限制性的判断标准既束缚了公民权利的救济,也阻碍了行政诉讼功能的发挥。同时,社会发展

---

① 张尚鷟:《走出低谷的中国行政法学——中国行政法学综述与评价》,中国政法大学出版社1991年版,第435页。
② 高家伟:《论行政诉讼原告资格》,载《法商研究》1997年第1期。

以及学界的研究成果渗透进司法实践,也加快了其进步的步伐。但是,仍不能达到全面保护行政诉讼原告权益的初衷,也要清楚认识到理论与实践中,对原告资格逻辑上的认识还不是很成熟,也影响了行政诉讼对主观公权利救济的强度与效果。

正如前述,主观公权利不仅在于它的司法救济意义,更重要的是它明确了公民相对于国家的权利内涵。它包括请求行政机关"为"一定行为权利以及"不为"一定行为的权利。因此,主观公权利包含两层意义:其一,防御权,也就是当行政主体违法侵害行政相对人权利时,个人可以请求行政主体停止侵害,而且此项请求可以得到司法上的支持。其二,受益请求权,主观公权利具有直接请求行政主体积极"作为"以使个人享有某种受益的权利。与行政相对人的主观公权利相对应的是行政主体的义务,行政主体负有积极"作为"或者消极"不作为"的义务。当然行政法上的义务并不一定和主观公权利相对应。防御权和受益请求权在我国宪法上也有反映。例如,我国《宪法》第41条规定:"中华人民共和国公民对于任何国家机关和国家工作人员,有提出批评和建议的权利;对于任何国家机关和国家工作人员的违法失职行为,有向有关国家机关提出申诉、控告或者检举的权利,但是不得捏造或者歪曲事实进行诬告陷害。"受益请求权是指主动向国家要求获得给付的权利。需要注意的是,"给付"并非仅指金钱、物品,也包括行政公权力行为。例如,我国《宪法》第45条规定:"中华人民共和国公民在年老、疾病或者丧失劳动能力的情况下,有从国家和社会获得物质帮助的权利。国家发展为公民享受这些权利所需要的社会保险、社会救济和医疗卫生事业。国家和社会保障残废军人的生活,抚恤烈士家属,优待军人家属。国家和社会帮助安排盲、聋、哑和其他有残疾的公民的劳动、生活和教育。"

主观公权利之防御权和受益请求权的两分法,其实质是把行政相对人与行政主体之间的权利关系划分为积极关系和消极关系两大部类,任何一种权利关系都必然归属于这两类关系之一种。笔者认为,主观公权利概念是一个具有动态意义的"权利"概念,更能提升行政相对人的权利主体意识,使行政相对人真正成为行政执法活动中的主体而不是客体。同时,任何静态意义的权利都可以通过主观公权利这一具有动态的"权利"得以实现。比如:行政主体违法拘留侵害行政相对人的人身权(静态意义的权利),行政相对人可以行使主观公权利,发挥主观公权利的防御权(动态意义上的权利)功能,请求行政机关停止侵害行政相对人的人身权。又如,行政相对人因年老体弱或者其它原因不能自食其力时,为实现自己生命权和生存权(静态意义的权利),发挥主观公权利的受益请求权(动态意义上的权利)功能,请求行政主体给以救助。

　　任何权利的实现都必须建立起权利的宣示、预防侵害、救济、国家帮助机制。在这一权利的实现机制中,救济机制是其核心,可谓有权利就有救济,反过来也一样,有救济才有权利。因此,行政相对人的主观公权利的实现必须仰仗于其救济机制。其实,救济本身就是一种权利,所谓救济权是权利不能得到对方主体配合实现而产生的一种权利。① 我国民法学者对救济权的实现方式作了如下归类:一是表现为"自由"形式的救济权,即当事人可以自由地实施某种行为以保护自己的正当利益,这一类救济权在民法中即表现为私力救济,主要表现为正当防卫和紧急避险等;二是表现为请求权形式(狭义的权利)的救济权,即当事人有权利要求他人做什么或不做什么,比如请求返还财物、恢复原状等;三是表现为"权利"形式的救济权,即当事人有权利消灭、变更或创设一种特定的法律关系,比如撤销"对行为内容有重大误解的"民事法律行为;四是表现为豁免的救济权,即当事人的特定法律地位不因他人的法律行为而改变,比如被代理人可以不予理睬代理人超出代理权限的代理行为。② 除了第一种表现为自由形式的救济权与诉讼无关外,其它权利形式的救济权不能实现时,都可以进入诉讼,救济权就演变为诉权。如果这种逻辑成立的话,我们不妨用这种逻辑分析主观公权利与行政诉权的关系。

　　任何权利的实现都是与他人的义务分不开的,法律每赋予公民一项权利,总会或明确或隐含地确定相应的救济权。因此,任何权利都包含对义务人的要求和请求法律保护的权利两个方面。法律为了有效调整社会主体之间的利益关系,不只是规定一项单一的权利,而是规定了一条完整的权利链条。在行政法领域也是如此。行政相对人主观公权利的实现与行政主体的义务息息相关。如果行政主体没有履行其义务,法律必须赋予行政相对人以救济权。行政相对人主张自己的主观权利,本质上是要求行政机关遵守法律约束。但是,行政相对人主张自己的主观权利在现实生活中并不一定能自动实现,因为并不是任何时候行政主体都是严格地按照法律行事。当法律赋予的行政相对人的主观公权利被破坏或无法实现时,法律会再次赋予主观公权利的享有者救济权。如果行政相对人向法院请求强制实现或者替代性实现

---

① 救济权是由原权派生的,为在原权受到侵害或有受侵害的现实危险而发生的权利,是保护性法律关系中的权利。救济权是基于原权利而派生出的权利,其目的在于救济被侵害的原权利。如某甲的房屋被乙侵占,甲要求乙返还房屋的权利属于救济权,甲对其房屋享有的所有权属于原权。救济权,百度百科,http://baike.baidu.com/view/490803.htm,访问日期:2022年10月12日。

② 王涌:《私权的分析与建构——民法的分析法学基础》,中国政法大学1999年博士学位论文,第167—169页。转引自张旭勇:《行政判决的分析与重构》,北京大学出版社2006年版,第17页。

特定内容的权利,这时救济权就演变为行政诉权。因此,从此意义上说,行政相对人的主观权利是行政诉权的基础,没有主观公权利,行政诉权便没有真实内容。同时,行政诉权是主观公权利的保障和前提。保障是前提,没有保障就没有权利。没有行政诉权,一切主观公权利都不成其为权利。行政诉权并不是一个抽象的概念,具有丰富的内涵。行政诉权不仅是一项提起行政诉讼的权利,而且还是一种基于某种特定事项与事实状态并超越其本身而进行诉讼的权利,亦是一种通过行政审判程序而使权利受损害者获得司法补救的权利。它包括享有程序控制权、各种诉讼行为实施权、处分权、要求审判机关纠正错误裁判和强制实现生效法律文书所确认的实体权利的申请权等具体权利。因此,行政诉权不仅是一项阶段性权利,而且是贯彻诉讼始终的权利;行政诉权不仅是具有程序意义的权利,而且是具有实体意义的权利。从主观公权利与行政诉权之间的关系看,相对人的权利受到侵害,其才具有向法院提起诉讼的资格,即具有原告资格,进而具有行政诉权。

因此,在主观公权利救济路径下,行政诉讼原告资格与诉之利益具有密切关联。诉之利益原本作为民事诉讼中的一个重要概念,是民事权益受到侵害是否需要运用民事诉讼程序予以救济的必要性问题。同样,行政诉讼之诉的利益就是指原告因为其受法律保护或调整的范围之内的利益受到被诉行政行为的不利影响,与行政主体发生争端,而诉诸法院,寻求救济的必要性。[①] 因此,原告资格是指以自己的名义取得行政诉讼原告地位的必要条件,它所要阐述的是起诉人的适格法律能力问题。行政诉讼原告资格与诉之利益关系密切,诉之利益是取得原告资格的前提,同时,两者同为行政诉权存在的基础。但是,两者强调的侧重点是不同的,原告资格强调相对人与行政行为之间的法律上的利害关系,主要目的在于限制起诉人的资格。诉之利益则侧重相对人请求法院所保护的利益的法律属性,主要功能在于防止相对人滥诉,以有效利用司法资源。因此,正如有学者所言,诉之利益与原告资格也可以说是一个问题的两个方面,因为有诉之利益,所以原告是适格的,只有适格的原告才有诉之利益,对原告来说,诉之利益是必须具备的法律地位。[②] 也正如我们在概念分析时所言,相对人具有原告资格是其行使行政诉权的前提,原告资格强调的是相对人提起诉讼的法律能力,而行政诉权强调的是诉讼过程中的请求权。相同点是两者在行政诉讼中,既是一项程序性权利,也是一项实体性权利。由于原告资格不仅是程序性问题,也是一个实体性问

---

① 刘志刚:《论行政诉讼中的诉的利益》,载陈光中、江伟主编:《诉讼法论丛》(第9卷),法律出版社2004年版,第513页。
② 郝明金:《行政行为的可诉性研究》,中国人民公安大学出版社2005年版,第297—298页。

题,因此,在主观公权利救济路径下,行政诉讼原告资格的逻辑我们可以从程序与实体两个层面进行分析。

第一个层面:主观公权利救济路径下原告资格程序上的内在逻辑。分析主观公权利救济路径下原告资格程序上的内在逻辑,首先要厘清两个问题:一是行政诉讼之原告资格究竟是一个单纯的程序性问题,还是实体性与程序性两者兼具的问题?学术界对此是存有争论的。总体来看,当事人享有原告资格是启动行政诉讼司法程序的前提,但是,其行政诉讼原告地位并不一定获得法院支持。因为,原告资格只是启动行政诉讼程序的起诉条件或者受理条件之一,即使具有原告资格,但不符合其他受理条件的,也依旧不能启动行政诉讼。因而原告资格具有程序性是没有争论的。但是,原告资格是不是具有实体性却存在迥异的观点。持"单纯的程序论"的学者王万华认为,行政诉讼原告资格具有程序性,因为其解决的是公民是否有资格提起行政诉讼的问题,而不涉及争议双方实体权利义务判断。① 而赞同"两者兼具论"的学者高家伟则认为,原告资格既有实体性又有程序性。一方面,原告资格与引起行政争议的行政行为直接相关,没有行政行为,谈不上原告资格,故具有实体性;另一方面,原告资格是在诉讼程序中产生的,如果不存在诉讼或者诉讼程序不能运转下去,其将丧失法律意义,故又具有程序性。② 我们总体上赞同"两者兼具论",即原告资格既有实体性又有程序性。但是,我们不赞同该学者的关于行政诉讼原告资格兼具实体性的理由,把"原告资格与引起行政争议的行政行为直接相关"作为其理由,是牵强附会的。因为原告资格的判断标准是"是否存在诉之利益",而不是行政行为。尽管诉之利益与行政行为相关联,但是,绝不是通过判断行政行为来决定起诉人是否具有原告资格,而是通过判断"是否存在诉之利益"来决定起诉人是否具有原告资格。然而,人民法院判断"是否存在诉之利益"是一个复杂的实体问题,法院应对起诉人与行政行为之间的利害关系是否存在因果关系、合法权益是否存在、是否受到行政行为侵犯等内容进行实体审查。如果起诉人不具有原告资格的,人民法院则采用裁定的形式,裁决不予受理,或予以驳回,而不能采用行政判决的形式。在此意义上,我们认为,原告资格既有实体性又有程序性。二是行政诉讼之原告资格究竟是主观性还是客观性的问题?我国修改前的《行政诉讼法》第2条规定,"公民、法人或者其他组织认为行政机关和行政机关工作人员的具体行政行为侵犯其合法权益,有权依照本法向人民法院提起诉讼。"这就是原告资格的"合法权益标准"的立法表述。原告资格究竟是主观性,还是

---

① 王万华:《行政诉讼原告资格》,载《行政法学研究》1997年第2期。
② 高家伟:《论行政诉讼原告资格》,载《法商研究》1997年第1期。

客观性,学界现存有"主观说"的观点。持"主观说"的学者胡锦光、王丛虎认为,相对人的"认为"是从起诉人主观上加以描述的,只要起诉人主观上认为具体行政行为侵犯其合法权益即可,因为具体行政行为究竟是否侵犯起诉人的合法权益,只有法院通过审理才能加以确认①,因此,原告资格是一种主观判断,具有主观性。我们认为"主观说"存有偏颇,混淆了起诉权与原告资格之间的关系,相对人主观认为行政行为侵害了其合法权益,有权利向人民法院提起诉讼,那是行使起诉权,至于其原告资格得通过人民法院审查才能得以认定。因此,我们认为,原告资格是不以人们主观认识而决定的,它是一种随着法定事实的出现而产生的客观事实,原告资格产生的条件就是存在客观的诉之利益,诉之利益是否存在,在一定的社会条件下,不是主观认为的,而是需要人民法院按照一定的标准加以审查才能得以认定。因此,原告资格具有客观性。这种客观性也决定了原告资格内在地蕴含了实体性问题,同样也具有其内在的逻辑。

通过上述两个问题的分析,从程序层面看,主观公权利救济路径下,行政相对人从具有原告资格到取得原告地位,有其内在的逻辑,主要包括四个方面:一是行政相对人自认为存在诉之利益。即相对人认为行政行为与其有法律上的利害关系。二是行政相对人提起行政诉讼。也就是说,相对人认为行政行为侵犯其合法权益,而向人民法院提起行政诉讼,请求人民法院对行政行为进行司法审查。即只要满足主观上"认为行政行为侵犯其合法权益"及行为上"提起行政诉讼"即可。三是人民法院审查确认原告资格。相对人依法提起行政诉讼后,并不当然地取得原告资格地位,只有被人民法院受理后所确认,才能取得原告资格。即人民法院认为起诉人与行政行为之间存在法律上的利害关系,主张的诉之利益为法律保护,并且与被诉行政行为之间具有内在联系。四是相对人提起的行政之诉符合诉的构成要件以及人民法院的受理条件。原告资格仅是诉的构成要件以及人民法院受理的必要条件之一,必须与其他条件相互补充,才能被人民法院立案受理,取得原告地位。

从上述四个方面的内在逻辑,行政相对人从起诉人到取得原告地位,其内在的逻辑链条可以表示为:相对人主观认为存有诉之利益——行使起诉权——人民法院审查确认原告资格——与其他条件相互补充符合诉的构成要件以及受理条件——取得原告地位。总体说来,行政诉讼中的原告资格是指何人可以对行政行为提起诉讼,请求人民法院审查行政行为的合法性并给予救济,属于诉讼程序方面的问题。不具备原告资格的人提出的诉讼,人民

---

① 胡锦光、王丛虎:《论行政诉讼原告资格》,载陈光中、江伟主编:《诉讼法论丛》(第4卷),法律出版社2000年版,第598页。

法院不能受理。与行政诉讼受案范围不同,受案范围是考察行政行为的性质,法院只受理属于人民法院受案范围的行为。而原告资格是着眼于当事人的是否适格,法院只受理具有起诉资格的原告提出的起诉,不受理不具备起诉资格的诉讼。因此,"起诉资格的目的是防止滥诉,正确地执行司法审查的职能,使司法审查成为解决争端,保证行政机关合法地行使职权,尊重个人权益的工具,而不是成为妨碍行政的绊脚石"①。

第二个层面:主观公权利救济路径下原告资格实体上的内在逻辑。在从起诉人到取得原告地位的内在的逻辑链条中,人民法院审查确认原告资格蕴含了丰富的实体内容,而且原告资格判断标准,也构成了其内在的逻辑结构。

一是诉之利益——事实上受到损害。正如前述,行政诉讼原告资格与诉之利益关系密切,诉之利益是取得原告资格的前提,同时,两者同为行政诉权存在的基础。人民法院只能对构成"行政争议"的案件才能行使审判权。在主观公权利救济路径下,这一点不论是大陆法系国家还是英美法系国家,都是如此。如美国,"法院能够受理原告的起诉,只在原告的起诉是一个案件或一个争端的时候。原告的申诉在什么条件下成为一个案件或一个争端呢?只有原告事实上受到损害的时候,他的申诉才会构成一个案件或一个争端。如果没有受到损害,他的申诉就不是一个案件或一个争端"②。其背后的逻辑就是,因为法院存在的目的不是为当事人提供意见,而是一个解决争端的机构,这是司法权的本质决定的。否则,司法权就可能超越了其职权的边界。因此,在美国,如果行政机关的决定没有对当事人产生损害,或者仅是可能产生不利的结果,当事人也没有起诉资格,法院也不能给予救济。尽管美国没有严格意义上的行政诉讼制度,它是以司法审查的形式承担了行政诉讼的职能,事实上的损害标准是法院受理的原告资格的宪法性要求。③ 其逻辑也是符合我国行政诉讼原告资格之基本要求,事实上受到损害是最主要的原告资

---

① 王名扬:《美国行政法》(下),中国法制出版社1995年版,第617页。《最高人民法院关于执行〈中华人民共和国行政诉讼法〉若干问题的解释》第1条也列举了不属于人民法院行政诉讼的受案范围:"《行政诉讼法》第12条规定的行为;公安、国家安全等机关依照《刑事诉讼法》的明确授权实施的行为;调解行为以及法律规定的仲裁行为;不具有强制力的行政指导行为;驳回当事人对行政行为提起申诉的重复处理行为;对公民、法人或者其他组织权利义务不产生实际影响的行为。

② 《最高人民法院关于执行〈中华人民共和国行政诉讼法〉若干问题的解释》第12条规定:"与具体行政行为有法律上利害关系的公民、法人或者其他组织对该行为不服的,可以依法提起行政诉讼。"第1条规定:"公民、法人或者其他组织对具有国家行政职权的机关和组织及其工作人员的行政行为不服,依法提起诉讼的,属于人民法院行政诉讼的受案范围。"

③ 根据联邦最高法院1970资料处理服务组织联合会诉坎普案件的判决,原告的起诉资格依两项标准决定,即:(1)事实上的损害,这是宪法要求的标准;(2)受法律保护的利益范围,即当事人要求保护的利益属于法律或宪法所保护或调整的利益范围以内,这是法律所要求的标准。

格标准,也是人民法院审查原告资格首先要考虑的因素。

在我国,行政相对人认为行政行为侵犯其合法权益的,可以向人民法院提起诉讼。同时,行政诉讼法也明确确立了原告资格的法律上的利害关系标准。有学者认为,在"法律上的利害关系标准"中,其主要借鉴了1989年《行政诉讼法》第27条对行政诉讼第三人的规定,赋予诸如相邻权人等间接相对人以原告资格,较之"合法权益标准"在某种程度上拓宽了原告范围,但进一步考察我们会发现,这里"法律上的利害关系"仍为一抽象的、原则性的概念。一般而言,利害关系包括法律上的利害关系和事实上的利害关系,故《若干解释》的限制目的十分明显,而对于事实上的利害关系是指实证法未明确保护的利害关系应无争议,而与此相对的法律上的利害关系就应指实证法明确予以保护的利害关系,即"法律上保护的利害关系",倘若指"法律上应当保护的利害关系",因其包含了部分事实上的利害关系,一方面会导致利害关系这一概念之下法律上的利害关系和事实上的利害关系两子项不相容;另一方面,无法体现前述《解释》的限制意义,故这里的法律上的利害关系只能理解为实证法明确予以保护的利害关系,即仅承认起诉人主观权利受行政行为侵犯时的原告资格。① 我们认为这种把法律上的利害关系理解成实证法明确予以保护的利害关系,仍然没有界定清晰法律上利害关系的内涵与外延,而且也没有界定清晰法律上的利害关系与事实上的利害关系边界。更重要的是,其大大缩小了权利保护的范围,不利于权利的救济,这种"两分法"在司法实践中很难区分,因此,其司法价值不大。

事实上,在我国,何谓法律上利害关系?不论是学理上还是司法实践中,并不是清楚的或者并不是完全清楚的,或许人们在理解这个概念的时候,是不是理解成了"受法律保护的权利"以及"事实上受到损害"两个要素?我们认为是可行的,至少从字面上看,是最朴实不过的。至于诉讼以外的目的,不是理论所能解决的,不属于逻辑的范畴,涉及到政府治理运行过程中的价值选择。在我国,如何判断"事实上受到损害",美国经验是可以值得借鉴的,需要厘清的问题首先是,事实上受到损害之性质。事实上受到损害,尽管从理论上来说,既包括权利,也包括利益,即法定的利益与事实上的利益。但是,根据我国原《行政诉讼法》第11条关于受案范围的规定可以看出,我国在确定行政诉讼的原告资格上采取的实际上是"法律权利"标准,即只有当相对人的实定法上的权利遭受行政主体的具体行政行为侵害时,才可以提起行政诉讼。而且根据原《行政诉讼法》第11条第1款规定,"合法权益"仅是指公民、

---

① 高新华:《我国行政诉讼原告资格制度发展的社会背景及其得失评价——以最高人民法院2000年有关司法解释为对象》,载《西南政法大学学报》2004年第6期。

法人或者其他组织的人身权和财产权,而对于其他的权利,受到行政行为侵害时是否可以提起行政诉讼是存在讨论余地的。①现行《行政诉讼法》也没有做出大的突破,如此规定,明显不利于对当事人的权利的救济。正因为如此,明确"事实上的损害之性质"是如此具有理论价值。

厘清"事实上的损害"的逻辑面临两个问题:其一,究竟"事实上的损害"的范围是权利还是除了权利也包括利益。在美国,事实上的损害不仅限于权利,也包括利益,其原告资格相对比较宽泛,它"不限于经济方面的损害,经济以外,其他对社会生活具有一定价值的事实,都是人类生活的利益。这些利益受到的损害,都可能构成事实上的损害。在近代社会生活中,非经济的利益远远超过经济的利益,例如美观的利益,环境的利益,资源保护的利益,文体娱乐的利益等受到的损害都可能产生起诉资格。事实上的损害也不以损害的大小为依据,只要某种损害不是微不足道,都可能产生起诉资格,例如环境利益的损害,个人受到的损失可能不重大,然而仍然具有起诉资格"②。因此,我们据此推断,美国司法审查制度发展到今天,在原告资格问题上,是比较宽泛的,不存在"事实上的损害"的范围是权利还是除了权利也包括利益的争议,如果说原告资格问题上有争议,那也是在司法实践中,法院"有时利用起诉资格标准达到诉讼以外的目的"。反观我国关于原告资格标准的讨论,还一直纠结于是权利还是利益的标准之争。在我们看来,在原告资格标准问题上,应当借鉴美国的经验,突破是权利还是利益的标准争议,学理上,在明确"事实上的损害"既包括权利也包括利益的标准的基础上,进一步通过实证研究,去探讨法院"有时利用起诉资格标准达到诉讼以外的目的"的正当性,以达到如何规制法院诉讼以外的目的之合理性。司法实践中,赋予法官一定的自由裁量权,明确利益衡量是界定原告资格的"根本方法",法官在界定原告资格时应当考虑到社会主流价值取向、社会整体的道德情感以及公共政策等因素,也就是与社会需求保持某种程度的一致。③ 其二,厘清"事实上的损害"之性质。即使在美国,也不是一切事实上的损害都能够向法院申诉。首先,事实上的损害必须具有现实性。所谓现实性是指损害已经发生或者发生的可能性极大,不是基于推测可能发生的损害,也不是申诉人对于某一问题的关注、爱好、愿望。个人的动机不论如何强烈或优越,不能代替客观的事实。由此可见,美国法院对现实性的要求比较严格,这种事实上的损害必须

---

① 参见马怀德:《〈行政诉讼法〉存在的问题及修改建议》,载《法学论坛》2010年第5期。
② 蒋新:《行政诉讼客观化及其对我国的启示》,湘潭大学2003年硕士学位论文。
③ 唐晔旎:《论利益衡量方法在行政诉讼原告资格认定中的运用》,载《行政法学研究》2005年第2期。

与原告的主观权利具有连接点,才具有原告资格。①其次,事实上的损害必须具有特定性。所谓特定性是指能够起诉的损害必须具有特定的对象,抽象的损害对任何人没有起诉资格。② 由此可见,主观公权利救济路径下,事实上受到的损害必须具有特定性,必须是原告自己受到不利影响。也许人们会担忧,这会影响司法权对行政权的监督,但是,事实上受到损害之特定性,并不能成为司法权监督行政权的障碍,不足以影响法院行政受案范围的宽窄,也不妨碍公共利益受到法院的保护,只不过这不是主观公权利救济路径下讨论的问题,而是客观法秩序路径下原告资格问题。

二是诉之利益——属于法律保护的范围。所谓诉之利益——属于法律保护的范围,是指原告认为行政行为所侵害的利益属于法律所保护的范围以内。即这个标准的着眼点是当事人所受到的损害,是否处在法律所调整或保护的利益范围以内。如果这种损害的利益不在法律保护的范围以内,当事人没有起诉资格。③ 其实,这一标准是对原告资格一定程度上的限制。在我国,原告资格标准实行的是1989年《行政诉讼法》确定的"合法权益标准"和最高人民法院2000年的《若干解释》确定的"法律上的利害关系标准",2014年《行政诉讼法》的修改仍然没有进行修正。细究两者的区别,前者主要立足于起诉人的权益范围,强调的是起诉人的权利属性,而后者主要着眼于起诉人与行政行为之间的关系,强调的是起诉人作为被害人的身份属性,两者本质上是一致的。但是,在学理上,关于"合法权益"的内涵与外延存有不同看法,有一定的争论。其表现为,关于什么是法律所保护的权益,根据文献研

---

① 例如在西拉俱乐部诉莫顿案件中,申诉人是一个保护自然资源的团体,控诉森林管理机构允许一个私人企业,在一个自然环境未被破坏的地区建筑一个巨大的滑冰场。认为森林管理机构的决定破坏了风景、自然的和历史的目标、野生动物的环境,妨碍未来一代对公园的享受。联邦最高法院认为申诉人列举的事项可以作为司法审查的对象,但是申诉人没有起诉资格。因为申诉人不能指出他自己或者他的任何一个或几个成员,由于森林管理机构的决定受到损害。没有现实的损害存在,仅仅由于对某一问题感兴趣,抽象地代表公众,不足以使一个团体取得起诉资格。

② 例如美国在越南进行战争,行政当局不采取措施制止通货膨胀,全体美国人民受到损失,任何人不能因此取得起诉资格。这类损害的救济只能通过其他途径,不能由法院解决。如果政府的决定只使某一区域居民遭受危险,这种行为产生的损害已经特定化。这个区域中的任何公民由于政府的行为而实际上受到损害时,可以取得起诉资格。以公民的资格和国家纳税人的资格受到的损害,是抽象的没有具体化的损害,不产生起诉资格。又例如1974年的一个案件中,联邦最高法院拒绝受理申诉人以公民和纳税人资格,控告财政部部长违反《宪法》第1条第6节禁止国会议员担任任何政府职务的诉讼。联邦最高法院认为申诉人以公民资格提起的控诉,即使申诉人主张的违反宪法有理由,这种违反是对全体公民一般性的损害,没有对申诉人产生特定的损害。申诉人也不能以纳税人的资格提起控诉,因为纳税人的地位和申诉人的主张之间,缺乏逻辑上的联系。

③ 美国联邦最高法院认为这个标准规定在《联邦行政程序法》中,该法第702节规定:"任何人由于行政行为……,受到在某一有关法律意义内的不利影响或侵害,有权对该行为请求司法审查。"这项规定的意义,根据最高法院的解释就是表示法律所保护或调整的利益范围标准。

究,有两种理解。其一,法律上明确规定保护的利益,即实定法上所保护的利益。也就是说,法律所保护的利益应该是法律上明确规定保护的利益。如果起诉人所主张的权益不属于"合法权益",则不具有原告资格。其二,法律上应该保护的利益,即事实利益标准。也就是说,起诉人所主张的不需要是法律特别规定或特别保护的利益,只要其主张处在法律规定的或调整的利益范围以内,则具有原告资格。这两种理解及其争论,在美国司法实践中也是存在的。根据王名扬先生对美国行政法的研究,其表现为法律利益标准与利益范围标准的区别。在美国,所谓法律利益标准要求"当事人的利益,必须是法律为当事人特别规定或特别保护的利益,这种利益构成当事人的权利。这里所谓当事人不一定是指一个人而言,而是指处在同一地位的某一类人。根据法律利益标准,行政机关侵害当事人的行为,只有在法律上具有侵权性质(a legal wrong)的时候,当事人才能请求法院审查"①。利益范围标准与法律利益标准不同,区别对待当事人的起诉资格和当事人的主张是否成立,是利益范围标准的一项重要内容。它扩张了具有请求司法审查资格的人的范围,也扩大了当事人的起诉资格,只要有可能处于法律所保护或调整的利益范围以内,就有起诉资格。至于当事人主张的利益是否实际上(actually)处于法律所调整或保护的利益范围以内,那是案件的实质问题,要在审查结束以后才能确定,不是在决定起诉资格时就要解决的问题。② 审视美国利益范围标准,其核心就是把原告资格既看成是一个启动诉讼的程序问题,也是一个实体问题,对于保障原告的诉讼权利及其权利救济是有意义的,也值得我国借鉴。

三是诉之利益——与被诉行政行为之间具有内在联系的确定性。即原告向人民法院提起诉讼必须受到损害,并且损害必须由行政行为引起。如果没有因果关系存在,仅有单纯的损害则原告不具备起诉资格。我国1989年《行政诉讼法》第41条第3项规定,公民、法人或者其他组织提起行政诉讼,

---

① 即《行政诉讼法》规定的行政侵权赔偿责任。构成行政侵权赔偿责任具备以下四个条件:(1)必须是违法的具体行政行为。只有违法的具体行政行为造成的损害,才能申请行政赔偿。(2)必须有造成损害的事实。若没有造成损害的事实,赔偿则无从谈起。(3)违法的行政行为和损害的事实之间有因果关系,就是说因为行政行为的原因,才造成了损害的事实结果。(4)行政机关或者行政机关工作人员在作出具体行政行为时确有过错(包括故意和过失错误)。

② 最高人民法院在《关于执行〈中华人民共和国行政诉讼法〉若干问题的解释》第12条规定,"与具体行政行为有法律上利害关系的公民、法人或者其他组织对该行为不服的,可以依法提起行政诉讼"。该条款规定,对于演绎行政诉讼法的规定,更加明确地界定原告资格有很重要的意义。从最高人民法院司法解释的规定看,1989年《行政诉讼法》第41条中规定的"事实根据";包括以下两个方面的内容,一是起诉人要提供被诉具体行政行为存在的事实根据;二是被诉具体行政行为与起诉人主张的权利损害之间要有因果关系。从《行政诉讼法》和最高人民法院司法解释的规定看,起诉人获得原告资格的条件是权利受损与具体行政行为之间应当具有明确的因果关系而不是可能的关系。

必须要"有具体的诉讼请求和事实根据。"同样,2014年修正的《行政诉讼法》第49条第3项也规定了提起诉讼应当有具体的诉讼请求和事实根据。在行政诉讼实践中,关于如何理解"事实根据"的问题,存在认识上的差异。一种理解是,如果起诉人不能证明具体行政行为侵犯其合法权益,则法院应当认定其不具有原告资格。相反,另一种理解则认为,行政诉讼法有关事实根据的要求,只要求起诉人对行政行为侵犯其合法权益的事实描述,不需要提供实质性的证明。这两种观点存在差异的实质是,究竟这种因果关系是明确的还是可能的。对此,从最高人民法院司法解释看,要求起诉人要提供被诉具体行政行为存在的"事实根据",换句话说,与行政行为之间应具有明确的内在联系,而不是可能的联系。由此可见,这种因果关系在司法实践中必须是明确的和实质的,一定程度上克减了原告的起诉资格。其实这种情况,在美国司法实践中也存在,特定时期特定案件,法院有时要利用因果关系达到诉讼外的目的,有时候放松对因果关系的要求,即使因果关系非常疏远,其受到的损害很不确定和轻微,也认为有因果关系存在。有时候,尽管申诉人的损害和行政行为的联系更为接近,然而法院却拒绝承认有因果关系存在。尽管像这样的案例为数不多,却足以证明法院如何利用起诉资格标准,达到诉讼以外的目的。这种现象也引起了社会的批评,最终使法院采取了开明的态度,认为因果关系只要求具有实质性的可能性。① 显然,判断因果关系只要求具有实质性的可能性的标准是值得我国借鉴的。

---

① 例如,1973年一个学生团体控诉州际商业委员会规定的铁路运输价格,可能导致铁路公司不愿利用废旧的再生资源,而增加使用森林或其他自然资源,导致污染环境,妨碍学生利用自然环境。联邦最高法院承认学生的起诉资格,因为他们的成员在利用森林、河流及华盛顿特区的其他自然资源。在这个案件中,州际商业委员会的行为和学生主张的可能受到的损害的联系非常疏远,损害的程度轻微,很难确定,联邦最高法院仍然承认有因果关系存在。又如,1975年,联邦最高法院在沃恩诉塞尔丁案件中,拒绝任何当事人的起诉资格,这个案件的申诉人控诉纽约郊区彭非尔德镇及其官员违反宪法修正案第14条平等保护条款。由于该镇建筑规划的限制,使该镇建筑的数量不能够满足低收入居民的最低住房要求。因此贫穷的人,包括少数民族在内,无法在该镇居住。为了避免起诉资格带来的困难,案件由四类不同的当事人提出,请求法院审查这个计划:(1)低收入的人主张受到损害,因为他们不能得到低价居住的房屋;(2)低价房屋建筑公司主张受到损害,因为他们受到建筑规划的限制不能建筑这样的房屋;(3)主要目的是在彭非尔德镇从事社会工作的公益组织代表低收入居民的利益提出申诉;(4)该镇邻近区域的纳税人提出申诉,由于彭非尔德镇拒绝建造低价房屋,邻近区域必须扩大低价房屋的建造,从而减少税收的来源。联邦最高法院很容易地拒绝了第三类人和第四类人的起诉资格,因为他们都是第三者,或者没有受到损害,或者受到的损害太小,这与彭非德尔镇的行为的联系过于疏远,不足以认定有产生起诉资格的因果关系存在。但是第二类人和第一类人都是直接的受害人,要拒绝他们的起诉资格比较困难。然而联邦最高法院认为建筑公司不能提出正在进行的任何建筑计划由于彭非尔德镇的建筑规划而不能执行,因此他们没有受到损害。对于第一类人,联邦最高法院也认为没有起诉资格,因为他们不能证明他们在彭非尔德镇不能得到低价房屋是由于建筑规划的结果。这个案件的判决不仅受到社会上的批评,也受到该案中少数派法官的指责。参见王名扬:《美国行政法》(下),中国法制出版社1995年版,第632—633页。

（二）客观法秩序模式下原告资格的逻辑

所谓客观法秩序维护模式，是指国家确立行政诉讼制度的主要目的是维持客观的行政法秩序，而权利的救济是行政诉讼的次要目的。尽管这是一种理想模式，但是，对于我们认识行政诉讼制度却是有益的。在该模式下，行政诉讼程序的启动，不以原告主观公权利受到侵害为前提。赋予个人请求启动行政诉讼程序的地位，从某种意义上说，其目的是借助个人启动诉讼程序以实现行政诉讼制度维护客观法秩序的功能，原告只是扮演参与行政监督者的角色。由于客观法秩序维护模式属于客观诉讼理念，因此，它可以容许更多地启动行政诉讼程序的方式。例如公益诉讼、团体诉讼等诉讼类型在原告资格问题上相对宽松。原告资格最大化的理想状况就是，可以容许由检察机关主动发动司法审查。因此，客观法秩序维护模式下行政诉讼具有原告提起诉讼的资格限制宽松的特点。从世界范围看，各国行政诉讼制度对原告资格的规定都经历了一个从限制到逐渐放宽的过程，原告资格标准基本上走了一段从"法定权利"到"法律上权利"再到"法律上的利害关系"直至"公共利益"标准的历程。我国1989年颁布的《行政诉讼法》对行政诉讼原告资格做了严格的限制。这是与当时历史背景相吻合的。但是，随着社会发展，人民法院审判能力以及公民权利意识不断提高，这种限制束缚了行政诉讼的发展。尽管最高人民法院的司法解释对原告的资格做了扩张性解释，把原告资格拓宽到利害关系人标准，但与客观法秩序维护模式相匹配的宽松的原告资格尚有差距，仍然有进一步放宽原告资格的必要。

前面我们已经讨论了，主观公权利救济模式下，原告就自己所受的损害的起诉资格的逻辑。在主观公权利下，诉之利益是原告具有起诉资格的逻辑基础。而在客观法秩序模式下，原告资格是不是一定具有诉之利益？或者更直白地说，原告对于他人所受损害是否也有起诉资格？显然，在主观公权利模式下，回答是否定的，其逻辑是，没有法律上的损害，即使构成一个行政争议，原告也没有起诉资格。因此，即使原告能够证明第三人所受到的损害构成行政争议，原告也只能主张自己的利益，不能把自己强加于他人的权利或利益之上，否则会造成滥诉现象。但是，在客观法秩序模式下，原告主张因为没有事实上的损害，其原告资格并不能一概否定，如果答案是肯定，那么其背后的逻辑是什么呢？

逻辑一：公共利益是客观法秩序模式下原告没有事实上的损害却取得原告资格的逻辑基础之一。我国现有的行政诉讼制度，总体来看，呈现主观公权利的模式，即是原告对自身权益寻求司法救济的制度，属于一种对人不对事的主观诉讼的范畴,原告所主张的诉之利益既不能是自身以外的利益,也不能是公共利益。随着我国行政诉讼制度的发展以及理论研究水平的提高,我国日渐认识到,基于公共利益保护之需要,减少行政诉讼原告资格的限制,建立类似于法国的越权之诉、美国的"私人检察总长"(private Attorney-General)制度和日本的民众诉讼制度的公益诉讼制度尤为重要。① 上述制度,从诉讼目的的角度,不是基于主观权利的救济而提起诉讼,而是基于维护客观法律秩序,因而属于客观诉讼的范畴。我们认为,王名扬先生在《美国行政法》一书中介绍的"私人检察总长"理论很能解释,公共利益作为客观法秩序模式下原告没有事实上的损害却能取得原告资格的逻辑基础。在美国,原告主张公共利益的起诉资格,是适用私人检察总长的理论。这个理论是由1943年的纽约州工业联合会诉伊克斯案件、1940年桑德斯兄弟广播站判例抽象出来的规则。一般来说,美国司法审查的原告资格采用的是双层结构标准,即符合宪法上的案件或争端的要求以及法律利益范围标准。因此,私人主张公共利益的起诉资格,最大的困难是怎样能够符合宪法上的案件或争端的要求。法院从公共检察官开始,引申出私人检察官理论。法院认为,在没有可能受司法裁判的实际争端存在的时候,国会不能授权任何人提起诉讼,以决定法律是否违宪或官吏的行为是否越权。但是在出现官吏的违法行为时,为了制止这种违法行为,国会可以授权一个公共官吏,例如检察总长,主张公共利益提起诉讼,这时就产生了一个实际存在的争端。国会也可以不授权一个官吏提起诉讼,而制定法律授权私人或私人团体提起诉讼,制止官吏的违法行为。这时,像检察总长的情况一样,也有一个实际的争端存在。宪法不禁止国会授权任何人,不论是官吏或非官吏提起这类争端的诉讼,即使这个诉讼的唯一目的是主张公共利益也可以。法院的解释很巧妙地避开了原告资格之事实上的损害标准,得到这样授权的人,可以说是一个私人检察总长。私人检察总长的原告起诉资格能够发挥其效果,必须真正有人具有动力启动诉讼,来抵制行政机关违反公共利益的违法行为。这类人只能是自己对案件也有起诉资格的人。由于起诉资格和原告所受损失的大小无关,因此在私人代表公共利益提起诉讼的时候,往往是原告个人的利益较小,而公共的利益较大。这样的诉讼最典型的案件,是环境保护者为了制止行政机关破坏环境的违法行为而进行的诉讼。在我国,近年来,公益诉讼中由于原告不

---

① 关于法国的越权之诉及其同完全管辖之诉的区别,见王名扬:《法国行政法》,中国政法大学出版社1988年版,第642—644页;美国的"私人检察总长"制度,见王名扬:《美国行政法》(下),中国法制出版社1995年版,第627—628页;日本的民众诉讼制度,见〔日〕盐野宏:《行政法》,杨建顺译,法律出版社1999年版,第429—436页。

具备主体资格而被驳回起诉的现象就值得我们反思。事实上,尽管这些案件的原告败诉了,但对社会的变革仍然具有积极作用。公益诉讼往往具有保障人权、保护公共利益、扩大公众参与和推动社会变革的意义。因此,既然我国行政诉讼定位于客观法秩序维护模式,就很有必要放松行政诉讼原告资格限制,其理论基础就是基于公共利益维护的需要。

我们认为,在客观法秩序模式下,相对人可以以公共利益的名义提起行政诉讼,但是,并不是无限制的,否则很有可能造成滥诉的现象。很有必要对公共利益做出一定的限制。从学理上对公共利益的内涵与外延作出明确的定义似乎是一个千年难题,这是因为公共利益作为一个不确定的法律概念,"既极具抽象性,又是一种正面价值判断的概念,必须以一个变迁中之社会中的政治、经济、社会及文化等因素及事实,作为考量该价值的内容"①。当前很多学者对公共利益试图尝试做一个精确的定义,但研究表明,对其内涵与外延明确的概念很难达成共识。主要是因为构成公共利益的两个要素:"公共"与"利益"都是不确定的。公共是关系整体与个体的范畴,而整体与个体是相对的概念。而利益是主体对客体的价值判断,而价值本身就是一种主观判断。尽管也有学者主张在《物权法》中对公共利益的范围作出明确规定,但我国颁布的《物权法》也没有对公共利益的范围作出明确的规定。这主要是因为公共利益是不同的,是难以用"概括式"界定的,只能在抽象地界定公共利益的前提下,以"列举"的方式来界定"公共利益"的范围。因此,我们认为,对于违法行为侵害的公共利益,可以由最高人民法院通过司法解释进行规定和列举,明确列举规定不确定的"公共利益"比概括规定更为可取,以明确公共利益的范围,防止滥诉的产生。②

逻辑二:行政行为接受司法审查的可得性是客观法秩序模式下原告没有事实上的损害却取得原告资格的逻辑基础之二。行政权来源于法律,法律为行政权的行使设置运行轨道与方式,因此,行政机关只能在法律赋予的权力的范围内,按照法律规定的条件行使权力,严格树立法律至上的理念,这是依法行政的基本要求。随着行政国家的出现,当代法律授予行政主体非常强大的权力,行政权力的持续扩张是行政权发展的必然趋势。行政权具有两面性,一面是天使,一面是魔鬼。只有当行政权力的行使在法律的轨道内运行,才会产生良好的效果,否则必然对相对人产生巨大的侵害。因此,行政权力的行使必须受到外部的监督,行政权力越大,其监督的机制越要加强。尤其是司法审查,是法院监督行政机关、迫使其遵守法律的最有力倒逼工具,没有

---

① 陈新民:《德国公法学基础理论》(上册),山东人民出版社2001年版,第205页。
② 邓刚宏:《行政诉判关系研究》,法律出版社2013年版,第98页。

确立对行政行为的司法最后审查机制,行政法治等于一句空话,个人的自由和权利就缺乏保障。当然,司法权对行政权的监督,也是非常有限的。一方面,司法审查只能依法监督行政权力,不能代替行政主体行使权力。司法权和行政权各有属性与特点,不能互相代替。同时,司法监督也只是监督行政权的方式之一,不能由于司法监督而忽视其他监督行政权的方式。另一方面,从行政诉讼性质和目的看,其之所以有别于民事诉讼,在于行政权的介入使得行政法律关系中渗入了公共利益的因素,行政法律秩序因而在维系个人之间的权利义务关系的同时,更需关注公共利益,进而在行政诉讼领域中,必须改变行政诉讼功能单一的局面,行政诉讼不再仅仅是为了保护当事人的主观权利,而且也要求确保行政法规的正确适用,以贯彻行政的合法性,维护公共利益。行政诉讼关注的应该并非仅仅是个人利益,除此之外还涉及对公共利益的保护。而与行政公益诉讼研究及国外司法逐渐关注的公共利益相比,我国现行行政诉讼立法把行政诉讼原告拘泥于行政相对人,片面强调了"个人利益",把行政诉讼仅作为解决行政主体与相对人之间纠纷的制度,只设立了保护公民、法人和其他组织合法权益的诉讼种类,即将行政诉讼理解为行政利益诉讼,并未设立以保护公共利益为出发点的行政公益诉讼,导致人们无法直接启动行政诉讼程序来保护公共利益。[①] 因此,从司法监督本身来看,如果把行政诉讼上的原告起诉资格限制在法律上的利害关系标准,势必导致大量行政行为,特别是一些内部行政行为、抽象行政行为等不受人民法院控制,对于处于相对弱势一方的行政相对人来说,非常不利。如果适用现有的原告起诉资格标准,这些人不可能有启动诉讼的权利,这不符合行政诉讼之本质属性。产生这种现象的根本原因是,我国行政诉讼脱胎于民事诉讼,其理念和制度设计上深受民事诉讼的影响,将当事人定位为法律上的利害关系人,而与公共利益无直接利害关系的相对人难以获得原告资格,以致《行政诉讼法》的行政诉讼之客观法秩序功能目标难以实现。其主要体现为,虽然行政诉讼法规定了相对人对行政机关行使职权的行为产生行政争议的可以提起诉讼,却强调起诉人只有在自身利益受到侵害时才能起诉。然而,很多情况下,行政行为的合法性属于超越于个人利益而客观存在,未必与个人利益产生关联。倘若将个人利益是否受到侵害作为判断行政行为合法与否的标准,不仅逻辑上不成立,事实上也是不客观的。一些行政行为即使违法,也未必产生个人权利的侵害,其损害的是不特定的公共利益。如果仍然以主观公权利救济的思维方式,势必会忽视行政诉讼维护客观法秩序的功

---

① 姜明安主编:《行政法与行政诉讼法》(第二版),法律出版社2006年版,第402页。

能,体现到制度设计方面就是行政公益诉讼制度的缺失,进而行政公益诉讼原告资格也就无从谈起。同样,在美国,也存在"由于当代独占经济发展的结果,政府为了保护公众的利益,设立很多控制机构,控制交通、电讯、航空、州际商业的机构。这些控制机构在当代越来越受被控制对象的控制,以致一般公众的利益,例如旅客、电视观众、消费者、环境享受者的利益得不到保护。因此,公众不得不求助于法院的监督以维护自身的利益。然而享受控制利益的公众,往往不是控制机关行使权力的直接当事人,他们的权利没有受到损害。如果适用传统的司法审查起诉资格标准,这些人不可能有申诉的权利。所以传统的司法审查起诉资格标准,已经到了非改革不可的地步"①。因此,美国司法界开始了这种改革,从 19 世纪 40 年代起,开始在判例和成文法中逐渐发展,逐步确立了公益诉讼制度。

　　从世界范围看,司法审查发展的历程总体表明,除国防、外交等国家行为之外,对其他行政行为不服时,尽可能为提起司法审查的原告资格减少限制。尽管这些国家为了防止公民滥诉,维护公共利益,提高行政效率,对行政诉讼原告资格作了一些限制,但与我国行政诉讼原告资格制度相比,这种限制相对少了许多。而我国行政诉讼原告资格在受案范围这个大前提限制下范围显得相对较窄,标准显得相对严格。由于客观法秩序维护模式下的行政诉讼制度的功能主要在于行政创造或重建行政行为客观的合法性,因此,该模式下行政诉讼的主要目的不在于保护当事人权利,而在于促进行政客观法秩序的实现。此种诉讼目的应当纳入客观诉讼的理念。在该理念下,行政诉讼的要旨不是当事人的权利或利益是否受到侵犯,而是行政行为的适法性。因而,对当事人起诉资格的要求宽松许多,法院的审理侧重于围绕行政行为的合法与否进行。尽管该模式下监督行政行为是诉讼的主要目的,同时,客观上可以实现保护主观权利之目的,但当事人是否享有诉之利益、诉之利益与行政行为之间的关联性等问题不是审理的核心。因此,维护客观公法秩序模式下,行政诉讼运作与主观公权利保护模式的出发点是不同的,司法权的运作空间以及行政诉讼程序构造也有差异。在客观法秩序维护模式下,行政诉讼受案范围比主观公权利保障模式下要宽,其最大化的结果就是要求对行政

---

① 美国环境法中有关公民诉讼的条款最早出现在密歇根州 1970 年《环境保护法》。根据该法第 2 节第 1 条的规定:"为保护空气、水体和其他自然资源以及公共托管客体不受污染、损害和毁灭,任何个人、合伙、公司、社团、组织或其他法律实体皆可在据称违法行为的发生地或可能发生地的具有管辖权的巡回上诉法院对州、州的分支机构、任何个人、合伙、公司、社团、组织或其他法律实体提起谋求宣告或衡平法救济的诉讼。"即任何个人即使没有证据来证明自己受到了环境污染并在某种程度上利益受损,也可以提起诉讼。参见王名扬:《美国行政法》(下),中国法制出版社 1995 年版,第 621 页。

行为是否遵守所有与行政行为相关的法律规范进行完全的司法审查,倾向于司法权审查范围的扩张。然而,出于多种原因和多重因素的考虑,我国行政诉讼受案范围在立法上做了大量限制,司法实践中,法院也往往出于诉讼外的目的的考虑,存在不愿、不敢立案的现象,其手法就是利用原告资格的限制,通过任意解释将原告拒之于法院门外,这不利于行政争议的解决,无形当中增加了社会不稳定因素。既然我国行政诉讼定位为客观法秩序维护模式,那么,行政主体和行政相对人之间一旦出现行政纠纷,社会应当尽可能地提供司法救济途径。因此,有必要确立行政公益诉讼原告资格的一般标准,明确由于公共利益维护的需要,将行政主体与相对人之间的"行政争议"作为行政诉讼之原告资格标准,不需要原告与被诉行政行为之间有法律上的利害关系。

三、行政诉讼功能模式下的原告资格的制度建构

如何发展完善我国行政诉讼原告资格制度,学术界也进行过较为激烈的讨论,但仍然无法形成定论,主要有"一步到位式"与"循序渐进式"两种不同的路径。主张"循序渐进式"的学者认为,我国行政诉讼原告资格的具体路径是,第一步,人民法院通过典型判例形成若干发展行政诉讼原告资格的规则;第二步,时机成熟时,再通过司法解释确认这些规则;第三步,如果司法解释与法律法规行政解释发生冲突,造成司法权与立法权、行政权相互干扰时,由全国人大及其常委会以制定法的形式加以明确。① 我们总体主张"一步到位式",即在行政诉讼法中设原告资格专章,分别从主观诉讼与客观诉讼两个层面明确规定原告资格标准的同时,通过案例指导制度逐步发展完善原告资格这一极具流变性的课题。

(一) 主观诉讼:立法明确原告资格三层结构标准

在我国,不论是原《行政诉讼法》还是现行《行政诉讼法》,都没有明确原告资格标准。我国行政诉讼法仅是从起诉权、诉讼条件、受理条件等角度,涉及原告资格问题。在行政诉讼法修改之前,学界的研究对原告资格的认识是混乱的,对立法中是否有及有哪些规定尚未达成全面共识,存在"自说自话"的现象,主要表现为:一是把起诉权的规定误作为原告资格标准。例如,认为原《行政诉讼法》第2条为有关原告资格的规定,即认为"具体行政行为侵犯

---

① 高新华:《论我国行政诉讼原告资格制度发展的路径选择》,载《兰州学刊》2005年第2期。

其合法权益"者具有原告资格,且依该法第27条,同具体行政行为有利害关系者具有第三人资格,亦可理解为有原告资格。二是错误地认为我国存在体系化的原告资格标准。例如,认为原《行政诉讼法》对原告资格的规定,集中体现在第2条和第41条两个条文上,学界称其为"合法权益标准"。2000年的《若干解释》第12条提出了"法律上的利害关系"原告资格标准。其实这都是对原告资格标准的误读。本质上这些规定只是起诉权的规定,并不存在规范化体系化的原告资格标准。三是把起诉条件的规定误作为原告资格标准。例如,把原《行政诉讼法》第41条的规定看成是原告资格的规定,其实该条款只是诉讼条件的规定。我们认为,在严格规范意义上,现有的立法不存在严格的原告资格标准规范体系,很难满足与适应现有行政诉讼实践的需要。本质上,原告资格作为行政诉讼中的一个独特概念,尽管与起诉权、受案范围、起诉条件有一定联系,但是,它们是不同的法律问题。不论是旧的行政诉讼法还是新修改的行政诉讼法,在我国现行立法中对原告资格标准并无明确规定,充其量只是有所体现。在我国,原告资格标准还停留在法学概念层面,这是引发上述误读的直接原因,也反映了我国原告资格理论的不成熟,尚不能为立法提供强有力的理论支持。除了概念上的混淆,我国行政诉讼原告资格标准存在的实质性问题主要表现在三个方面:

一是诉之利益的属性与范围模糊。诉之利益究竟是权利还是也包括利益上的争议,基本已经形成定论,即行政诉讼法所界定的"权益",包括法律上的权利与利益。但是,什么是权益?行政诉讼法没有明确界定其范围,通过原《行政诉讼法》第11条来解释"权益"之外延是学界的通行做法,但是,运用该条对"权益"之外延的界定,也存在不同解释。一种解释认为,该条第1款第8项使用"其他人身权、财产权"一词,意味着以概括方式涵盖前7项未穷尽事宜,表明前7项是以列举方式列举了几种人身权、财产权。所以,第1款的8项内容皆指向人身权、财产权。而第2款就可理解为,凡人身权、财产权以外的其他权益应视单行法律而定。另一种解释认为,该条第1款前7项并不仅仅只涉及人身权、财产权,它们直接规定可诉的具体行政行为,而不管这些行为涉及的是何种权益,所以,前7项涉及的权益不能局限于人身权、财产权。照此理解,权益就不仅包括人身权、财产权,还包括政治权、劳动权、文化权、受教育权等,这些权益受到损害的人也具备原告资格。[①] 我们赞同后者,

---

① 关于1989年《行政诉讼法》第11条的解释参见周汉华:《论行政诉讼原告资格审查》,载《中国法学》1991年第6期;姜明安:《行政诉讼法学》,北京大学出版社1993年版,第123—124页;蔡金华、张明华:《我国当前行政诉讼原告资格之若干缺陷》,载《重庆工商大学学报(社会科学版)》2008年第6期。

即所谓"权益"不仅包括人身权与财产权,也包括其他权利,只要是法律保护的或者受法律调整的利益,都应当成为诉之利益的范围。但是,新旧行政诉讼法对此都没有明确规定。

二是行政诉讼原告资格标准缺失。马怀德教授在《〈行政诉讼法〉存在的问题及修改建议》一文中指出,当前的《行政诉讼法》(1989)关于原告资格的规定非常含糊、抽象和主观。① 根据《行政诉讼法》第 2 条的规定,公民、法人或者其他组织只要"认为"行政机关和行政机关工作人员的具体行政行为侵犯其合法权益,就有权向人民法院提起诉讼。这种规定非常主观和模糊,让法院、法官理解、执行起来也非常吃力。在笔者看来,这是我国立法对相对人起诉权的规定,而不是原告资格的规定。正因为原告资格标准的缺失,司法实践是混乱的,我们姑且认为这是对原告资格的规定,但是,学界对"合法权益标准"的认识是模糊的,一般解释为,只要行政相对人或相关人主观上"认为"行政行为侵犯其合法权益即可,并不要求行政行为确实侵犯了其合法权益。虽然行政诉讼对起诉权的规定,只要相对人"认为"就可以,有利于保护相对人的权益。但严格来讲这是不科学的,因为原告资格不仅需要形式要件,也需要法院的实质审查才能得以确立,如果仅凭相对人主观上的"认为"即取得原告资格,则会使原告资格存在的意义失去其本来的价值,不能发挥其阻止滥诉的作用,原告资格就会形同虚设,同理,没有经过人民法院的实质审查,就轻易否定原告资格,也是不妥的,不利于原告诉权的保护。同样,最高人民法院的《若干解释》对其确定的"法律上的利害关系"这一标准的形式要件与实质审查都未明确解释。从学理上说,所谓诉之利益表述为"法律上利害关系",即受法律保护或者受法律调整的利益。但是学界对其的理解却不一致,沈福俊认为应把握以下三个方面:第一,这种利害关系应当限于法律上的利害关系,而不能泛指一切利害关系,即由于某一具体行政行为的作出使原告法律上的权利、义务受到了影响。第二,这种法律上的影响是由于行政机关行使行政职权、作出某一特定的具体行政行为所导致的,是行政权运作的结果。这种状况的存在,通过民事诉讼的途径无法加以解决,只有通过行政诉讼才能加以解决。第三,被诉具体行政行为对原告应享有的合法权利的影响是必然性的,而不是一种可能性。② 在我们看来,从主观诉讼的角度,把握"法律上利害关系"主要从三个角度,即事实上受到损害、属于法律保护的范围、其与被诉行政行为存在因果关系,并且损害具有现实性。但是,上述

---

① 马怀德:《〈行政诉讼法〉存在的问题及修改建议》,载《法学论坛》2010 年第 5 期。
② 沈福俊:《论对我国行政诉讼原告资格制度的认识及其发展》,载《华东政法大学学报》2000 年第 5 期。

观点,与我们在主观公权利救济路径下的探讨,仍然有差异。如该学者将利害关系表述为法律上的权利与义务,而不包括利益,将损害之性质表述为是"必然的,而不是可能的",都是相对比较严格的标准。纵观其他学者的研究,我们也发现,研究结论在权益范围、因果关系、损害之性质上有细微的差异。甚至有人质疑法律上的利害关系标准,提出应当重新界定"利害关系"的内涵,将"事实上的损害"作为当事人起诉的标准。当前,"直接利益受到侵犯"是 1989 年《行政诉讼法》中规定的标准,而 2000 年的《若干解释》则与此不同,它是以"法律上的利害关系"作为标准的,二者虽然表述有差异,但是从本质上来讲,二者是一致的,只是《若干解释》中的规定比 1989 年《行政诉讼法》中的规定相对要宽松一些。但是,这仍然在一定程度上限制了行政诉讼原告资格,不利于行政诉讼的发展。基于此,有学者进一步认为,《若干解释》第 12 条中的"法律上"的修饰语应当去掉,而应当以事实上的利害关系为标准,即"单一的事实标准"已经能够满足实践的需要,确立这种事实上的损害标准,以便足够让起诉人具有原告的资格。① 尽管表面上看,这种认识放松了原告资格标准的限制,但是,从本质上,脱离了诉讼的本质,如果一个损害不构成一个法律问题,因为有可能是政治问题或者与法律无关的问题,却要通过诉讼解决,是难以想象的,它过分地高估了诉讼对权利的救济功能。某种程度上,学界以及司法实践对原告资格认识的混乱,根本原因是行政诉讼法对原告资格标准立法上的缺失。

三是行政诉讼原告资格标准过于狭窄。如果说行政诉讼法关于起诉权的规定,属于行政诉讼原告资格范畴的话,我国行政诉讼原告资格的限制条件显然是宽松的,然而现实并非如此。那么,司法实践中,为什么会出现立案难的情况呢? 一方面的原因,是行政诉讼受案范围的限制。行政诉讼立案受到了受案范围的限制,也就是说,起诉人同行政主体之间的行政争议只有属于法院的受案范围,该起诉才有可能被人民法院立案,启动行政诉讼程序,从而取得原告地位。但是,并不能认为,行政诉讼受案范围是行政诉讼原告资格产生的前提,也不能将其视为是原告资格的构成内容,更不能将二者等同,"受案范围确定的是法院对哪些行政争议案件拥有审查权问题,而原告资格所要确定的则是法院审查哪些起诉人可以成为原告的问题"。② 另一方面的原因,就是行政诉讼原告资格标准过于狭窄。主要表现为以下几个方面:首先,我国行政诉讼法对诉之利益范围的规定过窄,主要限定于人身权与财

---

① 参见蔡金荣、胡小双:《略评法律上利害关系——兼论行政诉讼原告资格制度的重构》,载《金陵科技学院学报(社会科学版)》2005 年第 4 期。
② 杨寅:《行政诉讼原告资格新说》,载《法学》2002 年第 5 期。

产权,对经济权利、社会权利等其他权利恐怕只能通过立法逐步完善。因此,只有侵犯公民人身权益和财产权益的行为才可以提起行政诉讼,对于诸如受教育权、劳动权、休息权等公民其他权益受到侵害则缺乏有效的补救机制。值得一提的是,2014年修正《行政诉讼法》将对征收、征用及其补偿决定不服的,行政机关滥用行政权力排除或者限制竞争的,违法集资、摊派费用的,没有依法支付最低生活保障待遇或者社会保险待遇的行政行为等纳入了受案范围,意味着诉之利益的范围在逐步扩大。我们认为,主观公权利模式下,诉之利益不仅局限于人身权与财产权,明确规定其他经济权利与社会权利遭受侵害的也可以提起诉讼,才能真正拓宽保护行政诉讼原告诉权的路径。其次,法院基于诉讼外目的的考量,造成原告资格更进一步收窄。在司法实践中,行政机关及其工作人员干预行政审判的现象比较严重,给人民法院认定原告资格施加了法外压力。对此,2014年修正《行政诉讼法》明确规定,行政机关及其工作人员不得干预、阻碍人民法院受理行政案件;书写起诉状确有困难的可口头起诉外,还明确法院在接到起诉状时对符合法律规定的起诉条件的,应当登记立案;不能当场判定的,应接收起诉状,出具书面凭证,7日内决定是否立案;对于不接受起诉状、接受起诉状后不出具书面凭证,以及不一次性告知当事人需要补正的起诉状内容的,当事人可以向上级法院投诉,上级法院应当责令改正,并对相关人员依法给予处分。2014年修正《行政诉讼法》的这些修改可以说在诉之利益上,在推动行政诉讼原告诉讼活动进行以及诉权的保护上取得了跨越式的进步。

  总之,上述因素都是导致我国在行政诉讼原告资格问题上,司法实践以及理论研究困惑的根本原因。但是,行政诉讼的原告资格范围应当扩大是大势所趋。综合各国对原告资格条件的规定和发展趋势,将我国原告资格条件限定为,须与被诉行政行为有法律上的权益是比较恰当的。这里所说的法律上的权益是指法律保护的权益,这种权益必须无可争辩地属于法律或宪法保护或调整的范围之内。这一界定适应了原告资格扩大化的世界趋势,特别是对法律上的利益的阐释,充分借鉴了美国行政法的观念,使原告资格的确定更具可操作性。应当说,将原告资格限定为"同被诉的行政行为有法律上的利益",仍然是比较抽象和有弹性的界定。因此,须在立法上对"法律上的利益"作出阐释。① 上述研究结论,总体上是经得起检验的,也与主观公权利模式下原告资格的基本逻辑是吻合的。如何将主观公权利下原告资格的逻辑转化为法律资源,我们认为,有必要进一步完善我国行政诉讼立法,借鉴美国

---

① 马怀德:《〈行政诉讼法〉存在的问题及修改建议》,载《法学论坛》2010年第5期。

经验,同时,反映我国行政诉讼法的立法与司法的实践,构建行政诉讼三层结构的原告资格标准。具体设想是,将目前我国行政诉讼关于"起诉权"的条款改造成"原告资格"条款,其包含三层结构,具体分析如下:

第一层结构:构成一个行政争议。正如前述,在美国,"法院能够受理原告的起诉,只在原告的起诉是一个案件或一个争端的时候。原告的申诉在什么条件下成为一个案件或一个争端呢?只有原告事实上受到损害的时候,他的申诉才会构成一个案件或一个争端。如果没有受到损害,他的申诉就不是一个案件或一个争端"①。其背后的逻辑就是,因为法院存在的目的不是为当事人提供意见,而是一个解决争端的机构,这是司法权的本质决定的。否则,司法权就可能超越了其职权的边界。反观现行《行政诉讼法》第1条规定,"为保证人民法院公正、及时审理行政案件,解决行政争议,保护公民、法人和其他组织的合法权益,监督行政机关依法行使行政职权,根据宪法,制定本法"。该条款的进步之处在于,将解决"行政争议"写进了行政诉讼法的立法目的。但是,现行行政诉讼法的局限也是明显的,其仍然没有确立原告资格标准条款,而是沿用了旧行政诉讼法的做法,仅规定了原告的起诉权,《行政诉讼法》第2条规定了相对人的起诉权,即"公民、法人或者其他组织认为行政机关和行政机关工作人员的行政行为侵犯其合法权益,有权依照本法向人民法院提起诉讼"。因此,我们建议,单独设一章,即原告资格,并将《行政诉讼法》第2条改造成原告资格标准的规定之一,作为原告资格的第一条,明确定义行政争议,即公民、法人或者其他组织认为行政机关和行政机关工作人员的行政行为侵犯其合法权益,构成一个行政上的争议,有权依照本法向人民法院提起诉讼。

第二层结构:诉之利益具有法律上的利害关系。正如前面所分析,在主观公权利救济路径下,所谓诉之利益具有法律上的利害关系是指原告认为行政行为所侵害的利益属于法律所保护的范围以内。即这个标准的着眼点是当事人所受到的损害,是否处在法律所调整或保护的利益范围以内。如果这种损害不在法律保护的范围以内,当事人没有起诉资格。如果起诉人所主张的权益不属于"合法权益",则不具有原告资格。这是主观公权利救济路径下原告资格标准的核心逻辑。如何将其转化为法律资源,重点是界定何谓合法权益。我们的观点是,所谓合法权益是指法律上应该保护的利益,即事实利益标准。也就是说,起诉人所主张的不需要是法律特别规定或特别保护的利益,只要其主张处在法律规定的或调整的利益范围以内,即具有原告资格。

---

① 参见王名扬:《美国行政法》(下),中国法制出版社1995年版,第617页。

至于当事人主张的利益是否实际上处于法律所调整或保护的利益范围以内，那是案件的实质问题，要在审查结束以后才能确定，不是在决定起诉资格时就要解决的问题。基于以上逻辑，我们认为，在原告资格一章中，界定法律上的利害关系作为原告资格的第2条，明确规定，原告认为行政行为所侵害的合法权益属于法律所保护的范围，在法律所调整或保护的利益范围以内。

第三层结构：诉之利益与被诉行政行为之间具有内在联系。即原告向人民法院提起诉讼必须是受到损害，并且损害必须由行政行为引起。如果没有因果关系存在，仅有单纯的损害则原告不具备起诉资格。《行政诉讼法》第49条第3项规定，提起诉讼应当有具体的诉讼请求和事实根据。在行政诉讼实践中，关于如何理解"事实根据"的问题，我们认为，行政诉讼法有关事实根据的要求，只要求起诉人对行政行为侵犯其合法权益有事实描述即可，不需要提供实质性的证明。因果关系只要求具有实质性的可能性。基于以上逻辑，我们认为，在原告资格一章中，界定诉之利益与被诉行政行为之间的因果关系作为原告资格的第三条，明确规定，原告向人民法院提起诉讼必须受到损害，并且损害必须由行政行为引起。在起诉阶段，起诉人只需要对行政行为侵犯其合法权益作事实描述，不需要提供实质性的证明。经由实质审查后，人民法院可以决定起诉人是否具有原告资格。

（二）客观诉讼：立法明确基于公共利益的无利害关系标准

如果我国行政诉讼被定位为客观法秩序维护模式的话，那么，拓展原告资格的同时，也应该规定相应的限制性措施，以防止可能出现的滥诉现象，保证行政公益诉讼的严肃性，也有利于节约司法资源。例如，日本《行政诉讼法》第42条规定，民众诉讼只有在法律上有规定时，限于法律规定者，才能够提起诉讼。同时，很有必要对公共利益做出一定的限制。因此，我们认为，对于违法行为侵害的公共利益，可以由最高人民法院通过司法解释进行规定和列举，明确列举规定不确定的"公共利益"比概括规定更为可取，以达到明确公共利益的范围，防止滥诉的产生。同时，将诉讼的客体行政行为进行一定程度的限制。例如，将抽象行政行为在一定条件下纳入公益诉讼的范畴。这是因为，具体行政行为和抽象行政行为的违法都有可能侵犯社会公共利益，一般来说，抽象行政行为违法的社会危害更广，所造成的损害结果可能更为严重。从国内外的实践来看，抽象行政行为往往受到行政公益诉讼的更大关注。又如，将公益诉讼限制在一定的领域，例如，将公益诉讼限制在环境保护、国有资产流失、社会弱势群体的保护等领域。此外，将公益诉讼在受案范围上进行一定程度的限制，行政公益诉讼应该确立较为严格的受案标准，防止诉权的滥用,以确保公益诉讼的严格性。

基于上述思考,我们认为将行政主体与相对人之间的"行政争议"作为行政诉讼之原告资格标准,不需要原告与被诉行政行为之间有法律上的利害关系。同时,在客观法秩序模式下,相对人可以以公共利益的名义提起行政诉讼,但是,并不是无限制的,否则很有可能造成滥诉的现象。我们认为,在原告资格一章中,界定诉之利益与被诉行政行为之间的因果关系作为原告资格的第四条,明确规定,基于公共利益的维护,不需要原告与被诉行政行为有法律上的利害关系。人民法院应当受理符合诉讼条件的公益诉讼案件。

(三) 司法实践:通过案例指导制度发展原告资格标准

在原告资格这一极具不确定性的问题上,我们的主张是,在充分尊重主观诉讼与客观诉讼下原告资格逻辑的基础上,通过立法原则性的概况规定,确立原告资格一般标准。同时,通过法院在行政诉讼的具体司法实践中,根据具体案情以及一定的社会经济发展条件,结合个案充分发挥法官的自由心证以及自由裁量权,作出灵活的解释,并进一步形成案例指导制度。一方面,这是世界其他国家的经验,例如,"法国行政诉讼在漫长的历史发展中不仅确立了诸如'判断诉的利益要以原告向法官起诉之日为准'和'诉的利益要进行个案分析'等规则,还根据诉讼领域形成了分类判断原告资格的方法。如,在纳税人质疑公共财政支出方面,同为纳税人,却要根据所纳税种地域范围的不同,决定其是否具有诉的利益。又如,在选举方面,凡是选区内的选举人,都有质疑选举结果的起诉利益,而不以具有被选举人身份者为限。在公共服务领域,只要能够表明受诉措施对其享受该服务产生影响,所有用户都有权提起针对该项公共服务组织、管理措施的诉讼"①。另一方面,这也是我国行政诉讼原告资格发展的基本路径。

通过案例指导制度发展原告资格标准,人民法院必须树立对原告资格实质审查的理念。长期以来,司法实践一直把原告资格标准看作是仅具有程序意义的,甚至程序上的价值也不重视,因此,司法实践必须在重视原告资格程序的价值的同时,将原告资格的形式认定与原告资格实质审查结合起来。这主要是因为,在主观公权利救济路径中,原告资格不仅具有程序性,而且,由于判断原告资格的标准往往与实体法上的依据联系非常紧密,原告资格也具有实质性的内容。因此,一方面,要防止在受理程序中即以确定正当原告的要求来衡量原告资格的做法,因为这既不符合行政诉讼原告资格的法理,也

---

① 〔法〕特里·奥尔森:《法国行政诉讼中的原告》,张莉译,载《行政法学研究》2009 年第 3 期。

给司法实践带来较大负面影响。在凸显程序价值的时代,恢复原告资格的程序意义,避免以实体标准减损原告的诉讼权利,更不能以诉讼外因素干预行政审判,以达到诉讼外的目的。原告起诉权的认定纯属诉讼法上的问题,仅需要形式要件,至于能否启动诉讼程序,成为正当原告则不是案件受理时需要考虑的问题。另一方面,原告资格认定最终需要经人民法院的实质审查。原告资格仅是起诉条件、受理条件的构成要件之一,原告资格的实质审查有其自身的内在规律,即符合法律上的利害关系标准,具有事实上受到损害、损害属于法律调整的范围、损害与行政行为具有内在联系三个基本构成要件。尤其要正确认识利害关系之性质,只要具有实质的可能性,就应当认定具有原告之资格。学理上,利害关系之性质究竟是现实的还是未来的,是实质的还是可能的? 其中的判断,某种意义上,法院具有一定的自由裁量权。我们认为,可以持实质的可能性标准,来判断原告之资格,比现实性更有利于保护原告之诉讼权利。最后,人民法院应当正确理解原告资格限制意义。一般认为,原告资格制度不仅可以防止滥诉,而且可以避免过分浪费司法资源。但是,人民法院更应该站在行政诉讼保障公民权利,监督行政权的有效行使的高度,认识原告资格的价值。相信"只有疯子才会认为法院拥有复审权是因为行政诉讼具有无穷的乐趣……司法复审诉讼费钱费时,很少有人为了复审而要求复审的,也很少有纯粹为了使政府蒙受不必要的折腾而要求复审的"①。只有以这样的理念,来审视原告资格,才能真正发挥行政诉讼之主观公权利救济与客观法秩序维护之功能。

  通过案例指导制度发展原告资格标准,是国外司法审查发展原告资格的通行做法。国外司法机构通过案例不断推动原告资格发展是其基本路径。在国外司法实践中,一些普通法系国家其原告资格标准就是通过一系列的经典判例,最终形成当代的原告资格标准之结构,如美国的桑德斯兄弟无线电广播站诉联邦电讯委员会案、英国的国内税收委员会案等等。在普通法系国家中,尤以美国为甚,其原告资格标准之双层结构就是通过案例发展起来的。这种做法尽管是由这些国家的司法传统所决定的,但是,还是值得我们国家借鉴。有人认为,制定法传统使得借助判例以推动原告资格标准没有可行性。事实上,我国法院的能动性在原告资格问题上的发挥也是相当保守的。刘作翔针对案例指导制度没有其存在的价值的观点,曾经写道,"在最高人民法院 2005 年第 17 届全国法院学术讨论会的征文(匿名)评审中,我读到了一篇征文,对同案同判提出了批判,认为追求同案同判是在制造一个'司法神

---

① 〔美〕伯纳德·施瓦茨:《行政法》,徐炳译,群众出版社 1986 年版,第 419 页。

话'。他(她)的主要论证理由有两个:一是只要承认法官对法律的解释(即理解),就不存在同案同判;二是他(她)认为根本就不存在'同案',认为没有两个案件会是完全相同的,且案件当事人及证人等相关人在法庭上的叙述也不会完全一样。我对这位作者大胆的探索精神和敢于发表异见的学术勇气表示钦佩,但对他(她)的两个论证理由表示质疑。完全否认'同案'的存在,站不住脚。法律上说的同案,是指案情相似或相近,而不是指'完全一样',不能从这个角度去理解'同案'。法官固然对法律有不同的理解,但不同理解并不意味着可以各行其是。在一个制定法国家,法官对法律应该有一个统一的理解,这种统一的理解应该通过审判案件去实现。否则,一个国家的法律体系和法律内容会发生紊乱,导致形形色色的相同案件却不同判决的情况"[1]。在我们看来,通过案例发展我国的原告资格标准,不仅是可行的,也是必需的,这是由原告资格之特点所决定的,也是被西方主要国家法律发展实践所证明的。

通过案例指导制度发展原告资格标准,必须清楚认识案例指导制度之价值。关于案例指导制度的价值,理论上是清楚的。刘作翔认为,在一个统一的法律体制下,出现同样案件却有不同判决结果,与法治统一的要求相去甚远,是对法制一个极大的破坏。公民尤其是当事人对此是百思不得其解,甚而会对法律产生怀疑,最后导致的是对法制权威的破坏。相同案件不同判决,其原因是多方面的,不能说它在一个统一的法律体制下是一种合理的现象和合理的存在。如果我们实行案例指导制度,确定一个案例作为指导性案例,就会杜绝此类现象,实现同案同判,实现法制的统一。而同案同判对于司法而言,是一条生命线,是司法公正的重要标志和体现。因此,统一审判标准,实现同案同判,实现法治统一,节约司法资源,提高审判效率,等等,是我们实行案例指导制度的理由和根据,也是它的必要性所在。它还隐含着另外一个重大的命题,即对司法腐败的遏制。同案同判要求此后的案件在没有特殊的和特别的案由时,应该比照前例作出判决。这在一定程度上可以杜绝、避免和减少以前的除法官能力、学识和认识上的原因之外的徇私枉法现象,使得一些企图通过枉法裁判牟取私利的法官不得作为。虽不是彻底的办法,但也可以起到一定的作用。[2] 我们认为,通过案例指导制度发展原告资格标准之根本价值在于,防止法院因诉讼外目的限制原告资格,对于规范行政审判权以及保障原告之诉讼权利具有其现实意义。例如,人民法院对原告资格之法律利害关系标准的认定,在是否属于法律保护的范围、受到的损害之性

---

[1] 刘作翔:《我国为什么要实行案例指导制度》,载《法律适用》2006年第8期。
[2] 同上。

质是否具有现实性、可能性以及因果关系等方面都有很大的自由裁量权,通过案例指导制度,不仅可以做到同案同判,也可以发展原告资格标准,对于一些原告资格标准中的不确定性概念,通过案例指导制度予以明确,是一个不错的路径选择。

本 章 小 结

本章以行政诉讼功能模式为分析框架与理论基础,就行政诉讼原告资格理论逻辑以及立法完善进行研究,以期望推动行政诉讼原告资格相关制度的发展。合理地界定行政诉讼原告资格对于人民法院正确及时地审理行政案件,保障和监督行政机关依法行政,保护公民、法人和其他组织的合法权益有着重要的价值。虽然 2014 年修改的《行政诉讼法》在对行政诉讼原告资格的判定和原告权益的保护上做出了明显的努力,取得了一些进步,但仍有在司法实践上不能对接的缺憾,再加上目前学界的讨论观点比较单一,角度也都多有重叠,缺乏深层次的理论分析。因此,有必要在行政诉讼功能模式下,从主观公权利模式和客观法维护模式逐一分析行政诉讼原告资格的标准的基本逻辑。我们总体主张"一步到位式",即在行政诉讼法中设原告资格专章,分别从主观诉讼与客观诉讼两个层面明确规定原告资格标准。从主观诉讼层面上,立法明确原告资格三层结构标准,从客观诉讼层面,立法明确基于公共利益的无利害关系标准。从司法实践层面,通过案例指导制度发展原告资格标准,逐步完善原告资格这一极具流变性的课题。因此,在充分尊重主观诉讼与客观诉讼下原告资格逻辑的基础上,通过立法原则性的概况规定,确立原告资格一般标准。同时,通过法院在行政诉讼的具体司法实践中,根据具体案情以及一定的社会经济发展条件,结合个案充分发挥法官的自由心证以及自由裁量权,作出灵活的解释,并进一步形成案例指导制度,是我国行政诉讼原告资格发展的基本路径。

第五章　行政诉讼功能模式下的举证规则

行政诉讼证据规则制度的设计是行政诉讼制度中的核心问题。正因为其重要性,也引起了学界的关注。行政诉讼中如何分配举证责任,学者之间存在争议,不同学者有不同的看法。目前,关于行政诉讼举证责任分配问题主要有以下三种观点①:第一种观点认为,由被告承担举证责任,即认为我国行政诉讼的举证责任分配模式为特有的"举证责任倒置",在《行政诉讼法》实施的早期,学者们普遍接受这个观点;第二种观点认为,被告只对其作出的具体行政行为的合法性负举证责任,此外的举证责任应该在原告和被告之间进行合理分配;第三种观点认为,行政诉讼举证责任是"谁主张,谁举证"的一般举证原则在行政诉讼中的体现。学界的认识总体上是清晰的,但是,目前学界仍然没有一个统一的认识,许多对行政诉讼证据规则的认识缺乏一个统一的分析框架与理论基础,也导致了2017年修正的《行政诉讼法》对于证据规则的制度设计也未必尽善尽美。因此,笔者试图以行政诉讼功能模式为分析框架与理论基础,就行政诉讼证据规则的制度设计做一探讨,以期望推动我国行政诉讼制度的发展。

一、行政诉讼法举证责任分配及其评述

(一) 行政诉讼法的举证责任分配

一般意义上的举证责任,包括两方面的含义,即行为意义上的举证责任,包括主观的举证责任、推进责任、主张责任,结果意义上的举证责任,包括客观的举证责任、说服责任。前者是指诉讼当事人应该对自己提出的主张提供证据加以证明,以推进诉讼的进行,后者则是指当待证事实真伪不明时由依法负有举证责任的人承担不利的法律后果。我国行政诉讼中被告承担的举证责任属于结果意义上的举证责任。② 举证责任分配,是指"法律按照一定

---

① 刘飞:《行政诉讼举证责任分析》,载《行政法学研究》1998年第2期。
② 参见沈福俊:《论行政诉讼被告举证规则的优化》,载《法商研究》2006年第5期。

的标准,规定应当由哪一方当事人对诉讼中的相关事实提供证据加以证明,否则就要承担败诉的后果"①。1989年《行政诉讼法》第32条规定:"被告对作出的具体行政行为负有举证责任,应当提供作出该具体行政行为的证据和所依据的规范性文件。"后来这一规定引发了学界对举证责任分配的激烈争议。随后,最高人民法院的司法解释也吸收了一些学界的意见,涉及行政诉讼证据规则的司法解释主要有三个,三个司法解释一定程度上完善了行政诉讼举证责任分配制度,但是,仍然不能适应司法实践的需要。②

2014年全国人大常委会第十一次会议表决通过了《关于修改〈行政诉讼法〉的决定》,并于2015年5月1日起实施。2017年《行政诉讼法》又进行了修正,并于2017年7月1日起实施。关于行政诉讼的举证责任,仅做出了简单修改,具体为以下几个方面:一是《行政诉讼法》明确了被告逾期不举证的法律后果。《行政诉讼法》第34条第2款规定:"被告不提供或者无正当理由逾期提供证据,视为没有相应证据。但是,被诉行政行为涉及第三人合法权益,第三人提供证据的除外。"此规定其实是对最高人民法院《关于行政诉讼证据若干问题的规定》(以下简称《若干规定》)第1条和《关于适用〈中华人民共和国行政诉讼法〉若干问题的解释》(以下简称《若干问题的解释》)第26条的立法确认。③ 二是现行《行政诉讼法》细化了被告的举证制度。根据1989

---

① 应松年:《行政法与行政诉讼法》,中国政法大学出版社2008年版,第289页。
② 涉及行政诉讼证据规则的三次司法解释分别是,1991年最高人民法院《关于贯彻执行〈中华人民共和国行政诉讼法〉若干问题的意见(试行)》第29条做了补充解释:"对原告起诉是否超过起诉期限有争议的,由被告负举证责任"。2000年最高人民法院颁布实施了《关于执行〈中华人民共和国行政诉讼法〉若干问题的解释》,其中第27条对原告需负举证责任的情况做了解释:"(一)证明起诉符合法定条件,但被告认为原告起诉超过起诉期限的除外;(二)在起诉被告不作为的案件中,证明其提出申请的事实;(三)在一并提起的行政赔偿诉讼中,证明因受被诉行为侵害而造成损失的事实;(四)其他应当由原告承担举证责任的事项。"考虑到特殊情况的需要,第28条规定在以下两种情形下,被告在经法院的准许后可以补充证据:被告在作出具体行政行为时已经收集的证据,但因不可抗力等正当事由不能提供的;原告或第三人在诉讼过程中,提供了其在被告实施行政行为过程中没有提出的反驳理由或者证据的。2002年最高人民法院专门就行政诉讼中的证据问题出台了《关于行政诉讼证据若干问题的规定》,其中第4条又补充规定了原告举证责任的范围。"在起诉被告不作为的案件中,原告应当提供其在行政程序中曾经提出申请的证据材料。但有下列情形的除外:被告应当依职权主动履行法定职责的;原告因被告受理申请的登记制度不完备等正当理由而不能提供相关证据材料并能够作出合理说明的。"
③ 最高人民法院《关于行政诉讼证据若干问题的规定》第1条规定:"根据《行政诉讼法》第32条和第43条的规定,被告对作出的具体行政行为负有举证责任,应当在收到起诉状副本之日起10日内,提供据以作出被诉具体行政行为的全部证据和所依据的规范性文件。被告不提供或者无正当理由逾期提供证据的,视为被诉具体行政行为没有相应的证据。"最高人民法院《关于适用〈中华人民共和国行政诉讼法〉若干问题的解释》第26条:"2015年5月1日前起诉期限尚未届满的,适用修改后的《行政诉讼法》关于起诉期限的规定。2015年5月1日前尚未审结案件的审理期限,适用修改后的《行政诉讼法》关于审理期限的规定。依照修改前的《行政诉讼法》已经完成的程序事项,仍然有效。对2015年5月1日前发生法律效力的判决、裁定或者行政赔偿调解书不服申请再审,或者人民法院依照审判监督程序再审的,程序性规定适用修改后的《行政诉讼法》的规定。"

年《行政诉讼法》的规定,在诉讼过程中被告不得自行向原告和证人收集证据,但是为了查明事实,经人民法院准许被告可以补充证据,现行《行政诉讼法》第 36 条规定,"被告在作出行政行为时已经收集了证据,但因不可抗力等正当事由不能提供的,经人民法院准许,可以延期提供。原告或者第三人提出了其在行政处理程序中没有提出的理由或者证据的,经人民法院准许,被告可以补充证据。"这是被告经人民法院准许可以补充相关证据的两种情形,也是对最高人民法院《关于执行〈中华人民共和国行政诉讼法〉若干问题的解释》第 28 条的立法确认。① 此外,现行《行政诉讼法》第 37 条规定,"原告可以提供证明行政行为违法的证据。原告提供的证据不成立的,不免除被告的举证责任",因此,对于行政行为的合法性,如果原告举证不成立,由被告来承担败诉的法律责任。《若干规定》第 6 条也有相关内容。② 三是现行《行政诉讼法》明确了原告承担举证责任的情形。1989 年《行政诉讼法》没有规定原告的举证责任,但是如果原告一概不承担举证责任,难以查清事实,也不方便人民法院作出正确的裁判。因此,现行《行政诉讼法》第 38 条规定,"在起诉被告不履行法定职责的案件中,原告应当提供其向被告提出申请的证据。但有下列情形之一的除外:被告应当依职权主动履行法定职责的;原告因正当理由不能提供证据的。在行政赔偿、补偿的案件中,原告应当对行政行为造成的损害提供证据。因被告的原因导致原告无法举证的,由被告承担举证责任"。这些内容在《若干规定》第 4、5 条中也有所涉及。③ 四是规范了人民法院调取证据的情形。一方面,现行《行政诉讼法》第 40 条补充了法院在依职权调取证据时,"不得为证明行政行为的合法性调取被告作出行政行为时未收集的证据"。另一方面,为了规范法院依申请调取证据行为,增加第 41 条规定:"与本案有关的下列证据,原告或者第三人不能自行收集的,可以申请人民法院调取:(一)由国家机关保存而须由人民法院调取的证据;(二)涉及

---

① 最高人民法院《关于执行〈中华人民共和国行政诉讼法〉若干问题的解释》第 98 条规定,"最高人民法院以前所作的司法解释以及与有关机关联合发布的规范性文件,凡与本解释不一致的,以本解释执行"。
② 最高人民法院《关于行政诉讼证据若干问题的规定》第 6 条规定:"原告可以提供证明被诉具体行政行为违法的证据。原告提供的证据不成立的,不免除被告对被诉具体行政行为合法性的举证责任。"
③ 最高人民法院《关于行政诉讼证据若干问题的规定》第 4 条规定,"公民、法人或者其他组织向人民法院起诉时,应当提供其符合起诉条件的相应的证据材料。在起诉被告不作为的案件中,原告应当提供其在行政程序中曾经提出申请的证据材料。但有下列情形的除外:被告应当依职权主动履行法定职责的;原告因被告受理申请的登记制度不完备等正当事由不能提供相关证据材料并能够作出合理说明的。被告认为原告起诉超过法定期限的,由被告承担举证责任。"第 5 条规定,"在行政赔偿诉讼中,原告应当对被诉具体行政行为造成损害的事实提供证据。"

国家秘密、商业秘密和个人隐私的证据;(三)确因客观原因不能自行收集的其他证据"。参照了以前《若干规定》的规定。① 五是修改了被告的举证时限的规定。即现行《行政诉讼法》第 67 条规定了"被告应当在收到起诉状副本之日起十五日内向人民法院提交作出行政行为的证据和所依据的规范性文件",将原来的"十日"改成了"十五日"。从修改的规定看,现行《行政诉讼法》关于举证责任方面的修改大多都是参照司法解释,也是对司法解释的立法确认。

(二) 行政诉讼法的举证责任分配评述

现行《行政诉讼法》关于行政诉讼证据规则的制度设计,仍然存有一定的瑕疵,还需要进一步完善。具体来说主要表现在两个方面:

一方面,忽视了行政诉讼主观诉讼与客观诉讼两种不同诉讼类型的证据规则的设计。在笔者看来,行政诉讼证据规则之所以要区别于民事诉讼,其根本原因就是,行政诉讼具有客观诉讼之属性。行政诉讼证据规则设计从理想计,应当针对不同的诉讼类型设计不同的证据规则,但是,当下我国行政诉讼证据规则设计忽视了这一基本特点,总体是按照不同的诉讼法律关系主体设计不同的诉讼证据规则,不利于行政诉讼功能的实现,更不利于原告的权利救济。对此,有学者认为,关于举证责任的分配方面,尽管新法明确了由被告方行政机关负责举证行政行为的合法性以及原告方要承担的特殊事项举证,从表面上看较好地保护了原告的合法权益。但实际上,除了《行政诉讼法》《若干问题的解释》和《若干规定》中所规定的被告和原告的举证责任之外,还有很多情形是需要再进一步分配举证责任的,因为现实中涉及多种类型的行政行为,相应地,我国行政案件的类型也多种多样,如行政处罚类、行政合同类、行政赔偿类等等,行政诉讼法对这些类型没有规定具体的举证责任分配方式,所以欠缺一定的灵活性。可以根据具体案件的需要,采用多种分配方式相结合的举证责任分配制度,在明确了举证责任基本制度的基础上,再加强适用性原则。因此为了更好地完善我国《行政诉讼法》,这些法律上的空白还是需要根据法理、立法精神进行填补。② 尽管该学者并没有明确指出,行政诉讼证据规则应当按照不同的诉讼类型设计不同的诉讼证据规

---

① 最高人民法院《关于行政诉讼证据若干问题的规定》第 23 条规定,"原告或者第三人不能自行收集,但能够提供确切线索的,可以申请人民法院调取下列证据材料:(一) 由国家有关部门保存而须由人民法院调取的证据材料;(二) 涉及国家秘密、商业秘密、个人隐私的证据材料;(三) 确因客观原因不能自行收集的其他证据材料。人民法院不得为证明被诉具体行政行为的合法性,调取被告在作出具体行政行为时未收集的证据"。

② 刘新娟:《行政诉讼举证责任分配问题分析》,载《法制与社会》2014 年第 7 期。

则,但是,已经隐隐约约发觉应根据行政诉讼不同的案件类型设计证据规则,有些案件属于主观诉讼,有些案件属于客观诉讼,有些案件则是主观诉讼与客观诉讼交织在一起,应根据案件的特殊性设计证据规则。我们认为,行政诉讼证据规则,有必要在同一的分析框架下,即行政诉讼模式框架,分别从主观诉讼与客观诉讼两条路径,来设计其证据规则,以实现行政诉讼证据规则的精细化。

另一方面,我国行政诉讼证据规则忽视了原告的诉讼请求,证据规则几乎采取了单一的处理模式。与前面相适应,行政诉讼主要是依据原告的诉讼请求划分诉讼类型的,行政诉讼证据规则设计忽视了诉讼类型因素的考量,自然也就导致了对诉讼请求的忽视,既不利于纠纷的及时有效解决,也不利于原告权利的救济。事实上,正如江必新指出的那样,行政诉讼不同的诉讼类型,在起诉条件、审理方式、裁决方式和执行等方面都有其特点,应适用不同的规则。① 同样,证据规则的设计也应当考虑原告不同的诉讼请求,以原告的诉讼请求为逻辑起点设计证据规则也是重要的考量维度。在我们看来,行政诉讼中,原告主要的诉讼请求主要有形成之诉(包括撤销之诉、变更之诉)、给付之诉(包括一般给付之诉、课以义务之诉)和确认之诉。行政诉讼应当以不同的诉讼请求为路径设计不同的证据规则。同时,也应当考虑第三人诉讼请求进行证据规则设计。但是,从目前的立法现状看,证据规则中关于第三人举证责任缺失明显,《行政诉讼法》细化了第三人证据规则制度。《行政诉讼法》第 29 条、第 25 条明确了第三人的诉权与原告资格,即"公民、法人或者其他组织同被诉行政行为有利害关系但没有提起诉讼,或者同案件处理结果有利害关系的,可以作为第三人申请参加诉讼,或者由人民法院通知参加诉讼。人民法院判决第三人承担义务或者减损第三人权益的,第三人有权依法提起上诉","行政行为的相对人以及其他与行政行为有利害关系的公民、法人或者其他组织,有权提起诉讼"。但是,第三人举证规则不完善,只有《若干规定》中的第 2 条和第 7 条涉及到了第三人举证规则②,但是规定模糊、笼统,缺乏可操作性。因此,第三人证据规则的设计,也应当以第三人不同的诉讼请求为逻辑起点进一步完善其证据规则,增强其可操作性,保障第三人的权益。

---

① 江必新:《完善行政诉讼制度的若干思考》,载《中国法学》2013 年第 1 期。
② 最高人民法院《关于行政诉讼证据若干问题的规定》第 2 条规定,"原告或者第三人提出其在行政程序中没有提出的反驳理由或者证据的,经人民法院准许,被告可以在第一审程序中补充相应的证据。"第 7 条规定,"原告或者第三人应当在开庭审理前或者人民法院指定的交换证据之日提供证据。因正当事由申请延期提供证据的,经人民法院准许,可以在法庭调查中提供。逾期提供证据的,视为放弃举证权利。原告或者第三人在第一审程序中无正当事由未提供而在第二审程序中提供的证据,人民法院不予接纳。"

通过以上分析，我们对行政诉讼证据规则设计的基本思路是，有必要在同一的分析框架下，即行政诉讼模式框架，分别从主观诉讼与客观诉讼两条路径，以原告的诉讼请求为逻辑起点来设计其证据规则，以实现行政诉讼证据规则的精细化。

二、行政诉讼功能模式下举证责任分配的逻辑

所谓行政诉讼的功能模式，是指设计行政诉讼制度以及行政诉讼活动所要达到的终极目标而呈现的总体风格。从世界范围内行政诉讼发展的历史及理念看，依功能取向的不同，存在主观公权利保护模式及客观法秩序维护模式两种不同的理想类型。笔者曾撰文认为，我国行政诉讼应当兼顾个人权利的救济与维护客观法秩序，亦即我国行政诉讼功能模式应当是混合模式，即兼顾主观公权利保护和客观法秩序维护功能模式，但是，二者在其中的地位是不一样的，行政诉讼模式总体上是客观法秩序维护功能模式，同时兼顾主观公权利保护模式的特点，具有宪法学以及行政诉讼法学的理论基础。[①]两种不同模式下，除了受案范围、诉讼模式、诉判关系等程序构造有差异外，行政诉讼证据规则也各有其特殊性。但是，目前学界鲜有学者从诉讼功能模式的角度分析我国行政诉讼证据规则的制度设计，事实上，现有研究缺乏统一的分析框架，缺乏一个基本的理念指导行政诉讼规则的研究，导致现有研究比较紊乱，以至于呈现碎片化的状态。从研究的系统性、科学性来说，以行政诉讼功能模式为分析框架，以主观公权利救济与客观法秩序维护为逻辑路径，探讨我国行政诉讼规则的逻辑，具有其理论与现实价值。

（一）主观公权利救济路径下行政诉讼证据规则的基本逻辑

所谓主观公权利保护模式就是指国家设立行政诉讼制度的核心功能在于保障人民的公权利，而客观法秩序的维护只是在保障人民的公权利的范围内附带功能的理想模式类型。由于主观公权利保护模式下的行政诉讼的核心功能在于保障公民的公权利，属主观诉讼的范畴。在此理念下，行政诉讼的程序设计和运作机制主要围绕当事人的权利损害与救济展开。在行政争议审理过程中，行政行为合法性问题并非审理的核心，而只是给予当事人救济的辅助手段。

在主观公权利救济路径下，行政诉讼证据规则设计究竟遵循什么逻辑是

[①] 邓刚宏：《论我国行政诉讼功能模式及其理论价值》，载《中国法学》2009 年第 5 期。

值得讨论的问题，也是学界所忽视的问题。在我国行政诉讼证据规则设计的讨论中，学者们一直纠结于应当是"被告承担举证责任"还是"谁主张，谁举证"的两难选择之中。持第一种观点的学者大多以1989年《行政诉讼法》第32条作为其主要依据。第32条明确规定："被告对作出的具体行政行为负有举证责任，应该提供作出该具体行政行为的证据和所依据的规范性文件。"这给当时的理论界和实务界造成一种假象，似乎在所有的行政案件中都由被告行政机关承担举证责任。因此许多学者认为这是中国行政诉讼的一大特色，明显有别于民事诉讼中"谁主张，谁举证"的举证规则，也有别于刑事诉讼中由控诉方负举证责任的规则。其理论依据主要有两点：一是在行政法律关系或者说在行政程序中，行政主体一般是强者，而行政主体行使行政权利的相对方是弱者，一旦弱者认为强者非法侵犯了其合法权益并求助于行政诉讼的救济，就应当通过诉讼过程中举证责任的倒置来弥补行政程序中的强弱之别。而且被告在证据收集、鉴定、保存等方面的能力和条件都比原告方优越。二是违法推定理论。即行政诉讼的对象通常是被诉具体行政行为的合法性，一项具体行政行为在行政程序中作出的时候，必须要有确实、充分的事实根据和正确、合法的规范性依据。否则，即为违法行政。① 有的学者认为，"谁主张，谁举证"是行政诉讼中关于举证责任分配的基本原则。学者刘善春认为1989年《行政诉讼法》第32条的规定，仅仅是被告举证责任的规定，不能从中推断出行政诉讼原告不负举证责任的结论。既不能推断出行政诉讼仅由被告负举证责任，也不能推断出行政行为合法性仅由被告负举证责任。他认为中国行政诉讼举证责任的分担规则，仍然是谁主张、谁举证。具体行政行为的合法性也实行谁主张、谁举证的规则。② 同样，持相同观点的学者杨寅亦认为行政诉讼举证的一般规则应当确定为"谁主张，谁举证"。他的理由是在确定举证责任时，公平价值观是必须考虑的因素，民事诉讼中的举证规则"谁主张，谁举证"就是公平价值观的具体体现，这样一种证据规则，对行政诉讼而言，同样适用。③ 即使考虑到行政诉讼当事人双方不对等的地位差距，在举证责任的分配上应该向原告有所倾斜，但这种倾斜只能是一种个案平衡机制，而不能成为普适性原则。④ 从学者的论述看，似乎"谁主张，谁举证"成为压倒性主张，基本认同被告对作出的具体行政行为负有举证责任是"谁主张，谁举证"的一般举证责任规则在行政诉讼中的特殊体现，并不与该

---

① 杨寅：《行政诉讼证据规则梳探》，载《华东政法学院学报》2002年第3期。
② 刘善春：《行政诉讼举证责任新论》，载《行政法学研究》2000年第2期。
③ 杨寅：《行政诉讼证据规则梳探》，载《华东政法学院学报》2002年第3期。
④ 林波：《行政诉讼举证责任研究》，中国政法大学2007年硕士学位论文。

原则相冲突。在我们看来,关于行政诉讼证据规则的讨论,两种观点都存在一个逻辑前提的瑕疵,即忽视了究竟是在主观公权利救济路径下还是在客观法秩序维护路径下讨论该问题,如果不分前提,任何讨论都是没有意义的,其得出的结论也是有欠科学的,仅是为该问题的讨论增添素材罢了。

基于上述分析,我们认为,探讨行政诉讼证据规则必须在一定的前提条件下进行才具有意义。因此,在主观公权利救济路径下,行政诉讼证据规则应当遵循什么逻辑才具有其理论价值。在我们看来,在主观公权利救济路径下"谁主张,谁举证"应当成为举证责任分配规则的基本模式。其主要理由如下:

第一,主观公权利救济路径下"谁主张,谁举证"应当成为举证责任分配规则的基本模式,更符合行政诉讼的实践发展。从我国实践的发展看,行政诉讼中的"被告承担举证责任"的观点既不符合行政诉讼的实际发展趋势,也不能反映《行政诉讼法》内在逻辑以及立法规定。当初,行政诉讼法设立"被告承担举证责任"的规则,一方面仅局限于对行政行为的合法性承担举证责任,另一方面,也是出于维护客观法秩序的立法目的。但是,随着行政诉讼理论和实践的发展,行政主体职能的不断变化,各种新型行政争议案件越来越多,如行政合同、行政指导等,这些案件属于主观诉讼的范畴,如果所有的案件都是由行政主体来承担举证责任,并不是一种科学的价值取向。相反,这类案件中,由原告承担举证责任更能够及时查明案件事实。同时,在主观诉讼路径下,遵循"谁主张,谁举证",让原告承担举证责任能够较好地约束其合理地提起诉讼,可以防止滥诉,使原告在各种救济方式中做出合理选择,保障诉权的正当行使,避免行政主体耗费不必要的行政资源,也符合诉讼证据规则的基本逻辑。我国司法实践显现的问题,也被相关的司法解释所接受。[①]事实上,正是基于这样的逻辑,行政诉讼由"被告承担举证责任"的规则,在理论上和司法实践上都已经被抛弃,原告、被告分别对其主张承担举证责任的理念已经深入人心。

第二,主观公权利救济路径下"谁主张,谁举证"应当成为举证责任分配

---

① 2000年最高人民法院颁布的《若干解释》改变了我国行政诉讼制度中举证责任的格局,原告提供证据的情形便成了学者们关注的热点问题。其中第27条规定了原告承担举证责任的四种情形:证明起诉符合法定条件,但被告认为原告起诉超过起诉期限的除外;在起诉被告不作为的案件中,证明其提出申请的事实;在一并提起的行政赔偿诉讼中,证明因受被诉行为侵害而造成损失的事实;其他应当由原告承担举证责任的事项。而随后2002年最高人民法院颁布的《若干规定》第4条对上述规定作出了补充:对起诉被告不作为案件中由原告证明已提出申请的事实,规定了例外情形,即被告应当依职权主动履行法定职责的与原告因被告受理申请的登记制度不完备等正当事由不能提供相关证据材料并能够作出合理说明的。

规则的基本模式,也符合行政诉讼理论的发展。从诉讼的基本原理看,"谁主张,谁举证"是证据规则的基本举证原则,但是也有例外,在法律有明确规定的情况下可以实行"举证责任倒置",特定情形下,可以由法院根据案件情况判决由一方承担举证责任。但是,行政诉讼有其特殊性,兼容主观公权利救济与客观法秩序维护之性质。尽管目前学界对行政诉讼规则的讨论,并没有分别以主观公权利救济与客观法秩序维护为路径探讨行政诉讼规则之设计,但是,从研究结果看,学界在探讨此类问题时,已经意识到行政诉讼的证据规则的特殊性。面对我国行政诉讼证据规则设计不尽合理的局面,江必新教授指出,合理分配举证责任有利于减少和抑制行政纠纷的产生,特别是对无理缠讼的行为也有一定的平抑功能。在行政行为种类越来越复杂的背景下,无论何种类型的行政行为均由行政机关举证,既不合理,也不科学。所以他认为合理分配举证责任是抑制滥诉的重要工具。① 学界也展开了大量的讨论,总体来看,学界赞同除了被告对行政行为的合法性举证外,其他举证责任都应在原告被告之间合理分配,除了一些特殊情况,基本上都应遵循"谁主张,谁举证"。同样,刘莘教授在综述前期研究成果时,总体认为被告举证责任的范围限于具体行政行为是否合法,在具体行政行为合法性以外的问题上仍采取"谁主张,谁举证"的原则。至于"谁主张,谁举证"在行政诉讼中的表现,主要有两个方面:关于赔偿问题;关于行政行为的适当性或合理性问题。② 除此之外,薛刚凌教授也认为不同类型的行政诉讼应确立不同的举证规则,如行政行为诉讼应由被告承担举证责任,这是因为从行政行为与证据的关系来看,被告应在行政程序中完成举证义务,由被告承担举证责任,符合行政诉讼的救济本质。而非行政行为诉讼原则上应适用"谁主张,谁举证"的规则,与民事案件类似,适用民事诉讼的举证规则。③ 从上述三位学者的论述中,我们可以发现,行政诉讼证据规则的设计的轴心是行政行为的合法性由被告承担举证责任,轴心之外则遵循"谁主张,谁举证"的原则,这是符合行政诉讼证据规则理论发展趋势的。

第三,主观公权利救济路径下"谁主张,谁举证"应当成为举证责任分配规则的基本模式,符合诉讼的基本规律。从诉讼本质的特点看,诉讼存有主观诉讼与客观诉讼之分。在主观诉讼下,原告是就救济自身的利益的目的提起诉讼,例如,一般的民事诉讼案件以及刑事诉讼中的自诉案件,都属于此种

---

① 江必新:《完善行政诉讼制度的若干思考》,载《中国法学》2013年第1期。
② 刘莘:《1993年行政法学综述》,载《行政法学研究》1994年第2期。
③ 薛刚凌、王霁霞:《论行政诉讼制度的完善与发展——〈行政诉讼法〉修订之构想》,载《政法论坛》2003年第1期。

诉讼类型,因此,举证责任的分配也就更多地遵循"谁主张,谁举证"的规则。相反,在客观诉讼模式下,其诉讼目的是维护客观的法律秩序,民事诉讼中的公益诉讼以及刑事诉讼中的公诉案件,更多意义上属于客观诉讼的范畴,因此,在举证规则的设计上,更多地倾向于实现维护客观法秩序的目的。例如,民事诉讼中的公益诉讼有可能实行举证责任倒置,刑事诉讼中的公诉案件则遵循"不能自证有罪"原则,一般由检察机关举证,符合客观诉讼的基本规律。基于这样的逻辑,我们认为,在行政诉讼中,如果原告提起的诉讼类型属于主观诉讼之范畴,"谁主张,谁举证"就应当成为举证责任分配规则的基本模式。

(二) 客观法秩序维护模式下行政诉讼证据规则的基本逻辑

所谓客观法秩序维护模式是指国家确立行政诉讼制度的目的是维持行政客观的公法秩序并确保公法实施的有效性,其功能取向在于协助行政创造或重建行政行为的客观合法性。在客观法秩序维护模式下,行政诉讼的主要目的不在于保护当事人的权利,此种诉讼目的应当纳入客观诉讼的理念,行政诉讼运作与主观公权利保护模式的出发点是不同的,司法权的运作空间以及行政诉讼程序构造也有差异。

客观法秩序模式下"被告承担举证责任"应当成为举证责任分配的基本模式。支持这种观点的学者大多以1989年《行政诉讼法》第32条作为其主要依据。第32条明确规定:"被告对作出的具体行政行为负有举证责任,应该提供作出该具体行政行为的证据和所依据的规范性文件。"正如前述,这给当时的理论界和实务界造成一种假象,似乎在所有的行政案件中都由被告行政机关承担举证责任。尽管之后出台的《若干解释》中也列举了应由原告承担举证责任的情况,但人们还是普遍倾向于认为这只是有限的列举,而没有考虑原告承担举证责任是更为一般的普遍规律。[①] 直到《若干规定》的出台,其中第6条规定:"原告可以提供证明被诉具体行政行为违法的证据。原告提供的证据不成立的,不免除被告对被诉具体行政行为合法性的举证责任",也就明确了被告承担的举证责任范围是具体行政行为的合法性。在明确了被告举证责任范围的基础上,学者刘善春进一步指出该条中的"可以"二字其实表明,原告可以选择是否提交证据支持其关于具体行政行为违法的主张。换言之,他认为原告享有的是一种举证权利,而非举证责任或义务。[②] 从上述关于原被告举证权利或者举证义务的论述中可以看出,目前学界的讨论,

---

① 陶慧:《试论行政诉讼中举证责任的分配模式——"举证责任倒置"亦或是"谁主张,谁举证"》,载《今日中国论坛》2013年第7期。
② 刘善春:《行政诉讼举证责任分配规则论纲》,载《中国法学》2003年第3期。

基本都是从诉讼证据理论的角度探讨当事人相应的举证责任分配规则，而没有从行政诉讼目的的角度指出，诉讼类型的不同会导致当事人举证责任分配的差异。因此，笔者以诉讼类型为视角，探讨客观法秩序维护模式下"被告承担举证责任"的法理依据。

第一，客观法秩序维护模式下"被告承担举证责任"是由行政诉讼类型的内在规律所决定的。我们认为，行政诉讼是主观诉讼与客观诉讼的统一体，任何一个行政诉讼案件都兼具主观诉讼与客观诉讼的特点。其主要原因是，行政案件与行政行为的合法性具有千丝万缕的联系，原告提起行政诉讼皆由行政行为引起。因此，考量行政诉讼证据规则的设计时，必须兼顾这一特点。而且行政诉讼首先是客观之诉，而后才是主观之诉，这是行政诉讼的基本逻辑，也是其证据规则设计的基本规律。我们通过观察得知，这也是大多数学者对行政诉讼证据规则的认知逻辑。例如，林莉红教授认为，行政诉讼中的举证责任主要由被告承担，处于被告地位的行政机关应该举证证明自己所做的引起行政争议的具体行为的正确性和合法性。之所以说行政诉讼中被告承担主要的举证责任，是由于行政诉讼的诉讼标的就是具体行政行为的合法性问题，但并不是说被告承担行政诉讼中一切事实的举证责任，在一定的情况下，原告也要承担举证责任。① 因此，由被告对行政行为合法性承担举证责任是客观诉讼之内在规律使然，同样，在一定的情况下，原告也要承担举证责任是主观诉讼之内在规律所决定的。

第二，客观法秩序维护模式下"被告承担举证责任"也是由当事人提供证据行为的性质所决定的。理解客观法秩序维护模式下"被告承担举证责任"必须与当事人提供证据行为的性质相联系。我国行政诉讼法中，明确规定了原告提供证据的情形，但是，仔细研究就会发现，原告提供证据并不是一种举证责任，而是相对于人民法院的义务。以最高人民法院《若干解释》中列举的应由原告承担举证责任的四种情况为例，"原告对下列事项承担举证责任：（一）证明起诉符合法定条件，但被告认为原告起诉超过起诉期限的除外；（二）在起诉被告不作为的案件中，证明其提出申请的事实；（三）在一并提起的行政赔偿诉讼中，证明因受被诉行为侵害而造成损失的事实；（四）其他应当由原告承担举证责任的事项。"对此，关保英教授提出应该将被告提供证据行为的性质和原告提供证据行为的性质进行区别，他认为被告提供证据的行为性质很明确，是一种举证责任，但是将原告在行政诉讼中提供证据的行为定性为举证责任是值得商榷的。他主张原告提供证据的行为是原告的相对

---

① 林莉红：《论行政诉讼模式与举证责任原则的运用》，载《法学评论》1995年第5期。

义务,是对人民法院的义务,并不证明行政行为实体或程序合法与否,是一种特殊的法律行为,不应该认为是一种举证责任。① 同样,马怀德教授也同意这种观点,并列举了原告举证的两个方面,一是起诉时对具体行政行为存在的证明,二是在诉讼进行过程中的举证。第一种情况原告举证是为了使诉讼得以成立,启动诉讼程序,与诉讼后果并无关系,因此并非举证责任;第二种情况原告举证是为了提出反证,减弱被告方证据的证明力,原告举证与否与败诉后果亦无必然的联系,所以对原告来说,举证是一种权利,而并非"风险义务"。② 从上述学者的论证,我们可以看出,在客观诉讼的视野下,行政诉讼中的原告尽管也要承担一些举证义务,但是其性质是不一样的,是一种相对义务,而不是举证责任,相反,被告承担的是一种举证责任,"举证不能"需要承担败诉的风险。由此可见,行政诉讼中,当事人承担举证义务的法律性质不一样,其性质的差异也决定了在客观诉讼视野下,被告承担举证责任是举证责任分配规则的基本模式。

第三,客观诉讼模式下"被告承担举证责任"也是由行政诉讼的性质及其内在规律所决定的。就我国行政诉讼而言,理论上对行政诉讼性质的定位有:解决纠纷说(一元说)、解决纠纷和权利救济说(二元说)及解决纠纷、权利救济和监督行政说(三元说)。笔者比较赞同三元说。与行政诉讼理论不同的是,民事诉讼理论中没有民事诉讼性质的提法,但从性质决定立法目的的角度看,与其最接近的概念是民事诉讼的目的理论。我国民事诉讼法学者对民事诉讼目的的定位主要有纠纷解决说、程序保障说、利益保障说、解决纠纷和民事权益保护双重目的说以及多元综合说。在笔者看来,民事诉讼的目的总体不外乎解决纠纷和权利保障两个目的。民事诉讼与行政诉讼性质上的根本区别就是,行政诉讼除了具有解决纠纷和权利救济之基本属性外,还具有监督行政之根本属性。正因为如此,行政诉讼的制度设计与民事诉讼有本质的区别:如行政诉讼法在立法目的、举证责任、诉讼类型、审判对象、受案范围、诉讼模式、判决种类等方面与民事诉讼法比较起来也都表现出鲜明的特色。最主要的是民事诉讼一般来说都是主观之诉,而行政诉讼基于监督行政的考量,不仅是属于主观之诉,保障原告的合法权利,更多的情形是表现为客观诉讼,发挥着维护客观法律秩序的功能。③ 因此,在行政诉讼审判过程中,不论行政诉请的形态,整个行政诉讼都是围绕行政行为是否合法进行的,司

---

① 关保英:《行政诉讼中原告提供证据行为研究》,载《法律适用》2011年第7期。
② 马怀德、刘东亮:《行政诉讼证据问题研究》,载《证据学论坛》2002年第1期。
③ 邓刚宏:《行政诉讼依申请择判原则之局限性——依行政行为效力择判原则的可行性分析》,载《法学》2008年第9期。

法权根据行政行为的合法与否以及特定情况,评判行政行为的效力状态,从而直接或间接对行诉请做出肯定或者否定的判决。同时,行政行为从本质上说,也是一种判断权,是依据事实与法律作出一定判断的行为,相对于司法权来说,它是一种首次判断权。这就在客观上决定了在行政程序中,行政主体对其行为的合法性有充分的法律与事实依据,否则就是违法。因此,在行政诉讼程序中,基于维护客观法律秩序的需要,由被告承担行政行为合法性的举证责任,是由行政诉讼的性质及其内在规律所决定的。

三、行政诉讼功能模式下举证规则逻辑的制度构想

(一) 类型化:我国行政诉讼证据规则的逻辑性要求

研究行政诉讼功能模式下证据规则的分配,其理论价值就是为我国行政诉讼证据规则类型化提供理论指导。行政诉讼证据规则类型化是我国行政诉讼证据规则发展的基本方向。所谓行政诉讼证据规则类型化就是指,在行政诉讼中,举证责任的分配不能简单地由被告承担举证责任,而应当以主观权利的救济与客观法秩序的维护为路径,如果涉及到主观权利的救济,以原告举证为原则,相反,如果涉及到客观法秩序的维护,以被告举证为原则。尽管从诉讼类型的角度,行政诉讼理论上可以分为主观诉讼与客观诉讼,主观诉讼又大致可以分为撤销之诉、给付之诉、确认之诉、当事人之诉,客观诉讼包括民众诉讼、机关诉讼等。但是,我国行政诉讼实践中,尤其立法上,并没有确立上述诉讼类型,因此,从诉讼类型的角度分析举证责任分配规则,仅具有理论价值。也就是说,不能简单地认为,以上述诉讼类型分类为标准,在主观诉讼中,遵循"谁主张,谁举证"的规则,在客观诉讼中,遵循"被告承担举证责任"的原则,其主要原因是,我国目前诉讼类型的分类是依照原告的诉讼目的为标准的,即原告起诉的目的是为自身利益的诉讼属于主观诉讼的范畴,反之,原告起诉不是为了主观利益,而是出于维护客观法秩序的目的则属于客观诉讼范畴。显然,这种分类不是从行政诉讼功能的角度进行的分类。如果从行政诉讼功能的角度,任何行政诉讼案件都具有权利救济与维护客观法秩序的功能,任何一个行政案件都是主观诉讼与客观诉讼的统一体。因此,思考行政案件证据责任分配问题时,有必要从行政诉讼功能的角度,即主观权利的救济与客观法秩序的维护的角度,设计举证规则。其出发点就是原告的诉讼请求,原告的诉讼请求是架起原告、法院以及被告之间的桥梁,原告诉讼请求的不同也必然导致行政诉讼具体制度设计的差异,如行政诉讼证据规

则的设计。正如前面所言,目前我国行政诉讼证据规则制度在设计上忽视原告的诉讼请求,缺乏类型化的证据规则。因此,以原告的诉讼请求为基准,实现行政诉讼证据规则类型化理论上是可行的。

如何把握行政争议原告诉讼请求之内涵,是我们科学设计行政诉讼证据规则的前提。在行政法学研究中,学者们一般都是秉承民事诉讼法理论中的"请求说",将行政之诉表述为"是特定管理相对一方,要求特定的人民法院审查特定的具体行政行为的合法性,进而保护其所主张的合法权益的请求"[①]。或者表述为"诉,系指原告向法院请求审判之意思表示,即请求开始诉讼程序,进行本案审理并为本案判决之意"[②]。基于上述理解,我们认为行政之"诉"是指特定原告(行政相对人)针对特定被告(行政主体)向人民法院提出解决行政争议的具体请求。行政之"诉"具有下面三个方面的含义[③]:

(1) 行政之"诉"是行政相对人请求法院解决行政争议的具体主张。行政之"诉"是公民、法人或者其他组织提起的,请求法院审理和解决行政争议的主张。一方面,行政之"诉"是原告向法院提起的解决行政争议的司法程序,而不是通过行政复议程序解决行政争议的行政程序。另一方面,原告提起的诉讼请求必须是行政诉讼法规定的属于人民法院的受案范围。也就是说,原告提起行政之"诉"必须享有行政诉权,行政诉权所体现的是行政诉讼原告和人民法院之间的公法上的权利义务关系。

(2) 行政之"诉"的原告(行政相对人)和被告(行政主体)必须具体明确。首先,行政之"诉"的提起取决于原告(行政相对人)的意志。不告不理是诉讼法的一项原则,只有原告提起诉讼请求才可启动诉讼程序,法院等不得代替行政相对人提起诉讼,否则侵犯了当事人的诉权,也违反了司法的被动性原理。其次,行政之"诉"中,原告和被告必须具体明确。我国1989年《行政诉讼法》第41条明确规定,提起诉讼的原告是认为具体行政行为侵犯其合法权益的公民、法人或者其他组织,而且应当有明确的被告。这主要是因为,行政诉讼、法院及其审判权的主要功能是公正及时地解决行政法上的个案争议,以明确特定行政争议主体之间行政法律上的具体权利、义务或责任的归属。最后,行政之"诉"中,诉讼之两造(原告与被告)处于对立状态。行政诉讼之两造(原告与被告)的对立体现于制度上的对审原则(两造审理原则)。对审原则要求并保障双方当事人享有平等的诉讼听审权,创设一系列能够确保公正审判的审理程序,如回避制度、有关证据规则、辩论与质证、公开审

[①] 江必新:《行政诉讼法——疑难问题探讨》,北京师范学院出版社1991年版,第77页。
[②] 翁岳生主编:《行政法》(下册),中国法制出版社2002年版,第1381页。
[③] 邓刚宏:《行政诉判关系研究》,法律出版社2013年版,第17—18页。

(3) 行政之"诉"的特定主张构成法院判决之实体内容。特定的实体(法)主张也就是原告获得实体(法)上的具体法律地位或效果的主张,例如原告请求被告履行行政行为之诉请、原告请求撤销行政行为等。特定的实体(法)主张是法院判决的对象和既判力的客观范围。

从上述行政之诉的内涵,我们可以看出,行政诉讼请求对整个制度的设计具有统领性的作用,其对证据规则的设计的作用也不例外。我们试以不同的诉讼请求类型,对行政诉讼证据规则做一类型化的构建。具体设想如下:

第一种情形:撤销之诉。撤销之诉作为一种典型的诉讼类型,是指原告要求撤销行政行为的诉讼类型。撤销之诉是典型的形成之诉。原告提出的诉讼请求是撤销性请求,即请求取消或撤销行政机关的行为。此类请求针对的是已作出的行政主体的行为。撤销之诉中,举证规则相对简单,由于撤销之诉属于请求法院撤销行政机关业已作出的决定而提起的诉,由行政机关为其做出的行政行为的合法性负举证责任。在行政主体对行政行为的合法性负有举证责任之外,则遵循"谁主张、谁举证"的原则。其主要理由包括:撤销之诉作为一种诉讼类型,从功能上说,具有主观权利的救济与客观法秩序维护的属性。从客观法秩序维护的角度,由被告对行政行为的合法性负举证责任,是客观法秩序模式下"被告承担举证责任"的逻辑反映,也是行政行为"先调查后裁决"程序上的必然要求。从主观权利救济的角度,除了行政主体对行政行为的合法性负有举证责任之外,遵循"谁主张、谁举证"的原则,是主观公权利模式下举证责任分配逻辑的反映。

第二种情形:给付之诉。给付之诉是与保护行政相对人的受益请求权相适应的诉讼类型。在我国汉语意义中,给付的对象通常是金钱、物品等法律上的物。但在行政诉讼中,原告诉请法院判决被告实施某种给付,既可能是一种积极的作为行为,如原告请求行政主体作出某一行为,也可能是一种非行政行为,如请求行政主体给付一定的金钱或者物质。因此,给付之诉一般包括两种情况:一是课以义务诉讼,即请求法院判令行政主体应为一定行为之诉。一是狭义的给付之诉,即请求行政主体在金钱、物质上的给付之诉。狭义的给付之诉学理上一般称为一般给付诉讼。两种情形从本质上说,都属于行政不作为案件的范畴。关于行政不作为案件中的举证责任应该由谁来承担的问题,一种观点认为应由原告承担,其理由是这种行政不作为通常是由相对人的申请而开始,而法律规定只有具备法定条件才可以申请,所以原告应举出申请的法律依据和事实依据,说明被诉行政机关是违反法律、法规的。在这种情况下让原告举证也并不困难,而让被告举证则比较困难。第二种观点认为应该由原、被告共同承担,其理由是除原告应承担提供证明自己申请符合条件的证据责任之外,由于被诉行政机关不作为的原因,除申请人不具备法定条件外,还可能是根据有关政策或内部规定进行自由裁量的结果,而对这些政策或内部规定,相对人不一定知晓,所以被告也应承担部分举证责任。第三种观点认为应由被告承担。马怀德教授认为,《最高人民法院关于执行〈中华人民共和国行政诉讼法〉若干问题的解释》第 27 条第 2 项规定的"在起诉被告不作为的案件中,证明其提出申请的事实"(而非证明申请符合法定条件)仍然属于起诉条件的范畴。① 此外,关保英教授认为,原告在起诉中,若以行政机关为被告并提出行政机关没有依《行政诉讼法》(1989年)第 11 条第 4 项、第 5 项、第 6 项的规定履行职责,那么人民法院就应当予以受理,而不需要原告提供相关的证据,其提起行政诉讼的行为本身就足以证明被告没有履行职责,或者至少证明其认为被告没有履行职责。即是说这与原告在行政诉讼中提供证据的行为并没有太大关系。而周佑勇教授认为,前两种观点不仅在性质上将原告的举证权利与举证责任相混淆,实质上还将原告在诉前立案阶段的举证混同于诉讼中的举证责任,所以他主张行政不作为案件仍应由被告负举证责任,并认为这也是符合我国行政诉讼法的立法原意的。② 我们总体上赞同周佑勇教授的观点以及第三种观点,其理由主要包括三个方面:第一,行政不作为案件,尽管从原告的诉讼请求看,其诉讼目的是主观公权利的救济的范畴,但是,从此类案件的本质看,属于客观法秩序维护的范畴。也就是说,客观法秩序维护是矛盾的主要方面,行政主体的拒绝行为是否合法,主要涉及的是客观法秩序的问题,它是原告主观公权利能否得到救济的主要矛盾,因此,由被告承担举证责任有利于原告主观公权利的救济。第二,行政不作为案件中,尽管原告也需要举证,但是,正如前面学者所言,其举证是相对于人民法院的一种举证权利而不是举证责任,举证不能并不需要承担败诉的风险。第三,不作为案件从诉讼类型的角度看,属于行为上的给付诉讼的范畴,原告权利的侵害因行政不作为而引起,因此,因行政行为而引发的诉讼,在举证责任的分配上,应当遵循客观法秩序模式下举证责任规则,由被告承担举证责任。事实上,行政诉讼中,大部分案件都是属于此类情形,即行政行为的合法性,由被告承担举证责任。

第三种情形:确认之诉。确认之诉是原告要求法院确认行政活动的合法性、行政法律关系是否成立而提起的诉讼类型。在确认之诉中,原告的诉讼请求是提出确认过去或将来的行政公权力行为的合法性,或提出确认行政公

---

① 马怀德、刘东亮:《行政诉讼证据问题研究》,载《证据学论坛》2002 年第 1 期。
② 周佑勇:《行政不作为案件几个问题的探讨》,载《律师世界》1996 年第 9 期。

权力行为的有效性,或提出行政法律关系是否成立等具体主张。因此,通常提起确认之诉的诉讼标的是确认某种行政法律关系。这种法律关系一般是已经发生的行政法律关系,也可能是未来的行政法律关系。同时,行政法律关系可以包括针对人身的行政法律关系、行为的行政法律关系、财产的行政法律关系以及物的法律关系等。正因为确认之诉的诉讼标的具有多样性,其证据规则的设计也具有复杂性。确认之诉中,证据规则的设计也需要分情形讨论,试分述如下:

(1)诉讼标的是确认行政行为无效的证据规则。确认无效一般针对的是自始无效的行政行为,由于其自始无效,因此行政纠纷不能通过撤销判决等形式获得解决。因此,在立法技术上,在行政行为无效的情况下,如果原告提起撤销之诉,不能通过撤销判决等方式解决行政纠纷,法院可以考虑确认无效判决,此时,法院应当行使释明权,示明原告提起恰当的诉讼请求。那么,在此种情形下,原告与被告的举证责任如何分配呢?我们认为,确认行政行为无效的案件由原告承担举证责任为原则。其理由主要有两个方面:第一,在确认行政行为无效案件中,原告有能力承担举证责任。理论上说,行政行为无效容易判断,因为其属于明显违法的情形。但是,无效与可撤销往往难以判断,德国一般采取列举无效行政行为的办法加以解决。德国理论认为导致无效的原因有如下几项:违背土地专属管辖(系指对不动产或与地域相关之权利案件);无法辨认作出书面处分的行政机关;未依规定作成证书;客观之事实不能;要求相对人为违法之行为;违反公序良俗等。① 虽然我国立法还没有明确完整的无效行政行为制度,据笔者观察范围,仅有行政处罚法中,针对罚款没有开具收据的情形,规定行政处罚无效。但是,不排除将来行政行为无效制度有所发展,立法通过列举的方式,明确行政行为无效的范围与情形。那么,原告依据立法的明示,有能力承担无效行政行为的举证责任。第二,在确认行政行为无效案件中,原告也有义务承担举证责任。理论上判断一个行政行为是否无效,往往基于行政行为瑕疵的理论分析,如果瑕疵达到了重大且明显的程度,可由相对人自行判断而行使抵抗权,但是重大且明显的判断标准实际上仍由司法审查所决定,即相对人的判断可能要承担败诉的风险。既然行政行为无效是相对人自我判断,那么,原告自然有义务承担行政行为无效的举证责任。

(2)诉讼标的是确认行政行为违法性的证据规则。确认之诉中的行政行为既可以是行政法律行为也有可能是行政事实行为。对行政法律行为提

---

① 吴庚:《行政法之理论与实用》(增订八版),中国人民大学出版社2005年版,第349页。

起确认之诉一般是针对行政行为具有违法性但没有撤销的内容或者行政行为已经执行完毕的情况。而行政事实行为对行政相对人没有产生行政法上的法效意思表示之形式,正因为它不对行政相对人产生行政法意义上的法律效果,所以一般认为不具有可诉性。这其实是对行政事实行为不能纳入到行政诉讼受案范围的片面理解。从世界范围看,行政事实行为纳入到行政诉讼的受案范围是普遍做法。因此,探讨确认行政行为违法性的证据规则可以分为两种情形,即行政法律行为与行政事实行为。从行政法律行为合法性的举证规则看,显然行政法律行为的合法性属于客观法秩序维护之范畴,因此,对行政法律行为合法性的举证责任应当遵循"被告承担举证责任"的规则,是不言而喻的。但是,对于行政事实行为就另当别论,由于行政事实行为一般不具有行政法律行为之主体、权限、程序、内容等合法性要件,也没有"先调查后裁决"之要求,因此,行政事实行为如果进入诉讼程序,其举证责任由被告承担也就失去理论基础。我们认为,对于行政事实行为的举证责任是值得讨论的问题,不能简单地认为由原告承担举证责任或者被告承担举证责任,行政事实行为的举证责任在整个行政诉讼过程中并非一成不变。而应当与民事诉讼一样,遵循"谁主张,谁举证"原则,在行政事实行为诉讼的整个诉讼过程中当事人并非只能有一个主张。与民事诉讼一样,当一方当事人的举证责任已足以使法庭相信该行政事实行为合法时,举证责任自然而然地转移到了另一方当事人。例如作为原告的行政相对人对行政事实行为的违法性提供了充分的证据时,则除非被告提出相应的证据证明其合法性,否则诉讼程序将以被告败诉而终止。因此,行政事实行为的举证责任在整个诉讼过程中,是随各方当事人主张的转移而改变的。

(3) 诉讼标的是确认行政不作为违法的证据规则。所谓确认行政不作为违法诉讼,是指在行政相对人的申请被行政主体明确拒绝、不予理睬、不予答复的情形下,在相对人尚未提起诉讼时,行政相对人的申请已经得到满足,或因事实或法律状态已经发生变化,已使得行政主体的作为变得毫无意义,且原告对该拒绝处理或不作为违法的确认具有其他法律上的利益时,行政相对人直接向法院提起的请求确认该不作为违法的诉讼。因此,原告所攻击的行政主体的不作为行为既包括行政主体消极的不予答复或者不予理睬等未作出任何意思表示的不作为,也包括行政主体积极作出的拒绝处理行为。因此,诉讼标的是确认行政不作为违法的证据规则,与行政不作为案件的举证规则类同,由被告承担举证责任。具体理由可以参见给付之诉中狭义的行政不作为案件证据规则。

第四种情形:行政赔偿之诉的证据规则。2000 年《若干解释》第 27 条规定,原告承担举证责任的情形中包括:"在一并提起的行政赔偿诉讼中,证明因受被诉行为侵害而造成损失的事实",从文义的角度理解该规定,也就是在行政赔偿诉讼中原告应当提供证据证明因受行政行为侵害造成的损失之事实。对此,学界普遍认为,在行政诉讼中涉及行政赔偿问题时,由于其本质上属于民事法律关系的范畴,应当由主张赔偿权利的原告对其主张的事实举证,另一方需要针对原告提出的主张和事实进行答辩提出反证,遵循"谁主张,谁举证"的原则。如杨寅教授认为,行政赔偿诉讼中,原告应就其主张提供充足证据。行政赔偿诉讼不同于一般的行政诉讼,双方当事人之间已不是具体行政行为的合法性之争,而主要是行政赔偿问题。解决该问题,既要适用国家赔偿法、行政诉讼法的有关规定,又要适用民法的有关规定,因此,在确定损害的存在与否以及损害的范围和程度时,应当是"谁主张,谁举证"。①关保英教授则认为,此项规定由原告提供证据是合理的,行政赔偿诉讼涉及到赔偿的额度问题,原告若要获得适当的赔偿必须能够提供遭受损失量度的证据材料,这也是人民法院作出有利于原告判决的依据。②马怀德教授认为,唯有《若干解释》第27条第3项的规定可以成立,因为行政赔偿诉讼是行政诉讼的一种特殊形式,在程序上可以采用一些不同于一般行政诉讼的特殊规则,如赔偿诉讼可以适用调解,原告对造成的损害事实承担初步证明责任。③从上述学者的论述可以看出,行政赔偿之诉中,学界总的观点是一致的,笔者也表示认同。但是,学者在探讨问题时,并没有解释其理论基础,基本是沿用民事诉讼的规则。从理论基础看,我们认为,之所以行政赔偿之诉中由原告就损害事实承担举证责任,是因为该种诉讼属于主观诉讼的范畴,获得行政赔偿的前置问题即行政行为的违法性已经明确,无须被告就其行为与客观的行政法律秩序是否矛盾承担举证责任。因此,在主观权利救济的范畴下,原告就损害事实承担举证责任具有正当性与合法性。

(二)精细化:我国行政诉讼证据规则科学性要求

1. 当事人的举证时限

举证时限规则,是指负有举证责任的当事人应当在法律规定或法院指定的期限内提出证明其主张的相应证据,逾期不举证则承担证据失效法律后果的一项诉讼期间规则。举证时限规则作为举证责任制度的重要组成部分,对

---

① 杨寅:《行政诉讼证据规则梳探》,载《华东政法学院学报》2002年第3期。
② 关保英:《行政诉讼中原告提供证据行为研究》,载《法律适用》2011年第7期。
③ 马怀德、刘东亮:《行政诉讼证据问题研究》,载《证据学论坛》2002年第1期。

于降低诉讼成本,提高诉讼效益,实现程序公正具有重要的司法意义。举证时限制度是目前我国行政诉讼法特有的制度,我国《行政诉讼法》第67条对被告的举证时限作了严格的限制性规定:"被告应当在收到起诉状副本之日起十五日内向人民法院提交作出行政行为的证据和所依据的规范性文件,并提出答辩状"。行政诉讼法确立的被告举证时限制度,既是对行政行为"先取证,后裁决"的必然要求,也是监督行政机关依法行政的重要形式。① 这些规定从表面上来看是对被告的举证时限的严格要求,有利于保障原告的合法权益,但是从更深层次方面来看,这些规定存在明显的漏洞。② 马怀德教授也指出,如果被告只提交答辩状而不提供证据,或者故意拖延提供证据的时间,直至庭审的最后阶段才把证据抛出来,就会使原告没有充分的时间准备相应的反证,或者根本没有机会进行辩驳,这对原告来说显然是不公正的。另一方面,如果被告在庭审的过程中不断地提供证据,人民法院往往不得不中断开庭以审核各种突然出现的情况,这样就会造成诉讼拖延,使案件长时间不能审结,影响行政审判的效率等。因此被告在提交答辩状时,应当一并提供作出具体行政行为的证据。对于原告的举证时限,我国《行政诉讼法》及其司法解释对于原告的举证时限未作出明确的规定,《若干规定》第7条也只对原告的举证时限做了选择性规定。原告和第三人的举证时限是开庭审理前或者人民法院指定的证据交换之日,原告或第三人申请延期提交证据需要正当事由,逾期提供证据的,视为放弃举证权利。该规定对被告的举证时限严格予以限定,而对原告的举证时限做出选择性规定。

在司法实践中,对于不可抗力或客观上不能举证的情况,法院往往具有一定程度的自由裁量权,有可能导致行政审判中,由于行政机关和法院之间微妙的关系,出现无限制地拖延举证时限的现象。同样,原告在司法实践中也存在故意拖延举证期限的现象,对于行政审判程序的有序进行带来负面影响,不利于司法资源的利用。如果从更深层次说,对于主观公权利的救济或者客观法秩序的维护,也会产生负面影响。故有必要对延期举证的规定进一步细化。遗憾的是,2017年《行政诉讼法》的修正,并没有对其进行明确的规定。我们认为,行政诉讼法应当对当事人举证期限进行三个层面的规定:一是举证的时间点的规定。行政诉讼当事人应当在法院规定的日期提交证据,一般应该在庭审前法院指定的日期提交当事人各自的证据。二是延期提交的限制。法院应当对延期提交做严格的法律解释,以防止当事人利用其瑕疵,规避法律上的风险。三是在规定的期限内,没有提交证据的法律后果,一律视为无证据。

---

① 王学栋:《论我国行政诉讼举证时限制度的完善》,载《行政法学研究》2002年第1期。
② 刘慧竹:《论我国行政诉讼中举证责任的完善》,载《知识经济》2014年第14期。

2. 原告起诉条件证据问题

原告不能证明其符合法定的起诉条件时,法律后果不能引起诉讼程序的启动。如何科学看待原告不能证明其符合法定的起诉条件问题,杨寅教授认为,我国行政诉讼对原告证明起诉符合法定条件并没有指明具体的行政诉讼阶段,一般认为可以是法院审查起诉阶段,也可以指法院受理、立案之后,被告对原告的起诉是否符合法定条件质疑的情形。第一种情况,诉讼尚未开始,原告方的称谓还只是起诉人,即使起诉人不能证明自己符合法定起诉条件,其后果也只是法院裁定不予受理,而同败诉无关,所以起诉人的这种责任就不应该视为是举证责任;第二种情况,如果原告不能针对被告的质疑证明自己符合法定起诉条件的话,其后果是法院裁定驳回起诉,将这种后果同败诉挂钩的话也显得勉强。所以他认为这项规定与举证责任理论不统一,实际上是将原告方的证明责任同举证责任相混淆的结果。① 马怀德教授也同意其观点,认为此项规定属于起诉条件的要求,并非举证责任。② 关保英教授认为要求原告在提起行政诉讼时必须有证据能够证明其起诉行为符合法律规定,即要求原告要有明确的诉讼请求、明确的被告、明确的具体行政行为和符合法定条件的起诉时效等,而这四个方面是一个行政诉讼理论问题,不应当对原告起诉作出这样的限制。③ 我们认为,上述学者的观点洞察了原告起诉条件的本质特点,但是,真正要落实原告起诉条件制度,还需要更进一步完善,才能达到保护原告诉权的目的。如何科学看待原告起诉条件证据问题,新行政诉讼法也没有明确的规定,我们认为也应当从两个层面进行完善:

一是从理念上,原告证明其符合起诉条件是一个实体与程序兼顾的问题,因此,不能简单地把原告证明责任等同于举证责任,既然是一个实体问题,只要原告能证明符合起诉形式上的要件,人民法院就应当立案,至于实质上是否符合诉讼要件,则需要在人民法院的主持下,经过庭审质证才能确定。

二是从制度上,要完善立案登记制度,建立与立案登记制度相配套的法律制度。本次行政诉讼法修改的亮点之一,就是明确了立案登记制度,立案登记制度的实施给人民法院审判工作方式的转变提出了根本性要求,对于改变行政诉讼立案难问题是"一剂猛药",但是,要真正运行该制度,则需要进一步建立与该制度相配套的制度。我们认为,首先是构建多样化纠纷解决机制如诉前调解制度,分流案件,以减少人民法院的案件负担,尤其是一些历史问

---

① 杨寅:《行政诉讼证据规则梳探》,载《华东政法学院学报》2002年第3期。
② 马怀德、刘东亮:《行政诉讼证据问题研究》,载《证据学论坛》2002年第1期。
③ 关保英:《行政诉讼中原告提供证据行为研究》,载《法律适用》2011年第7期。

题、敏感问题,更应该通过多元化的纠纷解决机制解决行政争议。其次,明确立案标准,立案标准中最棘手的问题是原告资格以及受案范围。从观念上,总体上应该放松限制,人民法院要从理念上转变,尽可能满足原告的诉求,只要构成一个行政上的争议,人民法院就应当立案。最后,建立立案标准指导制度。纵观世界其他国家的历史经验,在起诉条件上,法院以及法官往往具有很大的自由裁量权,存在标准不统一的问题,因此,从法制统一的角度,最高人民法院可以通过案例指导制度,来指导地方各级人民法院确立立案标准,以实现法制的统一。

3. 证据证明标准问题

所谓证明标准是指经过举证、调取证据、质证和认证等法律程序,作为定案依据的证据能够使人民法院相信案件事实真实存在或者成立的法律制度。行政诉讼、刑事诉讼、民事诉讼作为我国三大诉讼体系,由于它们各自调整的法律关系不同,所以各种诉讼的证明标准有所不同。按照美国司法审查的经验,司法审查所针对的事实问题和法律问题,分别适用不同的审查标准。在事实问题上,行政官员具有技术和专业的自身优势,要求法官作出比行政官员更合理的事实裁定,显然不太可能,这就注定了法院在事实问题上只能进行有限程度的审查。事实问题的审查通常包括三个层次的标准,即实质性证据标准、滥用自由裁量权标准和重新审查标准。① 我国1989年颁布的《行政诉讼法》实施以来,由于对证据部分仅作了简单规定,在审判实践中很难适

---

① 所谓实质性证据标准又称为合理证据,指的是法院出于对行政机关专业知识的尊重,原则上只审查行政机关的证据判断是否合理,如果没有明显的不合理,即满足了实质性证据要求。按照美国行政程序法规定,实质性证据标准主要应用于按照正式程序作出的事实裁定。实质性证据标准的适用经历了由宽松到严格的过程,在此过程中,事实问题审查程度得到加深。在早期,法院只看行政机关认定的证据是否可以定案,而对案卷中存在的其他相反证据视而不见。过于宽松的标准容易放纵行政违法,因此行政程序法专门针对这种情况作出规定,要求法院"应当审查全部记录,或记录中为一方当事人所引用的部分",对所有的证据进行全面审查。目前的实质性证据有两层含义:一是法院尊重行政机关的判断,只要行政机关的事实裁定具有足够合理性,即便法院认为自己还可以作出更好的裁定,也不能以自己的判断取代行政机关的判断。二是法院不放弃审查责任,必要要分析案卷中的全部证据,特别要"考虑记录中任何减少它的证明力的因素",然后,以一个理性人的标准衡量事实裁定是否合理。滥用自由裁量权标准主要适用于依非正式程序作出的事实裁定。一般认为,滥用自由裁量权标准要比实质性证据标准宽松一些,但实际上很难讲,因为两者只有形式上的区别,而无本质差异,两者都以合理性为基础,实质性证据要求证据要合理,明显的不合理的证据不能通过司法审查,而明显不合理就是滥用自由裁量权。在实践中,两种标准的界线越来越模糊,出现了融合的趋势。重新审查标准指的是,法院置行政机关的事实裁定于不顾,独立地对事实问题作出判断。此标准审查程度较深,但应用范围很窄,限于特定的例外情形,如行政机关作出的涉及当事人宪法上权利的事实裁定。王名扬:《美国行政法》(下),中国法制出版社1995年版,第681—695页。

用。最高人民法院先后出台司法解释《关于贯彻执行〈中华人民共和国行政诉讼法〉若干问题的意见（试行）》《关于执行〈中华人民共和国行政诉讼法〉若干问题的解释》，对行政诉讼的审判实践到了一定的帮助作用。2002年最高人民法院通过了《关于行政诉讼证据若干问题的规定》。但是，包括2014年、2017年的两次修法，在证明标准问题上也未能作出明确的规定。事实上，三大诉讼法也都没有对证明标准作出规定。因此，行政诉讼证据采取怎样的标准是一个值得探讨的问题。

一般来说，刑事诉讼采用的是"排除合理怀疑"的证明标准，这是司法程序中要求最高的证明标准。所谓"排除合理怀疑"证明标准，是指案件主要事实均需要相应的证据证明，且证据之间及证据与案件事实之间要形成逻辑完整的证据链条。刑事诉讼之所以采用如此高的证明标准是由刑事诉讼的目的所决定的。而民事诉讼主要是解决平等主体之间的权利义务纠纷，确认民事主体之间的权利义务关系，制裁民事违法行为，维护私法秩序。民事诉讼一般采用优势证明标准。所谓优势证明标准，是指法庭采用证明效力占优势的当事人提供的相关证据认定案件事实的证明标准。而行政诉讼在证明标准的适用上与其他两类诉讼存在着明显的不同，行政诉讼的本质是解决不平等主体之间发生的行政争议，审查行政行为是否合法，保护相对人的合法权益，监督行政机关依法行使职权。因此，作为被告的行政主体要对作出的被诉行政行为负有举证责任，提供据以作出被诉行政行为的全部证据以及所依据的规范性文件。一般来说，行政诉讼的证明标准倾向于依据案件的不同性质，以采用明显优势证明标准为原则，以优势证明标准和"排除合理怀疑"证明标准为补充的证明标准体系。但是，以上证明标准如何运用则需要进一步细化。

（1）明显优势证明标准的适用。此类证明标准在行政诉讼中，相对来说是要求比较高的证明标准，主要是基于客观法秩序的维护的考量。采用明显优势的证明标准，就是要求人民法院按照证明效力具有明显优势的一方当事人提供的证据准确认定案件事实。在行政法律关系中，由于行政主体是依法享有国家行政管理职权、代表国家独立进行管理并独立参加行政诉讼的组织，在行政程序中，行政主体始终居于支配地位，享有一定的职权，并以自己的名义作出处理决定；同时，也要求其在行政程序中，要严格遵守"先调查后裁决"的程序规则。相应地，我国行政诉讼法规定，被告要对其作出的行政行为负举证责任，以证明其作出的行政行为合法。尽管行政相对人也可以提供相关证据，但是，这在多数情况下是一种权利，而并非义务。适用明显优势证明标准，依据双方当事人提供证据的证明效力的大小，其中一方当事人提供的证据具有较大证明效力占优势,该优势足以使人民法院确信主要案件事实的客观性。其本质是法院出于对行政机关专业知识的尊重,原则上只审查行政机关证据的合理性,如果没有明显的不合理,即满足了实质性证据要求。因此,依据明显优势证明标准的理性分析,我们认为,明显优势的证明标准适用于行政主体依照正式程序做出行政行为的案件,这既是明显优势证明标准内在规律使然,也是行政权与审判权之间关系平衡的结果。

(2) 优势证明标准的适用。此类证明标准在行政诉讼中,相对来说是要求比较低的证明标准,主要基于主观公权利救济的考量,或者非正式程序做出的行政行为行政诉讼案件。优势证明标准作为补充,主要适用于三种情形:一是因对行政主体依非正式程序做出的行政行为不服而提起的行政诉讼情况。二是行政诉讼中涉及财产权和人身权争议的行政裁决案件,在性质上属于平等主体之间的民事权利义务争议的案件,可参照民事诉讼的证明标准,适用优势证明标准。三是适用于起诉被告不作为的案件以及行政赔偿案件,原告应当提供其在行政程序中提出申请的证据材料,对被诉行政行为造成的损害事实提供证据。上述三类案件的证明标准适用优势证明标准而不应适用明显优势证明标准,以接近民事诉讼标准。

(3) 排除合理怀疑的证明标准的适用。排除合理怀疑的证明标准是行政诉讼中最高的证明标准,主要基于客观法秩序的维护以及相对人重大权利保障的考量。因此,排除合理怀疑的证明标准,主要是针对数额较大罚款的行政处罚以及强制措施、责令停产停业和吊销许可证和执照等对行政相对人人身权或者财产权有重大影响的行政案件,参照刑事诉讼的证明标准而适用的又一种更加严格的证明标准。但是,该标准要严格其适用条件,仅限于影响重大且不可恢复的情形。

本 章 小 结

本章以行政诉讼功能模式为分析框架与理论基础,就行政诉讼证据规则的制度设计做了初步探讨,研究行政诉讼功能模式下证据规则的分配的理论价值,努力为我国行政诉讼规则类型化提供理论指导。行政诉讼举证责任规则研究的基本思路是要建立以原告诉讼请求为起点,以诉讼类型为分析框架的行政诉讼举证责任分配体系。在行政诉讼中,举证责任的分配不能简单地由被告承担举证责任,而应当以主观权利的救济与客观法秩序的维护为路径,如果涉及到主观权利的救济,以原告举证为原则,相反,如果涉及到客观法秩序的维护,以被告举证为原则。

第六章　行政诉讼功能模式下的诉讼模式

诉讼模式在理论界有不同的称谓,其中诉讼模式、诉讼结构、诉讼构造等是比较常见的称谓。所谓行政诉讼构造是指构成行政诉讼程序的各要素相互结合与作用所表现出来的总体风格。从研究者的角度看,行政诉讼模式是研究者对行政诉讼制度进行抽象思维的观念形态,反映研究者对行政诉讼制度的总体看法。诉讼模式对诉讼程序的架构与运行,原告、被告、法官彼此之间的关系,法官的审判权限以及证据调查等方面都有决定性影响,对诉讼模式的不同选择,在一定程度上决定了行政审判的效果。

一、我国现行行政诉讼法诉讼模式及其评述

(一) 行政诉讼法的诉讼模式现状

总体来说,我国行政诉讼法对行政诉讼模式没有做出突破性的变革,在行政诉讼究竟是当事人主义还是职权主义问题上,没有明确的定位。所谓当事人主义是指在行政诉讼纠纷解决中,诉讼请求的确定,诉讼资料、证据的收集和证明主要由当事人负责。在当事人主义模式下,由于证据及诉讼资料的收集及提出是由当事人负责,发现事实真实的主要责任也是由当事人承担,法官则处于中立的地位。这种中立的地位其实指的就是法官对诉讼程序的允许,不作干预,而是尊重当事人的意志。相反,职权主义是和当事人主义相对应的范畴,是指法院在诉讼程序中拥有主导权,程序的进行以及诉讼资料、证据的收集等权能由法院担当。如果以这样的标准来衡量,我国行政诉讼模式呈现出职权主义模式的特点,主要表现在三个方面:

一是在程序的架构与运行上的职权主义。人民法院依职权指挥整个行政诉讼的运行,在行政诉讼立案、审理乃至是否终止等环节都具有一定的职权色彩。如我国行政诉讼法明确规定,原告申请撤诉必须经过人民法院的审查认可。《行政诉讼法》第 62 条规定,人民法院对行政案件宣告判决或者裁定前,原告申请撤诉的,或者被告改变其所作的行政行为,原告同意并申请撤

诉的,是否准许,由人民法院裁定。

二是调取证据上的职权主义。从诉讼的基本理论看,证据问题原则上是谁主张谁举证,但是,不论是修改前还是修改后的行政诉讼法,都明确赋予了人民法院在证据上的权力。《行政诉讼法》第39—41条规定,人民法院有权要求当事人提供或者补充证据。人民法院有权向有关行政机关以及其他组织、公民调取证据。但是,不得为证明行政行为的合法性调取被告作出行政行为时未收集的证据。与本案有关的下列证据,原告或者第三人不能自行收集的,可以申请人民法院调取,包括由国家机关保存而须由人民法院调取的证据,涉及国家秘密、商业秘密和个人隐私的证据,确因客观原因不能自行收集的其他证据等情形。

三是行政判决上的职权主义。行政判决上的职权主义突出表现在维持判决、重作判决、情况判决、变更判决等判决形式上,人民法院做出上述判决在很多情况下是超越了原告诉讼请求依职权做出来的。行政诉讼法尽管取消了维持判决形式,但是,在行政判决上仍然具有很强的职权色彩。

(二) 我国行政诉讼法诉讼模式之评述

当然,有必要指出的是,我国行政诉讼的职权主义的诉讼模式也并不是完全否定当事人主义。事实上,也并没有纯粹的职权主义或者当事人主义模式。每种诉讼模式有其内在的合理性,但也有一定的负面影响。

第一,我国行政诉讼模式是与其诉讼构造相呼应的。从理想模型看,如果一个国家的行政诉讼呈现主观公权利救济模式的话,那么其诉讼模式就是当事人主义,相反,如果呈现客观法秩序模式的话,那么其诉讼模式就是职权主义模式。我国行政诉讼法,在行政诉讼究竟是主观诉讼还是客观诉讼问题上,仍然没有明确的定位,主要表现在五个方面:一是在行政诉讼目的层面,《行政诉讼法》第1条规定,"为保证人民法院公正、及时审理行政案件,解决行政争议,保护公民、法人和其他组织的合法权益,监督行政机关依法行使职权,根据宪法,制定本法。"这表明,从目的看,《行政诉讼法》试图构建的是主、客并存的诉讼构造。但是,在具体制度上,行政诉讼并没有构建形成主观诉讼与客观诉讼完美结合的诉讼制度。尽管新修改的行政诉讼法去掉了"维护行政职权"的表述,一定程度上具有进步意义,表明试图构建的依然是主、客并存的诉讼构造,但是,具体制度层面仍然缺乏客观诉讼制度的构建,如行政公益诉讼仍然缺位。二是原告资格标准层面,原《行政诉讼法》试图构建"权利救济与监督行政的双重目的",并没有在原告资格上做对应的不同安排,新修改的行政诉讼法也是如此。1989年《行政诉讼法》将适格原告确定为"认为具体行政行为侵犯其合法权益""与具体行政行为有法律上利害关系"的标准,现行行政诉讼法除了去掉"具体"二字,在原告资格标准上,并没有大的突破,对公益诉讼之无利害关系标准没有提供制度上的空间,仍然是主观公权利的救济模式。三是行政诉讼受案范围层面,与原行政诉讼法相比较,现行行政诉讼法对受案范围的规定显示其具有一定的进步意义。(1)明确了行政争议的受案范围标准,显然比具体行政行为标准更加科学。(2)将具体行政行为改为行政行为,意味着行政诉讼的受案范围将被扩大。(3)将行政特许经营协议纳入行政诉讼受案范围。以上三个方面凸显了行政诉讼之客观法秩序维护功能。四是行政诉讼标的层面,1989年《行政诉讼法》第5条规定,人民法院审理行政案件,对具体行政行为是否合法进行审查,究竟是"原告的诉讼请求"还是"行政行为"是诉讼标的,没有明确的定位。对比现行《行政诉讼法》第6条规定,人民法院审理行政案件,对行政行为是否合法进行审查,因此,现行行政诉讼法仍然没有明确诉讼标的,除了去掉"具体"二字,也没有其他变动。五是行政判决形式层面,旧行政诉讼法规定,根据合法性审查的结果,分情形分别作出判决维持、判决撤销、履行判决、判决变更、驳回诉讼请求判决、确认判决,这些判决均是法院合法性审查的直接或间接结果,回应的均是行政行为诉讼标的,而与原告的诉讼请求没有对应关系。现行行政诉讼法废除了维持判决,但是,在其他判决形式上没有新的突破,只是在实质内容上,做了一些修补,例如,行政行为程序轻微违法且没有对相对人产生实际影响的不予以撤销。

第二,当下的行政诉讼模式也给行政审判实践带来负面的影响。当下的职权主义模式,不论是从实体层面还是从程序层面,对行政诉讼的影响都具有消极的因素。从实体的角度,其消极影响之一在于,法院审判无法有效回应当事人除撤销诉求以外的诉讼请求,一旦原告的主观诉求与法院的客观审判不对应,例如,原告提出的诉讼请求是给付性而非形成性的,即诉讼标的是权利而非行为,原告诉求与法院审判之间就会出现"自说自话"现象,相对人即使赢了官司,权利依然得不到救济。这种情况在行政赔偿案件以及"行政与民事交织"的案件中已有"惨烈表现",给相对人的物质与精神均造成难以承受的负担。① 从程序层面上说,其消极的影响主要体现在,一方面导致法官职权过于强化,以至于法院的行为对行政诉讼程序的起始、运行和终结具有决定性作用,当事人的作用相当弱化,整个诉讼活动和判决都依赖法官客

---

① 薛刚凌、杨欣:《论我国行政诉讼构造:"主观诉讼"抑或"客观诉讼"?》,载《行政法学研究》2013年第4期。

观、公正的判决,使当事人的辩论流于形式,当事人也不能充分、全面地行使自己的诉讼权利,容易导致判决的不公正。另一方面,导致行政诉讼程序虚无严重。在职权主义模式中,漠视、不遵守程序法的现象屡见不鲜,重实体轻程序的现象,不仅破坏了行政诉讼程序的权威,而且有损于实体法的权威,乃至最终破坏整个行政法律秩序。同时,也有可能克减行政审判效率。在职权主义模式下,虽然法官始终保持着对程序运行的主导,主动引导双方当事人围绕案件事实展开质证、辩论,有利于防止诉讼当事人滥用程序控制权,但是,也可能导致浪费司法资源,为追求实体正义,法官需花费大量时间调查收集证据。以上弊病的存在迫使我们要正确认识现行行政诉讼模式,尽快探索出适合我国国情的行政诉讼模式。

二、行政诉讼功能模式下的诉讼模式逻辑分析

(一)主观公权利救济路径下诉讼模式的逻辑

行政诉讼脱胎于民事诉讼,其深层次的原因是行政诉讼具有客观法秩序的功能。正因为如此原因,行政诉讼具有职权主义模式特征。但是,如果在主观公权利救济模式下,行政诉讼模式与民事诉讼模式别无二致,这是我们的基本观点。在民事诉讼中,两大法系诉讼模式的认识,存在着两种对立的观点,其中一种观点是通说,即英美法系多采用当事人主义,大陆法系多采用职权主义。另一种观点认为,两大法系民事诉讼基本模式都是当事人主义。[①]但是,在两大法系中,人们对当事人主义模式有不同的认识。大陆法系国家关于当事人主义诉讼模式的认识中,辩论主义被看做是当事人主义诉讼模式之核心,判断当事人权利发生或者消灭的法律效果所必要的事实要件,如果在当事人辩论中没有出现,法院就不能以其作为依据做出判决,在判决理由中所认定的事实也只限于当事人之间争执的事实,也不允许法院依职权调查证据。而在英美法系国家的认识中,"当事人主义诉讼模式"是大陆法系国家所使用的概念,英美法系国家习惯于将这种诉讼模式称为"对抗制"的诉讼体制,其核心观点是,在诉讼中实体问题由当事人主导,包括事实主张以及证据材料等方面由当事人提出,同时,当事人对程序的启动、推进以及撤销具有控制权,在案件审理过程中,司法权应该始终保持"中立"的裁判地位。

---

① 当事人主义:与职权主义相对应,也是近代西方诉讼模式之一,诉讼的发动、继续和发展主要依赖于当事人,诉讼过程由当事人主导,法官仅处于消极的中立的裁判者地位;当事人要负责证据的调查、准备、提出和证据价值的陈述工作,法官不能在当事人指明的证据范围以外依职权主动收集证据。

因此,在主观公权利救济模式路径下,行政诉讼采用当事人主义诉讼模式是其必然的选择。所谓当事人主义诉讼模式是指当事人诉讼行为实行意思自治的诉讼模式。也就是说,在行政争议案件中,诉讼请求的确定、诉讼资料和证据的收集、证明,主要由当事人主导,并由此限定法院审判对象、范围以及主体诉讼地位关系,因此,在行政审判中,当事人相对于法官更为主动。那么,在主观公权利救济模式路径下,行政诉讼采用当事人主义诉讼模式的内在的逻辑机理,是需要探讨的问题。

在民事诉讼中,诉讼模式采纳当事人主义模式具有其历史的动因,也有其内在的逻辑。从历史的角度,1806年的法国民事诉讼法典中,明确了当事人主义。1877年制定的德国民事诉讼法典以及1891年制定的日本民事诉讼法典,也相继确定了当事人主义,受到当时自由主义诉讼观的影响,即民事诉讼涉及私人利益的纠纷,运作诉讼和诉讼程序进行的主导权由当事人控制,司法权处于严格中立地位,只是依据事实和法律做出司法裁判,而不得超越意思自治的界限。从其内在逻辑看,当事人主义是市场经济和私法自治原则的内在规律使然。国家在市场经济中的作用是为经济实施调控,不便直接干预社会经济生活,反映在民事诉讼中,代表国家的法院只能是居中裁判。从私法自治原则的角度说,民事纠纷起因于民事上权利、义务的争议,调整民事权利义务关系的私法及其所遵循的原则应得到贯彻,国家的干预不符合民事诉讼的运行规律。显然,这样的逻辑是成立的。

反映在行政诉讼中,纯粹出于主观公权利的救济,不涉及客观法秩序的维护,民事诉讼上的当事人主义诉讼模式,同样适用于行政诉讼。其逻辑内涵包括三个方面:首先,在主观公权利救济路径下,在当事人主义模式中,当事人在行政诉讼程序中起主导作用。行政诉讼程序的启动或者撤诉取决于当事人,法院或法官不能依职权主动启动、推动行政诉讼程序,此谓之处分权主义或者意思自治。具体表现为,在行政诉讼的启动上,当事人享有各种主动权,如诉讼主张的提出、证据的提供以及主观公权利的处分等。其次,在主观公权利救济路径下,在当事人主义模式中,法院或法官不能主动地依职权调取行政证据,也不能在当事人指明的证据范围之外主动去收集证据,法院做出裁判所依据的证据资料只能依赖于当事人,当事人始终处于能动和主动的地位。而作为裁判主体,司法权基本上是消极和被动的,法官只能对当事人所提出的事实,以真伪为依归进行取舍,不能在当事人主张的事实范围之外主动收集证据,裁判的事实以及裁判的诉讼请求,必须经过当事人双方的辩论,否则不能成为裁判的依据和对象。最后,在案件审判上,司法权仅仅是在当事人讼争范围与界限内,针对讼争点、焦点作出裁决,不得诉外裁判,诉讼请求与判决之间形成一一对应关系。总之,在主观公权利救济模式下,行政诉讼的推进以及运行依赖于当事人,法官不能主动依职权推动行政审判活动的运行,同时裁判所依据的证据资料只能依赖于当事人,法官不能在当事人指明的证据范围之外依职权主动收集证据,也不能在诉讼请求之外裁判,法院和法官在诉讼程序中是中立的、公正的。

在主观公权利救济路径下,当事人主义模式的特征,是强调行政审判以当事人主张为核心展开,依据当事人双方的主张、举证而运行,当事人可以按照自己的意志处分权利,法官评判双方在举证和辩论过程中是否违反法律,并据此对案件作出裁判,也尊重了诉讼当事人在行政诉讼中的处分权和辩论权,注重双方当事人在行政诉讼中的诉讼地位以及诉讼权利义务的合理配置以及平衡,将裁判建立在双方当事人对抗的基础之上,当事人诉讼行为实行意思自治。① 当事人主义模式的优点是可以充分调动当事人的积极性,使行政审判活动中包含更多当事人的意思,某种程度上也可以缓解当事人之间紧张的关系。但是,缺点也是比较明显的,行政审判程序比较复杂、拖沓冗长,且由于法官对程序的推动、证据的调查没有任何的主导权,有可能诉讼期限被不断地延长,降低诉讼效率。

(二) 客观法秩序维护路径下诉讼模式的逻辑

正如前述,行政诉讼脱胎于民事诉讼,其深层次的原因是行政诉讼具有客观法秩序的功能。正因为如此,行政诉讼具有职权主义模式特征。职权主义诉讼结构以法官的诉讼行为为核心,由法官主导行政诉讼程序,不强调当事人双方在行政诉讼中的对抗作用,除了行政诉讼的启动外,在行政诉讼证据的出示、认定、调查、收集、当事人处分权、判决范围等方面都赋予法院和法官很大的裁量权。当事人虽然亦提出主张、辩论、质证,但是法官对行政案件事实的绝对探知权,可以不受当事人意思的约束。即法官是居于当事人之上的裁判者,而不是中立裁判者。职权主义本质上是一种注重法院职权,以此限制当事人意思自治的行政审判模式。职权主义的优点在于可以更好地发挥法官的作用,与当事人主义模式比较,其诉讼效率较高。其缺点是,法官容易先入为主,对行政案件产生偏见,行政诉权的程序保障也会被削弱。总之,在职权主义模式中,法官处于主导地位,在行政诉讼中完全不受当事人意思的约束,在各种具体程序方面法院具有主动性和决定性,法院也可以自主地决定诉讼对象。

---

① 赵清林:《论我国行政诉讼起诉期限的立法完善》,载《河南省政法管理干部学院学报》2004年第6期。

一般认为,民事诉讼模式属于当事人主义模式,但是,职权主义并不是完全没有市场。自19世纪产业革命以来,乃至整个20世纪,各国在修改民事诉讼法时,不同程度地加强职权主义的色彩。从世界范围看,职权主义的典型代表是1895年奥地利制定的民事诉讼法。法国从1935年开始,也逐渐导入职权主义。此外,德国1976年民事诉讼简易化法也出现职权主义。更令人深思的是,1991年美国司法制度改革也强调了法官对程序的干预。究其根源,一方面,当事人主义支配下的诉讼程序造成了审判效率低下的后果,增强法院的职权,是为了防止不利于纠纷解决的情形出现。另一方面,从思想基础看,自由主义思想是当事人主义的思想基础。随着19世纪末产业革命的兴起,商品经济的发展,民事争议增多,为了迅速、经济地解决民事纠纷,各国开始强化民事诉讼中的法院职权。因此,纯当事人主义支配下的诉讼程序的弊端日显突出,也成为各国司法制度改革的起因。

行政诉讼脱胎于民事诉讼,在客观法秩序维护路径下,其具有浓厚的职权主义色彩,有其具体的表现形式、存在的合理性及其内在的逻辑。笔者曾对此进行了初步探讨。① 从其具体的表现形式看,各国行政诉讼制度不外乎职权主义模式和当事人主义模式两类。尽管也有学者认为还有混合模式,但从总体看,混合模式要么偏重职权主义模式,要么偏重当事人主义模式。当今世界大多数国家和地区的行政诉讼呈现出职权主义模式的特征。如我国台湾地区新修正的"行政诉讼法"就采用职权主义模式,表现在事实职权探知性和程序进行职权性两个方面。行政诉讼采事实职权探知性是因为"行政诉讼所涉之事件,恒攸关公益及行政是否依法行政,因此,在事实之掌握方面,务求其符合'实质之真实',而非以当事人不争执即可"②。而程序进行采职权主义是因为"行政诉讼为求其经济性与营运之顺遂,除起诉操诸原告外,其他程序之进行,原则上由行政法院指挥与支配"③。我国行政诉讼之诉讼模式同样也呈现出职权主义模式特征,主要表现在三个方面:一是在程序的架构与运行上的职权主义。人民法院依职权指挥整个行政诉讼的运行。如我国行政诉讼法明确规定,原告申请撤诉必须经过人民法院的审查认可。二是调取证据上的职权主义。我国行政诉讼法明确规定了人民法院有权要求当事人提供或者补充证据。人民法院有权向有关行政机关以及其他组织、公民调取证据。依据此规定,法院可以主动调查和收集认为有助于发现案件真实

---

① 邓刚宏、马立群:《对行政诉讼之特质的梳理与反思——以与民事诉讼比较为视角》,载《政治与法律》2011年第6期。
② 蔡志方:《行政救济法新论》,台湾元照出版公司2000年版,第108页。
③ 同上。

的事实与证据。这里的当事人显然也包括了原告。行政诉讼中举证责任的分担是由法律规定的,体现了公正、公平的法律原则,举证责任应该在原告和被告之间进行合理分配。三是行政判决上的职权主义。行政判决上的职权主义突出表现在维持判决(现行行政诉讼法已经废除)、重作判决、情况判决、变更判决等判决形式上,上述判决在很多情况下是人民法院超越了原告诉讼请求而依职权做出来的。当然,有必要指出的是,我国行政诉讼职权主义的诉讼模式也并不是完全否定当事人主义。事实上,也并没有纯粹的职权主义或者当事人主义模式。

从存在的合理性及其内在的逻辑看,世界大多数国家和地区的民事诉讼模式是当事人主义。民事诉讼中的"当事人主义"是以私法自治作为其立论基础的。所谓当事人主义是指诉讼程序的运行以及事实主张与相关证据的提出由当事人主导的一种诉讼模式。民事诉讼与行政诉讼的诉讼模式差异,突出表现在诉讼程序具体制度的设计上:在诉讼程序的运行方面,民事诉讼程序中,当事人对程序的运行起主导作用,原告对程序的启动、终止都具有处分权。而行政诉讼中,基于客观法秩序维护的考虑,当事人并不主导行政诉讼程序,除了行政诉讼审判程序之发动,务必由原告提起行政诉讼外,法院对诉讼程序的运行起主导作用。原告没有撤诉权,不能随意终止诉讼程序。在举证责任问题上,民事诉讼由当事人负举证责任,遵循谁主张谁举证的原则。如果其主张事实处于真伪不明状态时,就要承担举证不能带来的不利后果。当事人未提出的主要事实,法院不得作为判决的基础。而在行政诉讼中,举证责任由被告承担,但也不否定法院依职权调取证据,在特定条件下,法官仍然可以不受当事人是否提出的限制,主动依职权调查。在诉判关系问题上,虽然行政诉讼与民事诉讼都遵循不告不理原则,即不得诉外裁判,但是行政诉判关系并非完全一致,例如,情况判决等。

因此,行政诉讼的进行系采职权进行主义、职权审理主义及书面审理主义的原则,其诉讼程序乃由行政法院本于职权依法推动,并依职权调查审理,不受当事人陈述及证据所拘束,且以书面审理为主,仅得必要时命令作言词辩论。而民事诉讼的程序有很大的不同,系采当事人进行主义、当事人陈述主义及言词辩论主义。其诉讼程序在原则上应依当事人的意思进行或停止,法院不作积极干预;法院在当事人陈述范围外,仅于必要时始主动积极调查审理,所做裁判均以当事人及证人口头陈述与所提证据为主要依据,对于言辞辩论极为重视。行政诉讼与民事诉讼模式上的差异给我们准确认识、把握行政诉讼制度打开了一扇窗户。对审判权与诉权、审判权与行政权在行政诉讼中的构造、各自的功能和相互关系进行研究,从而在行政诉讼的运作中形成科学合理的分权结构,是行政诉讼法学者不可回避的研究课题。

三、我国行政诉讼功能模式下诉讼模式的定位

(一) 行政诉讼模式的两种理论类型

由于受文化、法律传统、意识形态、历史背景等诸多因素的影响,不同法系的国家在不同的历史时期采取了不同的诉讼模式,但从总体上看,英美法系国家主要采纳当事人主义诉讼模式,大陆法系国家则体现为职权主义诉讼模式。但是绝不存在纯粹的理想模式,它只是我们认识行政诉讼的理论工具。

(1) 当事人主义诉讼模式。当事人主义诉讼模式是与主观公权利救济功能模式相对应的一种理想诉讼模式。由于行政诉讼之基本功能是主观公权利的救济,因而,整个行政诉讼程序的运行,依当事人的意思自治,诉讼和诉讼程序运行的主导权应该由当事人拥有,法院及法官在行政诉讼中只是严格的中立者,只能就事实问题与法律适用做出判断。其理论基础是当事人的理性及其权利本位观念。因此,国家的行政审判权受当事人诉讼权利的约束,以当事人的行政诉权为基础。行政诉讼的程序结构以意思自治原则、处分权原则以及辩论原则为基础进行架构。在该模式下的行政诉讼程序结构意味着把更多的行政诉讼行为作为权利,赋予了当事人,而不是作为权力留给法官。由于这种诉讼模式与英美法系信奉的自然法思想相一致,更多地被没有公法与私法区别的英美法系国家所采用。当事人主义诉讼模式的优势在于,在保持法官中立的前提下,强调程序上的正义和当事人诉权的保护,当事人双方权利及其地位对等,法官只是居中裁判者,有利于保护当事人的合法权利,也有利于避免法官偏袒一方当事人。弊端是不利于案件真实性发现,也一定程度上影响行政审判的效率。即使如此,在当今世界范围内,与没有纯粹的主观公权利救济功能模式一样,也没有严格意义的当事人主义模式,它也仅是一种理想的理论模型。

(2) 职权主义诉讼模式。职权主义诉讼模式是与客观法秩序维护功能模式相适应的一种诉讼模式。在该模式下,法官拥有程序指挥权,当事人则被动地参与行政诉讼,它强调国家行政审判权对行政诉讼法律关系实行积极干预,法院具有相当的权力去决定和干预行政诉讼程序的运行,也必然限制当事人的诉讼权利。大陆法系主要国家,行政诉讼案件由专门的行政法院来审理,行政诉讼程序的运行更注重法官之职权作用,因而更接近职权主义模

式。职权主义行政诉讼模式的特点是,行政诉讼程序在法官的主导和指挥下,法官以能动司法的姿态,出现在行政审判活动中,通过审查案情,对诉讼当事人进行询问,有助于行政纠纷的彻底解决。这种诉讼模式的优点与当事人主义相反,是有利于行政争议的实质解决,弊端是易造成法官先入为主,不利于审判的公正,同时不利于调动当事人的诉讼积极性。即使如此,在当今世界范围内,与没有纯粹的客观法秩序维护功能模式一样,也没有严格意义的职权主义模式,它也仅是一种理想的理论模型。

当事人主义模式与职权主义模式作为理论模式,并非没有现实价值,可以据此衡量一个国家行政诉讼所呈现的整体风格。在现实层面,两大法系国家没有一个是彻底的当事人主义或者职权主义模式,现在世界各国对职权主义和当事人主义不再固守传统的观念,而是相互借鉴、相互融合,这是世界各国行政诉讼或司法审查模式发展的共同趋势。

(二) 我国行政诉讼功能模式下诉讼模式的定位

如果从行政诉讼法相关条款考察,我们可以发现,我国行政审判活动中,有关职权主义的法律条文体现得更充分。但是,实际中,法院的职权行使却没有得到很好的发挥,职权行使的边界并不是很明确,以至于行政审判实践的法制不统一。行政诉讼法下我国行政诉讼模式的特点,一方面,总体呈现职权主义模式,具体表现为:一是在行政诉讼的启动上赋予了法院审查权。在行政诉讼程序的启动上,只有经法院对当事人的起诉要件以及受案条件进行严格审查,且符合相关条件后,行政诉讼程序才有可能开始。在此环节,法院拥有很大的自由裁量权,很可能造成立案标准的不统一。二是法院享有证据调查权。现行《行政诉讼法》与旧《行政诉讼法》一样,为查明案件事实真相,赋予了人民法院调查收集证据的职权和责任。三是法院严格限制当事人的处分权。行政诉讼程序不能完全按照诉讼当事人的意志运行,当事人的处分权受到极大的限制。例如,对原告申请撤诉的,或者被告改变其所作的具体行政行为,原告同意并申请撤诉的,由法院审查后裁定是否准许。同时,除行政赔偿诉讼外,行政诉讼不适用调解。四是法院的裁判不拘泥于当事人的诉讼请求。人民法院对行政行为的合法性实行的是全面审查,并不局限于当事人的诉讼请求的范围。行政诉讼案件中,法院不是根据当事人的诉讼请求,而是根据被诉行政行为合法性及其效力,分别作出撤销判决、履行判决、变更判决、确认判决、驳回诉讼请求判决等。另一方面,当事人的诉讼权利被不合理地克减,以至于许多情形脱离了诉讼的基本规律,例如,人民法院无原则地超越原告的诉讼请求,导致诉外裁判现象。再比如,在立案环节,由于法院拥有很大的自由裁量权,某种程度上限制了当事人的诉权。总之,我国行政诉讼法仍然没有处理好职权主义与当事人主义之间的关系,对我国行政诉讼模式没有一个清楚的定位。

如何科学定位我国行政诉讼模式是一个值得研究的问题,关系到行政审判的效果,也关系到如何科学处理监督行政、权利救济以及行政争议解决三者之间的关系。在我们看来,我国行政诉讼模式的选择应当定位于职权主义兼采当事人主义行政诉讼模式,这意味着我国行政诉讼既不是纯粹的当事人主义模式,也不是绝对的职权主义模式。所谓职权主义兼采当事人主义行政诉讼模式是以职权主义为主导,兼顾当事人主义的混合诉讼模式,它符合行政诉讼模式发展的全球趋势和国内行政诉讼制度的内在规律。我国行政诉讼职权主义兼采当事人主义行政诉讼模式定位的理论依据主要有四个方面:

一是我国行政诉讼职权主义兼采当事人主义诉讼模式定位是我国司法改革的目标所决定的。党的十八届四中全会通过的《中共中央关于全面推进依法治国若干重大问题的决定》对我国司法改革做了具体部署,明确提出,"改革法院案件受理制度,变立案审查制为立案登记制;对人民法院依法应该受理的案件,做到有案必立、有诉必理,保障当事人诉权"。[①] 这一改革对解决行政诉讼"立案难"问题、充分保障当事人的诉权,进而化解"信访不信法"难题意义重大,从行政审判体制上看就是要去地方化、去行政化,本质上就是要求正确处理好法院职权与当事人权利之间的关系。一方面,在行政审判中,要发挥法官的职权作用,积极发挥行政诉讼的主观公权利救济功能以及客观法秩序维护功能,为监督行政以及原告的权利保护提供制度保障。另一方面,行政审判中,也要发挥当事人积极参与诉讼的作用,充分保护当事人的处分权和辩论权,以当事人的积极作用约束法院依职权开展工作。

二是我国行政诉讼职权主义兼采当事人主义诉讼模式定位是我国行政诉讼之内在构造所决定的。在我国行政诉讼的内在构造是主观诉讼还是客观诉讼的问题上,学界认识不同。一派认为我国行政诉讼是客观诉讼。客观诉讼是指以监督行政公权力行为为主要意旨的诉讼类型,在具体制度中表现为法院仅仅就行政公权力行为的合法性进行审查,不能针对原告的诉讼请求作出判决,因此,从总体上讲,我国现行行政诉讼法确立的是一种客观诉讼制度。另一派认为我国行政诉讼是主观诉讼,主观诉讼是以保护公民个人的权利和利益为直接目的的诉讼。从诉讼请求出发,由于我国行政诉讼确立的是"被害者诉讼"的原告资格标准,1989 年《行政诉讼法》确立的行政诉讼制度

[①] 《中共中央关于全面推进依法治国若干重大问题的决定》,载《人民日报》2014 年 10 月 29 日,第 1 版。

属于主观诉讼制度。但是,我国行政诉讼既不是完整意义上的主观诉讼,也不是完整意义上的客观诉讼,诉讼请求的主观性与法院审判的客观性使得我国行政诉讼在构造上呈现出一种扭曲的"内错裂"形态。[①] 从某种意义上说,我国行政诉讼是主观诉讼与客观诉讼的统一体。正如前面所述,在主观公权利救济模式路径下,行政诉讼采用当事人主义诉讼模式是其必然的选择。在该路径下的行政争议案件中,诉讼请求的确定、诉讼资料和证据的收集、证明,主要由当事人主导,并由此限定法院审判对象、范围以及主体诉讼地位关系,因此,在行政审判中,当事人相对于法官更为主动。在客观法秩序维护路径下,行政诉讼具有浓厚的职权色彩,有其具体的表现形式、存在的合理性及其内在的逻辑。在客观法秩序维护路径下,行政诉讼基于客观法秩序维护的考虑,当事人并没有主导行政诉讼程序,除了行政诉讼审判程序之发动,务必由原告提起行政诉讼外,法院对诉讼程序的运行起主导作用。而且,我国行政诉讼应当确立的是客观法秩序维护模式占主导地位的、兼顾主观公权利救济的诉讼功能模式,在主观诉讼与客观诉讼的关系中,客观诉讼是矛盾的主要方面。因此,我国行政诉讼模式应与行政诉讼功能模式相适应,定位为职权主义兼采当事人主义行政诉讼模式。

三是我国行政诉讼职权主义兼采当事人主义诉讼模式定位是我国行政诉讼之性质与目的所决定的。行政诉讼从性质上来说,兼具权利救济、监督行政、解决纠纷之三重属性。法院通过行政诉讼进行的监督,是通过个案的审理发挥作用,其直接监督的对象是被起诉的行政行为。行政诉讼作为一种控制行政权的制度,由法院对行政行为进行审查使国家行政权力与其责任相符并保证其在法律范围内运行。正因为监督行政之属性,在行政诉讼中法院居于主导地位,原告与作为被告的行政机关处于平等的地位并且都应接受法院的支配,通过这种诉讼活动发挥监督的作用。司法机关的监督与其他主体监督相比,具有法律性、中立性、事后性、被动性、有限性、监督方式独特性等特点。同时,行政诉讼是一种行政法律监督制度,而不是对公民、法人或其他组织的监督。以司法权与行政权的关系为视角,行政诉讼是司法权对行政权的监督。作为一种行政法律监督制度,司法权行使的被动性特征决定了行政诉讼是一种消极、被动的监督方式,也就是说,行政诉讼作为一种监督制度发挥作用的前提完全取决于相对人是否起诉。[②] 但是,行政诉讼之监督行政性质决定了,要真正发挥其监督行政之功能,必须赋予人民法院一定的职权,而

---

① 薛刚凌、杨欣:《论我国行政诉讼构造:"主观诉讼"抑或"客观诉讼"?》,载《行政法学研究》2013年第4期。
② 参见杨伟东:《权力结构中的行政诉讼》,北京大学出版社2008年版,第202页。

不是简单地套用当事人主义诉讼模式,才能承担起"强权"对抗"强权"之制度功能。其中的缘由,是因为作为被告的行政机关职权具有一定的优越性,而且熟悉与被诉行政行为相关的行政专业技术和法律规则,而原告处于劣势地位,实质上处于不对等的地位。为了使行政诉讼之两造在实质上享有平等的对抗机会,必须由法官运用职权帮助处于劣势的原告,以对抗强大的行政机关,实现实质上的程序正义。因此,行政诉讼模式必然表现为职权主义色彩。同时,从权利救济以及行政争议解决的角度,行政诉讼毕竟为一种诉讼程序,不能脱离诉讼的基本规律,程序上必须保障当事人的诉讼权利,也要适度尊重当事人的意思。因而,行政诉讼不可避免地定位为职权主义兼采当事人主义行政诉讼模式。

四是我国行政诉讼职权主义兼采当事人主义的诉讼模式定位也符合世界行政诉讼模式改革的潮流。我国在法律传统上接近于大陆法系,诉讼理念、制度上与职权主义模式具有相似之处。但是,大陆法系国家也纷纷进行了司法制度的改革,在不同程度上吸收了英美当事人主义诉讼理念,注重当事人各项诉讼权利的保障,既维护了正当程序,又保证了一定的诉讼效率,向混合式诉讼结构方向发展。与此同时,英美法系国家也在相当程度上借鉴大陆法系国家职权主义模式的特点,以期待建立程序公正与诉讼效率相对平衡的诉讼结构。世界诉讼法学界已经清楚地认识到,强化法官权力、弱化传统的当事人主义模式代表着诉讼理念的发展趋势。实践也证明,这一潮流是合理的。

(三) 我国行政诉讼功能模式下诉讼模式的制度完善

行政诉讼模式是行政诉讼各项制度所呈现的风格,涉及行政诉讼的性质、目的以及功能等理论问题。我国行政诉讼职权主义兼采当事人主义模式定位并不是职权主义与当事人主义的简单叠加,如何平衡职权主义与当事人主义,需要一系列制度去规范、去体现。我国行政诉讼职权主义兼采当事人主义模式定位对我国行政诉讼制度的完善提出了挑战,当前背景下,面临三大主要问题:

一是立案登记制与行政审判权的行使。2015年中央全面深化改革委员会审议通过了《关于人民法院推行立案登记制改革的意见》,指出改革人民法院案件受理制度,变立案审查制为立案登记制,对依法应该受理的案件,做到有案必立、有诉必理,保障当事人诉权。推行立案登记制改革,是党的十八届四中全会提出的重要举措,有利于从制度上、源头上解决行政诉讼"立案难"问题,对加快建设公正、高效、权威的社会主义司法制度具有重要意义。意见指出,要坚持正确政治方向,坚持司法为民、公正司法,以宪法和法律为依据,依法保障当事人行使诉讼权利,方便当事人诉讼。对符合法律规定条件的案件,人民法院必须依法受理,任何单位和个人不得以任何借口阻挠法院受理案件。人民法院对符合法律规定条件的行政诉讼案件,一律接收诉状,当场登记立案。当场不能判定的,应当在法律规定的期限内决定是否立案。在法律规定期限内无法判定的,先行立案。不符合形式要件的,人民法院应当及时释明,以书面形式一次性全面告知应当补正的材料和期限。不符合法律规定条件的,应当依法作出裁决。当事人不服的,可以提起上诉或者申请复议。新行政诉讼法也明确规定了立案登记制度。我们认为,立案登记制度的出台,一方面,体现了人民法院工作方式的重大转变,对于解决行政诉讼立案难问题将起到立竿见影的效果;另一方面,也给行政审判权提出了新的要求,即人民法院如何发挥自己的职权,这是一个值得研究的问题。

二是职权主义视野下证据规则的完善。我国举证制度受职权主义诉讼模式的影响,强调了法官在证据收集和调查等方面的作用。在职权主义路径下,如何充分考虑、兼顾行政审判的特殊性,法院如何行使证据调查权,如何积极地审查被诉行政行为是否合法,需要具体制度去规范,也是值得探讨的问题。在理念上,人民法院应当树立正确的职权行使观念,应当清楚认识到,在行政审判中,保护相对人的利益是法官的首要职责,行政诉讼证据主要存于行政案卷中,当行政相对人通过正常渠道收集证据存在着一定的难度时,法院有必要适时地运用职权进行调查。

三是职权主义视野下法官释明权的行使。法官的释明权是指法官为及时解决争端、做出公正裁判,为使当事人行为符合诉讼规则,向当事人提出建议的权限。例如,原告的主张不正确或者不清楚时,法官依据职权建议原告把不正确的主张予以排除,把不清楚的主张予以明确,否则法院不予立案,即使立案了,如果原告不及时纠正错误的诉讼主张,法院也会裁定驳回诉讼请求。设立法官的释明权制度的目的是,一方面,通过法官释明权的行使对辩论主义进行合理的限制和修正,纠正当事人主义带来的诉讼低下、成本增加等缺陷。另一方面,行政诉讼原告是普通民众,其在诉讼程序方面法律知识的限制,致使他们不能提出或说明自己的主张时,法院有职责指导当事人在诉讼规则内,做出某种诉讼行为。

针对面临的主要问题,我国行政诉讼职权主义兼采当事人主义模式定位对我国行政诉讼制度的完善的路径为:

首先,从制度上,要完善立案登记制度,建立与立案登记制度相配套的法律制度。2014年行政诉讼法修改的亮点之一,就是明确了立案登记制度,立案登记制度的实施给人民法院审判工作方式的转变提出了根本性要求,对于解决行政诉讼立案难问题是"一剂猛药"。从制度价值角度,立案登记制度的价值主要表现在两个方面,价值之一是保障相对人的诉权。国家对公民诉权的保障体现了一国法治的人权保障状况,也是衡量一个国家法治进步的主要标志。确认和保障公民权利是法治国家之根本要义,尊重和保障人权是国家治理的精髓所在。人权的保障机制中,权利的救济机制又是不可或缺的环节。价值之二是维护司法的权威及其公信力。司法是权利保障的最后一道防线。但是,由于我国行政诉讼存在立案难问题,很多行政纠纷难以通过司法途径解决,造成信"访"不信"诉",对社会的稳定造成了极大的隐患。实行立案登记制有助于"立案难"问题的解决,有助于提高司法的权威。随着新法的实施,各地法院立案数量有了明显的上升。我们应当客观理性地看待这种现象,这其中有人们法治观念以及权利意识增强的原因,也有可能存在滥诉问题。但是,长期的立案难导致的案件积压恐怕也是一个重要的原因。现行《行政诉讼法》的立案登记制度要打开民告官立案之门,不免面临保障诉权与避免滥诉问题之间的博弈,也给司法运行带来了空前压力。对于立案登记制度,司法实践中还面临一些需要明确的问题。登记是否就等于立案呢?显然,登记不等于立案。立案登记以后,人民法院是否立案,是形式审查还是实质审查也是需要进一步回答的问题。在我们看来,无论是立案审查制度还是立案登记制度,都要进行形式审查和实质审查。同时,立案登记制度的设计初衷在于保障当事人的诉权,形式审查是重点。但是案件进入审判阶段后,实质审查则是重点。

要真正运行该制度,则需要进一步建立与该制度相配套的机制。一是构建多样化纠纷解决机制,如诉前调解制度,分流案件,以减轻人民法院的负担,尤其是一些历史问题、敏感问题,更应该通过多元化的纠纷解决机制来解决。二是明确立案标准,立案标准中最棘手的问题是原告资格以及受案范围。从观念上,对立案标准总体上应该放松限制,人民法院要从理念上转变,尽可能满足原告的诉求,只要构成一个行政上的争议,人民法院就应当立案。① 三是建立立案标准指导制度。纵观世界其他国家的历史经验,在起诉条件上,法院以及法官往往具有很大的自由裁量权,存在标准不统一的问题,

---

① 以原告资格为例,由于原告处于弱势地位,其能提供的与被诉行政行为有利害关系的直接证据并不充分,此时法院多认定原告与被诉行政行为没有直接利害关系,从而作出不予受理的裁定。但是,我们认为,重点在于原告"认为",只要原告认为其合法权益受到侵害,且侵害是由行政机关的行政行为引起的,即可提起行政诉讼。原告资格问题在行政诉讼中非常复杂,不通过案件的实质审理,仅在审查立案阶段很难把握。在原告资格认定方面如果过于严格,会严重限制公民的行政诉权,而放任了部分公权力的滥用。

因此,从法治统一的角度,最高人民法院可以通过案例指导制度,指导地方各级人民法院的立案标准,以实现法制的统一。

其次,明确职权主义路径下法院行使证据调查权的边界。我国《行政诉讼法》明确规定了人民法院有权调查收集证据。我国《行政诉讼法》的证据体制,总体上采用了当事人主义为基础并同职权主义相结合的原则。① 在理论上关于行政诉讼中法院是否有权调取证据的争论中,一种观点认为行政诉讼中人民法院应该保持中立地位,所以应当根据双方当事人提供的证据,对案件事实作出判断,而不应当允许法院调查取证。持该观点的学者,其基本思路是沿用民事诉讼的证据规则。另一种观点则认为,由于行政相对人在行政程序中处于弱势地位,因各种原因而无法收集对自己有利的证据,所以,在特定的情况下,法院应当根据原告的申请调取证据。例如,关保英教授认为,人民法院是行政诉讼法的主持者,它既有收集、审查证据的权力,也有对证据进行全面控制的权力。同时,从我国审判制度中人民法院作为主导者来看,人民法院也有提供证据的义务。② 我们总体赞同后一种观点。但是,必须明确人民法院行使证据调查权的界限,以防止司法权的恣意。

关于人民法院行使证据调查权的界限,学者们对此提出了一些有建设性的观点。有学者结合行政诉讼实践研究认为,若行政诉讼中过分强调人民法院的职权取证,必然导致当事人特别是被告的消极举证;若过分强调被告举证,容易导致人民法院简单裁判,而使被告再次作出不利原告的行政行为,更加不利于解决纠纷。必须正确处理法院依职权调取证据与当事人举证之间的关系。对此,黄学贤教授提出了几点建议:诉讼中应当以当事人举证为主,法院只能在确有必要时并在法定的范围内才主动取证;当被诉具体行政行为涉及国家利益、公共利益或者他人合法权益的事实认定的,在依法完成前置后法院应当依职权调取证据,但不能以法院所调取的证据来证明被诉行为的合法性;不管是当事人提供的证据,还是法院依职权调取的证据,都应在法庭上出示。③ 而马怀德教授则认为,人民法院并没有补充调查证据的权利,法律只是规定对当事人因客观原因无法收集到的证据,人民法院可以"调取"。对被告方来说,人民法院只能调取其在行政程序中已经考虑,但因客观原因无法提供原件或原物的证据,人民法院不能调取在行政案卷中没有记载的证

---

① 黄学贤:《行政诉讼中法院依职权调查取证制度之完善》,载《苏州大学学报(哲学社会科学版)》2012年第1期。
② 关保英:《行政诉讼中原告提供证据行为研究》,载《法律适用》2011年第7期。
③ 黄学贤:《行政诉讼中法院依职权调查取证制度之完善》,载《苏州大学学报(哲学社会科学版)》2012年第1期。

据。① 上述观点从本质上说,是严格限制人民法院的职权取证权,必须明确人民法院的职权取证的条件。在我们看来,明确人民法院的职权取证权,必须处理好当事人主义与职权主义的关系,既要防止人民法院懈怠职权取证,也要防止人民法院任意行使职权取证。总的来说,行政诉讼证据制度,既要发挥当事人举证的积极性,也要发挥人民法院监督行政的功能,特定条件下必须积极行使职权取证权。当事人举证是主体,人民法院调查取证是对当事人举证的补充。② 具体来说,人民法院依职权取证的制度设计如下:

1. 人民法院依职权取证的原则

人民法院取证应当处理好当事人主义与职权主义之间的关系,从当事人主义出发,在行政诉讼案件的审理中,法院原则上不主动收集证据。人民法院行使职权取证权应当有法律依据,在法律规定的情形下,人民法院必须依职权取证。因此,人民法院依职权调取证据的主要目的是对当事人所提供证据的真实性、关联性和合法性进行核实,应当在当事人主张或者争议的范围内,而不是全面地调取收集证据。

2. 人民法院依职权取证的边界

人民法院职权取证的边界包括四个方面:(1) 被告对行政行为的合法性负举证责任是行政程序"先调查后裁决"的必然要求,因此,当被告不提供或不能提供充足的证据证明其行政行为的合法性时,法院不能替代被告人调查收集证据,更不能用依职权调取收集的证据去证明被诉行政行为的合法性。(2) 人民法院调取证据的性质是特定的,是基于监督行政的需要,因此,不得调取被诉行政主体作出行政行为时没有收集的证据。(3) 如果原告举证困难,基于监督行政的需要,人民法院应当依当事人申请或者依职权取证。(4) 人民法院主动收集证据的时间应当是庭审期间。

最后,明确职权主义路径下法院行使释明权的边界。法官释明权源于大陆法系诉讼制度中的概念,是指法院为弥补当事人在诉讼过程中存在的能力上的不足,通过指导等方式,以引导和协助当事人做出适格的诉讼行为的权力。最高人民法院《若干解释》第44条规定,有下列情形之一的,应当裁定不予受理;已经受理的,裁定驳回起诉:(一)请求事项不属于行政审判权限范围的……前款所列情形可以补正或者更正的,人民法院应当指定期间责令补正或者更正;在指定期间已经补正或者更正的,应当依法受理。这是行政诉

---

① 马怀德、刘东亮:《行政诉讼证据问题研究》,载《证据学论坛》2002年第1期。
② 姜小川:《行政诉讼中举证制度若干问题之研讨》,载《政法论坛》1996年第4期。

讼中首次通过司法解释明确法官的释明权。同样,最高人民法院《关于行政诉讼证据若干问题的规定》第8条规定,人民法院向当事人送达受理案件通知书或者应诉通知书时,应当告知其举证范围、举证期限和逾期提供证据的法律后果,并告知因正当事由不能按期提供证据时应当提出延期提供证据的申请。"应当"字样表明释明权既是一项权力,也是法院的一项职责。因此,法官释明权的行使与否都将产生一定的法律后果。

但是,司法实践中,各法院行使释明权的方式也不相同,一般以口头形式告知或者书面的形式送达等,各种不同的做法不利于规范法官行使释明权的行为。释明权作为一项权力和职责,法官应当依照法律规定的方式、条件行使。但是,我国新旧《行政诉讼法》都没有作出明确的规定,特别是对法官不当行使释明权所产生的法律后果规定不明确。从理论上说,在行政诉讼中,作为原告方的相对人,其诉讼地位以及诉讼能力都处于弱势的地位,法官释明权的行使,应处于中立者的地位,如果释明过度,则影响法官中立的地位,影响裁判程序的公正。如果释明不够,释明也就失去其存在的价值,甚至会使当事人产生误解。因此,必须明确法官行使释明权的方式及其法律后果。

如何规范释明权行使是一个复杂的理论问题,设置释明权的根本目的,一方面是确保司法公正的需要,另一方面也是提高诉讼效率的需要。因此,法官行使释明权应充分尊重当事人的意愿,避免因法官的误导,阻碍当事人行政诉权的正当行使。只有法官准确、适当地行使释明权,使当事人及时正确了解行政案件的法律关系,引导当事人进行有序的诉讼,才能实现行政诉讼的效率与公正。有必要指出的是,法官行使释明权必须掌握一个度,确保中立者的地位,平等地保护双方当事人的诉讼权利,以维护司法公正。结合行政审判的实践,行政诉讼中法官释明权的行使需要进一步规范和完善。

1. 要明确规定行使释明权情形

由于我国的行政诉讼模式总体是职权主义模式,人民法院具有指挥、控制整个诉讼的运行程序的权力。一方面,如果当事人提起的诉讼不符合诉之形式要件,应当及时告知当事人补充;另一方面,如果当事人提起的诉讼错误,不符合行政诉讼的相关规则,应当告知当事人纠正。其中主要涉及诉讼管辖、诉讼请求、证据补充等方面。如果当事人提起诉讼的人民法院没有管辖权,那么,应当告知当事人应当向哪一个人民法院提起诉讼。如果当事人提起的诉讼请求不正确,比如,当事人提起撤销之诉讼请求,经初步审查发现,行政行为没有可撤销的内容,应当告知当事人提出正确的诉讼请求。

2. 要明确规定释明权行使的方式

释明权作为法官的一项职责,要明确规定法官在行使释明权时,应用书面方式告知当事人。在行政诉讼中,许多当事人对行政诉讼之程序规则不熟悉,仅凭口头形式告知,当事人可能仍不明确,方式上也不严肃,书面形式较之口头形式,更具有明确性以及合理性。因此,使用统一的规范的书面形式进行告知,不仅能够体现告知的严肃性,也能确保告知内容的完整性以及统一性。

3. 要明确法官行使释明权的法律责任

许多当事人在行政诉讼中并不了解自己的诉讼权利、义务,如果法院不履行相应的释明权义务,就要求当事人承担不利的后果,显然不利于保护当事人的权益,更谈不上司法公正的实现。因此,如果有法律明确规定了法官应当履行释明权义务而没有履行的,一方面,法官应当承担行政责任,另一方面,因法院不行使释明权而导致当事人败诉的,立法应当规定将其作为二审法院发回重审的法定理由。同时,立法应赋予当事人对法院释明权的异议权,如果当事人对法院的释明行为提出异议,法院应作出书面裁定。

本 章 小 结

从现实层面,两大法系没有一个国家是彻底的当事人主义或者职权主义模式,现在世界各国对职权主义和当事人主义不再固守传统的观念,而是相互借鉴、相互融合,这是世界各国行政诉讼或司法审查模式发展的共同趋势。当事人主义模式与职权主义模式作为一种理论模式,并非没有现实价值,可以据此衡量一个国家行政诉讼所呈现的整体风格。我国行政诉讼模式的选择应当定位于职权主义兼采当事人主义行政诉讼模式,意味着我国行政诉讼既不是纯粹的当事人主义模式、也不是绝对职权主义模式。它符合行政诉讼模式发展的全球趋势和国内行政诉讼制度的内在规律。但是,如何平衡职权主义与当事人主义,需要一系列制度去规范。

第七章 行政诉讼功能模式下的诉讼类型

我国行政诉讼究竟是主观诉讼还是客观诉讼,学界认识不一。但是,根据《行政诉讼法》对审理对象的规定,我国行政诉讼中,人民法院仅就被诉行政公权力行为的合法性进行审查,不能针对原告的诉讼请求作出判决。因此,从总体上讲,我国现行行政诉讼法似乎确立的是一种客观诉讼制度。我们目前的立法与诉讼基本规律出现了一定程度的背离,因为诉讼总体上是以保护公民个人的权利和利益为直接目的的。同时,我国行政诉讼确立的是"利害关系人"的原告资格标准,因此,我国《行政诉讼法》确立的行政诉讼制度似乎属于主观诉讼制度的范畴。因此,我国行政诉讼立法究竟是主观诉讼还是客观诉讼的问题上,具有内在的矛盾性,对这一问题的探讨,对于完善我国行政诉讼制度,提高行政审判的实效性具有很强的理论与现实价值。

一、行政诉讼功能模式下诉讼类型之构造分析

(一) 我国行政诉讼类型构造之判断标准

一国的行政诉讼究竟是主观诉讼还是客观诉讼,是由一个国家的宪政结构、行政诉讼制度的特殊性等因素所决定的。对此,有学者认为,一国的行政诉讼究竟是主观诉讼还是客观诉讼可以参考两个层级的指标体系,即诉讼目的以及诉讼规则。诉讼目的是决定行政诉讼性质的基础性指标,是行政诉讼构造的起点,然而,这种构造能否完成,以及是否"工整",还需依赖于具体的规则。依据行政诉讼纠纷解决的特质,与诉讼目的联系最为密切的规则主要有五项:(1) 原告资格。主观诉讼与客观诉讼有不同的原告资格标准。由于主观诉讼的目的是救济公民权利,因此,其原告资格往往限于行政行为的"利害关系人"。而客观诉讼鉴于其维护客观法律秩序的目标,原告资格的要求相对宽松,但为了防止滥诉,也要求原告对被诉事项享有利益,"没有利益,就没有诉讼"。(2) 诉讼标的。诉讼标的是区别行政诉讼是主观诉讼还是客观诉讼的重要指标。通常客观诉讼以行政行为为诉讼标的,而主观诉讼以某项

权利为诉讼标的。(3)审理规则。客观诉讼与主观诉讼有着不同的审理规则。主观诉讼着眼于救济相对人权利,更倾向于全面审查。在客观诉讼之下,如果原告要求撤销一个行政行为的目的是使行政机关作出一个有益于己的授益行政行为,它须先提起撤销之诉,在行政行为被法院撤销后,再向行政机关提出申请,对行政机关行为不服再行起诉。(4)判决种类。主观诉讼与客观诉讼有不同的判决种类。主观诉讼回应于相对人诉讼请求的特点,决定了其判决种类的多样性。而客观诉讼监督行政机关依法行政的特点决定了其判决种类主要围绕于行政行为之违法或越权。(5)判决的效力。客观诉讼下的判决与主观诉讼下的判决有不同的效力。法国越权之诉中,法官作出的撤销判决具有溯及力,由于撤销的溯及力有时可能破坏社会生活的安定。对比之下,作为主观诉讼的完全管辖权之诉,其判决的效力限于当事人之间。① 对此,我们是赞同的,这一观点也总体上与两类行政诉讼功能理想模式的诉讼构造特点是相适应的。

如果这样的逻辑是正确的话,我国行政诉讼的诉讼类型主要就是客观诉讼,与民事诉讼主要是主观诉讼有本质的区别。民事诉讼主要是一种主观诉讼,这在理论上是没有争议的。因而民事诉讼主要围绕原告的诉讼请求展开,遵循诉判一致、诉讼类型也主要由原告的请求构建。而我国行政诉讼究竟是主观诉讼还是客观诉讼抑或二者的结合是存在争论的。笔者认为,我国行政诉讼目标总体上呈现客观诉讼模式,但也并非排斥主观诉讼。所谓客观诉讼是指以监督行政公权力行为为主要意旨的诉讼类型,在具体制度中表现为法院仅仅就行政公权力行为的合法性进行审查。而主观诉讼是指以回应原告诉讼请求为主要意旨的诉讼类型,在具体制度中体现为法院主要就原告的诉讼请求进行审查,附带审查被诉行政公权力行为的合法性。② 主观诉讼一般要求原告与被诉行政行为之间具有直接或者间接的利益或者利害关系,而客观诉讼并不要求原告与被诉行政行为之间具有利益或者利害关系。当然,在行政诉讼中,两种诉讼类型并不是泾渭分明的,通常交织在一起,既实现司法权对主观权利的保护,也实现司法权对行政权的合法性审查,保障客观的行政法律秩序。在主观诉讼中,一般说来,判决与诉请之间遵循严格的对应关系,强调诉求的审判中心地位,着重于原告的权利保护,判决不能超越诉请的范围。而在客观诉讼中,判决与诉请之间并非严格遵循诉判之间的对

---

① 参见薛刚凌、杨欣:《论我国行政诉讼构造:"主观诉讼"抑或"客观诉讼"?》,载《行政法学研究》2013年第4期。
② 关于主观诉讼与客观诉讼的概念,参见梁凤云:《行政诉讼法修改的若干理论前提(从客观诉讼和主观诉讼的角度)》,载《法律适用》2006年第5期。

应关系,弱化诉求在审判中的地位,强调诉讼对客观法律秩序的价值追求,判决往往超越诉讼请求。诉讼出于客观法律秩序的价值追求,诉判关系的非一致性在行政诉讼中表现得尤为明显。比如维持、确认合法等行政判决形式。由于维持判决带有"维护"行政机关的涵义而被学术界和实务界所诟病。在笔者看来,之所以造成学术界的上述认识,主要是因为研究者对行政诉讼的特殊性认识不足,突出表现为忽视了行政诉讼维护客观法律秩序的功能。在维护客观法律秩序方面,行政诉讼要承担监督和维护行政机关依法行政的功能。监督就是通过个案的审理,审查行政行为的合法性,并通过判决撤销、确认违法行政行为,或者通过司法建议等方式纠正行政违法行为。维护就是通过个案的审理,对行政机关合法的行政行为,或者尽管行政行为有瑕疵,但出于公共利益考虑,维持或者确认行政行为有效。尽管维持判决违背了诉讼本身的规律,脱离了原告的诉讼请求,但是却保障了行政客观法律秩序的实现。

(二) 我国行政诉讼类型构造之层次性

既然我国行政诉讼在目标模式上是主观诉讼和客观诉讼的对立统一,那么,在这一对立统一关系中孰是矛盾的主要方面呢? 我们认为,客观诉讼是矛盾的主要方面。主要有两个方面的理由:

一是行政诉讼审理对象决定了客观诉讼是矛盾的主要方面。在行政诉讼中,审理的对象是行政行为的合法性,而不是原告提出的行政诉请。对此,我国行政诉讼法规定,人民法院对行政行为的合法性进行审查。在行政诉讼审判过程中,不论行政诉请的形态,整个行政诉讼都是围绕行政行为是否合法进行的,司法权根据行政行为的合法与否以及特定情况,评判行政行为的效力,从而直接或间接对行政诉请做出肯定或者否定的判决。因此,从审理对象决定判决对象的角度,行政诉讼审理对象决定了行政判决的对象就是行政行为的合法性,而行政行为的合法性是原告诉讼请求能否得到满足的决定性因素。从此意义上说,客观诉讼的审理是主观诉讼审理的必需路径,因而客观诉讼在这一对立统一关系中必然处于矛盾的主要方面。也就是说,行政诉讼就是属于客观诉讼的范畴,只不过是通过客观诉讼的审理达到了主观诉讼之目的。

二是行政诉讼的立法目的之内在逻辑决定了客观诉讼是矛盾的主要方面。立法目的是立法者希望所立之法达到的法律效果。目的是全部法律的创造者。每条法律规则的产生都源于一种目的,即一种实际的动机。所谓行政诉讼目的,是指国家设立行政诉讼制度所希望达到的理想目标,其是决定行政诉讼是主观诉讼还是客观诉讼的起点与基础。对诉讼目的理解的不同,可能导致同一类型的行政诉讼在不同的国家有不同的定性,以及不同的规则选择。这方面的典型是撤销诉讼。在法国,撤销之诉(在法国通常称作越权之诉)是典型的客观诉讼,因为从公益出发构建的法国行政诉讼制度,其要旨是维护客观的法律秩序,撤销之诉被看作是实现此诉讼目的的诉讼类型。而在德国,受《基本法》第1条及第19条第3款的统领,行政诉讼首要的目标是服务于个人权利的救济,撤销之诉被看作是救济相对人权利的重要类型,是主观而非客观的。① 然而,我国现行行政诉讼法修改后,确立的是一种"保护—监督"的立法目的——保护相对人合法权益、监督行政机关依法行政。从保护相对人合法权益的角度看,行政诉讼属于主观诉讼的范畴。而从监督行政机关依法行政的角度看,人民法院主要审查行政行为的合法性,行政诉讼又属于客观诉讼的范畴。但是"保护—监督"两者之间关系的内在逻辑又决定了监督行政居于矛盾的主要方面。这是因为,监督行政是行政诉讼目的的逻辑起点,也是行政相对人能否得到保护的前提,监督行政所希冀的审查行政行为合法性与客观诉讼所追求的行政客观法律秩序维护是不谋而合的。所谓监督就是通过个案的审理,审查行政行为的合法性,并通过判决撤销、确认违法行政行为,或者通过司法建议等方式纠正行政违法行为。

民事诉讼与行政诉讼类型上的差异为我们确定行政诉判关系提供了新的视野。由于维护客观法秩序模式下的行政诉判关系与主观公权利保护模式下的不同,具有法院并不完全受诉讼请求措辞的限制以及判决有超越争讼当事人间的一般性效力的特点。甚至基于维护客观法秩序或者公共利益的需要,行政判决有超越诉讼请求的可能。在诉判关系问题上,民事诉判关系一致是一项基本原则,除非出于国家利益的考虑或者有明确的法律规定,才可以超越原告诉请,否则就是错误判决。而行政判决则不一样,虽然行政诉讼与民事诉讼都遵循不告不理原则,即不得诉外裁判,但是行政诉判关系并非完全一致,如维持判决、情况判决等。② 正如日本行政法学者美浓部达吉所言,诉外不得裁判"此亦非各国行政裁判制度共通之原则也,行政诉讼惟置

---

① 薛刚凌、杨欣:《论我国行政诉讼构造:"主观诉讼"抑或"客观诉讼"?》,载《行政法学研究》2013年第4期。
② 笔者认为,行政诉讼依诉请择判原则与行政诉讼原理以及审判实践具有内在的矛盾,忽视了行政诉讼性质、审理对象、诉讼法律关系主体的特殊性以及现代行政审判的发展趋势。在处理诉判关系时,应当从"依诉请择判"转换为"依行政行为效力择判"原则。依行政行为效力择判原则是对依诉请择判原则的"扬弃",是辩证的肯定与否定,契合了行政诉讼原理的内在逻辑,厘清了适用行政判决类型的界限,体现了行政审判权的司法秉性,适应了行政审判发展的现实需要。参见邓刚宏:《行政诉讼依诉请择判原则之局限性——依行政行为效力择判原则的可行性分析》,载《法学》2008年第9期。

重于以维持行政事件法规正当适用为目的之性质,故亦有国家依行政裁判所之职权而可出于当事者请求范围外以为审理,或得变更系争之处分,与原告以不利益者。行政诉讼,非以保护个人权利为主要之目的,乃以判断宣告公益事件何为正法为其目的者也,是故不拘于当事者之声明,而从裁判所自身之见地,以宣告关于系争事件之正法,是为当然,其结果反有归于原告之不利益者,亦非得已也"①。

二、行政诉讼功能模式下的诉讼类型之逻辑

(一) 主观公权利救济路径下行政诉讼类型的逻辑②

主观公权利是一个德国法上的概念,是主观权利在公法领域的衍生。主观公权利包含两层意义:其一防御权。也就是当行政主体违法侵害行政相对人权利时,个人可以请求行政主体停止侵害,而且此项请求可以得到司法上的支持。其二受益请求权,是指直接请求行政主体积极"作为"以使个人享有某种受益的权利。与行政相对人的主观公权利相对应的是行政主体的义务,行政主体负有积极"作为"或者消极的"不作为"的义务。当然,行政法上的义务并不一定有主观公权利相对应。主观公权利之防御权和受益请求权的两分法,其实质是把行政相对人与行政主体之间的权利关系划分为积极关系和消极关系两大部类,任何一种权利关系都必然归属于这两类关系之一种。笔者认为,主观公权利概念是一个具有动态意义的"权利"概念,更能提升行政相对人的权利主体意识,使行政相对人真正成为行政执法活动中的主体而不是客体。同时,任何静态意义的权利都可以通过主观公权利这一具有动态的"权利"得以实现。

所谓行政诉讼类型是指对行政诉讼依据一定标准进行分类所确定的诉讼种类,更具体地说,就是"公民、法人或者其他组织可以行政诉讼请求救济且法院仅在法定的裁判方法范围内裁判的诉讼形态"③。类型化研究是诉讼法学一个重要的研究方法,其目的是"按照一定的标准对社会纠纷进行归类总结,以为相应诉讼救济途径的设计或者诉讼体系漏洞的弥补奠定社会实证基础"④。同样,行政诉讼类型化研究既是一种研究方法,也是我国行政诉讼法学的研究热点。主要是因为,根据一定的标准将诉讼进行整合与分类,然

---

① 〔日〕美浓部达吉:《行政裁判法》,邓定人译,中国政法大学出版社2005年版,第155页。
② 邓刚宏:《行政诉判关系研究》,法律出版社2013年版,第131—142页。
③ 蔡志方:《行政救济法新论》,台湾元照出版公司2000年版,第170页。
④ 樊崇义主编:《诉讼原理》,法律出版社2003年版,第551页。

后由立法对各种不同诉讼类型的起诉要件、法院审判权限等加以明确具体的规定,相对人权益受到侵害时,能够便捷地选择适当的诉讼类型以寻求权利的救济。可以说,行政诉讼类型化关乎行政诉讼程序运行的基本规则,行政诉讼类型的多寡及其设置的科学合理性直接影响到行政相对人权利的保护以及司法审查功能的实现。从其概念以及类型化的目的,我们可以看出,行政诉讼类型化的标准和分类构成了问题的核心。我国究竟应当规定哪些类型的行政诉讼?行政诉讼类型化标准的确立是回答这一问题的前提条件。标准不同必然导致不同的行政诉讼类型体系。只有建立科学合理的标准,行政诉讼类型的分类才可能科学,也才可能体现行政诉讼类型化的价值,否则,可能违背行政诉讼类型化的目的。

问题是,确立科学合理的行政诉讼类型化标准的理论基础是什么呢?笔者认为,设立行政诉讼制度的目的是确立科学合理的行政诉讼类型化标准的理论基础。而设立行政诉讼制度的目的不外乎以下三个,即主观公权利的救济、客观法秩序的维护以及行政争议的解决。因此,确立科学合理的行政诉讼类型化标准要有利于行政诉讼制度目的的实现。从主观公权利的救济以及行政纠纷解决看,我国台湾地区学者认为,"就行政诉讼制度而言,依古典之理解,于依法行政原理下,行政系法律之执行作用,由于法律具有公平分配现有资源以及调整社会各种利益(利害)冲突之功能,故行政亦具有同样功能(行政之公益性或公共性)。就此而言,于行政与私人间关系上,行政本身即具有单方且依法解决社会纷争功能,从而对公权力而言,并无另外设置一种诉讼制度,以解决其与人民间纷争之必要。换言之,行政诉讼制度之存在理由,主要系因人民方面之救济要求而来。亦即,于公权力与人民间生有纷争时,一方面要求公权力提供权利保护,他方面要求该担任纷争解决任务之机关与纷争之一造(即公权力)保持相当之独立性,并须'依法解决人民与公权力间之纷争',乃有行政诉讼制度之设。"[①]在我们看来,出于主观公权利的救济以及行政纠纷解决的目的而设立行政诉讼制度,并没有说服力,因为这两个目的完全可以在民事诉讼的框架内得以解决。对此,马怀德教授道出了行政诉讼脱离于民事诉讼的根本原因,"其一,给予人民权利以特殊的保护。其二,公共利益之保障或公共秩序之维护。其三是出于诉讼经济的考虑。"[②]因此,笔者认为,确立行政诉讼制度的目的就是,给予行政相对人权利以特殊保护,确保行政客观法秩序的实现,并以经济的方式解决行政争议。所以,我们认为,确立行政诉讼类型化的标准要有利于主观公权利的保护以及行政客观

---

① 翁岳生主编:《行政法》(下册),中国法制出版社2002年版,第1321页。
② 马怀德主编:《行政诉讼原理》,法律出版社2003年版,第67页。

法秩序的实现,这是衡量行政诉讼类型化标准的基本依据,也是构建行政诉讼类型的基本路径。另外,就是有利于解决行政争议,避免司法资源被滥用。因此,当我们以主观公权利的保护以及行政客观法秩序的实现为路径设计行政诉讼类型化时,其标准不可能是单一的。事实上,综观世界各国,标准是多元的。① 但是,当以有利于主观公权利的保护为路径时,以诉的请求内容作为类型化最基本的标准是最恰当不过的,这也是学者普遍赞同的一个标准。这是因为"诉讼请求贯穿整个诉讼进程,原被告因诉讼请求参加诉讼活动,庭审紧紧围绕诉讼请求推进,法院裁判也局限于诉讼请求"②。我们也赞同这一标准,原因在于,在行政诉讼中,以主观公权利的保护为视角,主观公权利、行政诉权、诉讼请求、行政判决的逻辑关系以及其内容总保持着相当程度的一致性和连贯性。主观公权利决定行政诉权,有什么内容的主观公权利被侵害,就需要有相应的行政诉权去救济,就会提出相应的诉讼请求,诉讼请求的内容决定判决范围,行政判决不得超出诉讼请求的范围,除非有法律规定。

(二) 客观法秩序维护路径下行政诉讼类型的逻辑

从发展趋势看,目前各国的行政诉讼制度并非表现为单一的维护法治或者保护权利的基本状态。有学者通过对世界主要国家行政诉讼制度发展的考察,将其发展趋势归结为以下几点:一是从注重对个体权利的保护向注重协调公共利益或者是尊重行政权的多元价值目标转变。英国的越权原则、美国传统行政法模式下的司法审查制度以及大陆法系国家早期的越权之诉,无不具有约束行政权、保护公民自由权的价值取向。随着社会的不断发展,各国行政诉讼依附于立法权的模式基本得以修正,行政诉讼也开始注重对于公共利益的保护,或者是注重协调公共利益与私人利益之间的关系。这在英美国家,主要表现为对公共利益诉讼的建构,以及司法权对行政权的尊重。二

---

① 按诉讼请求的内容或者目的把行政诉讼分为撤销之诉、给付之诉和确认之诉。此种分类为德国、我国台湾地区行政诉讼立法所规定。参见《德国行政法院法》第 42 条、43 条,我国台湾地区"行政诉讼法"第 5 条、第 6 条。依据审判权限的大小,可以把行政诉讼分为完全管辖权之诉、撤销之诉、解释及审查行政决定的意义和合法性之诉,以及处罚之诉,此乃法国的做法。参见王名扬:《法国行政法》,中国政法大学出版社 1988 年版,第 664—708 页。以行政争议的性质与内容为标准,行政之诉可分为抗告之诉、当事人之诉、民众之诉和机关之诉。日本行政诉讼法做此分类。参见杨建顺:《日本行政法通论》,中国法制出版社 1998 年版,第 719—726 页。〔日〕盐野宏:《行政法》,杨建顺译,法律出版社 1999 年版,第 305—438 页。从被救济权利的性质出发,行政之诉可分为主观诉讼与客观诉讼。参见〔法〕莱昂·狄骥:《公法的变迁 法律与国家》,郑戈、冷静译,辽海出版社、春风文艺出版社 1999 年版,第 152—154 页。

② 黄启辉:《行政诉讼类型化之我见》,道客巴巴,2013 年 3 月 12 日,http://www.doc88.com/p-0973999390739.html,访问日期:2023 年 5 月 11 日。

是如果从维护法治的角度加以分析,行政诉讼也经历了从维护形式法治向注重对实质法治维护的历史发展过程。在此发展的过程中,行政诉讼已经不再仅仅具有维护法治或者是保护权利的单一的价值目标,而是糅合了以上各种价值目标。三是行政诉讼制度所保护的权利内容也获得了实质性进展,已经不再限于对自由权利的保护,甚至包含了对社会权利的保护的基本内容。①如果说,行政诉讼并非表现为单一的维护法治或者保护权利的基本状态,是世界各国行政诉讼发展趋势的话,那么,在客观法秩序维护模式下,我国行政诉讼类型又怎么反映这一发展趋势呢?应当构建怎么样的诉讼类型,以回应这一发展趋势?其背后的逻辑又是怎样的?

厘清客观诉讼之法律性质,是分析客观诉讼类型逻辑的前提性问题。何谓客观诉讼,有广义的概念,也有狭义的认识。从广义的角度,一切行政诉讼案件都具有维护客观法秩序的目的,或者说可以起到维护客观法秩序的效果,因而,行政诉讼某种意义上就是一种客观诉讼。狭义的角度,是从原告的诉讼目的的角度而言,与原告没有利害关系的诉讼才称得上客观诉讼,否则就是主观诉讼。此处的客观诉讼应当属于狭义的客观诉讼概念。在狭义的概念上,在日本,有两类客观诉讼,一类是机关诉讼,即行政组织内部的权限争议,本来应该属于由行政组织内部以行政作用的统一为职责的上级行政厅来解决的事项。另一类则是民众诉讼,它与国民个人的利害无关,完全是以纠正行政的违法行为为目的的。二者都属于学理上的客观诉讼,而不属于法律上的争讼。因此,这两类诉讼并不当然地归属于法院管辖,只是从政策角度分析,由司法权来解决更为合理、更为妥当时,在有法律予以承认的范围内,才例外地允许提起诉讼。② 因此,从狭义的角度,客观诉讼不是行政诉讼类型的主体,只是出于某种行政诉讼功能有必要设置的、与主观诉讼相对应

---

① 参见曹达全:《行政诉讼制度功能研究——行政诉讼制度在宪政和行政法治中的功能定位》,中国社会科学出版社2010年版,第88—95页。
② 行政机关相互间的权限争议是行政内部的纷争,本来是应该在行政内部解决的问题,不属于法律上的争讼。但是,也存在法律特别要求采取诉讼程序来解决的情形。例如,日本的《地方自治法》第176条规定的地方公共团体的长官和议会的争议,该法第146条规定的主务大臣和都道府县知事的争议、都道府县知事和市町村长的争议等(职务执行命令诉讼)。这种职务执行命令诉讼,是在普通地方公共团体的长官不执行国家的机关委任事务等情况下,主务大臣向高等法院提起诉讼,获得判决,代执行并且罢免该长官的制度。但是,由于其程序过于繁琐,最近,修改意见已被提出。民众诉讼是指请求纠正国家或者公共团体机关的不符合法规的行为的诉讼,并且是以选举人的资格或者其他与自己的法律上的利益无关的资格提起的诉讼。民众诉讼只有在法律上有规定时,才能够提起。作为民众诉讼的典型事例,有根据《公职选举法》进行的选举诉讼或者当选诉讼和《地方自治法》所规定的居民诉讼等。这种居民诉讼,是在普通地方公共团体的长官等进行了违法或者不当的公款支出以及财产的管理处分时,居民在经过对监察委员进行监察请求后提起的诉讼,对于地方行政的民主化、公正化,发挥着极大的作用。

的一种诉讼类型,此类诉讼类型的生成无非取决于以下两条基本逻辑。

其一,客观诉讼与行政诉讼功能之间的逻辑关系。从行政诉讼功能的角度,有必要设计客观诉讼,这是行政诉讼制度生成的逻辑基础。行政诉讼功能总体上来说,无非是权利救济、解决纠纷、监督行政。显然,如果从解决纠纷以及权利救济的角度,客观诉讼没有生存的土壤。因此,只有从监督行政的角度,客观诉讼才有生存的土壤。也就是说,维护客观法秩序的需要,是客观诉讼制度生成的逻辑基础。在这点上,与主观诉讼的生成逻辑有本质区别,主观诉讼是基于权利救济以及行政争议解决而生成。因此,主观之诉中,原告的诉之利益是其生成的基本逻辑,也是诉讼的基本规律。

其二,客观诉讼与原告资格之间的逻辑关系。如果说,诉之利益是主观诉讼生成逻辑的话,那么,客观诉讼与原告资格之间的逻辑关系又是怎样的?在主观诉讼中,行政诉讼原告是基于权利形式的救济权而生成,原告资格是提起主观诉讼的前提条件,无诉之利益,则无权提起与其相适应的诉讼类型。基本逻辑链条是,救济权形式—诉讼类型—判决类型,因此,主观诉讼可以按照行政之诉、诉讼类型和判决种类的对应关系划分为给付之诉、给付诉讼和给付判决,形成之诉、形成诉讼和形成判决以及确认之诉、确认诉讼和确认判决。然而,在客观诉讼中,原告提起诉讼的目的不是其自身权利的救济。由于狭义的客观诉讼是一种例外的制度,因此,客观诉讼在原告资格上必须有法律的明确规定。

三、行政诉讼功能模式下诉讼类型的构建

(一) 主观公权利救济路径下诉讼类型的构建

基于上述分析,我们认为,在主观公权利保护路径下,以诉讼请求为标准,行政诉讼应当构建以下四种诉讼类型:

1. 撤销之诉

撤销之诉是原告要求撤销行政行为的诉讼类型。撤销之诉是典型的形成之诉。原告提出的诉讼请求是撤销性请求,即请求取消或撤销行政机关的行为。此类请求针对的是行政主体已作出的行为。该行政行为可以是经过复议程序后未被复议机关改变的原行政行为,也可以是改变了原行政行为的复议决定。由于撤销之诉属于请求法院撤销行政机关业已作出的决定而提起的诉,因此由行政机关为其决定负举证责任。

2. 确认之诉

确认之诉是原告要求法院确认行政活动的合法性、行政法律关系是否成立而提起的诉讼类型。通常认为，其与民事诉讼上确认诉讼一样，具有如下几个方面的特征[①]：(1) 适用范围上的广泛性。各种行政诉讼无论其具体表现形态和内容如何，均是某种公法上权利义务争议，或公法法律关系争议。任何性质和内容的行政案件都可能成为确认诉讼的客体。(2) 确认判决效力的有限性。虽然各种法律上争议原则上均可提起确认诉讼，但确认判决对于原告的权利救济和纠纷的解决来说往往并不直接，也不彻底。(3) 具体适用时的补充性。所谓确认诉讼的补充性，是指就原告的权利保护请求来说，只有在不存在更直接、更有效的救济方法时，才能合法地提起确认诉讼。在确认之诉中，原告的诉讼请求是提出确认过去或将来的行政公权力行为的合法性，或提出行政公权力行为的有效性，或提出行政法律关系是否成立等具体主张。这类请求适用于行政机关的行为不具有可撤销的内容，或原告只要求确认、不要求撤销的情形。法院作出的否定判决是驳回原告诉讼请求判决，肯定判决就是满足原告诉讼请求的确认判决，认定一个行政法律关系存在或者具体行政行为合法、有效，或者确认某一法律关系不存在或者具体行政行为违法、无效。确认判决仅具有宣示意义，无法据以强制执行。

3. 给付之诉

给付之诉是与保护行政相对人的受益请求权相适应的诉讼类型。在消极行政时代，政府只是扮演着"警察"角色，但随着"积极行政""福利行政""服务行政"观念的兴起，行政开始承担越来越多的积极提供服务和给付的职责，相应地，人民的主观公权利已从消极地排除干预扩展至积极地要求给付的请求权。因此，给付之诉是因行政机关不履行作为义务而提起的诉讼类型。原告的诉讼请求属于履行性请求，即请求命令行政机关为一定的行为。适用于行政机关不履行法定义务的情形。在我国汉语意义中，给付的对象通常是金钱、物品等法律上的物。但在行政诉讼中，原告诉请法院判决被告实施某种给付，既可能是一种积极的作为行为，如原告请求行政主体作出某一行为，也可能是一种非行政行为，如请求行政主体给付一定的金钱或者物质。因此，给付之诉一般包括两种情形：一是课以义务诉讼即请求法院判令该行政主体应为一定行为之诉。一是狭义的给付之诉即请求行政主体金钱、物质上的给

[①] 参见赵清林：《行政诉讼类型研究》，法律出版社2008年版，第186页。

付之诉。狭义的给付之诉学理上称为一般给付诉讼。

4. 禁止之诉

禁止之诉作为一种预防性的权利保护机制,从为行政相对人提供无漏洞的权利保护体系角度看,有其理论与现实必要性。从理论上说,诉讼制度就是一种事后的权利补救机制,相对于行政纠纷的发生而言,其权利救济功能具有滞后性。我国新旧《行政诉讼法》中的被诉行政行为,要求行政行为客观上已经对相对人产生了事实损害之后果。但是,如果相对人有些权利的损害既成事实,会给相对人产生不可逆转的影响,那么,在行政行为尚未被实施前,允许相对人提起诉讼,请求人民法院禁止行政主体实施该行为,即设立禁止之诉就实属必要。即使从世界其他国家的横向比较来看,确立行政诉讼的禁止之诉也是成熟的做法。因此,只要未影响行政机关意思形成的独立性,不背离成熟原则,诉讼程序上进行一些特殊的设计以防止当事人滥用诉讼程序,设立禁止之诉也是可能的。

(二) 客观法秩序维护路径下诉讼类型的构建

1. 我国增设行政公益诉讼的必要性

所谓行政公益诉讼是指当行政主体之行为侵害公共利益时,制度上允许无直接利害关系的公民或国家的公诉机关为维护该利益而向人民法院提起行政诉讼的诉讼类型。其中由无直接利害关系的相对人提起的诉讼为民众诉讼,而由检察机关提起的则可以称为行政公诉。党的十八届四中全会《关于全面推进依法治国若干重大问题的决定》明确提出"探索建立检察机关提起公益诉讼制度"。这是由检察机关的性质、地位、职责决定的,也是党中央推进法治进程的现实选择。但是,修改后的行政诉讼法既没有规定一般意义上的行政公益诉讼,也没有规定由检察机关提起行政公益诉讼。公益诉讼本质上属于客观诉讼的范畴。正如前述,在客观法秩序模式下,原告之主张因为没有事实上的损害,其原告资格并不能一概否定,有其背后的逻辑。一方面,基于公共利益的保护是客观法秩序模式下没有事实上的损害,起诉人却能取得其原告资格的逻辑基础之一。我国现有的行政诉讼制度,总体来看,呈现主观公权利的模式,即原告是对自身权益寻求司法救济的制度,属于一种对人不对事的主观诉讼的范畴,原告所主张的诉之利益既不能是自身以外的利益,也不能是公共利益。但是,我国行政诉讼从应然的层面,应当定位于客观法秩序维护模式,很有必要放松行政诉讼原告资格限制,其理论基础就是基于公共利益维护的需要。另一方面,在客观法秩序模式下,行政行为接受司法审查的可得性,原告即使没有事实上的损害,却也能取得原告资格,是设立公益诉讼的逻辑基础之二。虽然行政诉讼法规定了相对人对行政行为行使职权的行为产生行政争议的可以提起诉讼,却强调起诉人只有在自身利益受到侵害时才能起诉。然而,很多情况下,行政行为的合法性属于超越于个人利益而客观存在的,未必与个人利益产生关联,倘若将个人利益是否受到侵害作为判断行政行为合法与否的标准,不仅逻辑上不成立,事实上也是不客观的。一些行政行为即使违法,也未必会产生对个人权利的侵害,其损害的是不特定的公共利益,如果仍然以主观公权利救济的思维方式,势必会忽视行政诉讼维护客观法秩序的功能,体现到制度设计方面就是行政公益诉讼制度的缺失。既然我国诉讼定位为客观法秩序维护模式,那么,行政主体和行政相对人之间一旦出现行政纠纷,社会应当尽可能地提供司法救济途径,如果涉及公共利益,应当放松原告资格之标准。

20世纪以来,西方发达国家行政公益诉讼原告资格发生了很大变化,一方面,起诉主体广泛,不再限于利害关系人,不再过度强调原告资格适格理论,扩大法律上利害关系人的范围,权利或利益直接受到行政行为影响的行政管理相对人,甚至任何人,均可依法提起行政公益诉讼。另一方面,诉之利益具有公共利益性,提起行政公益诉讼的目的是保护国家和社会公共利益免遭违法行政行为的侵害。在行政公益诉讼案件中,被侵害的是国家和社会公共利益,而对起诉人来讲,一般并没有直接法律利益上的损失,只是一定程度上的不利影响。更重要的是,为谋求行政公益诉讼中原告资格的妥善解决,实践中法院不再拘泥于法律权利标准,而是采用无利害关系标准,以便基于维护公共利益提起公益诉讼时起诉人具有原告资格。因此,有必要确立行政公益诉讼原告资格的一般标准,即由于公共利益维护的需要,将行政主体与相对人之间的"行政争议"作为行政诉讼之原告资格标准,不需要原告与被诉行政行为之间有法律上的利害关系。同时,在客观法秩序模式下,相对人可以以公共利益的名义提起行政诉讼,但是,并不是无限制的,否则很有可能造成滥诉的现象。

2. 我国增设行政公益诉讼的具体构想

建立公益诉讼制度涉及多方面的问题:一是提起公益诉讼的主体资格问题。理论上,提起公益诉讼主体包括国家机关,如检察机关,也包括社会团体、自然人。二是行政公益诉讼的对象和范围。不是所有涉及公众利益的违法行政行为都可以提起公益诉讼,世界各国的公益诉讼制度都设定了一定的范围,我国也不例外。三是明确公益诉讼的启动程序。社会团体或者自然人发现违法行政行为,是否可以直接提起行政诉讼,还是请求检察机关提起,需要立法明确。检察机关自己发现违法行政行为的,是直接提起公诉,还是先督促纠正,如果行政机关不纠正行政违法行为,再提起诉讼,也需要立法明确。四是明确公益诉讼判决的效力。其效力是包括对事的效力范围,还是也包括对人的效力范围,也是需要讨论的问题。具体设想如下:

(1) 提起公益诉讼的主体资格。原告资格是行政公益诉讼的核心问题,诉讼主体适格是提起诉讼的前提条件,在主观公权利救济路径下,提起行政诉讼的原告应该是与行政行为有利害关系的行政相对人。但在现实生活中,一些行政机关违法行使职权或者行政不作为,对公共利益造成侵害,却与具体的公民、法人或社会组织没有法律上的利害关系,诉讼主体不适格,导致无法启动行政诉讼程序,使违法行政行为难以进入司法审查程序。因此,从某种意义上说,建立行政公益诉讼,制度设计关键在于原告资格标准的设定。因此,公益诉讼是原告资格放宽、甚至取消才有可能生成的产物。那么,哪类主体才有权提起公益诉讼呢?纵观外国公益诉讼的法律规定,出于防止起诉人滥用诉权和维护行政效率的考虑,对公益诉讼的提起皆有比较严格的限制,在公益诉讼的提起条件上往往将"利害关系的非直接性"严格限定在公共利益。即公益诉讼起诉人所请求保护之利益不能是公共利益之外的特定个人利益。在构建我国公益诉讼提起主体问题上,理论上有三种可能设想。第一种可能是将提起公益诉讼的主体限定于检察机关,而不包括自然人、法人或者其他组织,即使自然人、法人或者其他组织主张自身利益以外的公共利益时,也只能先向检察机关提出,由检察机关向人民法院提起公益诉讼。此类意义上的公益诉讼等同于行政公诉制度。第二种可能的路径是,将提起公益诉讼的主体限定于自然人、法人或者其他组织,实际上等同于日本的民众诉讼。民众诉讼具有保护社会公共利益、监督违法行政之价值,它也是让民众通过诉讼途径,参与和管理国家与社会事务的重要途径。第三种可能的路径是,检察机关与公民都有权提起公益诉讼,也是一种比较理想的路径。但是,我们认为,公益诉讼作为一种新事物,可以逐步构建,第一步先建立起由检察机关提起的公益诉讼,观察其效果,能不能达到设立公益诉讼的目的。第二步建立检察机关与公民都有权提起公益诉讼的制度。这也是世界行政诉讼制度成熟国家的共同做法。

(2) 行政公益诉讼的范围。为了防止滥诉现象,公益诉讼范围应当有严格的限制,应当由法律、法规明确规定,缺少法律、法规依据的,普通公民和检察机关皆无公益诉讼的原告资格。其范围限定于环境保护、民生领域、国有资产、公共安全、审计和财政预决算以及使用等政府活动领域,随着理论上的成熟以及实践的需要,可以逐步扩大其范围。

(3) 公益诉讼的启动程序。如果公益诉讼启动权只赋予单一的检察机关或者普通公众,那么,自然由有权的主体提起公益诉讼。但是,如果我国公益诉讼制度采取行政公诉和民众诉讼双轨制,那么两者之间的关系是并列关系还是衔接关系,也是需要设计的问题。我们认为,如果公民提起公益诉讼,应当先向检察机关提出诉讼申请,由检察机关代表公民提起行政公诉,如果检察机关不作为的,再赋予公民公益诉讼权。这样设计的理由是,一方面,可以一定程度达到防止滥诉的目的,另一方面,尽可能由检察机关提起公益诉讼,也能体现公益诉讼的严肃性和权威性。

(4) 明确公益诉讼判决的效力。公益诉讼作为一种对事不对人之诉讼类型,其判决效力自然只具有对事的效力,涉及该事项的主体应当接受判决的约束。

(5) 相关制度配套。行政公益诉讼会涉及到其他方面的配套制度,诸如举证责任倒置、诉讼激励机制等,为了防止民众滥诉的现象,除了通过法律、法规列举的方式限定案件范围之外,还应当设置保证金制度。由于作为公益诉讼中原告的自然人、法人或者其他组织同诉讼标的之间缺乏足够的利害关系,加上被告又是行政主体,这就使原告缺乏足够的动力去追求胜诉的结果,甚至会在诉讼程序开始后缺席或退出。为了避免造成司法资源的浪费,法院在受理立案时需要考虑缴纳适量的保证金。[①] 在诉讼终结之后,无论原告是否胜诉,保证金都将退还。反过来,正是由于民众在提起公益诉讼方面缺少足够的驱动力,因此,需要建立胜诉奖励制度,以鼓励民众在通过司法途径保护国家和公共利益方面的积极举动。[②]

本 章 小 结

行政诉讼类型研究是行政诉讼的一个基本理论问题。行政诉讼类型的构建应当遵循什么样的路径、行政诉讼与民事诉讼类型究竟有何区别、构建行政诉讼类型的标准以及如何构建行政诉讼类型等都是不可回避的问题。我们分别以主观公权利救济与客观法秩序维护为路径分析了我国行政诉讼类型的构建。在主观公权利救济路径下,将行政诉讼与民事诉讼相比较进行法理分析的基础上,选择以诉请为标准,行政相对人完全可以通过"权利"形

---

① 郑春燕:《论民众诉讼》,载《法学》2001 年第 4 期。
② 杨寅:《行政诉讼原告资格新说》,载《理论法学》2002 年第 5 期。

式的救济权、"权力"形式、豁免形式的救济权分别提起给付诉讼、形成诉讼（包括撤销之诉、禁止之诉）、确认诉讼，与四种诉请相对应的类型分别是给付之诉、撤销之诉、确认之诉、禁止之诉。在客观法秩序模式下，有必要确立行政公益诉讼制度，明确由于公共利益维护的需要，将行政主体与相对人之间的"行政争议"作为行政诉讼之原告资格标准，不需要原告与被诉行政行为有法律上的利害关系。相对人可以以公共利益的名义提起行政诉讼，但是，并不是无限制的，否则很有可能造成滥诉的现象。

第八章　行政诉讼功能模式下判决体系

行政判决是行政诉讼理论研究的核心问题与热点问题,其判决体系设置的科学性关系到行政诉讼功能的实现,特别是当事人权利能否得到有效救济,监督行政之功能能否有效发挥。我国现有的行政判决体系具有其内在的矛盾性,突出表现为诉判不一致。但是,大部分学者局限于诉讼法公认的诉判一致的基本原理,似乎认为这是毋庸置疑的、先验的、普适的原理,并且运用这一基本原理分析研究我国的行政判决类型,试图重构诉判一致的行政判决体系。一般认为,判与诉是相对应的,判决是对诉讼请求的回应。法院不应主动裁决超出诉讼请求的问题,是诉讼法的基本原理。同时,也有少数学者在论证行政判决中一些诉外裁判的判决类型的合理性时,主张行政诉讼由于其职权主义特征,法院的判决可以超越原告的诉讼请求。因此,我国行政诉讼究竟是以诉判一致的原理去反思、重构判决体系,还是允许诉外裁判的存在,构建具有中国特色的判决体系,是一个值得探讨的问题,具有一定的理论与现实价值。

一、行政诉讼法下的行政判决体系及其评述

(一) 行政诉讼法中行政判决体系的修改

行政诉讼法对判决体系的规定主要表现在四个方面:

一是废除了维持判决。维持判决是人民法院认为行政机关的具体行政行为合法,予以维持的判决形式。1989年颁布的《行政诉讼法》第54条第1款第1项规定:"具体行政行为证据确凿,适用法律、法规正确,符合法定程序的,判决维持。"由于这种判决形式诉判不一致,遭到众多学者的非难。因此,现行《行政诉讼法》对此种判决予以废除,反映了诉讼的基本规律。同时,《行政诉讼法》第69条规定,"行政行为证据确凿,适用法律、法规正确,符合法定程序的",由人民法院作出驳回原告的诉讼请求判决来代替维持判决。

二是将行政行为明显不当作为撤销判决的情形。《行政诉讼法》第70条

规定,行政行为有主要证据不足的、适用法律、法规错误的、违反法定程序的、超越职权的、滥用职权的、明显不当的,人民法院判决撤销或者部分撤销。与旧行政诉讼法的区别就是,将行政行为明显不当作为撤销判决的条件。

三是完善确认判决的使用条件。现行《行政诉讼法》完善了两种适用确认判决的情况:一是行政行为程序轻微违法,但对原告权利不产生实际影响的采用确认行政行为违法判决。二是增加确认行政行为无效判决。①

四是扩大了变更判决的适用范围。现行《行政诉讼法》第77条规定,行政处罚明显不当,或者其他行政行为涉及对款额的确定、认定确有错误的,人民法院可以判决变更。与原变更判决的区别是,原行政诉讼法规定,变更判决仅适用于行政处罚显失公正情形。

(二) 行政诉讼法下的行政判决体系评述

废除维持判决,一定程度上反映了诉讼的基本规律。现行《行政诉讼法》修改前,主流的观点认为,我国行政诉讼中的维持判决是一种典型的"诉外裁判"。维持判决的这一性格特征背离了诉讼法的一般原理,也与人们期待中的司法权形象不相符。尽管有学者对维持判决的"诉外裁判"进行质疑,但也有学者认为维持判决有其存在的理论基础。在论证维持判决的理论基础时谈到,由于人们的意识观念更容易接近和接受当事人主义的诉讼结构模式,习惯于用当事人主义的思维方式与规范评价行政诉讼的诸项制度规则。现行《行政诉讼法》的修改,废除维持判决反映了主流呼声,符合行政诉讼的发展规律。

尽管废除了维持判决,但是,现行《行政诉讼法》仍然存在诉判不一致情形,也是行政诉讼特殊性的反映。在行政诉判关系问题上,历来存在两种不同观点,一种观点认为,以诉判一致作为一项基本的原理,试图构建诉判对应的行政判决体系,建议取消维持判决、确认合法判决等"诉外裁判"判决类型。该观点有两个立论基础,一个立论基础是以原权、救济权、诉讼请求与判决为

---

① 《行政诉讼法》第74条明确规定,"行政行为有下列情形之一的,人民法院判决确认违法,但不撤销行政为:(一)行政行为依法应当撤销,但撤销会给国家利益、社会公共利益造成重大损害的;(二)行政行为程序轻微违法,但对原告权利不产生实际影响的。行政行为有下列情形之一,不需要撤销或者判决履行的,人民法院判决确认违法:(一)行政行为违法,但不具有可撤销内容的;(二)被告改变原违法行政行为,原告仍要求确认原行政行为违法的;(三)被告不履行或者拖延履行法定职责,判决履行没有意义的。"第75条规定,"行政行为有实施主体不具有行政主体资格或者没有依据等重大且明显违法情形,原告申请确认行政行为无效的,人民法院判决确认无效。"第76条规定,"人民法院判决确认违法或者无效的,可以同时判决责令被告采取补救措施;给原告造成损失的,依法判决被告承担赔偿责任。"

线索,揭示了四者之间的内在关联:原权决定救济权,有什么内容的原权被侵害,就需要有相应的救济权去救济;救济权决定诉讼请求,有什么样的救济权,就允许相应的诉讼请求。原告就会提出相应的诉讼请求,以实现对原权的弥补;诉讼请求决定判决,判决不可能超出诉讼请求的范围,除非有特别理由;判决是满足诉讼请求,强制实现救济权,从而救济原权的手段和形式。进而得出结论:人民法院应当作出什么判决取决于当事人的诉讼请求,当事人会提出怎样的诉讼请求取决于救济权的内容,而救济权有什么内容又取决于被侵害的原权及其受损状态,所以被侵害的原权与行政判决之间有着相当密切的关联性。[1] 另一个立论基础是,行政行为的合法性与有效性是一致的,即合法有效的、违法无效的对应关系,并以此为逻辑,行政诉讼只要对行政行为的合法性作出判断就够了,无须进一步深究行政行为的效力。[2] 这种观点基本上是以上述两个立论为理论基础,以权利救济和行政行为为主线,来反思行政判决体系并试图作出重构。另一种观点认为,与前一种观点相反,把诉判一致作为行政诉讼的一项原则,作为国家态度之存在的判决,其表现形式有时脱离了诉讼本身的规律,例如判决针对并非原告诉讼请求标的的情况。当然,国家态度作为判决存在的意义并非唯一,如果没有这层意义的存在,在实际的司法运作中也会导致实质的不公平。[3] 甚至有学者认为,由于我国现行行政诉讼法确立的是一种客观诉讼制度,客观诉讼是指以监督行政公权力行为为主要意旨的诉讼类型,在具体制度中表现为法院仅仅就行政公权力行为的合法性进行审查。而主观诉讼是指以回应原告诉讼请求为主要意旨的诉讼类型,在具体制度中体现为法院主要就原告的诉讼请求进行审查,附带审查被诉行政公权力行为的合法性。客观诉讼和主观诉讼的划分在诉讼宗旨和确定原告资格等方面具有重要意义。但是,两者并不能截然分开。在多数情况下,两种诉讼交织在一起。我国行政诉讼法规定,法院仅就被诉行政公权力行为的合法性进行审查,不能针对原告的诉讼请求作出判决。[4]

---

[1] 张旭勇:《行政判决的分析与重构》,北京大学出版社 2006 年版,第 12—24 页。
[2] 同上书,第 56 页。
[3] 参见梁凤云:《行政诉讼判决研究》,中国政法大学 2006 年博士学位论文。判决往往具有国家态度之存在、原告裁判请求权利对应物之存在以及作为纠纷解决手段之存在三种意义。
[4] 梁凤云:《行政诉讼法修改的若干理论前提(从客观诉讼和主观诉讼的角度)》,载《法律适用》2006 年第 5 期。

我们总体上赞同第二种观点①,仍然认为,有必要从主观公权利的救济与客观法秩序的维护两条路径,来认识行政诉讼判决体系的构成与完善。

二、主观公权利救济路径下行政判决体系的逻辑②

(一)主观公权利救济路径下行政判决体系构成

任何权利的实现都必须建立起权利的宣示、预防侵害、救济、国家帮助机制。在这一权利的实现机制中,救济机制是核心,可谓有权利就有救济,反过来也一样,有救济才有权利。因此,行政相对人的主观公权利的实现必须仰仗于救济机制。其实,救济本身就是一种权利,所谓救济权是权利不能得到对方主体配合实现而产生的一种权利。因此,从此意义上说,行政相对人的主观权利是行政诉权的基础,没有主观公权利,行政诉权便没有真实内容。同时,行政诉权是主观公权利的保障,没有保障就没有权利。没有行政诉权,一切主观公权利都不成其为权利。也就是说,主观公权利与行政诉权总是保持着内在逻辑的一贯性。

行政诉权并不是一个抽象的概念,具有丰富的内涵。行政诉权不仅是一项提起行政诉讼的权利,而且还是一种基于某种特定事项与事实状态并超越其本身而进行诉讼的权利,亦是一种通过行政审判程序而使权利受损害者获得司法补救的权利。它包括享有程序控制权、各种诉讼行为实施权、处分权、要求审判机关纠正错误裁判和强制实现生效法律文书所确认的实体权利的申请权等具体权利。因此,行政诉权不仅是一项阶段性权利,而且是贯彻诉讼始终的权利;行政诉权不仅是具有程序意义的权利,而且是具有实体意义的权利。原告的行政诉权在整个诉讼程序中,主要表现为两个方面的意义③:其一,原告向法院提出具体的诉讼请求,启动诉讼程序。其二,行政诉

---

① 笔者曾在《论我国行政诉讼的功能模式及其理论价值》(载《中国法学》2009年第5期)一文中论证了我国行政诉讼功能模式总体上应当定位为客观诉讼模式,但是并不排斥行政诉讼具有主观诉讼的特点,因而行政诉讼是主观公权利救济和客观法秩序维护相统一的功能模式。我们认为,行政判关系一致的观点具有一定的局限性,其主要表现为忽视了行政诉讼的性质、审理对象、诉讼法律关系以及行政判决发展的新趋势。参见邓刚宏:《行政诉讼依诉请择判原则之局限性——依行政行为效力择判原则的可行性分析》,载《法学》2008年第9期。
② 参见邓刚宏:《行政诉判关系研究》,法律出版社2013年版,第58—70页。
③ 行政诉权具有上述两个方面的意义是由诉权的基本内涵所决定的。行政诉权包括下面三项具体的权利:第一,起诉权。第二,对不受理起诉裁定的上诉权。第三,获得裁判权,即要求法院对行政争议和自己的诉讼请求作出具有法律效力的处理结论的权利。参见高家伟:《论行政诉权》,载《政法论坛》1998年第1期。

权对审判权具有制约作用。也就是说,一方面,行政诉权之处分权内涵左右着行政诉讼程序之推进与终了。另一方面,审判权受行政诉权及其要素的具体内容约束,其运作不能随意背离或超越诉讼请求范围。原告一旦在诉讼中表明了请求事项,法院就应当针对原告的请求作出判决,超出原告请求范围或者脱离原告请求所作的诉外判决均认为是对处分权的严重侵害。也就是说,无诉讼请求即无判决,凡当事人依法提出的诉讼请求,法院不得拒绝审理,法院对诉讼请求必须作出判决;凡当事人未纳入诉讼请求的事项,除法律另有规定外,法院不得作出判决。总之,行政诉权、行政诉讼请求与行政判决总是保持一致,人民法院的判决针对诉讼请求作出,要么肯定要么否定。当然,揭示主观公权利、行政诉权、诉讼请求、行政判决之间的关系,仅停留在逻辑上总保持着相当程度的一致性和连贯性是远远不够的,我们必须更进一步探悉诉讼请求、行政判决内容上是否具有某种关联性。

在民法领域,有民法学者对救济权本身的表现方式与诉讼判决形式之间的对应性进行了研究。在民事诉讼中,救济权表现形式分别与不同的诉讼判决类型相对应:(1)表现为自由形式的救济权是自力救济,与诉讼形式无关。(2)当表现为(狭义)权利形式即请求权的救济权不能实现时,则可以进入诉讼,救济权成为诉权,通过请求(给付)之诉实现救济性请求权。相应地,人民法院则作出给付判决。(3)当表现为权利形式的救济权不能实现时,则可以通过形成之诉实现,形成之诉又可以分为变更之诉和撤销之诉等。相应地人民法院作出形成判决。(4)当表现为豁免形式的救济权不能实现时,则可以通过确认之诉以及诉讼程序中的抗辩权实现。相应地,人民法院作出确认判决。① 民法学者的研究解释了民事诉讼将民事之诉、诉讼类型和判决种类划分为给付之诉、给付诉讼和给付判决,形成之诉、形成诉讼和形成判决以及确认之诉、确认诉讼和确认判决的原因。问题是,民法学者的研究成果是否适用行政诉讼呢?我们的答案是肯定。因此,在主观公权利救济路径下,行政诉讼的判决体系与民事诉讼别无二致。

(二)主观公权利救济路径下行政判决体系的逻辑

但是,有学者认为,民法学者研究总结的、由救济权形式—诉讼类型—判决类型构成的理论模型不能适用于行政诉讼,私法公法之间存在的重大差异构成了致命的障碍。其理由为②:第一,行政相对人不拥有民法意义上的、

---

① 王涌:《私权的分析与建构——民法的分析法学基础》,中国政法大学 1999 年博士学位论文。
② 参见张旭勇:《行政判决的分析与重构》,北京大学出版社 2006 年版,第 17—18 页。

表现为"豁免"形式的救济权，因此，也就不存在与此相对应的确认之诉和确认判决。表现为豁免形式的救济权，是一种免受别人行为影响的权利。但是，在行政法领域，由于行政行为公定力的存在，相对人显然不拥有类似于民事主体的豁免权。由于行政行为的公定力，只要行政行为一作出，在其被有权机关否认之前，就具有确定的内容和效力，因此存在的问题不是确定争议的内容，而是对已经有效力的内容是不是要否定的问题。因而，在行政法领域，行政相对人不拥有表现为"豁免"形式的救济权，也不存在与此相对应的确认之诉和确认判决。第二，行政法上，相对人不拥有民法意义上的、通过自身意思表示行使的撤销权，即不存在"权力"形式的救济权。实体法上的私人，关于公法上的法律关系特别是行政行为的撤销，基本上没有被赋予作为其撤销原因的事实是否存在之认定的权限，以及通过意思表示撤销该认定的权限。也就是说，行政权具有通过行政行为来规范行政上的法律关系的权限，该行政行为对私人具有拘束力，只有基于有权的判断行为才能使其失去效力，所以，不存在民法意义上的那种形成权的概念。

我们认为，在行政诉讼中，原告仍然存在民法学者研究中所称的"权利""权力"以及"豁免"形式的救济权。民法学者研究总结的"救济权形式—诉讼类型—判决类型"构成的理论模型仍然适用于行政诉讼，行政诉讼仍然可以按照行政之诉、诉讼类型和判决种类的对应关系划分为给付之诉、给付诉讼和给付判决，形成之诉、形成诉讼和形成判决以及确认之诉、确认诉讼和确认判决。即在行政诉讼中，"权利"形式的救济权—给付之诉—给付判决、"权力"形式—形成之诉—形成判决、豁免形式的救济权—确认之诉—确认判决的对应关系仍然是存在的，这也构成了主观公权利救济路径下，行政判决体系的基本结构。这是因为：

行政行为的效力理论成为否定原告上述形式的救济权的理由缺乏充分的说服力。在大陆法系，尤其在德国、日本以及我国台湾地区，主张行政行为所具有的公定力是指"行政处分本身应具备之法律要件是否齐全尚存疑问，在有权机关或法院于依法令所定之程序确定其为不生效之前，要求任何人均应认为其具有拘束力之适法妥当之行政处分之力"[1]。但实质上，"它是一种法律假设，而不是行政机关的自我确信。它是假设和推定的结果，而不是行政特权的体现"[2]。其理论基础是基于法的安定性，要求行政相对人尊重行政行为，但并不能说明行为满足合法要件就无可争议。相反，为了保护相对

---

[1] 城仲模：《行政法之基础理论》，台湾三民书局1988年版，第176页。
[2] 叶必丰：《行政行为的效力研究》，中国人民大学出版社2002年版，第76页。

人的合法权益,世界各国均设置相应的行政救济制度,给予相对人向国家机关请求撤销、变更或补正不合法行政行为的权利。正如有学者指出:"公定力仅仅是一种假定或推定的法律效力,但在假定期间不具有强制实现力,行政行为设定的义务并不会被强制执行;并且在该行为真正严重违法时,相对人可以通过法律所提供的相应机制来解除该行为的法律效力。"①因此,我们认为,行政行为的公定力仅是在行政管理领域,出于行政客观秩序安定性的需要的逻辑假设,并不足以否定行政相对人行使民法学者所提出的三种救济权,行政相对人完全可以通过"权利"形式、"权力"形式、豁免形式的救济权分别提起给付之诉、形成之诉、确认之诉。因此,公定力理论不能成为否定原告上述三种形式的救济权的理由。事实上,当进入行政诉讼程序中,行政行为的效力是否自然延续,世界各国的做法不一。比如,德国除非法律规定或行政机关决定行政行为立即生效,行使法律手段具有推迟作用。推迟作用是指,行政行为的法律效果被推迟,行政行为还没有法律效果,不得执行或者产生其他后果。② 在我国,尽管起诉不停止执行是我国行政诉讼法中的一项重要制度,但是起诉不停止执行的弊端不论是理论上还是实践上都凸显出来,起诉不停止执行的理论基础——公定力理论正在动摇,合理性已经受到许多学者的质疑。③ 因此,在笔者看来,行政诉讼中的给付之诉、形成之诉、确认之诉与民事诉讼中的相应类型,总体上除了程序设置上为了更好保护行政相对人利益、实现行政客观法律秩序以及总是但并不全涉及公共利益外,并无明显的差异。

从上面的论证,我们可以依照逻辑展开的顺序,把主观公权利、行政诉权、诉讼请求、行政判决的关系描述为:当主观公权利受到侵犯或破坏后便产生相应的行政诉权,进入诉讼程序体现为向人民法院提出特定的诉讼请求,人民法院审理之后依法作出满足(包括部分满足)诉讼请求或驳回诉讼请求的判决。换句话说,主观公权利、行政诉权、诉讼请求、行政判决的关系从逻辑上总保持着相当程度的一致性和连贯性。

---

① 叶必丰:《行政行为的效力研究》,中国人民大学出版社 2002 年版,第 81 页。
② 〔德〕哈特穆特·毛雷尔:《行政法学总论》,高家伟译,法律出版社 2000 年版,第 241 页。
③ 关于起诉不停止执行制度的反思,可以参见石佑启:《对行政诉讼中不停止执行原则的评析》,载《中央政法管理干部学院学报》1997 年第 4 期;余涛:《起诉不停止执行原则之检讨》,载《河南省政法管理干部学院学报》2004 年第 6 期。

三、客观法秩序维护路径下行政判决体系的逻辑[①]

(一) 客观法秩序维护路径下的行政判决体系构成

由于行政诉讼的特殊性,行政诉判关系的非一致性也是其表现形态之一。所谓行政诉判关系非一致性,是指行政判决并非完全局限于诉讼请求的范围,可以超越诉讼请求作出判决。通过前面的分析,非一致性可以从以下几个方面理解:一是行政诉讼具有客观诉讼的特征。客观诉讼具有对事不对人的特点,行政判决往往并不是回应原告的诉讼请求,而主要是回应行政行为的合法性与有效性。因此,我国行政诉讼作为主观诉讼与客观诉讼的统一体,其诉讼判决也不可避免超越原告的诉讼请求。二是从行政判决的国家态度意义上理解,行政判决有可能超越原告的诉讼请求,并非只是对原告诉请的回应。三是行政诉讼模式上职权主义特征。行政诉讼与民事诉讼明显不同的是,世界各国的行政诉讼基本上都带有职权主义模式的特点。这种职权主义表现在行政诉判关系上,法院的审判权并不局限于原告的诉请范围,如我国的重作判决、台湾地区的径为判决等。四是行政行为的违法性与有效性并非一致。正如前面指出这是决定行政诉判并非一致的基本逻辑。如果行政行为违法但有效时,即合法性与有效性不一致时,行政诉判关系就会产生不一致。这是行政诉判关系非正常状态,也不符合诉判一致的诉讼法原理。在行政诉讼中,典型的是情况判决,也是被目前我国行政诉讼立法所确认的制度。但我们通过前面的研究发现,行政诉讼并不只有这一个例外,这里有三种情形需要考虑。一是在行政诉讼过程中,如果有权行政主体对主体违法行政行为予以追认,或者行政主体对违法行政行为进行转换,使之成为合法行政行为,人民法院对其效力作出怎样的评价,并怎样作出判决。我国行政诉讼法没有对此作出制度安排。二是行政行为程序违法,是不是必然导致行政行为无效、人民法院作出撤销判决,也是值得考虑的。三是对于授益性行政行为,如果违法行政行为被撤销,导致原告及其他利害关系人法律地位的不稳定,从而损害行政法律关系中的相对人的信赖。因此,有必要限制撤销。在笔者看来,如果要对上述三种情况作出一个合理的制度安排,即行政诉讼设立追认、转换、补正判决制度,必然导致诉判关系不一致。

在客观法秩序路径下,在行政诉讼中,除了合法性与有效性不一致时,行政诉判关系会不一致外,由于行政诉讼的特殊性,如监督行政的属性,以及特

---

① 邓刚宏:《行政诉判关系研究》,法律出版社2013年版,第72—99页。

定具体情形,也会产生诉判不一致的现象。因此,从目前我国行政诉讼法立法现状看,在客观法秩序的维护路径下,以诉判不一致为标准,其行政判决体系构成如下:

(1) 重作判决。重作判决作为一种辅助判决,并不是一个独立的判决形式,它依附于撤销判决,是为了防止被告消极行使职权,从而损害行政相对人的合法权益和社会公共利益。

(2) 确认合法或者有效判决。行政诉讼法司法解释规定,具体行政行为合法,但不适宜作出驳回原告诉讼请求判决时,适用确认具体行政行为合法或者有效的判决。① 确认判决是对行政行为的肯定,确认判决作出后,行政机关发现确有错误的,仍然可以更改。确认合法判决可以用来确认具体行政行为合法。行政行为被确认合法时,一般来说该具体行政行为已经被变更,或被撤销或存在合理性问题等等。

(3) 情况判决。所谓情况判决是指人民法院经过审查认为被诉行政行为违法,但撤销该具体行政行为将会给国家利益或公共利益造成重大损失的,人民法院应当作出确认被诉行政行为违法的判决,并责令被诉行政机关采取相应的补救措施,造成损害的,依法判决其承担赔偿责任。这种判决在我国台湾地区以及日本行政法上被称为"事情判决",属于诉外裁判的情形。

(4) 变更判决。现有的变更判决适用于行政行为"显失公正"的情况。"显失公正"是指主体的行为在形式上虽然合法,但存在着明显的不合理,从而在实质上不合法的行为。这种判决形式是司法权对行政权的"越位",实际上是作出了新的行政行为。笔者认为,这也属于超越诉讼请求的判决类型,因为原告提出的诉讼请求一般是撤销之诉,并没有提出变更。

(二) 客观法秩序维护路径下行政判决体系的逻辑

由于维护行政客观法秩序是设立行政诉讼制度的一个重要目的,因此,以行政客观法秩序为路径,是研究探讨行政判决体系逻辑的另一条主线。同样,与主观公权利救济路径下一样,在客观法秩序维护路径下,行政诉判关系也是构建其判决体系的逻辑链条。只是不同的是,在主观公权利救济路径下,其诉判是一致的。而在客观法秩序模式下,行政诉判关系是不一致的,因而其判决体系也具有特殊性。

当我们从主观公权利保护维度思考行政诉判关系时,基于主观公权利保

---

① 最高人民法院《关于执行〈中华人民共和国行政诉讼法〉若干问题的解释》第57条第1款规定:"人民法院认为被诉具体行政行为合法,但不适宜判决维持或驳回诉讼请求的,可以作出确认其合法或者有效的判决。"

护的角度,行政判决只要对原告的诉求加以回应,就可以达到诉讼的目的,实现诉讼解决行政争议的功能。但当我们从行政客观法秩序维护维度思考行政诉判关系时,判决与诉请的关系又怎么样呢?我们总体认为,判决与诉请之间并非严格遵循诉判之间的对应关系,弱化诉求在审判中的地位,而是以行政行为的合法性为审判中心,强调诉讼对行政客观法律秩序的价值追求,判决有可能超越诉讼请求。

从行政客观法秩序维护维度思考行政诉判关系时,判决与诉请并不完全一致,是建立在行政行为的合法性与行政行为的效力不一致的逻辑假设的基础之上。主观公权利救济维度下的行政诉请与判决的关系链,只有在行政行为的合法性与行政行为的效力关系一致的前提下,诉判才是一致的。也就是说,按照严格法治主义的观点,如果行政行为违法则无效,那么就满足原告的诉讼请求,如果行政行为合法则有效,那么就驳回原告的诉讼请求。因此,行政诉判关系是否一致基本上取决于行政行为合法性与行政行为效力是否一致,这是问题的核心。我们有必要对这一问题做进一步的探讨。通过上面的分析,行政行为的合法性与行政行为的效力关系是研究行政诉判关系的一个基础性问题,行政行为的合法性与行政行为的效力是否呈现对应关系是决定行政诉判关系是否一致的逻辑前提,也是行政诉判关系是否保持一致性的逻辑基础。因此,探讨行政诉判关系有必要从行政行为的合法性与行政行为的效力关系入手。

一般说来,在民法领域民事行为的合法性与效力并非完全一致,合法的民事行为一般是有效的,而违法的民事行为可以分为无效的民事行为、可撤销的民事行为以及效力未定的民事行为。无效的民事行为自始无效,可撤销的民事行为在未撤销前是有效力的,而效力未定的民事行为,在未被追认效力前,其效力处于未确定状态。可撤销民事行为被撤销则民事行为从开始就无效,而效力未定的民事行为如果被追认,则发生溯及既往的法律效力,不被追认不发生法律效力。这主要是由民法的意思自治原则、契约自由思想等所决定的。

问题在于,民法领域民事行为的违法性与效力并非完全一致是否同样也适用于行政法领域呢?或者说,行政行为违法就必然导致对其效力的否定呢?对这一问题,行政法学者有不同的答案。在行政法领域,行为违法指行为违反了法定义务,包括作为、不作为义务。如我国1989年《行政诉讼法》第54条关于行政行为违法的几种理由:主要证据不足、适用法律法规错误、违反法定程序、超越职权、滥用职权和不履行及拖延履行法定职责等。显然行政违法主要是行为违法。行政行为违法既可能是作为行为也可能是不作为行为。不作为违法无效是没有争议的,而作为的违法无效颇有争议。关于是否依违法程度的不同将其分为不同的形态,理论与立法上有两种不同的观点①:(1) 肯定说。该说认为依违法程度的不同,可将作为的违法行政行为分为不同的形态。依通说,应分为无效行政行为和可撤销行政行为。肯定说经历了原则无效说和原则可撤销说两个发展阶段。原则无效说认为,违法行政行为原则上是无效的,例外情况下才承认其具有暂时的效力,有权机关可以撤销。依法行政是行政法的基本原则,行政主体必须在法定范围内为行政行为,无法外特权。如果承认违法行政行为的效力,就会导致行政机关滥用职权,侵犯人民的自由及权利,损害公共利益。这种观点在形式法治主义时期较为流行。而原则可撤销说认为,违法行政行为原则上是有效的,未经有权机关依法撤销前,任何人不能否认其效力,但因其违法性的存在,这种有效具有暂时性,可因撤销使其失去效力。只有违法程度较为严重的违法行政行为才无效。行政行为公定力的原理是该说的理论基石。为了维护行政法律关系的稳定性,行政行为一经作出即推定为合法有效,拘束行政主体及相对人。完全否定违法行政行为的效力会损害人民的信赖利益。由于行政监督体制以及行政救济制度的存在,即使暂时承认违法行政行为的效力,也不会损害人民的权益。(2) 否定说。此种观点反对将违法行政行为作理论上的划分。较有代表性的观点是"一元化理论"。这种观点根本否认无效行政行为的存在,而认为所有的违法行政行为都是可撤销行政行为,无效即可撤销。代表英美法系的英美两国的立法和判例采纳此种观点。我国虽然理论上将违法行政行为分为无效和可撤销两种,法律用语上也使用了"无效"与"撤销",但从立法的规定看,我国仍采用"一元论"。

我们原则上赞成肯定说中的原则可撤销说,这也是大陆法系国家的通说。一般来说,在行政法领域,除非事实或者法律发生变化需要废除的情形,合法的行政行为是有效的。但是合法性与行政行为效力这对概念并不总是对应一致,关系错综复杂。如果法律为某个行政行为设定了特殊要求,并不一定意味着如果该行政行为不符合这些要求,就一定没有法律效果。违法行政行为没有法律效果或者无效只属于一般情况。立法机关可以设立其他法律效果。它可以特别规定:违法的行政行为仍然有效,只有在其违法性得到权威性的确认之后,才没有法律效果。② 结合行政法理论以及其行政立法经

---

① 参见林莉红、孔繁华:《论违法行政行为》,载《河南省政法管理干部学院学报》2000年第5期。

② 合法—违法和有效—无效这两对概念的关系,可参见〔德〕哈特穆特·毛雷尔:《行政法学总论》,高家伟译,法律出版社2000年版,第241页。

验,大陆法系国家形成了一套具有行政法特点的行政行为成立、有效、撤销、无效的规则。

所谓行政行为的成立是指行政行为是否能够以外部可知的形式而存在。研究行政行为的成立的目的在于判断行政行为何时开始正式存在,并进而推定其法律效力。行政行为成立后,根据其公定力的逻辑,不论其合法性与否,就推定其具备法律效力,所以有效的行政行为可能是合法的,也有可能是不合法的。行政行为成立后,如果具备合法性要件,那么无疑应该为有效行为,理所当然地具有确定力、拘束力、执行力。如果行政行为因缺乏合法性要件或不适当,在有权机关作出撤销决定前,仍然有效,违法行政行为在有权机关作出撤销决定后,失去法律效力。当然,行政行为的公定力也不是绝对的。凡行政处分的瑕疵,基于法的安定性或法的实质正当性,情节重大且明显违法者无效。无效行政行为自始就完全不具有效力。对无效行政行为,相对人、第三人和所有行政机关可以不必等有权机关的确认就无视其效力。问题是,如何区分"无效与可撤销"的行政行为呢?尽管各国立法的区分标准不尽相同,然而通说认为瑕疵是否重大、明显是行政行为无效和可撤销的分界线,以瑕疵是否重大、明显为标准,具有重大且明显瑕疵的行政行为无效。①

总之,在行政法领域,违法行政行为并不意味着无效,"可撤销性构成一般原则,无效只属于例外。只有在行政行为的瑕疵严重和明显到这种程度,没有人会认为它正确,因其明了而不言而喻地会引致采取反对措施时,才存在无效。无效性在行政行为中必须明显得让人一目了然。"②因此,违法行政行为的效力可以分为可撤销的行政行为和无效的行政行为。

但是,违法行政行为采用二分法,即将其分为无效行政行为与可撤销行政行为,仍然显得有些粗糙。综观一些大陆法系国家和地区的行政法理论和立法,违法行政行为除了无效行政行为与可撤销行政行为外,还包括以下几

---

① 如何区分"重大、明显违法",除了以瑕疵是否重大明显为标准外,还有以是否欠缺主要法律要素为标准,凡欠缺主要法律要素的行政行为归为无效,否则是可撤销行政行为。也有以所违反者是能力规定或命令规定为标准,日本行政法学者美浓部达吉博士认为,"无效原因与可撤销原因的区别在于行政法规的性质,违反命令规定的行政行为应予以撤销,违反能力规定的行政行为应该视为无效。"葡萄牙和我国澳门特区的立法采取了"欠缺主要法律要素说",但立法并未提供一个"主"与"次"的判断标准,这就给实务操作带来了很大的困难。参见林莉红、孔繁华:《论违法行政行为》,载《河南省政法管理干部学院学报》,2000年第5期。

② 〔德〕平特纳:《德国普通行政法》,朱林译,中国政法大学版社1999年版,第137页。

种情形[①]:(1)可追认的行政行为。所谓可追认的行政行为是指行政机关超越法律权限的行为一般被撤销或者无效,但是,依法律规定,有权限机关可以对无权限机关作出的行为事后予以确认,从而使其效力得以存续的行为。葡萄牙、德国以及我国澳门特区和台湾地区对此都有规定。(2)可补正的行政行为。所谓可补正的行政行为是指对程序或形式违法但轻微的行政行为,不是予以撤销,而是通过事后补正剔除其违法性,使之成为合法的行为。德国和我国台湾地区的法律对补正作了详细的规定。(3)可转换行政行为。可转换行政行为是指违法行政行为与另一合法行政行为具有相同的目的且具备做成该行为所必需的方式、程序及实质要件的,将违法行政行为转变为另一合法、无瑕疵的行政行为。其目的在于使原行政行为继续保持其效力,以避免浪费行政资源,维护人民的信赖利益。德国和我国台湾地区的法律对转换规定得较为详细,规定了转换的适用条件及限制等内容。理论上转换应具有追溯效力,但除葡萄牙和我国澳门特区的法律予以明确规定外,其他国家和地区法律对转换的效力都没有规定。

总而言之,民法领域民事行为的违法性与效力并非完全一致同样也适用于行政法领域,行政行为违法并非当然是对其效力的否定。但是理论基础是不同的,民事领域主要是基于意思自治原则、契约自由思想,而行政法领域是基于行政行为公定力的逻辑推定、国家的立法干预、法的安定性、法的效率价值追求等因素。

前面我们探讨过,在行政诉讼中,以主观公权利的保护为视角,主观公权利、行政诉权、诉讼请求、行政判决在内容上总是保持一致的。但是我们要清楚地认识到,主观公权利、行政诉权、诉讼请求、行政判决的关系逻辑链的一致性是建立在行政行为的合法性与有效性一致的基础上的。只有这一逻辑前提成立,才会导致行政诉判关系的一致性。反之,如果行政行为的合法性与有效性不一致,就会导致诉判关系不一致。

由于行政诉讼需要对行政行为的合法性与有效性作出双重评价,因此,在行政诉讼中,人民法院对行政行为的审查总体上分为三个阶段:第一阶段是判断行政行为合法性,看行政行为是否有违法瑕疵,凡行政行为超越权限、滥用职权、证据不足、适法错误、违反程序等等构成违法瑕疵,是法院对行政行为进行定性并作出相应处理的依据。法院审查发现行为存在瑕疵足以构

[①] 参见林莉红、孔繁华:《论违法行政行为》,载《河南省政法管理干部学院学报》2000年第5期。该文中把追认、补正、转换作为违法行政行为治愈方式,而本文将之归为违法行政行为的分类,违法行政行为除了无效行政行为与可撤销行政行为外,还包括可追认的行政行为、可补正的行政行为和可转换的行政行为。

成行政违法判断时,仅完成了行政行为的性质判断。第二阶段,进一步判断行政行为的效力。行政诉讼中审查行政行为不仅仅是行为是否违反法律法规的问题,更重要的是行为是否被撤销而失去公定力原则保护的问题,其本质是行为的效力问题。由于行政行为的合法性与有效性并非一一对应,因此,行政行为违法并不代表法院将一概予以撤销,人民法院应区分具体情况确定行政行为的效力。问题的核心是,人民法院依据什么样的机理进一步判断行政行为的效力,也是我们认识行政诉判关系的基础。第三阶段是人民法院根据行政行为的效力选择适当的判决类型。如果行政行为合法有效,人民法院就作出对行政行为的肯定判决,例如,作出确认判决或者驳回诉讼请求判决等,那么原告自然承担败诉的风险。如果行政行为违法,要么撤销,消除行政行为的效力,使之无效,要么肯定有瑕疵行为的效力,该行为有效。人民法院往往根据具体情形选择适当的判决类型。

从行政诉讼对行政行为审查的三个阶段,我们可以明晰地认识到,行政行为的合法性、行政行为的效力以及行政判决之间具有内在的逻辑,其中行政行为的合法性以及效力关系的逻辑机理是问题的核心。更清楚地说,导致行政行为合法性与效力不一致的逻辑机理是行政诉讼构建判决制度以及人民法院选择判决类型的链接点。比如,原告提起撤销之诉,如果行政行为合法,人民法院驳回原告的诉讼请求;行政违法无效,则满足原告的诉讼请求,人民法院作出撤销判决。但是如果行政行为违法有效,则既不适宜作出驳回诉讼判决也不适宜作出撤销判决,而应当根据违法性与有效性不一致的机理,作出相应的判决。这其中蕴涵着复杂的理论探讨。比如,行政行为程序轻微违法,是不是一定要作出撤销判决?行政行为为授益性行政行为,为保障善意相对人信赖利益,维持法的安定性,法院对行政行为的效力是否应予以维持呢?行政行为作出时违法,但经法律变迁等原因,至裁判时合法,或行为作出时合法,但裁判时违法,或行为违法,但予以撤销会严重损及公共利益,法院应如何裁判?上述问题促使我们有必要进一步探讨行政行为合法性与效力不一致的逻辑机理。其逻辑机理在于:

(1) 司法公正与效率价值的权衡。公正与效率作为法的价值要求,司法公正和司法效率是行政审判活动所要追求的内在价值。因此,在行政审判活动中如果能充分地体现出公正与效率,也就在最大程度上实现了法律正义的要求。这反映在行政审判活动中,人民法院在行使其职能时,要以尽可能少的时间、人力、经济耗费,取得尽可能大的社会、经济效益。行政诉讼作为解决行政争议的活动,实际上就是通过准确适用法律,裁判具体案件,既是监督行政主体依法行政的过程,也是在当事人之间合理地分配利益的过程。它本质上要求将公正作为最高价值。与其他诉讼活动一样,实体公正是行政审判活动的基本要求。所谓实体公正是指审判结果的正确性,其本质内涵就是把实体法律规范所确立的一般公正,通过审判转化为对个人、个案处理的公正,即一般公正的个别化、具体化和实定化。① 然而,实现实体公正并不是一个容易的问题。其中一个原因就是,因为诉讼是一种由已知推断未知的活动,法官并不能完全重复或恢复案件发生时的整个过程,案件的事实是很难恢复原貌的。正如日本学者谷口安平教授所指出的,"实体正义一般并不像分蛋糕的事例中表现得那样单纯,而是很难实现的、能显示'应当如此'的一种指标……人类的认识和实践能力有限,且什么是实体的正义也并不总是明明白白,于是妥协成为必要"②。因此,行政诉讼与其他诉讼活动一样,对实体公正的追求是无法完全实现的。

实现实体公正并不容易的另一个原因,就是即使实体法律规范明确、事实清楚,对行政行为的合法性问题定性正确,也面临着违法行政行为的效力评价问题,并不是对所有违法行政行为的效力都要予以否定。其中根本机理之一就是公正与效率的权衡。尽管公正与效率是现代法律体系的重要价值目标,但却是一对既相协调又相矛盾的法律价值范畴。任何法的价值都不是可以等量齐观的,它们之间有高低上下之分,或者说,存在一定的价值位阶关系,呈现出不平衡状态。在我们看来,公正与效率作为一个对立统一体,公正应当始终成为矛盾的主要方面,效率是矛盾的次要方面,两者既相互依存、相互融洽,又相互排斥、此长彼消。从行政诉讼法的角度看,公正价值是第一位的,效率价值是第二位的,这是由法律至上的法律精神决定的。但是这并不是绝对的,为了追求形式正义,使效率大打折扣时,就出现了实质的非正义。因此,在行政行为引起争议,其合法性、有效性受到怀疑时,就需要对行政行为进行司法审查,对合法行为的效力予以肯定,但对违法行政行为的效力并不全部予以否定。例如,对程序和形式上的轻微违法予以补正,主要是基于公正与效率的权衡。

(2) 公共利益与个人利益的权衡。公共利益与个人利益的权衡是行政行为的合法性与有效性不一致的又一逻辑机理。也就是说,如果撤销行政行为将会对公共利益造成重大危害,则不得任意撤销否定违法行政行为的效力。这在行政程序中是没有问题的。

其实,在行政审判程序中也是如此,仍然避免不了公共利益与个人利益

---

① 王盼、程政举等:《审判独立与司法公正》,中国人民公安大学出版社 2002 年版,第 176 页。
② 〔日〕谷口安平:《程序的正义与诉讼》,王亚新、刘荣军译,中国政法大学出版社 1996 年版,第 13 页。

的价值权衡。当利益冲突时,应以价值标准的考量为先,而非仅是损失的衡量。任何公益背后都有一个或几个价值标准,在衡量这些公益的冲突时,要在这些价值标准间作比较。当今德国最有影响的解释公共利益的理论是"量广""质高"理论。所谓"量广",是指"受益人的数量最多,尽可能地使最大多数人能均沾福利";"质高"指利益的根本性,"以对受益人生活需要的强度而定,凡是对满足受益人生活愈需要的,即是'质最高'的标准"①。笔者对此表示认同。尽管公益有不同的价值标准,但发生冲突时必须寻求最高的价值,即人民之生存权及人类尊严。在国家、社会濒于衣、食俱缺之窘境,将急于求富之经济发展,列为最优先之公益(或公益标准),可予赞同。惟国家已摆脱贫困,迈入富庶之境后,公益的概念也应随之改变。基于生存权及人性尊严的利益,例如环境权及劳动基本权利所可达成之公益(及其价值),应高于基于国家困境时代所强调的经济发展之公益价值。可见公益价值随着社会的发展和变迁也在不断变化。因此,"公共利益和个人利益的衡量,首先要看'质',其次才看'量',也就是优先考虑两种利益与人类生存关系的紧密程度,哪一个利益与人生活需要具有较高强度。当个人的利益涉及生存的根本问题时,只有公共利益也涉及人类生存的根本问题,才有衡量的可能。当个人利益和公共利益分别处于不同的'质',比如个人利益是生存,而公共利益是一种商业利益,则两者不存在同质,没有衡量的可能性。当两种利益处于同'质'时,才可以判断多数'量'公共利益优先于个人利益"。②

另外,公共利益与个人利益的价值权衡时,应注重受益人之信赖保护及其信赖利益的保护。③ 早在20世纪50年代,德国学者就主张应注重受益人之信赖保护及其信赖利益,所谓信赖利益保护,是指当个人对行政机关作出的行政处分已产生信赖利益,并且这种信赖利益因其具有正当性而得到保护时,不得撤销这种信赖利益,如果撤销就必须补偿其信赖利益损失。一般来说,信赖保护原则主要适用于对授益行政行为的撤销或废止。此种观点被实务界和学者所肯定,并被立法所接受。例如我国《行政许可法》明确规定,相对人依法取得的行政许可受法律保护,行政机关不得擅自改变已生效的行政许可。违法的行政许可,该撤销的应当予以撤销;但撤销行政许可所维护的公共利益小于不撤销行政许可所保护的相对人利益时,即使是违法作出的许

---

① 陈新民:《德国公法学基础理论》(上册),山东人民出版社2001年版,第203页。
② 参见尹权、金松华:《情况判决的理论与现实反思及其完善》,载《政治与法律》2008年第3期。
③ 由于信赖利益归属于个人利益的范畴,信赖利益与公共利益的关系在一定程度上可以说是个人利益与公共利益的关系。因此这种利益之间的权衡,实际上就是对个人利益与公共利益的权衡。参见周佑勇:《行政许可法中的信赖保护原则》,载《江海学刊》2005年第1期。

可，也不予撤销。在行政诉讼中，当违法行政行为对原告来说是制约自由或者有其他不利的侵害性行政行为时，原告一般希望尽早地摆脱其拘束，人民法院撤销该行为、否定其效力，都不会成为问题。但对于授益性行政行为，如果不加限制地允许随意撤销，就会导致原告及其他利害关系人法律地位的不稳定，从而损害行政法律关系中的相对人的信赖。因此，对于授益性行政行为而言，即使有必要撤销，除了该必要性远远超过保护原告的既得利益的必要性时，人民法院不应该随意否定其效力并撤销违法行政行为。但原告信赖利益的保护以值得保护为原则。违法的授益性行政行为经撤销后，如果受益人没有信赖利益不值得保护的情形，其信赖行政行为而导致的损失，撤销机关应给予补偿。补偿的额度不得超过相对人在行政行为存在时所可得到的利益。但因受益人以欺诈、胁迫或行贿使行政机关作出行政行为的、对重要事项提供不正确资料或为不完全陈述，致使行政机关依该资料或陈述作出行政行为的、明知或因重大过失而不知行政行为的违法性等情形，信赖利益不受保护。

总之，我们认为，基于公共利益与个人利益以及公正与效率的权衡，违法行政行为的效力并不一定需要否定。但是，从目前的行政诉讼立法状况来看，除了情况判决外，行政审判都是对其效力持否定态度。也就是说，我国行政诉讼对行政不作为违法、主要证据不足或主要事实不清、超越职权、滥用职权、适用法律、法规错误、违反法定程序、行政处罚显失公正等七种违法行政行为的效力，除了行政不作为违法不存在效力问题外，一般都予以否定。在我们看来，不论行政行为是属于主体违法、内容违法、程序违法还是依据违法，都应当看具体情形，才能确定其效力。至少违法行政行为除了在情况判决中，需要肯定其行为效力外，还包括可以补正的情形，可以肯定违法行政行为的效力。事实上，越来越多的学者对程序轻微瑕疵违法行政行为的效力持肯定的态度。至于在行政诉讼过程中，如果有权行政主体对主体违法行政行为予以追认，或者行政主体对违法行政行为进行转换，使之成为合法行政行为，人民法院对其效力作出怎样的评价，则是一个需要进一步讨论的话题。

四、行政诉讼功能模式下行政判决体系的完善

（一）主观公权利救济路径下增设禁止判决

1. 我国行政诉讼设立禁止判决的必要性

禁止判决是与禁止之诉相对应的一种判决形式。我国现行行政诉讼制

度废除了维持判决以后,规定了6种判决方式,但仍不完善。同时,我国《行政诉讼法》要求被诉行政行为已经客观上对相对人产生了事实损害之后果。但是,如果相对人有些权利的损害既成事实,会给相对人产生不可逆转的影响,那么,在行政行为尚未被实施前,允许相对人提起诉讼,请求人民法院禁止行政主体实施该行为,即设立禁止之诉就实属必要。那么,与设立禁止之诉相适应,禁止判决的引入具有其理论基础。①

公民权利的救济是行政诉讼制度最基本的功能。一个国家的行政诉讼制度理论上应当为公民提供无漏洞的权利救济机制。即一个国家的行政诉讼应当为公民的权利提供三种形态的保护机制,即事后权利保护、暂时性权利保护和预防性权利保护机制。所谓事后权利保护是指司法机关对已经发生的违法行政行为进行纠正,并对其造成的不利后果予以救济。主观公权利救济路径下,撤销之诉、确认之诉、形成之诉都是典型的事后救济机制。所谓暂时性权利保护是指为保护原告不受正在实施的行政行为的侵害,防止行政行为的实施给原告带来无法挽回和弥补的损害,由司法机关对行政行为作出的中间性的、暂时的、紧急的规制。典型的制度表现为,德国的起诉停止执行制度、英国的中间禁令等。所谓预防性权利保护是指司法机关对即将发生的对相对人可能产生不利影响或造成无法弥补损害的行政行为、事实行为等予以确认或禁止。例如英美国家的禁令制度和德、日以及我国台湾地区的禁止判决制度。上述三种权利保护机制构成一个有效且无漏洞的权利保护体系,缺乏其中之一就会对相对人的合法权益的保护造成不利影响。② 如果依这样的衡量标准,目前我国行政诉讼仅为公民提供了事后权利保护、暂时性权利保护两种机制,预防性权利保护机制尚未建立起来。因此,出于为公民提供无漏洞的权利保护机制的需要,设立禁止之诉,规定禁止判决制度有其理论基础。

同时,我们也要清楚认识到,设立禁止判决面临理论上的障碍,最大的理论障碍是行政诉讼中成熟原则。从理论上说,诉讼制度就是一种事后的权利补救机制,相对于行政纠纷的发生而言,其权利救济功能具有滞后性。因此,司法审查时机成熟是行政行为进入行政诉讼程序的前提。在能否进入诉讼管道以及进入管道后司法审查范围有多大的问题上,主要涉及两个问题:第一,可否复审?第二,法院复审权的范围有多大?法院在回答第一个问题时,必须回答:受指控的行政行为是否已成熟到可以复审的程度?如果不是,应

---

① 引入禁止判决的理论基础,主要参见章志远、朱秋蓉:《预防性不作为诉讼研究》,载《学习论坛》2009年第8期;阎巍:《行政诉讼禁止判决的理论基础与制度构建》,载《法律适用》2012年第3期。
② 胡肖华:《论预防性行政诉讼》,载《法学评论》1999年第6期。

到成熟时才能求助于法院。① 因此,"成熟原则"是行政诉讼的一个基本规则。② 那么,行政诉讼禁止判决恰恰是在行政行为尚未做出的情况下作出的,禁止行政主体做出某一行政行为的判决类型,是否违背了成熟原则呢?我们的答案是否定的。关键的问题是,怎么理解成熟原则、怎么样明确成熟原则的内涵以及标准。对此,美国联邦最高法院在 1967 年"艾博特制药厂诉加德纳案"中,已经对成熟原则作出了新的解释,即"以对当事人有无现实的损害或立即出现损害的严重威胁为标准,来判断是否达到进行司法审查的成熟程度。换言之,如果某一行政行为的做出会对当事人产生不可挽回的预期损害,从有效保护公民权利的角度来看,对该预期损害在无法通过撤销诉讼予以救济的情况下,应该为公民提供更有效的事前救济途径——预防性不作为诉讼"③。我们认为,美国关于成熟原则之内涵的发展是值得我国借鉴的。因此,如果以美国关于成熟原则新的内涵及其标准来判断,确立禁止之诉以及相应的禁止判决并未违背成熟原则。

设立禁止判决面临的理论上的第二大障碍,是禁止判决是否违背了行政权的首次判断权理论。日本行政法上有"首次判断权理论",即"以行政厅的第一判断权为前提,据此作出第一判断前,一般来说,不允许司法权作出判断取而代之或司法权自主判断"④。而日本的首次判断权理论也有所松动,在一定条件下,允许司法权直接干预首次判断权。尤其是在 1963 年东京地方法院所作的"剃光头"案中,法院认为行政行为之实行,是否违反宪法有关基本人权保障规定之问题,本来是法院应为第一次判断之事项,对于此种问题之行政机关第一次判断权,不仅不值得重视,且头发一经剃剪,要恢复原状为不可能之事,就此而言,不认可事前制止所致之损害乃属不可回复者,在现行

---

① 〔美〕伯纳德·施瓦茨:《行政法》,徐炳译,群众出版社 1986 年版,第 397 页。
② 其理论基础为:第一,裁判的确定性。行政诉讼的一个重要目的是排除非法行政行为对相对人权利义务的不利影响。如果某一行为还在行政机关内部运作,或者没有最终作出,其对相对人权利义务产生的影响将是不确定的,也将无法肯定行政行为的最终内容及是否会对相对人权利义务产生不利影响,因此无法亦无必要对内部行政行为提起诉讼。第二,行政权与司法权的划分。"如果说司法审查不力将纵容政府的任意行为,过多的司法干预则将不仅抑制政府效率及时行动的能力,而且违反人民通过选举、立法与执法机构来实行自治的民主原则。"因此,行政权高效而有权威地运行,必须具有一定的自主性,必须在法律规定的范围内具有自治空间,从而必然要求司法机关的尊重。基于以上考虑,美国通过判例确立了"成熟原则",即法院不应"对行政程序进行不必要的或不适时机的干预"。一般而言,"行政机关行动的影响常常在实施行动之后变得比较清晰。……法院因而会认为,如果它可以等待进一步的发展,也许就能够作出较为可靠的裁决。"而日本则确立了"首次判断权理论",即"以行政厅的第一判断权为前提,据此作出第一判断前,一般来说,不允许司法权作出判断取而代之或司法权自主判断。"参见阎巍:《行政诉讼禁止判决的理论基础与制度构建》,载《法律适用》2012 年第 3 期。
③ 参见章志远、朱秋蓉:《预防性不作为诉讼研究》,载《学习论坛》2009 年第 8 期。
④ 同上。

法上,除诉请事前制止之方法以外,别无其他适切之救济方法。因此,只要是对公民、法人或者其他组织的合法利益产生不利影响的行政行为,即使这种影响是潜在的、预期的,都应依法纳入行政诉讼受案范围,并有相应的审理和裁判方式。因为,行政行为这时在法律上的错误和瑕疵已经形成并明确,因而对于司法机关来说就意味着可以并适合做出裁判。一言以蔽之,违法性和侵权性(包括潜在、预期的)应当是司法审查时机是否成熟的唯一标准。① 即使从与世界其他国家或地区的横向比较来看,确立行政诉讼的禁止之诉也是成熟的做法。德国是预防性权利保护理论构造及实务运作较为成熟的国家。为了达到《基本法》第19条之"有效且无漏洞的权利保护"标准,德国行政诉讼制度确立了预防性不作为诉讼与预防性确认诉讼两大类预防性诉讼。预防性确认之诉,适用于确认行政行为无效之诉、确认事实行为违法之诉、确认章程规章是否生效之诉和确认法律关系是否存在之诉。② 它是指当事人有特别的确认利益时,请求法院确认有即将发生可能的法律关系的存在与否,或者在未来不得为某一行政行为的诉讼。该诉讼所确认的法律关系、地位,再结合某些请求权,将对其他领域产生放射效力,起到抑制纷争产生的功能。③ 在英国,禁止状用于行政决定作出前和执行过程中,防止"准司法"主体越权。阻止状对可能造成"不可弥补的损害又无充分法律救济"的行政违法行为进行阻止。我国台湾地区借鉴德国做法,也规定了预防性行政诉讼。其"行政诉讼法"第8条第1款规定,人民与公权力机关间,因公法上原因发生财产上之给付或请求作成行政处分以外之其他非财产上之给付,得提起给付诉讼;因公法上契约发生之给付,亦同。我们认为,借鉴他国以及我国台湾地区经验,禁止之诉作为一种预防性的权利保护机制,与此相适应设立禁止判决,从为行政相对人提供无漏洞的权利保护体系角度看,有其理论与现实之必要性。因此,只要未影响行政机关的意思形成的独立性,不背离成熟原则,诉讼程序上进行一些特殊的设计,以防止当事人滥用诉讼程序,设立禁止之诉也是可能的。

2. 我国行政诉讼设立禁止判决基本构想

在德、日等国,禁止判决分为停止作为之诉和预防性确认之诉,二者在判决形态上是不一样的。理论上,前者适用于行政事实行为,后者作为给付之诉的补充适用于其他行政行为。但是,这一区别在司法实践中并不明显,二者经常并列地适用于类似相关案件中。对于我国而言,由于在诉讼类别上并

---

① 参见阎巍:《行政诉讼禁止判决的理论基础与制度构建》,载《法律适用》2012年第3期。
② 〔德〕弗里德赫尔穆·胡芬:《行政诉讼法(第5版)》,莫光华译,法律出版社2003年版,第467页以下。
③ 朱健文:《论行政诉讼中之预防性权利保护》,载《月旦法学》1996年第3期。

没有一般给付之诉与确认之诉的划分,已有的确认之诉有明确的含义并且针对的都是已经作出的行政行为,即确认合法、有效判决、确认违法或无效、不成立判决、情况判决。鉴于此,我国更没有必要将针对预防性诉讼作出的判决划分为停止作为之诉与预防性确认之诉。由此,经过审判程序,如果法院认定原告的诉讼请求具备理由,符合禁止判决的适用条件,就应当依原告的诉讼请求,作出行政诉讼禁止判决,禁止行政机关作出或禁止其继续作出某种行政行为或事实行为。① 因此,我国行政诉讼设立禁止判决需要厘清以下几个问题:

(1) 厘清原告权利之属性。从行政行为之可诉性的角度,行政诉讼的原告应当与被诉行政行为具有法律上的利害关系。目前我国行政诉讼规定的是,这种利害关系是已经受到的事实上的损害,将要作出的行政行为对原告的侵害尚不属于当下行政诉讼所保护的权利范畴。如果要把这种权利的侵害纳入行政诉讼的保护范畴,我们认为,该权利的属性从理论上来说,应当符合两个条件:一是被侵害权利的具体性、预测性。即原告必须处在某个行政行为的法律关系中,将要产生某种行政法律效果。二是存在预防性法律保护之必要。其必要性主要体现在,一方面,一旦行政行为作出,其对原告造成的损失是无法补救的;另一方面,其他救济手段无法为原告提供有效的救济。因此,适用禁止判决的内核正如前述,如果原告权利通过临时性权利保护机制以及事后权利保护机制可以得以救济的话,那么,该权利应当排除"预防性法律保护机制"的需要。也就是说,原告能够通过事后权利救济机制,例如,撤销之诉、履责之诉、变更之诉等权利救济机制,或申请暂时停止执行行政行为,其权利可以得到保护的话,那么,选择禁止之诉就是不适当的。

(2) 厘清行政诉讼禁止判决与其他判决的关系。禁止判决作为一种与预防性诉讼相对应的判决形式,其所针对的行政行为必须是即将发生的,而不是已经做出并产生法律后果或效果的行政行为。已经做出并产生法律后果或效果的行政行为,只能通过撤销之诉、确认之诉或赔偿之诉来救济,与此相适应的是撤销判决、确认判决、给付判决。因此,对于已经生效的行政行为是不能够请求法院作出禁止判决的。

(3) 行政诉讼禁止判决的适用条件。通过上述分析,法院作出禁止判决的要件包括:一是是否存在不可弥补的损害。二是是否排斥其他诉讼类型。也就是说,原告权利的损害通过其他诉讼类型无法使其得以有效救济,如果不允许原告提起禁止之诉,其损害将无法弥补的情形下,应允原告提起禁止之诉。从此意义上说,禁止判决是与撤销判决、给付判决等主判决相并列的判决形式。

---

① 阎巍:《行政诉讼禁止判决的理论基础与制度构建》,载《法律适用》2012年第3期。

(4) 不可弥补的损害的证明责任。在行政诉讼中，原告受到的损害之证明责任，一般都由原告承担。禁止之诉也不例外。因此，原告必须向法院证明，不禁止某项行政行为将会对其造成无法挽回的损失。关键是怎么理解所谓的"无法挽回的损失"。作为一个难以确定之概念，从一般概念角度，有学者认为，它是指这种损失将会成为既定事实或者无法用金钱衡量，或者虽然可以用金钱弥补但对于承担该义务的主体而言数额巨大，难以履行。[①] 在我们看来，该概念只是从一般意义上界定了内涵，其外延是非常难以确定的。就像原告资格一样，从理论上是明确的，但是，实践中不可避免地赋予司法权很大的自由裁量空间。因此，我们设想，立法上可以采取一般概念与具体列举结合的办法，明确其内涵与外延。同时，也可以通过司法判例发展其外延，以有效地为原告提供司法救济，也有利于对司法自由裁量权的约束。

(二) 客观法秩序维护路径下增设补正判决

1. 我国行政诉讼设立补正判决的必要性

所谓补正判决就是人民法院对于行政程序违法行为，在一定的条件下，不予以撤销，而是责令行政主体对程序瑕疵予以补正的判决形式。由于行政程序违法未必一定撤销，为了改变我国行政诉讼法对行政程序违法"矫枉过正"的做法，我们认为，我国行政诉讼法有必要规定补正判决。"补正判决的实质是对被诉行政行为效力附条件的肯定，即尽管被诉行政行为存在程序上的轻微瑕疵，但法院在责令被告进行补正的前提下仍然认定其为有效。"[②]设立补正判决的必要性在于：

一是顺应了现代行政法治发展趋势。从行政法治的发展趋势看，行政法治在理论上抛弃了形式主义法治，开始从形式法治转向实质法治，在注重防止行政权变异和保护个人利益的同时，也注重对行政效率和公共利益的保护。正是在这种背景下，催发了行政行为的瑕疵及补正理论。正如有学者认为，"补正观念是基于整个行政行为瑕疵理论的演变而产生的。根据现代学者的观点，不再拘泥于过去的形式主义，对违法的行政行为，动辄宣告无效或予以撤销。转而注重公共利益和对公民信赖的保护，并顾及行政行为被撤销

---

① 阎巍：《行政诉讼禁止判决的理论基础与制度构建》，载《法律适用》2012年第3期。
② 章志远：《行政诉讼应当设立补正判决》，《人民法院报》2003年8月2日，第2版。该学者称补正判决的设立是行政行为效力基本原理的内在要求，是行政诉讼实践的客观需要，更是法官进行利益衡量的需要三个方面阐述了设立补正判决的理由。但该文并没有对补正判决的属性以及立法提出构想。

后对社会所造成的影响,尽量设法维持违法行政行为的效力。"①因此,行政程序违法不适宜撤销时,不拘泥于形式法治观点,以补正的方式予以补救,变有瑕疵为无瑕疵,有利于行政法律关系以及社会生活的稳定。

二是体现了公共利益与个人利益的统一。行政法的精神内在包含着公共利益与个人利益的统一。当行政主体在实质上给相对人提供了服务,只是服务的程序和形式有欠缺时,只要行政行为真正体现了公共利益,即意思表示本身合法、公正,即使程序存在一定程度的违法,也不适用撤销、宣告无效的补救方式,而应受到相应的保护,以补正的方式予以补救。主要理由在于:第一,相对人对行政主体的服务应给予配合与合作。相对人只有予以配合与合作,才能使服务满足自己的需要。这种配合与合作不仅基于相对人的自愿,而且具有强制性,因为个人利益必须服从公共利益。当然,这里的配合与合作,并不是说应容忍违法性的继续存在,而是说应允许行政主体予以补正。第二,社会需要有序而稳定地发展。行政行为使行政主体与相对人之间形成了服务与合作关系即行政法上的权利义务关系。实质上合法、公正而程序上有欠缺的行政行为,并没有增加或减少服务的质量,并没有影响这种关系的内容及其合法存在,只是影响了这种关系的外观形式。对这种关系予以维持并补正其外观形式,有利于社会发展的稳定和有序。第三,公共利益要求行政主体的服务具有效率性。个人利益与公共利益之间的关系,实质上是特定相对人与不特定多数人之间的关系。承认实质上合法、公正而形式上欠缺行政行为的有效性,目的就在于提高行政效率,使行政主体为更多的相对人提供更多、更好的服务。② 尽管上述论述是对行政程序中设立补正制度的论述,但笔者认为,这一机理也同样适用于行政诉讼程序,人民法院可以责令行政机关做出补正程序。③ 此外,行政判决补正制度符合行政法上的信赖保护

---

① 应松年主编:《比较行政程序法》,中国法制出版社 1999 年版,第 148 页。
② 参见叶必丰、张辅伦:《论行政行为的补正》,载《法制与社会发展》1998 年第 1 期。
③ 德国、葡萄牙等国和我国台湾和澳门地区的行政程序法中均规定了行政行为补正的时间,将之限定在行政复议程序结束之前或者诉讼程序启动之前。目前这一观点已受到质疑。越来越多的学者开始认为,行政诉讼过程中的程序瑕疵治愈也是可以允许的。理由是:如果行政机关愿意在行政诉讼过程中纠正自己的错误,那么何必要拖到判决后才令其纠正?行政违法状态持续越长,对社会关系造成的损害就越大。而且尽管补正行为是行政机关主动作出的,但实质上也是对其违法行为的一种否定性评价。如果相对人不满意行政行为补正的结果,仍然可以将诉讼进行下去。因此,法院与其做出确认违法判决再责令行政机关重新作出一个与原行为实体内容相同的行政行为,不如在行政诉讼中给行政机关一个自我纠正瑕疵的机会。行政机关主动纠错要比被动承担判决的实际效果好得多。而且,在瑕疵治愈后法院仍可判决原行政行为程序违法,从而达到维护程序公正的目的。因此,行政行为的补正只要是在行政审判结束前作出的,就应该被允许。目前,已有一些国家开始改变原来的立场,延长了程序瑕疵治愈的时间。参见柳砚涛、刘雪芹:《论行政行为补正制度》,载《山东大学学报(哲学社会科学版)》2007 年第 5 期。

原则。通过行政主体对程序欠缺要件的补充,使原行政行为效力得以维持,避免了由于行政行为的变更、撤销或者宣告无效而对第三人的实体权益和公共利益造成影响,从而也提高了行政行为的公信力,维护了社会成员的信赖利益。

三是体现了公正与效率价值的统一。设立行政行为的补正制度,符合行政程序法公正与效率的价值追求。一方面,设立行政行为补正制度,节约了行政资源,避免了诉累。这是因为,"行政行为有瑕疵,与其予以撤销而作出同样的处分,倒不如维持当初的行政行为的效力,从法的稳定性的观点来看也是理想的,并且在防止行政浪费的意义上,也有助于行政经济"[①]。同时,避免了行政机关重新作出一样的行政行为,导致原告再次就重新作出的行政行为提起诉讼,加重行政相对人的诉累,也无端浪费司法资源。另一方面,设立行政行为补正制度,对具有程序瑕疵的行政行为进行纠正和补充,也体现了对行政程序公正价值的认同,行政行为的补正是行政主体因其行政违法所应承担的法律责任。通过行政判决补正制度的运行,使行政主体认识到行政程序具有独立的内在价值,行政程序即使仅具有轻微瑕疵,违法行政主体也应承担相应的不利法律后果,体现出立法者对行政程序内在价值的认同。

2. 行政程序违法责任的具体构想

所谓行政程序违法,是指行政主体未遵循法定方式或步骤而作成行政决定,在程序上有所欠缺或具有瑕疵。根据《行政诉讼法》和相关法律的规定,违反法定程序的具体行政行为,人民法院一般作出撤销或部分撤销判决,并可以判决被告重新作出具体行政行为。在笔者看来,我国行政诉讼法对违反法定程序的具体行政行为的效力采取"一刀切"的做法,未免矫枉过正。

事实上,无论是大陆法系国家,还是英美法系国家,行政主体程序违法的后果并不一定是否定行政行为效力,而是要根据违法行为是否影响到相对方的权益、行政决定的实体内容和效果以及是否影响到公共利益等具体情况加以具体分析。在法国,行政程序违法大致可以分为形式违法和程序滥用两种类型。行政程序形式违法一般是违反了管辖、手续和形式的规定,但形式违法并不一定导致实体违法。问题是是否应当同等对待程序违法的行政行为和内容违法的行政行为。在法国行政法中,行政程序分为主要程序和次要程序,主要程序体现为影响行政决定基本内容、关系到当事人利益保护等方面的行政程序。一般而言,只有违反主要程序的程序违法行为才会被法院撤销。而对于羁束性行政行为,只要内容符合法律规定,形式违法不产生撤销

[①] 〔日〕盐野宏:《行政法》,杨建顺译,法律出版社1999年版,第116页。

的法律后果。此外,在某些条件下,可以通过补正消除程序上的瑕疵。① 对此,法国《联邦行政程序法》第 45 条、第 46 条规定了程序违法。第 45 条规定了程序违法的补正和治愈,被置于首要地位;第 46 条只表明了程序违法的重要性。除非行政行为根据第 44 条规定无效,应当同时适用第 45 条和第 46 条。也就是说,形式违法并不一定否定程序违法行政行为的效力。而程序滥用是指行政机关利用此程序达到彼程序所要达到的目的。但是无论是形式违法还是程序滥用,一般可以成为行政法院撤销行政决定的理由,但是否被撤销还要视具体情况而定。其理由在于,法律规定行政行为的程序是出于不同的目的,而基于不同目的,行政行为的效力与违法后果并不一一对应,也就是说,程序违法并不等于无效。此外,法国还根据是否影响行政决定内容、程序目的能否补正等,将法定程序区分为是否是主要程序,是不是保护了相对人合法权益,是否是在紧急情况下实施的,事后是否可以补正等具体情况,考虑程序违法行政行为的效力。同样,英国作为一个特别强调程序观念的国家,行政行为必须遵守程序公正的原则,尤其是当相对人合法权益受到行政侵害或对其产生不利后果时,要给予相对人提出意见的机会,行政机关及有关行政官员必须充分考虑当事人所提意见。违反公正原则的法律后果也不是一概而论的,法院一般根据具体情况而论,如果违反了公正原则对当事人影响不大,法院可不作撤销决定。②

近年来,我国行政法学者对程序违法行政行为的效力也进行了大量的研究。一般来说,行政程序违法可归纳为方式违法、步骤违法、期限违法等几种主要形态。③ 关于行政行为程序违法的法律责任,学者们的观点不一致。有学者认为,可将大部分违反程序的行政行为区别为授益行政行为和不利行政行为。对前者以不撤销为原则,以撤销为例外;对后者,则以撤销为原则,以不撤销为例外。④ 有学者认为:"法律、法规规定的即为法定程序,行政机关必须遵循,违反了导致执法机关行为无效。法律、法规不规定即意味着立法机关(包括行政立法机关)赋予了行政执法机关自由裁量权,只要没有违反一般常理,即使构成滥用自由裁量权,也不会影响该行为的法律效力。"⑤另有学者认为,"如果违反法定程序的行政行为损害行政相对人的合法权益,应当认定无效,并依法予以撤销。如行政主体行政行为违反法定程序,但并没有损害行政相对人的合法权益,或者影响微小的,则不认定该行政行为无效,以这种法律精神来对待违反法定程序的行政行为,是符合中国目前行政权运作

---

① 参见王名扬:《法国行政法》,中国政法大学出版社 1988 年版,第 685—700 页。
② 张显伟:《法定行政程序及司法审查探析》,载《经济与社会发展》2008 年第 9 期。
③ 杨解君:《行政违法形态论》,载《南京大学法律评论》1999 年第 1 期。
④ 杨海坤、黄学贤:《违反行政程序法行为法律责任比较研究》,载《法学评论》1999 年第 5 期。
⑤ 罗豪才、应松年主编:《行政诉讼法学》,中国政法大学出版社 1990 年版,第 247—248 页。

的实际情况的。对某些违反法定程序的行政行为不认定为无效,实质上是我们要推行行政法治所必须支付的代价。"①还有学者认为,"为了保证程序规则得到切实遵守,可以把行政程序分为强制性程序和指导性程序,违反前者的决定自然无效,违反后者,决定有可能无效。无效并不意味着行政机关不能再作出新的决定,而是要求行政机关从程序上再次考虑对方的意见而已。"②上述关于行政程序违法的法律责任的观点,为我们研究这一问题提供了参考价值。我们认为,行政程序违法的法律责任不宜片面化、简单化,而应当根据具体情况,分门别类地加以考虑③:

(1) 行政程序违法,侵害了相对人的权益,如果撤销行政行为没有给公共利益造成严重损害,就应当撤销行政行为。相反,如果撤销行政行为,对公共利益造成严重损害,就应当不撤销行政行为,可以确认行政行为违法,并给相对人补偿。在此种情形下,现行行政诉讼法已经做了制度安排,人民法院可以作出撤销判决或者情况判决。

(2) 行政程序违法,但行政相对人已从该行政行为受益,出于信赖保护原则的考虑,就不得撤销行政行为。但相对人的信赖利益已经考虑,其信赖利益远小于依法行政的利益,就应当撤销行政行为,并给相对人补偿。

(3) 行政程序违法,违反强制性程序规范,一般应撤销行政行为。相反,如果是违反指导性程序(非法定程序),就不应当撤销行政行为。此种情况人民法院可以分别作出撤销判决和驳回诉讼请求判决。

(4) 行政程序违法,尽管给相对人权益造成损害,出于行政效率的考虑,可以不撤销行政行为,但应当责令行政主体补正程序的缺陷。或者行政行为程序违法轻微,对行政决定的实体内容不产生实际影响,也没有严重影响该行政行为的公正性时,法院可在判决时责令行政机关采取相应措施补正违法程序。此种情况目前行政诉讼法还没有制度安排。

(三) 我国行政诉讼设立补正判决的初步构想

1. 补正判决的性质

补正判决与重作判决一样,不是一种独立的判决形式,而是依附于主判决的从判决形式。把握补正判决的性质要认识其三个特点:

一是补正判决属于辅助判决。补正判决与重作判决一样不是主体判决

---

① 胡建淼:《行政法学》,法律出版社 1998 年版,第 472—473 页。
② 马怀德:《澳大利亚行政法中的程序公平原则——兼论对中国行政程序立法的启示》,载《比较法研究》1998 年第 2 期。
③ 邓刚宏:《行政执法适用依据问题研究》,载《政治与法律》2005 年第 2 期。

的范畴,而是依附于确认违法判决的一个辅助判决。确认违法判决与补正判决之间存在主从关系,没有确认违法判决就不可能存在补正判决。补正判决必须依附于确认违法判决,辅助其功能的实现。

二是补正判决是与原告诉讼请求不相对应的判决形式。判决应当是对原告诉讼请求的回应,但补正判决与重作判决一样,是行政诉讼中法官依职权作出的,它并不以诉讼当事人的诉讼请求为基础,也属于"诉外裁判"的情形。这是因为,行政诉讼中,原告一般不会提出补正的诉讼请求,因而,人民法院作出补正判决时并不存在相应的诉讼请求,原告往往是向人民法院提出撤销或部分撤销被告行政机关的具体行政行为的诉讼请求或者确认行政行为违法的诉讼请求。因此,补正判决与原告的诉讼请求之间并非对应的关系,补正判决超出了原告的诉讼请求。

三是补正判决是利益衡量的结果。通过前面的分析,对行政程序违法之所以不否定其效力,其逻辑机理是公共利益与个人利益以及公正与效率的权衡。因此,人民法院作出补正判决的目的有二:一是效率的追求。例如:行政行为程序违法,撤销行政行为造成行政资源无谓的浪费,则人民法院作出确认违法判决的同时,责令行政机关补正。二是公民合法权益的保护。例如:第三人已经从行政程序违法的行为中受益,出于信赖保护而不撤销行政行为,确认行政行为违法,如果行政程序有补正的必要,人民法院可以作出补正判决。

2. 补正判决的适用条件

规范适用补正判决的条件,对于维护公共利益,公民、法人和其他组织的合法权益,以及规范行政主体程序违法行为具有积极意义。

研究补正判决的适用条件首先要明确补正判决的适用范围。补正判决究竟在多大范围内适用? 我们认为,这取决于可补正违法行政行为的范围。尽管大陆法系一些国家和地区的行政法律制度设立了行政行为的补正制度,但毫无例外都对可补正行为的范围进行了严格的限定,各国和地区大多将其限定于程序轻微瑕疵的行政行为,具有严重程序瑕疵的行政行为或者实体存在瑕疵的行政行为,一概不允许补正。这主要是因为,"瑕疵的治愈和转换,本来是为了避免行政上毫无意义的程序上的反复,从行政经济的观点出发所确立的一种理论。但是,若将此理论无限制地予以承认,将难免导致偏护行政便宜的结果。特别是在重视国民的权利、重视行政程序的公正的现行法制之下,不应该轻易地承认治愈和转换。"[①]笔者对大陆法系国家和地区对补正

---

① 杨建顺:《日本行政法通论》,中国法制出版社 1998 年版,第 402 页。

制度做出限制的做法表示赞同,但是,是否把补正的范围仅限定在程序轻微瑕疵的行政行为有必要进行讨论。

我们认为,补正的范围未必仅限定在程序轻微瑕疵的行政行为。前面对行政程序违法的法律责任做了分门别类的讨论,我们认为,包括程序轻微瑕疵的行政行为在内的以下几种情况可以补正:一是行政程序违法,如果撤销行政行为,对公共利益造成严重损害,就应当不撤销行政行为,可以确认行政行为违法,如果履行程序还有意义,人民法院可以作出补正判决;二是行政程序违法,但行政相对人已从该行政行为受益,出于信赖保护原则的考虑,就不得撤销行政行为,可以确认行政行为违法,如果履行程序还有意义,人民法院可以作出补正判决;三是行政程序违法,尽管给相对人权益造成损害,出于行政效率的考虑,可以不撤销行政行为,如果履行程序还有意义,应当责令行政主体补正程序的缺陷;四是行政行为程序违法轻微,对行政决定的实体内容不产生实际影响,也没有严重影响该行政行为的公正性时,如果履行程序还有意义,法院可在判决时责令行政机关采取相应措施补正程序违法。

总体说来,行政程序违法行为是否可以补正应当以利益衡量为基本出发点。利益衡量作为一种司法方法,总是被法官自觉或不自觉地运用着。当被诉行政行为程序上存在一定瑕疵时,法官就必须在撤销与不撤销之间进行各种相关利益的权衡与取舍,①而不应当仅以瑕疵轻重为标准。除非具有重大明显瑕疵,严重侵害到相对人的利益或者公共利益,影响到社会秩序的稳定性时,才不可以补正,而基于利益衡量,行政程序违法行为都有补正的可能。通过上面的分析,我们认为,补正判决作为一种特殊的判决形式,可以在满足下列条件时作出:

(1) 被诉行政程序违法行为没有撤销的必要。尽管行政程序违法,但基于公共利益、效率的追求或者原告合法权益的保护,对行政程序违法行为不

---

① 最高人民法院《关于执行〈中华人民共和国行政诉讼法〉若干问题的解释》第58条规定:"被诉具体行政行为违法,但撤销该具体行政行为将会给国家利益或者公共利益造成重大损失的,人民法院应当作出确认被诉具体行政行为违法的判决,并责令被诉行政机关采取相应的补救措施;造成损害的,依法判决承担赔偿责任。"该条规定是确认违法判决的例外情形,在学理上通常被称为情事判决。有关情事判决的规定与其说是对判决种类的增加,不如说是立法对法官利益衡量的明确宣示。换言之,这项规定为法官今后在行政诉讼中进行利益衡量提供了直接的法律依据。同时,它还隐含着这样一种基本理念,即违法未必导致撤销,只有当撤销该行为所造成的损失小于由该行为本身所造成的损失时才能够撤销。对于被诉行政行为程序上存在不足但不影响相对人权益的行政案件,法官实际上也面临着如同做出情事判决时一样的利益衡量问题。既然违法都并不必然导致行政行为效力的丧失,那么程序的轻微瑕疵就更不应成为全盘否定行政行为效力的理由。因此,伴随着情事判决的出现和法官利益衡量的广泛采用,补正判决的设立应当不再有任何理论及实践上的障碍。参见章志远:《行政诉讼应当设立补正判决》,《人民法院报》2003年8月2日,第2版。但只有程序的轻微瑕疵才可以作出补正判决未必全面。笔者认为,除非是重大瑕疵导致行政行为无效外,行政程序违法就未必一定导致消灭其效力的法律后果。

予以撤销。也就是说行政程序违法行为属于可以补正的范围。

（2）被诉行政程序违法行为被确认违法。正如前述，从判决的分类看，判决可分为主体判决与辅助判决两类。补正判决与重作判决一样不是主体判决的范畴，而是依附于确认违法判决的一个辅助判决。因此，确认违法判决是补正判决的前提，没有确认违法判决，也就没有补正判决。

（3）行政主体履行程序还有必要。所谓行政主体履行程序还有必要，是指履行程序还有意义。如果行政行为效力已经实现或者已经履行完毕，那么，人民法院责令行政主体补正程序就变得毫无意义。例如：公安机关程序违法拘留行政相对人，行政拘留行为已经实现，尽管人民法院作出确认违法判决，也没有必要责令补正判决。

总之，人民法院只有在行政程序违法行为符合上述三个条件时，才可以也应当作出补正判决。

3. 设立补正判决的立法构想

尽管我国现在还没有制定《行政程序法》，还没有完整的行政行为治愈制度，但从我国现行的有关立法规定中，我们仍然可以找到有关补正制度的相关规定。比如，1990年国务院发布的《行政复议条例》第42条第1款第2项关于"具体行政行为有程序上不足的，决定被申请人补正"的规定。但1999年全国人大常委会通过的《行政复议法》(2009年、2017年2023年三次修正)却取消了这一合理规定。此外，我国《公务员法》第106条规定，对于不按照规定程序进行公务员录用、调任、转任、聘任、晋升以及考核、奖惩的可以由县级以上领导机关或者公务员主管部门按照管理权限，区别不同情况，分别予以责令纠正或者宣布无效。这里的"纠正"同样是对程序违法行为的补正。我国《行政许可法》第72条规定，行政机关违反公示义务、告知义务、说明义务、举行听证等程序性义务的，由其上级行政机关或者监察机关责令改正；第74条规定，行政机关在实施行政许可行为时，如果未遵守法定期限或者应采用招标、拍卖或考试形式而未采用的，其上级行政机关或者监察机关有权责令其改正。这两条法律规定均使用了"改正"，也可视为补正。

基于补正制度已经开始被我国立法所接受的现状，以及行政行为补正理论研究的相对成熟，笔者主张应在行政诉讼中增加补正判决。这不仅会使行政案件的判决种类更加完备，而且也使得法院对行政行为效力的司法评判更加科学。就具体的条文设计来说，可以考虑在《行政诉讼法》中增设一条规定："人民法院认为行政行为程序违法，出于公共利益、个人利益保护或者行政效率考虑，可以不撤销行政行为，作出确认违法判决，并责令行政机关予以补正。"并在撤销判决条款中规定,"行政行为违反法定程序的,但行政程序违法不必消灭行政行为效力的除外。"

本 章 小 结

本章分别以主观公权利救济与客观法秩序维护为路径分析了我国行政诉讼功能模式下判决体系及其制度完善。在主观公权利救济路径下,相对人受到侵犯或破坏后便产生相应的行政诉权,进入诉讼程序体现为向人民法院提出特定的诉讼请求,人民法院审理之后依法作出满足(包括部分满足)诉讼请求或驳回诉讼请求的判决。换句话说,主观公权利、行政诉权、诉讼请求、行政判决的关系从逻辑上总保持着相当程度的一致性和连贯性。但是,在客观法秩序维护路径下,行政行为的合法性、行政行为的效力以及行政判决之间并不是一一对应的关系。其内在逻辑机理是行政行为合法性与效力不一致,这是行政诉讼构建判决制度以及人民法院选择判决类型的链接点,这种逻辑也决定了其判决体系的构成。在主观公权利救济路径下,借鉴域外经验设立禁止之诉,作为一种预防性的权利保护机制,与此相适应设立禁止判决,从为行政相对人提供无漏洞的权利保护体系角度看,有其理论与现实之必要性。在客观法秩序维护路径下增设补正判决,所谓补正判决就是人民法院对于行政程序违法行为,在一定的条件下,不予以撤销,而是责令行政主体对程序瑕疵予以补正的判决形式。由于行政程序违法未必一定撤销,为了改变我国行政诉讼法对行政程序违法"矫枉过正"的做法,我们有必要构建补正判决。

参 考 文 献

一、著作类

[1] 〔英〕A. J. M. 米尔恩:《人的权利与人的多样性——人权哲学》,夏勇、张志铭译,中国大百科全书出版社1995年版。

[2] 〔英〕A. W. 布拉德利、K. D. 尤因:《宪法与行政法(第14版)》(下册),刘刚、江菁等译,商务印书馆2008年版。

[3] 〔英〕彼得·莱兰、戈登·安东尼:《英国行政法教科书》(第五版),杨伟东译,北京大学出版社2007年版。

[4] 〔意〕彼德罗·彭梵得:《罗马法教科书》,黄风译,中国政法大学出版社1992年版。

[5] 〔美〕伯纳德·施瓦茨:《行政法》,徐炳译,群众出版社1986年版。

[6] 陈光中、江伟主编:《诉讼法论丛》(第4卷),法律出版社2000年版。

[7] 陈光中、江伟主编:《诉讼法论丛》(第9卷),法律出版社2004年版。

[8] 蔡志方:《行政救济法新论》,元照出版公司2000年版。

[9] 曹达全:《行政诉讼制度功能研究——行政诉讼制度在宪法和行政法治中的功能定位》,中国社会科学出版社2010年版。

[10] 柴发邦主编:《当代行政诉讼基本问题》,中国人民公安大学出版社1989年版。

[11] 陈瑞华:《刑事审判原理论》,北京大学出版社1997年版。

[12] 陈新民:《德国公法学基础理论》(上册),山东人民出版社2001年版。

[13] 城仲模:《行政法之基础理论》,台湾三民书局1988年版。

[14] 〔美〕E. 博登海默:《法理学:法律哲学与法律方法》,邓正来译,中国政法大学出版社1999年版。

[15] 樊崇义主编:《诉讼原理》,法律出版社2003年版。

[16] 〔德〕弗里德赫尔穆·胡芬:《行政诉讼法(第5版)》,莫光华译,法律出版社2003年版。

[17] 方世荣:《论行政相对人》,中国政法大学出版社2000年版。

[18] 〔日〕谷口安平:《程序的正义与诉讼》,王亚新、刘荣军译,中国政法大学出版社1996年版。

[19] 甘文:《行政诉讼法司法解释之评论——理由、观点与问题》,中国法制出版社2000年版。

[20] 郝明金:《行政行为的可诉性研究》,中国人民公安大学出版社2005年版。

[21] 胡建淼主编:《行政诉讼法学》,复旦大学出版社2003年版。

[22]〔德〕哈特穆特·毛雷尔:《行政法学总论》,高家伟译,法律出版社 2000 年版。
[23] 江必新、梁凤云:《行政诉讼法理论与实务》(上卷),北京大学出版社 2009 年版。
[24] 江必新:《行政诉讼法——疑难问题探讨》,北京师范学院出版社 1991 年版。
[25] 江伟主编:《民事诉讼法学原理》,中国人民大学出版社 1999 年版。
[26] 姜明安:《行政诉讼法》(第二版),法律出版社 2007 年版。
[27] 姜明安主编:《行政法与行政诉讼法》(第七版),北京大学出版社、高等教育出版社 2019 年版。
[28]〔英〕卡罗尔·哈洛、理查德·罗林斯:《法律与行政》,杨伟东、李凌波等译,商务印书馆 2004 年版。
[29] 罗豪才、应松年主编:《行政诉讼法学》,中国政法大学出版社 1990 年版。
[30] 罗豪才主编:《行政法论丛》(第 6 卷),法律出版社 2003 年版。
[31] 林莉红:《行政诉讼法学》(第三版),武汉大学出版社 2009 年版。
[32] 李述一、姚休主编:《当代新观念要览》,杭州大学出版社 1993 年版。
[33]〔法〕莱翁·狄骥:《宪法论(第一卷)法律规则和国家问题》,钱克新译,商务印书馆 1959 年版。
[34]〔法〕莱昂·狄骥:《公法的变迁 法律与国家》,郑戈、冷静译,辽海出版社、春风文艺出版社,1999 年版。
[35] 刘莘、马怀德、杨惠基主编:《中国行政法学新理念》,中国方正出版社 1997 年版。
[36]〔美〕米尔伊安·R.达玛什卡:《司法和国家权力的多种面孔——比较视野中的法律程序》,郑戈译,中国政法大学出版社 2004 年版。
[37] 马怀德主编:《行政诉讼原理》,法律出版社 2003 年版。
[38]〔德〕马克斯·韦伯:《社会科学方法论》,韩水法、莫茜译,中央编译出版社 2002 年版。
[39]〔日〕美浓部达吉:《行政裁判法》,邓定人译,中国政法大学出版社 2005 年版。
[40]〔法〕托克维尔:《论美国的民主》(上卷),董果良译,商务印书馆 1988 年版。
[41]〔英〕威廉·韦德:《行政法》,徐炳等译,中国大百科全书出版社 1997 年版。
[42] 王名扬:《法国行政法》,中国政法大学出版社 1988 年版。
[43] 王名扬:《美国行政法》(下),中国法制出版社 1995 年版。
[44] 王名扬:《英国行政法》,北京大学出版社 2007 年版。
[45] 王盼、程政举等:《审判独立与司法公正》,中国人民公安大学出版社 2002 年版。
[46] 王彦:《行政诉讼当事人》,人民法院出版社 2005 年版。
[47] 翁岳生主编:《行政法》(下册),中国法制出版社 2002 年版。
[48] 翁岳生主编:《行政诉讼法逐条释义》,台湾五南图书出版公司 2002 年版。
[49] 吴庚著:《行政法之理论与实用》(增订八版),中国人民大学出版社 2005 年版。
[50] 薛刚凌:《行政诉权研究》,华文出版社 1999 年版。
[51] 于安编著:《德国行政法》,清华大学出版社 1999 年版。
[52] 叶必丰:《行政行为的效力研究》,中国人民大学出版社 2002 年版。

[53] 杨建顺:《日本行政法通论》,中国法制出版社 1998 年版。
[54] 应松年主编:《比较行政程序法》,中国法制出版社 1999 年版。
[55] 杨伟东:《权力结构中的行政诉讼》,北京大学出版社 2008 年版。
[56] 〔日〕盐野宏:《行政法》,杨建顺译,法律出版社 1999 年版。
[57] 张焕光、胡建淼:《行政法学原理》,劳动人事出版社 1989 年版。
[58] 张尚:《走出低谷的中国行政法学——中国行政法学综述与评价》,中国政法大学出版社 1991 年版。
[59] 张树义:《冲突与选择——行政诉讼的理论与实践》,时事出版社 1992 年版。
[60] 张卫平:《诉讼架构与程式——民事诉讼的法理分析》,清华大学出版社 2000 年版。
[61] 张旭勇:《行政判决的分析与重构》,北京大学出版社 2006 年版。
[62] 张正钊、韩大元主编:《比较行政法》,中国人民大学出版社 1998 年版。
[63] 赵清林:《行政诉讼类型研究》,法律出版社 2008 年版。
[64] 〔日〕中村英郎:《新民事诉讼法讲义》,陈刚、林剑锋、郭美松译,法律出版社 2001 年版。

二、论文类

[1] 蔡金华、张明华:《我国当前行政诉讼原告资格之若干缺陷》,载《重庆工商大学学报(社会科学版)》2008 年第 6 期。
[2] 蔡金荣、胡小双:《略评法律上利害关系——兼论行政诉讼原告资格制度的重构》,载《金陵科技学院学报(社会科学版)》2005 年第 4 期。
[3] 陈天本:《行政诉讼的受案范围》,载《行政法学研究》2001 年第 4 期。
[4] 陈小华:《内部行政行为的可诉性研究》,载《行政与法》2001 年第 4 期。
[5] 方世荣:《对行政诉讼受案范围中设定排除事项的反思》,载《法商研究》2014 年第 6 期。
[6] 费宗祎、江必新:《建立我国行政诉讼制度的若干问题》,载《现代法学》1987 年第 4 期。
[7] 高家伟:《论行政诉讼原告资格》,载《法商研究》1997 年第 1 期。
[8] 高新华:《论我国行政诉讼原告资格制度发展的路径选择》,载《兰州学刊》2005 年第 2 期。
[9] 高新华:《我国行政诉讼原告资格制度发展的社会背景及其得失评价——以最高人民法院 2000 年有关司法解释为对象》,载《西南政法大学学报》2004 年第 6 期。
[10] 关保英:《行政诉讼中原告提供证据行为研究》,载《法律适用》2011 年第 7 期。
[11] 胡建淼:《"特别权力关系"理论与中国的行政立法——以〈行政诉讼法〉、〈国家公务员法〉为例》,载《中国法学》2005 年第 5 期。
[12] 胡肖华、江国华:《行政审判方式的特点研究》,载《法律科学》2000 年第 5 期。
[13] 胡肖华:《论预防性行政诉讼》,载《法学评论》1999 年第 6 期。
[14] 黄学贤:《行政诉讼中法院依职权调查取证制度之完善》,载《苏州大学学报(哲学社

会科学版)》2012年第1期。
- [15] 姬亚平:《论行政诉讼审查标准之完善》,载《甘肃政法学院学报》2009年第2期。
- [16] 江必新:《是恢复,不是扩大——谈〈若干解释〉对行政诉讼受案范围的规定》,载《法律适用》2000年第7期。
- [17] 江必新:《完善行政诉讼制度的若干思考》,载《中国法学》2013年第1期。
- [18] 姜明安:《扩大受案范围是行政诉讼法修改的重头戏》,载《广东社会科学》2013年第1期。
- [19] 姜明安:《行政诉讼功能和作用的再审视》,载《求是学刊》2011年第1期。
- [20] 姜小川:《行政诉讼中举证制度若干问题之研讨》,载《政法论坛》1996年第4期。
- [21] 金邦贵、施鹏鹏:《法国行政诉讼纲要:历史、构造、特色及挑战——区域行政立法模式前瞻》,载《行政法学研究》2008年第3期。
- [22] 孔繁华:《从性质看我国行政诉讼立法目之定位》,载《河北法学》2007年第6期。
- [23] 孔繁华:《行政诉讼性质研究》,载《武汉大学学报(哲学社会科学版)》2009年第1期。
- [24] 李劲:《行政诉讼受案范围的局限与重构》,载《法学杂志》2005年第5期。
- [25] 梁凤云:《行政诉讼法修改的若干理论前提(从客观诉讼和主观诉讼的角度)》,载《法律适用》2006年第5期。
- [26] 梁凤云:《行政诉讼判决研究》,中国政法大学2006年博士学位论文。
- [27] 林莉红、孔繁华:《论违法行政行为》,载《河南省政法管理干部学院学报》2000年第5期。
- [28] 林莉红:《论行政诉讼模式与举证责任原则的运用》,载《法学评论》1995年第5期。
- [29] 林莉红:《我国行政诉讼法学的研究状况及其发展趋势》,载《法学评论》1998年第3期。
- [30] 刘飞:《行政诉讼举证责任分析》,载《行政法学研究》1998年第2期。
- [31] 刘慧竹:《论我国行政诉讼中举证责任的完善》,载《知识经济》2014年第14期。
- [32] 刘善春:《论行政诉讼价值及其结构》,载《政法论坛》1998年第2期。
- [33] 刘善春:《行政诉讼举证责任分配规则论纲》,载《中国法学》2003年第3期。
- [34] 刘善春:《行政诉讼举证责任新论》,载《行政法学研究》2000年第2期。
- [35] 刘新娟:《行政诉讼举证责任分配问题分析》,载《法制与社会》2014年第7期。
- [36] 刘作翔:《我们为什么要实行案例指导制度》,载《法律适用》2005年第3期。
- [37] 柳砚涛、刘雪芹:《论行政行为补正制度》,载《山东大学学报(哲学社会科学版)》2007年第5期。
- [38] 马怀德、刘东亮:《行政诉讼证据问题研究》,载《证据学论坛》2002年第1期。
- [39] 马怀德:《〈行政诉讼法〉存在的问题及修改建议》,载《法学论坛》2010年第5期。
- [40] 马怀德:《澳大利亚行政法中的程序公平原则》,载《比较法研究》1998年第2期。
- [41] 马怀德:《保护公民、法人和其他组织的权益应成为行政诉讼的根本目的》,载《行政法学研究》2012年第2期。

[42] 马怀德：《司法改革与行政诉讼制度的完善》，载《法律适用》2005 年第 8 期。

[43] 欧鹍父：《借鉴与建构：行政诉讼客观化对中国的启示》，载《求索》2004 年第 8 期。

[44] 沈福俊：《论对我国行政诉讼原告资格制度的认识及其发展》，载《华东政法学院学报》2000 年第 5 期。

[45] 石佑启：《对行政诉讼中不停止执行原则的评析》，《中央政法管理干部学院学报》1997 年第 4 期。

[46] 宋炉安：《司法最终权——行政诉讼引发的思考》，载《行政法学研究》1999 年第 4 期。

[47] 唐晔旎：《论利益衡量方法在行政诉讼原告资格认定中的运用》，载《行政法学研究》2005 年第 2 期。

[48] 〔法〕特里·奥尔森：《法国行政诉讼中的原告》，张莉译，载《行政法学研究》2009 年第 3 期。

[49] 王贵松：《论行政裁量的司法审查强度》，载《法商研究》2012 年第 4 期。

[50] 王万华：《行政诉讼原告资格》，载《行政法学研究》1997 年第 2 期。

[51] 王学栋：《论我国行政诉讼举证时限制度的完善》，载《行政法学研究》2002 年第 1 期。

[52] 王学辉：《行政诉讼目的新论》，载《律师世界》1998 年第 2 期。

[53] 王涌：《私权的分析与建构——民法的分析法学基础》，中国政法大学 1999 年博士学位论文。

[54] 喜子：《反思与重构：完善行政诉讼受案范围的诉权视角》，载《中国法学》2004 年第 1 期。

[55] 夏锦文、高新华：《我国行政诉讼原告资格的演进》，载《法商研究》2001 年第 1 期。

[56] 薛刚凌、王霁霞：《论行政诉讼制度的完善与发展——〈行政诉讼法〉修订之构想》，载《政法论坛：中国政法大学学报》2003 年第 1 期。

[57] 薛刚凌、杨欣：《论我国行政诉讼构造："主观诉讼"抑或"客观诉讼"？》，载《行政法学研究》2013 年第 4 期。

[58] 薛刚凌：《对行政诉讼审查范围的几点思考》，载《行政法学研究》1997 年第 2 期。

[59] 闫尔宝：《论行政诉讼法的修订路径：以当事人诉讼活用论为参照》，载《中国法学》2014 年第 6 期。

[60] 阎巍：《行政诉讼禁止判决的理论基础与制度构建》，载《法律适用》2012 年第 3 期。

[61] 杨海坤、黄学贤：《违反行政程序法行为法律责任比较研究》，载《法学评论》1999 年第 5 期。

[62] 杨解君：《行政违法形态论》，载《南京大学法律评论》1999 年第 1 期。

[63] 杨伟东：《行政诉讼架构分析——行政行为中心主义安排的反思》，载《华东政法大学学报》2012 年第 2 期。

[64] 杨伟东：《行政诉讼目的探讨》，载《国家行政学院学报》2004 年第 3 期。

[65] 杨伟东：《行政诉讼受案范围分析》，载《行政法学研究》2004 期第 3 期。

[66] 杨寅:《行政诉讼原告资格新说》,载《法学》2002年第5期。
[67] 杨寅:《行政诉讼证据规则梳探》,载《华东政法学院学报》2002年第3期。
[68] 尹权、金松华:《情况判决的理论与现实反思及其完善》,载《政治与法律》2008年第3期。
[69] 应松年、王锡锌:《WTO与中国行政法制度改革的几个关键问题》,载《中国法学》2002年第1期。
[70] 应松年、杨伟东:《我国〈行政诉讼法〉修正初步设想(上)》,载《中国司法》2004年第4期。
[71] 于安:《行政诉讼的公益诉讼和客观诉讼问题》,载《法学》2001年第5期。
[72] 余涛:《起诉不停止执行原则之检讨》,载《河南省政法管理干部学院学报》2004年第6期。
[73] 张慧:《浅议行政诉讼受案范围》,载《学理论》2014年第11期。
[74] 张坤世、欧爱民:《现代行政诉讼制度发展的特点——兼与我国相关制度比较》,载《国家行政学院学报》2002年第5期。
[75] 张淑芳:《我国行政诉讼受案范围不宜扩大》,载《法学》1999年第8期。
[76] 张卫平:《民事诉讼基本模式:转换与选择之根据》,载《现代法学》1996年第6期。
[77] 章剑生:《有关行政诉讼受案范围的几个理论问题探析》,载《中国法学》1998年第2期。
[78] 章志远、朱秋蓉:《预防性不作为诉讼研究》,载《学习论坛》2009年第8期。
[79] 郑春燕:《论民众诉讼》,载《法学》2001年第4期。
[80] 周汉华:《论行政诉讼原告资格审查》,载《中国法学》1991年第6期。
[81] 周佑勇:《行政许可法中的信赖保护原则》,载《江海学刊》2005年第1期。
[82] 朱健文:《论行政诉讼中之预防性权利保护》,载《月旦法学》1996年第3期。
[83] 朱应平:《扩大行政诉讼受案范围的两条新路径》,载《政治与法律》2008年第5期。
[84] 邹荣:《"行政诉讼的原告资格研究"学术讨论会综述》,载《法学》1998年第7期。